桑兵　关晓红

—— 主编 ——

比较与比附

法制史研究的取径

近代中国的知识与制度转型

法政编

上海人民出版社

本书为浙江大学"中央高校基本科研业务费专项资金"、中山大学历史学系学科建设经费专项出版资助项目

目　录

总　说

当前的世界格局，正在发生自 17 世纪以来最为重大深刻的变动。这一变动呈现相反相成的两面：一方面，全球化导致各国的交往联系进一步紧密；另一方面，单一的西方强势霸权地位已经动摇，包括中国崛起在内的多元化成为新的发展取向。由此引发重新认识自我和调整世界秩序的需求，不同文化系统的相互理解和接受变得更加重要，而沟通的理据却引起越来越多的反省和检讨。近代以来，在世界一体化的大趋势之下普遍发生的知识与制度转型，本来是各国赖以沟通理解的凭借，现在却造成许多的疑惑和困扰。以往后发展国家将接受欧洲中心衍生出来的一整套观念制度作为体现人类发展共同趋向的公理，用以重新条理和解释既有的历史文化。西方社会也习惯于用后来体系化的观念制度看待异己的文化，乃至回溯自身的历史。

随着全球化的推进，经过观念与制度的所谓现代变革调适的国家民族之间，摩擦冲突仍然不断加剧，而人类发展的单一现代化取向备受质疑，越来越多的学人意识到倒看历史所产生的误解不同文化的现实危险。如何通过世界一体化（其核心仍然是欧洲中心）之后表面相似的观念和制度来理解和把握各种社会文化差异，增进相互理解与沟通，同时注重不同文化之于世界多样性的价值意义，引起各国学人的高度关注。作为重建世界格局一极的中国，晚清民国时期，知识与制度体系发生了重大变动，使得中国人的思维方式与行为规范前后截然两分。了解这一千古大变局的全过程和各层面，对中外冲突融合的大背景下知识与制度体系沿革、移植、变更、调适的众多问题进行深入探究，可以获得理解传统、认识变异、了解现在和把握未来的钥匙。在中学、东学和西学的视角下重新考察近代中国观念与制度变革的趋向和症结，有助于更好地认识世界一体化进程中东亚文明的别样性及其对人类发展提供多样性选择的重要价值，争取和保持对在世界文明体系中的位置日益重要的中国历史文化解释的主动和主导地位，增进包括中国在内的世界各国的沟通理解。

第一节　问题的提出

美国学者任达（Douglas R. Reynolds）的《新政革命与日本》（*The Xinzheng Revolution and Japan*）一书，出版以后引起不小的争议，对其观念和材料方面的种种局限议论较多。[1] 不过，作者指出了以下至关重要的事实，即新政前后，中国的知识与制度体系截然两分，此前为一套系统，大致延续了千余年；此后为一套系统，经过逐步的变动调整，一直延续至今。作者这样来表述他的看法：

---

[1]　桑兵：《黄金十年与新政革命——评介〈新政革命与日本：中国，1898—1912〉》，载侯仁之、周一良主编《燕京学报》新四期，北京大学出版社，1998，第 321 页。

在 1898 年百日维新前夕，中国的思想和体制都刻板地遵从中国人特有的源于中国古代的原理。仅仅 12 年后，到了 1910 年，中国人的思想和政府体制，由于外国的影响，已经起了根本性的变化。

从最根本含义来说，这些变化是革命性的。在思想方面，中国的新旧名流（从高官到旧绅士，新工商业者与学生界），改变了语言和思想内涵，一些机构以至主要传媒也藉此表达思想。在体制方面，他们按照外国模式，改变了中国长期以来建立的政府组织，改变了形成国家和社会的法律与制度。

如果把 1910 年中国的思想和体制与 1925 年的、以至今天中国相比较，就会发现基本的连续性，它们同属于相同的现实序列。另一方面，如果把 1910 年和 1898 年年初相比，人们发现，在思想和体制两大领域都明显地彼此脱离，而且越离越远。[1]

也就是说，中国人百余年来的精神观念与行为规范，与此前的几乎完全两样，这一天翻地覆的巨变，不过是百年前形成的基本框架，并一直运行到现在。今日中国人并非生活在三千年一以贯之的社会文化之中，而是生活在百年以来的知识与制度体系大变动所形成的观念世界与行为规范的制约之下。任达认为，这样的变动是以清政府和各级官绅为主导的具有根本性的革命，并且强调在此过程中日本影响的主动与积极的一面。对于诸如此类的看法，意见当然难期一律，表达异见十分正常。但任达所陈述的近代知识与制度根

---

[1]　任达：《新政革命与日本：中国，1898—1912》，李仲贤译，江苏人民出版社，1998，第 215 页。

本转变的事实，却是显而易见，不宜轻易否定的。

　　不过，这一转型的过程及其意义，远比任达所描绘的更为复杂和深刻。因为它不仅涉及明治日本，还包括整个丰富多样的"西方"；不只发生在新政时期，而是持续了半个多世纪（其实受域外影响发生观念行为的变化，从来就有，如佛教和耶稣会士的作用，尤其是后者，令西学已经东渐）；不仅政府主导的那些领域出现了观念和制度变化，全社会各个层面的各种知识制度体系，几乎全都根本改观；参与其事者不仅是清朝官绅和日本顾问，外国来华人士和广大中国知识人也纷纷介入其中。更为重要的是，这样的革命性变动不是单纯移植外国的知识与制度，今天中国人所存在于其中的知识与制度体系，虽然来源多在外国，因而与世界上其他国家大体相似，但还是有许多并非小异。这些千差万别，不能简单地用实际上未能摆脱西化的现代化理论来衡量和解释。

　　今日中国人在正式场合用来表达其思维的一整套语汇和概念、形成近代中国思想历史的各种学说、教学研究的学科分类，总之，由人们思维发生，独立于人们思维而又制约着人们思维的知识系统，与一个世纪以前中国人所拥有的那一套大相径庭。如果放弃这些语汇、概念和知识系统，面对各种信息，人们将无所适从，很难正式表达自己的意思。而习惯于这些语汇、概念和知识体系的今人，要想进入变化之前的中国人的精神世界，也十分困难。即使经过专门训练，并且具有相当程度的自觉，还是常常发生格义附会的误读错解。不仅如此，要想认识今日中国人的精神世界，尽管处于同一时代，但要分辨那些看似约定俗成、不言而喻，实际上各说各话的话语，如果不能从发生发展的渊源脉络理解把握，也很难真正做到了解同情。近年来学人所批评的"倒放电影"和所主张的"去熟悉化"，[1] 显然都由此而生。

　　同样，体现和规范今人的行为，维系社会有序运作的各种制度，与百年以前也是迥异。这些制度覆盖政治、经济、军事、对外关系、教育、金融、司法、医疗、治安、社会组织、社会保障与救济等各个方面，几乎无所不包。除了少数"仍旧"或"全新"外，多数情况是"古已有之"而"变化多端"甚至"面目全非"。这就导致今人既不易理解前人的种种行为方式和运作模式，又无法深究今日各种制度规定及其运行轨则的来龙去脉，难以知其然亦知其所以然。结果，一种制度之下存在着多种行为样式，甚至主要的样式与设制本身的立意相去甚远。有时观念与制度之间发生离异，观念层面的优劣之争并不影响制度层面出现一面倒的局面。如中西医的是非优劣，历来争论不已，至今只能说是各有高下，而医疗和医院制度，已经几乎完全照搬西洋方式。

　　出现上述情形的重要原因之一在于，晚清民国的知识与制度转型，并非由中国的社会文化历史自然发生出来，而是近代中外冲突融合的产物。某种程度上，可以说从外部世界移植到本土，并且改变中国思维与行为的基本面貌的产物。换言之，这是世界体系建构过程中，中国一步步被拖入世界体系的结果。今人争议甚多的全球一体化，仍是这一过程的延续。

　　然而，事情如果只是如此简单，也就不难认识。实际情形不仅复杂得多，而且潜移默化，令人习以为常。所谓"世界"，其实仅仅处于观念形态，如果要落到实处，则几乎可以断定并不存在一个笼统的"世界"，而是具体化为一个个不同的民族或国家。更为重

---

[1]　前者为罗志田教授屡次论及，后者参见王汎森：《中国近代思想文化史研究的若干思考》，《新史学》2003年第14卷第4期。

要的是，那个时期的所谓"世界"，并非所有不同民族和国家的集合，实际上主要是以同样笼统的"西方"为蓝本和基准。在"西方"人看来，"西方"只是存在于东亚人的观念世界之中。认真考察，西方不但有欧美之别，欧洲内部还分为大陆和英伦三岛，大陆部分又分成历史文化各不相同的众多国家。此外，本来是东亚一部分的日本，因为学习西方比较成功，脱亚入欧，似乎也进入了西方发达国家的行列，而逐渐成为西方世界的一部分。

如此一来，近代中国面临的外部冲击和影响，就知识系统而言，不仅有"西学"，还有"东学"。而"西学"的基本凭借，即"西方"既然只存在于观念世界，"西学"相应地也只有抽象意义。一旦从笼统的"学"或"文化"落实到具体的学科、学说，可以发现，统一的西方或西学变得模糊不清甚至消失不见了，逐渐显现出来的是由不同民族和国家的历史文化渊源生成而来的独立系统。各系统之间或许大同，但也有不少小异，这些小异对于各种学科或学说的核心主干部分也许影响不大，但对于边缘或从属部分则相当关键，往往导致不同系统的学科分界千差万别，从而使得不同国度的不同流派关于学科的概念并不一致。来龙不一，去脉各异，不同国度的同一学科的内涵也就分别甚大。大者如"科学"，英法德含义不同，小者如政治学、社会学、人类学的分科与涵盖，欧美分别不小，欧洲各国也不一致。至于社会文化研究，究竟是属于社会学的领域还是人类学的范畴，不仅国与国之间存在差异，同一国度的不同学派也认识不一。

上述错综复杂是在长期的渐进过程中逐渐展开的，因此一般而言，对于亲历其事者或许并不构成认识和行为的障碍，而后来者或外来人则难免莫名所以、无所适从。当由欧洲原创的人类知识随着世界体系的扩张走向全球时，为了操作和应用的方便，不得不省去繁复，简化约略，使得条理更加清晰。这样一来，原有的渊源脉络所滋生出来的纠葛被掩盖，学科的分界变得泾渭分明。将发源于欧洲的各种学科分界进行快刀斩乱麻式的后续加工和划一，开始不过是有利于既缺少学术传统又是移民社会的美国便于操作，后来由于美国的实力和地位迅速上升，对世界的影响不断扩大，甚至成为霸主和中心，美式的分科成为不少后发展国家接受外来影响的主要模式。可是，在清晰和方便的同时，失去了渊源脉络，一味从定义出发，一般而言也无大碍，仔细深究，尤其是还想弄清楚所以然，就不免模糊笼统。因此，格义附会、似是而非的现象不仅多，而且乱，看似异口同声，实则各唱各调的情况比比皆是。

近代中国在西方压力之下发生的知识与制度体系转型，如果只是全盘西化式地照搬移植，问题也就相对简单。可是，中国的文化不仅历史悠久，而且一脉相传、始终活跃，其巨大张力所产生的延续性，对于近代的知识与制度转型产生着重要的制约作用。

清季民初，是中国固有学术向西式分科转型的重要时期，众多学人对此做了不同程度的努力，其中康有为、梁启超、刘师培、章太炎、严复、宋恕、王国维等人在学术领域的影响尤为突出，而蔡元培等人则更多的是从教育的角度关注分科。他们借鉴来源不同的西学，以建立自己的体系，都希望在统一的整体框架下将各种新旧中西学术安置妥当，尤其是力图将中西新旧学术打通对接。各人编织的系统虽然大体都是依据西学，但实际分别相当大，反映了各自所依据的蓝本以及对这些蓝本的认识存在很大差异。加之在中国变动的同时，欧洲各国的学科体系也正在随着社会分工的日益细化和知识分类的不断增加，随时新建、调整或重组，时间的接近加剧了空间变动的复杂性，这就进一步增加了中国人对于学术分科理解与把握的难度，也导致分科界限的模糊与错乱。早在 20 世纪初，主讲京师大学堂史学的陈黻宸比较中西学术时就认为："夫彼族之所以强且智者亦以人各有学，学各有科，一理之存，源流毕贯，一事之具，颠末必详。而我国固非无学也，然乃古古相承，迁流失实，一切但存形式，人鲜折衷，故有学而往往不能成科。即列而为科矣，亦但有科之名而究无科之义。"[1] 这显然是用进化论的眼光看待中西学术的结果，将近代等同于西方，以为西学的优势从来如此。其实，整体而言，分科治学在西方也不过是 19 世纪以来，尤其是 19 世纪后半叶以来的新生事物，其间也经历了用后来观念重构系统的历史进程。由于各国的学术文化传统不同，造成分科边际的不确定和不稳定，使得对西方本来就缺乏全面深入认识的中国人更加难以把握这些舶来的抽象物。

上述难题，几乎所有的后发展国家和民族都会共同面对。而中国还有其独特的问题。中国的近邻、明治维新后的日本率先走上了现代化道路，并通过一系列军事、外交和政治活动向中国人展示了它的巨大成效，以至于新政期间，在朝野人士的鼓动下，中国主要是通过日本来学习西方。这样的取径，在具有欧洲留学背景的严复看来，不仅是舍近求远，甚至会南辕北辙。他说：

> 吾闻学术之事，必求之初地而后得其真，自奋其耳目心思之力，以得之于两间之见象者，上之上者也。其次则乞灵于简策之所流传，师友之所授业。然是二者，必资之其本用之文字无疑也。最下乃求之翻译，其隔尘弥多，其去真滋远。今夫科学术艺，吾国之所尝译者，至寥寥已。即日本之所勤苦而仅得

---

[1]　陈黻宸：《京师大学堂中国史讲义》，载陈德溥编《陈黻宸集》下册，中华书局，1995，第 675 页。

者，亦非其所故有，此不必为吾邻讳也。彼之去故就新，为时仅三十年耳。今求泰西二三千年孳乳演迤之学术，于三十年勤苦仅得之日本，虽其盛有译著，其名义可决其未安也，其考订可卜其未密也。乃徒以近我之故，沛然率天下学者群而趋之，世有无志而不好学如此者乎？侏儒问径天高于修人，以其逾己而遂信之。今之所为，何以异此。[1]

　　严复的意见在一段时期内不被普遍认同，在他供职的学部，据说也是东学派占了压倒性优势，不过却提醒国人注意，日本化的西学，加入了许多东亚因素，其中不少是根据中国文化加以变异，以应对西学。而东学所带有的浓厚的德国色彩，提示人们进一步抛弃西学的笼统性，关注英国以外的其他欧洲文化系统，并设法弄清不同系统之间的差异。

　　知道分别就会有所取舍。在大规模地接受东学之后，朝野人士对东学东制移植中土暴露出来的弊病逐渐有所认识，于是再度将目光转向欧洲。从这时起，国人开始跳出西学的笼统观念，不一定在不同系统之间做整体性选择，而是考虑各个系统的组成部分可能各有长短，应当具体地予以了解和把握。民国以后，虽然留美学生渐多，并且逐渐占据了国内各界的要津，有识之士还是知道，欲求高深学问而非仅仅谋求学位，应该前往原创性的欧洲。只是后来北美与东欧的影响日益增强，将已有的复杂因素变得看似简化。

　　在近代中国人的精神世界发生着翻天覆地的变化的同时，其行为规范也随着涉及社会生活各个方面的各种制度的引进而悄然变

　　[1]　严复：《与〈外交报〉主人书》，载王栻主编《严复集》第3册，中华书局，1986，第561页。

更。西制进入中国并导致原有的各种制度发生程度不同的变动，与西学的进程颇为近似，也经过了取法日本的阶段。虽然中西文化交流并非截然分为物质、制度和心理的层面，依次递进，器物的引进带来不同的审美和实用观念，工厂的开办需要一整套制度的保障，而且随着新事物的日益增多，清朝的各级职官体制也悄然变更，总体而言，制度变动的进展相当缓慢。新政时期，中国全面模仿日本，朝野上下，先后派出了为数众多的官绅，他们出发前以及抵达日本后，要集中听讲学习，有关方面为此还编制了具体的考察指南，指示考察的程序、步骤和做法。他们按图索骥，将日本的各种制度一一照葫芦画瓢地搬来中国。当然，后来同样有过再向欧美学习以调整偏差的经历。其间有些先见之明的人士并不囿于一途，如孙中山对美国的代议制民主就不以为然，而倾心于瑞士的直接民主。

对于近代中国的知识与制度体系转型，学界往往会用现代化的解释框架来加以认识。现代化的观念，未必不是一种解释模式。不过，现代与传统、进步与落后之类的两极范畴，最终实际上落实到了中西对立的观念之上，不仅流于简单地找变化，而且根据固定标准所找出的变化归根结底都是西化。诸如此类以变化为进化，以现在为现代的看法，多少反映了今人的盲目自信。而近代中国的知识与制度转型绝非如此简单，至少应该考虑到：1. 中国固有的知识与制度体系的渊源、变化与状况。2. 外来知识与制度体系的具体形态及其进入中国的过程、样式。3. 中国人如何接受外来的知识与制度，外来知识及制度如何与中国固有的知识及制度发生联系。4. 在上述过程中，本土与外来的知识和制度如何产生变异，形成怎样的新形态。5. 这些变异对中国的发展所产生的制约性影响。

近代中国的知识与制度转型研究的展开，力求回应上述问题，大体把握中外知识与制度转型之前的情形，外来知识与制度进入中国的过程，由此引起的变化、变化所造成的延续至今的状况以及未来的发展趋向，力求为世界格局的重构做好知识与制度准备。

第二节　观念与取向

知识与制度体系的全面变动，不仅改变了近代中国人的思维与行为，而且使得现在的中国人在面对过去时，自觉或不自觉地用现行思维行为方式去观察判断，如果没有充分自觉，等于用后来外在的尺度衡量前人前事，难以体察理解前人思维行为的本意真相。也就是说，外来的知识与制度体系进入之前，中国人已有自己长时期累积而成的一整套思维和行为方式。而在转型之后，由于观念和规矩的变更，要想如实了解固有本来，反而变得相当困难。要做到不带成见从无到有地去探究发生、发展和变化，首先必须对本来的情形有充分的了解同情。

此事说来简单，其实至为复杂。尽管近代知识与制度转型很有几分脱胎换骨的色彩，以致有学人断言已是西体中用，实则吸收域外文化或融合其他异文化，在中国历史上不仅随时发生，而且有过几次显而易见的重要变动。今人看转型以前的人与事，难免带着后来西式的有色眼镜，即使有所自觉，尽量不带成见，也很难完全还原。历史本事、相关记述和后来著史，彼此联系，又各自不同，而分际模糊，容易混淆，况且著史还有层累叠加的问题。历史的实事即所谓第一历史必须经由历史记述即所谓第二历史加以展现，任何历史记述，往往积薪而上，一般而言，所有系统，均由后人归纳，集合概念亦均为后出，而且越到后来，条理越加清晰，意涵却悄然变化。后来之说可以表明编制者的看法，不能简单地认作所指时代的事实。转型之前，前贤已经提出以汉还汉的问题，只是即便回到汉代，所获仍然不过汉代人对先秦思想的认识。汉代固然距离先秦较今人为近，保留理解先秦的思想观念或许较今人为多且确，却未必真正吻合。况且汉代对于前人的认识也是五花八门、各不相同。

将以汉还汉的精神贯彻到底，应该是回到不同时代不同人物的不同观念行事。傅斯年曾为自己将来可能写"中国古代思想集叙"，提出若干要遵守的"教条"，其中包括：1. 不用近代哲学观看中国的方术论，"故如把后一时期，或别个民族的名词及方式来解它，不是割离，便是添加。故不用任何后一时期，印度的、西洋的名词和方式"。将明清之际耶稣会士和晚清以来西学的影响乃至中古大事因缘的儒释道合一，均置于自觉排除之列。2. 研究方术论、玄学、佛学、理学，各用不同的方法和材料，而且不以两千年的思想为一线而集论之，"一面不使之与当时的史分，一面亦不越俎去使与别一时期之同一史合"。[1]

也就是说，中国不仅没有一以贯之的哲学史，而且历代分别有方术、玄学、佛学、理学的历史，各史均须还原到当时的历史联系之中，而不能抽取某些元素加入其他时期的同类史。此说对于现在的不少相关研究尤其具有针对意义，探讨概念、分科及制度，看似广征博引，也能遵循时空顺序，实则将不同时期的相同或相似观念事物抽离原来各自的历史联系，而强行组合连缀，其本意既因脱离

---

[1] 《傅斯年致胡适》1926 年 8 月 17、18 日，载杜春和、韩荣芳、耿来金编《胡适论学往来书信选》下册，河北人民出版社，1998，第 1264-1265 页。

原有语境不能恰当解读，其联系复因形似而实不同而有削足适履之嫌，仍然是强古人以就我的主观预设。况且，诸如此类的研究往往还会就文本以证文本，对于相关人事视而不见，无法将思想还原为历史，不过是创造一家之言的个人思想史而已。

至于写法，傅斯年主张应由上层（下一时）揭到下层（上一时），而非自上一时写下来。前者从无到有，探寻概念事物的发生及其演化，后者则以后来观念条理先前史事，实为用后来眼光倒述历史。所谓自上一时写下来，其实未能剥离后来的附加成分，而以后来的概念条理作为先入为主的是，形式上虽然顺着写，实际上却是倒着讲。必须首先由记述的上层即时间的下一时，揭到记述的下层即时间的上一时，才能以汉还汉，回到历史现场。不过，仅仅这样逆上去固然可以层层剥笋，求其本意，还物事的本来面目，但要再现思想演变的历史进程，还应在回归具体时空位置的基础上顺下来，历时性地展示事物发生演化的复杂详情。

然而，更为吊诡的是，和傅斯年所推崇的阮元《性命古训》一样，尽管该研究"其方法则足为后人治思想史者所仪型"，还是存在其结论未必能够成立的尴尬。[1] 原因如陈寅恪所论：

> 宋儒若程若朱，皆深通佛教者。既喜其义理之高明详尽，足以救中国之缺失，而又忧其用夷变夏也。乃求得两全之法，避其名而居其实，取其珠而还其椟。采佛理之精粹，以之注解四书五经，名为阐明古学，实则吸收异教，声言尊孔辟佛，实则佛之义理，已浸渍濡染，与儒教之宗传，合而为一。此

---

[1]　傅斯年：《性命古训辨证》，载欧阳哲生主编《傅斯年全集》第 2 卷，湖南教育出版社，2003，第 505–509 页。

先儒爱国济世之苦心，至可尊敬而曲谅之者也。故佛教实有功于中国甚大。自得佛教之裨助，而中国之学问，立时增长元气，别开生面。故宋、元之学问、文艺均大盛，而以朱子集其大成。[1]

1934年陈寅恪为冯友兰《中国哲学史》下册所写审查报告指出：

六朝以后之道教，包罗至广，演变至繁，不似儒教之偏重政治社会制度，故思想上尤易融贯吸收。凡新儒家之学说，几无不有道教，或与道教有关之佛教为之先导。如天台宗者，佛教宗派中道教意义最富之一宗也。其宗徒梁敬之与李习之之关系，实启新儒家开创之动机。北宋之智圆提倡中庸，甚至以僧徒而号中庸子，并自认为传以述其义。其年代尤在司马君实作《中庸广义》之前，似亦于宋代新儒家为先觉。二者之间，其关系如何，且不详论。然举此一例，已足见新儒家产生之问题，尤有未发之覆在也。至道教对输入之思想，如佛教摩尼教等，无不尽量吸收，然仍不忘其本来民族之地位。既融成一家之说以后，则坚持夷夏之论，以排斥外来之教义。此种思想上之态度，自六朝时亦已如此。虽似相反，而实足以相成。从来新儒家即继承此种遗业而能大成者。[2]

---

[1]　吴宓：《吴宓日记》第2册，吴学昭整理注释，生活·读书·新知三联书店，1998，第102–103页。

[2]　陈寅恪：《审查报告三》，载冯友兰《中国哲学史》下册，商务印书馆，1934，第3–4页。

关于唐宋诸儒究竟是先受到佛教道教性理之说的影响，再上探先秦两汉的儒学，以外书比附内典，构建新儒学，然后据以辟佛，还是相反，鉴于时代风气人伦道丧，先从古儒学中认出心学一派，形成理学，以抵御佛教，对此，陈寅恪与傅斯年意见分歧，并有所论辩，最终各执己见。[1] 1948 年，陈寅恪在《历史研究》发表《论韩愈》，旨在说明"退之自述其道统传授渊源固由孟子卒章所启发，亦从新禅宗所自称者摹袭得来也"。韩愈扫除章句繁琐之学，直指人伦，目的是调适佛教与儒学的关系：

> 盖天竺佛教传入中国时，而吾国文化史已达甚高之程度，故必须改造，以蕲适合吾民族、政治、社会传统之特性，六朝僧徒"格义"之学，即是此种努力之表现，儒家书中具有系统易被利用者，则为小戴记之中庸，梁武帝已作尝试矣。然"中庸"一篇虽可利用，以沟通儒释心性抽象之差异，而于政治社会具体上华夏、天竺两种学说之冲突，尚不能求得一调和贯彻，自成体系之论点。退之首先发见小戴记中大学一篇，阐明其说，抽象之心性与具体之政治社会组织可以融会无碍，即尽量谈心说性，兼能济世安民，虽相反而实相成，天竺为体，华夏为用，退之于此以奠定后来宋代新儒学之基础。

而"退之固是不世出之人杰，若不受新禅宗之影响，恐亦不克臻此。又观退之寄卢仝诗（春秋三传束高阁，独抱遗经究终始），则知此种研究经学之方法亦由退之所称奖之同辈中人发其端，与

---

[1]　参见桑兵：《求其是与求其古：傅斯年〈性命古训辨证〉的方法启示》，《中国文化》2009 年第 29 期。

前此经诗〔师〕著述大意〔异〕，而开启宋代新儒学家治经之途径者也"。[1]

如果韩愈是受新禅宗的影响才转而正心诚意，甚至到了"天竺为体，华夏为用"的程度，其弟子的复性论就很难说是与禅无关于儒有本。新儒学究竟是取珠还椟，还是古今一贯，或者说，古今一贯是唐宋诸儒苦心孤诣的自称，还是新儒学创制的渊源，两说并存、悬案依旧，破解之道，有待于来者。两相比较，以情理论，无疑陈寅恪之说更为可信，恰如欧洲中世纪思想必须借助儒学才能突破变换，很少抽象虚理思维习惯的唐宋诸儒，如果没有内典外书相互比附、性理之学盛行的时代风尚影响，也很难产生思维方式的革命性变换。只是陈寅恪的看法较傅斯年曲折复杂，不易直接取证，反而傅斯年的说法容易找出直接证据，看似信而有征。史学研究中往往存在实事无实证，而实证并非实事的现象，造成诸多困惑，由此可见一斑。唐宋诸儒的行事方式，直到明清之际仍然有人仿效，只是自然科学方面可以比较文本进行梳理，思想精神层面的水乳交融，已经很难分离验证。如此看来，晚清面对西学的中学，其实早已是既非固有，更不固定。

知识与制度转型的大背景是中西交汇，除了认识中国原有，对西的一面同样要认真探究，而不仅仅是一般性的了解，应当回到相应的历史时期，追寻各种知识与制度变化发展的渊源脉络，以免受后来完善化、体系化观念的影响。关于此点，近代学人围绕中国有无哲学的问题所展开的讨论颇有启示意义。1928 年，张荫麟撰文评冯友兰《儒家对于婚丧祭礼之理论》，指出：

---

[1]　陈美延编《陈寅恪集·金明馆丛稿初编》，生活·读书·新知三联书店，2001，第 320、322-323 页。

夫以现代自觉的统系比附古代断片的思想，此乃近今治中国思想史者之通病。此种比附，实预断一无法证明之大前提，即谓凡古人之思想皆有自觉的统系及一致的组织。然从思想发达之历程观之，此实极晚近之事也。在不与原来之断片思想冲突之范围内，每可构成数多种统系。以统系化之方法治古代思想，适足以愈治而愈棼耳。[1]

这里虽然讲的是中国，实则西方也有类似情况。如欧美学者的社会学史，一般是将斯宾塞的《社会学》作为发端。其实这也是后来社会学家的倒述。严格说来，斯宾塞那本标名《社会学》的著作，更近似于今人所谓社会科学。而在几乎所有欧美人撰写的社会学史中找不到位置的甄克斯，在 20 世纪初年的中国人眼中，却是西方代表性的社会学家，影响了众多中国人对社会和社会学的认识。

当然，最为复杂的还是变动不居的阶段。一个本来就没有真正统一定义（至多是约定俗成）的外来概念进入中国，常常要经历相当长的接受过程，而且接受者各自以其原有的知识进行判断和理解。其间不同时期有不同的表述，同一时期的不同个人也会表述各异。而同一表述之下，有时各人的意思大相径庭。一个学科同样如此。西式近代分科因民族国家的传统渊源而千差万别，进入中国后，对应于中国固有学问的何种门类，开始往往五花八门，后来虽然逐渐统一，其实还是各说各话。等到中国的固有分类被外来替代（实则很难对应），或者说按照西式分类的观念将中国的固有学问

[1]　张荫麟：《评冯友兰〈儒家对于婚丧祭礼之理论〉》，《大公报·文学副刊》1928 年 7 月 9 日第 9 版。

加以比附，却又出现了用西式分类看待中国固有学术是否合适的问题。如哲学，一度对应到易学、理学或诸子，后来傅斯年却提出古代中国无所谓哲学，连思想一词也要慎用，因为概念不仅仅是符号，由此可以引起极大的误解。用今天通行的美术概念去理解梁启超在戊戌前所主张的工人读制造美术书，[1] 只能是百思不得其解。而张荫麟等人对胡适、冯友兰等人中国哲学史研究的批评，主要也是针对后者用西洋现代系统化的哲学观念去理解或解释中国古代的精神世界，难免格义附会，似是而非，差之毫厘，谬以千里。

直至今日，不少中国学人仍然在为诸如此类的分歧差异而备感困惑和困扰，而那些没有感到困惑与困扰者，并不见得比他人更加清醒，或许刚好相反，以现有的知识来理解前人，已经将现实视为天经地义，从而失去了怀疑的自觉。如有的评论者指出那些认为中国无哲学的论点是以西方为标准，殊不知中国非有哲学不可，同样是一把西学的尺度。后来熊十力即批评西方人认为中国无哲学，不无矮化贬低中国学术之意。了解近代学人何以会有上述观念看法，以及他们彼此讨论的具体语境，有助于理解问题本身。

中国古代已有现代西方的各种学术分科，除习惯于附会者外，当然有些匪夷所思。其实，连中国固有学术是否存在分类，学界尚有争议。民国时宋育仁从学制改良和国学教育的角度，断言：“经史子集乃系书之分类，不得为学之分科；性理考据辞章为国学必要经历之程，而非人才教育专门学科所立。”“北京大学立经学专科，外国学校有历史分科，讲求国学者，因此遂以经史子集四部之名分配

---

[1]   梁启超：《读日本书目志书后》，载林志钧编《饮冰室合集》文集之三，中华书局，1989，第 54 页。

为教科。孔经为欧美所无，而彼中大学五科有道科，以其教经为主课；日本大学立哲学，以孔经立为哲学教科。夫四部乃分布书类之名，非支配学科之目。"[1]

不过，古人治学，虽然不讲分科，而重综合，不等于学术没有分别。经学、史学的名目，由来已久，诸子学也有数百年历史，至于集部，实际是文学，只是古人的文章之学，与今日的文学概念不同。图书分类，也不等同于学术分科。晚清那一代新进学人，努力将中国固有学问与西学对应，很少怀疑这种对应是否合适，因此附会之说不在少数。到了民国时期，不少人意识到简单对应的牵强，但已不容易摆脱分科概念的控制。时至今日，分科教育和分科治学的现状，早已将古代中国的学问肢解得七零八落，而且彼此之间壁垒森严了。

考古的概念和考古学的分科，不仅在转型过程中困扰着近代中国学人，即使在此之后，认识与理解仍然因人而异，令学人有些莫名所以。直到 20 世纪 90 年代，中国考古学界的新锐学人还在为中外考古学的发展趋向明显两歧而大感不解。一般而言，欧美考古学的主导趋向是离开文献，或者说是要补文献的不足。章太炎对此有过整体性的评论，他指责"今人以为史迹渺茫，求之于史，不如求之于器"的做法，是"拾欧洲考古学者之唾余也。凡荒僻小国，素无史乘。欧洲人欲求之，不得不乞灵于古器。如史乘明白者，何必寻此迂道哉"。中国"明明有史，且记述详备"，可以器物补史乘之

---

[1]　宋芸子：《国学学制改进联合会宣言书》，《国学月刊》1923 年 9 月第 17 期，第 23—25 页；宋芸子：《国学研究社讲习专门学科》，《国学月刊》1923 年 9 月第 17 期，第 39 页。

未备，而不宜以器物疑史乘，或作为订史的主要凭据。[1] 所以中国考古学在很大程度上要承担印证文献记录的使命。加之中国本有金石器物学传统，与考古学不无近似，因此，在相当长的时期内，考古一词更多的是在考证古史的意义上理解和使用。所谓古史，固然也指上古历史，更主要的是历代典籍对先民历史的记载。这也就是具有留学背景的近代学人所批评的，中国旧式学人的研究重心在于古书而不是古史。

由于这一取向较易与金石学传统沟通联系，民国时期金石学者一直在考古学界扮演重要角色。20 世纪 30 年代在北平成立的考古学社，主导的取向就不一定是掘地。而 20 世纪 20 年代在古史辨论战中，李宗侗等一些学人主张由考古发现来解决问题，正是寄希望于掘地。进言之，即使掘地，学人最有兴趣的仍然是发现埋藏在地下的文献。王国维著名的二重证据法，说到底所谓地下还是文献，而不是用实物证文献，更不是用实物重建历史。直到 20 世纪 80 年代重建考古学会，担任顾问与担任理事的学人取向依然有所不同。这种固有学术传统的制约作用不仅发生在中国学人身上，深受中国学术熏染的域外学人也会近朱者赤。日本考古学大家梅原末治晚年甚至宣称：东亚考古学应当是以器物为对象的学问，几乎认同金石学的理念。更多地接受欧美现代考古学影响的李济批评梅原末治开倒车，实则毋宁说梅原的转向是由于对东亚的历史文化和学术有了更加深刻的体验，因而改变了单纯以欧美考古学为准的的观念。[2]

---

[1]　徐一士：《一士类稿·太炎弟子论述师说》，载荣孟源、章伯锋主编《近代稗海》第 2 辑，四川人民出版社，1985，第 105–108 页。

[2]　参见斋藤忠：《考古学史の人びと》，第一书店，1985；角田文衞编《考古学京都学派》（增补），雄山阁，1997。

分科治学之下，各种辅助学科对于历史研究的影响渐深，统一的历史被分割为各种各样的专门史，用了分科的眼光看待前人前事，很难得其所哉。姑不论文学古今有别，哲学似有似无，政治形同实异。即使域外为道理，一味盲从，也难免偏蔽。民国时期社会经济史盛行，有学人就认为："吾国史政治之影响究大于经济，近人研史或从经济入手，非研史之正轨也。"[1] 近代学人批评中国古代无史学，只有帝王家谱。可是王朝的兴衰，往往关乎民族的存亡，却是不争的事实。在今人眼中，货币无疑属于经济史、金融史、财政史的范畴，而历史上在不同人的眼中，银钱的意涵不可同日而语。用后来专门的观念，可以得出符合学科规范的结论，而于认识历史上的实事，反而可能牵扯混淆。

近代中国的知识与制度转型的复杂性，因为东学背景而更加难以把握。日本长期以来一直受中国文化的影响，直到明治维新大见成效，特别是甲午战争、戊戌维新和新政之后，乾坤倒转。此后中国的精神世界大受日本的影响，用于正式学科的许多名词，都是来自日本明治后的"新汉语"。此事已经引起海内外学人的长期关注。所谓明治后的"新汉语"，并不一定是日本人的发明，尽管前人也察觉到其中有借用，有独创，有拼合，但最值得注意的却是，这些新汉语中相当一部分本来源自中国。例如"国民"，十余年前日本学人已经注意到，1880 年王韬等人著述中就出现了现代意义上的"国民"，与古代中国的国民含义大不相同。近来又有学人发现，最早的中文期刊《察世俗每月统纪传》中，已经出现了具有现代意义的"国民"一词。

当然，这些新名词大都并非单纯国人的贡献，往往是来华外国

---

[1]　金毓黻：《静晤室日记》第 6 册，辽沈书社，1993，第 4786 页。

人士为了翻译上的用途，而和他们身后的中国助手一起逐渐发明出来。虽然在中国人的圈子当中并不流行——所以后来要从日本"逆输入"，但如果以为要到 19 世纪末 20 世纪初才从日本引进，则不仅有时间先后之别，对于过程的理解也会大受影响。明治初期的日本人士，用一般日语很难因应西学的复杂，不得不借助表现力强而且简略的汉文古典。由此创造出数以千计的新汉语，既不能与西文原意吻合，又与中国的原典有异，在促使东亚进入世界体系、使得日本掌控了东亚精神世界话语权的同时，产生了误读错解中西历史社会文化的不小弊端。而知识的分科系统，无论在教育还是学术层面，近代中国多以日本为蓝本，有时争议的各方，引经据典的大都东学的不同来源。其利弊得失，很有重新全面检讨的必要。

诸如此类变化过程的复杂性，在制度方面同样有明显的体现。作为人与社会的行为规范，制度具有独特的文化内涵，全以西人现代观念对待，难免陷入科学与迷信、先进与落后、文明与野蛮的对应。这种建立在进化论基础上的社会发展观，不可避免地导向西方中心论。银行取代钱庄票号，便是一个相当典型的例证。认定前者在制度上优于后者，显然是以今日的眼光去回顾衡量的结果。这种似乎合理的观点，并不能解释何以在长达半个世纪内银行非但不能取代钱庄票号，甚至在与后者竞争时还处于下风。至少在当时中国人的实际生活中，银行似乎不如钱庄票号来得方便，也不比后者更具诚信。后来银行之所以能够占据上风并且最终取代钱庄票号，与其说是因为银行自身具有优势，不如说是随着西方列强的全球扩张和世界化进程，中国社会日益被拖入其中，整体环境产生了有利于银行的极大的变化，而钱庄票号又不能抵御各级政府和官僚各式各样的插手干预，被后者财政信用的不断流失所拖累，直到金融危机爆发，终于陷入万劫不复的境地。后来的民族工商业乃至新式金融业，也难逃同样的命运。

另一项中西差异明显的制度是医疗。在进化论观念的主导下，国人一度试图在先进与落后的框架下安置所有的中国与西方，中学、中医乃至国画，都被看成旧与错的象征。而据现代的研究，中国的稳婆与西方的助产士，二者在接生过程中所担当的角色作用相去甚远，前者的文化心理安抚功能在很大程度上弥补了医疗手段的不足，使得产妇分娩时能够减少痛苦，并且在一定程度上抵消了后者科技水准的优势。无论医学所包含的文化因素难以用西医的科学标准裁量，一视同仁的西医和因人而异的中医，究竟哪一种更加合乎较近代科学的简单化复杂得多的现代科学，也不无重新认识的余地。

晚清以来的教育变革同样经历曲折，历届政府一直大力推行的国民教育，在实际运行中遭遇重大障碍，而备受争议的所谓私塾，则到 20 世纪 40 年代仍然具有相当大的规模。清代对新式学堂的非议很容易被斥为守旧，而民国时期倡行乡村教育的知识人对于国民学校的批评，就不再是一个简单的新旧判语所能了断。其中所包含的对于外来制度与国情现实的反省，值得后人深思。

有些制度变更，看似完全由西方移植引进，其实并不那么简单。三权分立的原则以及相关的制度建设，包括选举的实施、机构的建置、程序的展开，甚至基本的理念，都不是原版复制，引进之时固然有所选择取舍，引进之后还要加以调整，尤其是在许多方面实际上利用了中国已有的基础，或是不能不受固有条件的制约，因而在落实到中土的时候，发生了种种变异。戊戌以来，民主的追求就是中国政治生活中的头等大事，相关的制度在形式上也陆续建立，可是西方民主制的理念源于人性恶的原罪意识，而权力又是万恶之源，性恶之人掌握权力，更加无恶不作，所以天下无所谓好的政治，只是坏的程度多少深浅而已，因此必须分权制衡，以防止掌权者为恶。中国的传统却是圣王观，内圣可致外王。只要找到内圣，就应当赋予其充分的权力，使之可以放手行其外王之道。因为内圣致外王时能够自律，约束太多，反而限制其发挥。而后来的各级行政机构多由科房局所演变而来，分立的三权，也往往被行政长官视为下属。这些都使得制度的移植和建设充满变数，不是主观意愿所能控制。

典章制度研究本来就是中国史学的要项，只是近代史研究中往往有所忽视。涉及者主要依据章程条文，加以敷衍。而"写在纸上的东西不一定就是现实的东西。研究制度史不能只看条文，必须考察条文在实际生活中的作用"。[1] 也就是说，应当注意章程条文与社会常情及变态的互动关系，这种考察制度渊源与实际运作及其反应的做法，适为近代制度沿革研究的上佳途径。

一般而言，概念往往后出，研究中很难完全避免用后出外来的概念，因为经过近代的知识转型，不使用这些概念，将不可避免地导致失语。不过，在迫不得已的情况下使用后出外来概念，并不等于全盘接受其所有语义，甚至本末倒置，完全按照其语义的规定来理解事物。反之，对于这些概念的局限或扭曲原义本相的潜在危险，必须具有充分的自觉，否则势必南辕北辙。如按照现代法治社会的观念来看待清代的律法及其实践，将司法与行政分离，已经离题太远，再强分刑法与民法，更加不着边际。在官的方面，判案就是政务的要项。这与亲民之官担负保一方平安的职责密切相关。清季改制，军政长官不愿放弃司法行政权，根据之一，就是军情紧急

---

[1] 蒋天枢：《陈寅恪先生编年事辑》（增订本），上海古籍出版社，1997，第97页。

之时就地正法的必要。

　　试图在司法层面理解古代中国的社会常态，恐怕也有不小的距离，伦理社会的诸多问题乃至纠纷，都不会提到法律的层面来解决。直到 20 世纪 40 年代，中国人大都还认为坏人才打官司。而用案卷来透视社会，如果不能与其他资料比勘参证，尽力还原事实，则案子固然已经是变态异事，案卷所录与实事本相也相去甚远。反之，虽然传统中国并非法治社会，多数争端纠纷一般不会上升到法律层面，并不意味着常态的社会生活与律法无关。熟知律法的民间人士，除了担任刑名师爷等幕友外，主要不是在打官司的过程中扮演讼师，而是在一般社会生活的各个层面，担任与律法有关的中间或见证人。

　　近年来，知识史的研究越来越引起国内外学人的关注，研究的方向领域共通，而取径各异，见仁见智之下，也有一些值得共同注意的问题，其中之一，便是如何防止以今日之见揣度前人。要避免"倒放电影"和做到"去熟悉化"，对于今人而言其实是极为困难的事，仅仅靠自觉远远不够。因为习惯已成自然，错解往往是在不经意之间。无知无畏者不必论，即使不涉及价值判断，且有高度自觉，也难免为后来外在的观念所左右。近代学术大家钱穆研治历代政治制度极有心得，而且明确区分时代意见与历史意见，可是仍然一开始就使用中央与地方的架构来梳理历代政治制度。实则这样的对应观念并非历代制度本身所有，而是明治时期日本的新概念。来华日本人士以此理解清朝体制，进而影响国人。尤其是织田万所著《清国行政法》，对中国朝野影响巨大。尽管如此，清季改制之际，就连接受这些概念的官绅，一旦面对内外相维的清代原有设制，直省究竟是否地方，还是成为偌大的难题，令举国上下缠绕不清、头痛不已，找不出适当的破解之道。进入民国，在相当长的时间里，省的地位属性，一直困扰着行政体制的设置及运作。岁月流逝，原来的困惑如今看似已经不成问题，实际上不仅依然制约着现实社会的相关行事（如地方行政与税制层级划分），而且导致与中国固有体制的隔膜，使得相关研究进入南辕北辙的轨道，用功越深，离题越远。

知识与制度体系转型日益深化，类似情形便不断得到巩固和强化。清季以来，西式学堂取代旧式学校，不仅要分科教学，而且以教科书为蓝本，在模仿日本编制教科书的过程中，各种知识陆续按照日本化的西式系统初步被重新条理。担心这种情形可能存在某种危险倾向的学人，曾经从不同的角度提出警示，只是在中西乾坤颠倒的大势所趋之下，他们的担忧和呼吁，很容易被视为守旧卫道而遭到攻击排斥。与此相应，各种报刊出现分门别类的栏目，中外学问需要统一安放，附会中西学术成为不少有识之士孜孜追求的目标。民国以后，整理国故兴起，精神世界已经被西化的中国学人进一步认为中国固有的知识缺少条理系统，因此要借助西方的系统将中国学问再度条理化。从胡适的《中国哲学史大纲》建立新的范式，中国的知识系统不仅在教科书的层面，而且在学术层面也逐渐被外化。随着重新条理一过的知识不断进入教科书和各种普及读物，主观演化成了事实，后来的认识就反过来成为再认识的前提。这样的过程周而复始地进行，今人的认识越来越适应现有的知识，而脱离本来的事实。这也就是陈寅恪所指摘的，越有条理系统，去事实真相越远。

与蔡元培等人推崇胡适以西方系统条理本国材料为开启整理国故的必由之路不同，1923 年，清季附会东西洋学说的要角梁启超针对国故学复活的原因指出：

　　盖由吾侪受外来学术之影响，采彼都治学方法以理吾故物。于是乎昔人绝未注意之资料，映吾眼而忽莹；昔人认为不可理之系统，经吾手而忽整；乃至昔人不甚了解之语句，旋吾脑而忽畅。质言之，则吾侪所恃之利器，实"洋货"也。坐是之故，吾侪每喜以欧美现代名物训释古书；甚或以欧美现代思想衡量古人。

　　尽管梁启超认为以今语释古籍原不足为病，还是强调不应以己意增减古人之妍丑，尤其不容以名实不相符之解释致读者起幻蔽。而且梁启超现身说法，承认此意"吾能言之而不能躬践之，吾少作犯此屡矣。今虽力自振拔，而结习殊不易尽"。告诫"吾同学勿吾效也"[1]。可是，清季开始的教育变革到这时产生了极其重要的效应，正是大批新式学堂培养起来的青年，成为外化的学术最终升上主流位置的决定性因素。守成的学人在失去政治依托之后，又被剥夺了学术的话语权。今人对近代学术历史的认识，往往是通过主流派后来写成的历史，有意无意间将后者的看法当成了史实本身。

　　制度体系的变异进一步强化了知识体系的西化。生长于今日的环境，所得知识又是由学校的教科书教育灌输而来，现行的知识与制度体系已经成为今人思维与行为的理所当然。换言之，今人基本是按照西式分科和西式系统条理过的知识进行思维，依据西式的制度体系规范行为，因而其思维行为与国际可以接轨，反而与此前的中国人不易沟通。这显然是用进化论的观念将人类文明和文化统一排列后产生的结果。只是中国并不能因此就成为理想中的西方，这

<hr />

　　[1]　梁启超：《先秦政治思想史》，载林志钧编《饮冰室合集》专集之五十，中华书局，1989，第 13 页。

种沟通一方面以牺牲文化传统为代价，另一方面，则以对西方认识的笼统模糊和似是而非为凭借，或是将不同的西方各取所需，杂糅混淆，因而往往与西方形同实异。这既体现了传统对现状的制约，又反映了国人对域外的隔膜。

民主、科学、革命等等概念，都是 20 世纪主导国人思维行为的重要语汇，它们不仅仅是观念，而且形成一整套的政治、法律、社会制度和行为方式。国人对这些约定俗成的概念的认识和解释，并不一致，与其来源的含义更是相去甚远。在内圣外王观念的制导下，近代中国的追寻民主相当长的一段时期是在寻求可以成为民之主的内圣。这个概念本身开始的含义就是民之主，后来则演变成民主制推举出来的首脑。科学是另一个让国人半是糊涂半明白的概念。什么是科学，在不同的西方有着不同的内涵外延，如果以必须由实验验证为标准，则数学也不宜称为科学。至于社会科学，尤其是人文学科能否称为科学，争议更大。而科学本来的历史意义之一，就是分科治学。在这方面，近代中国受东学的影响极大，背后则是德国学术的观念。概念本身的差异，使得中国很容易泛科学化，从而令科学的意义反而不易把握。今人使用这些概念，常常追究是否准确传达西文的原意，其实作为翻译语汇，误读错解是常态，用比较研究的办法探究其如何被创造、应用、传播和变异，才能接近因时因地因人而异的本意。

研究近代中国的知识与制度体系转型，还有更深一层的含义。晚清尤其是五四以来，以西洋系统条理本土材料，已成大势所趋。今人所有的知识，几乎都是被条理过的。近代学人已有比附西学的偏向，今人治学，更加喜欢追仿外国。这虽然是学风不振所致，其知识架构已被西化，则是深层原因。而外人治学，虽然有现代学术的整体优势，治中国学问，还是要扬长避短，其问题意识，也主要是来自本国，并非针对中国。国人不察，舍己从人，既不能发挥所长，又容易误读错解方法和问题。长此以往，国人不可避免地只能跟随在欧美后面，亦步亦趋。学得越像，反而离中国历史文化越远。如果不能及时正本清源，找出理解中国固有的思维行为的门径，则虽有自己就是中国人的自信，对于中国的认识，反倒会出现依赖外国，却不能真正了解中国的尴尬。

第三节　做法与释疑

知识与制度体系转型研究，理想的境界是能够同时提供理解传统、认识过程、了解现在和把握未来的钥匙。其中理解传统和认识过程至关重要，是了解现在和把握未来的基础。知识与制度体系转型，虽然导致中国今昔截然不同，在某种程度上甚至可以说造成了传统的断裂，但不一定意味着今日的一切比过去来得正确、进步、高明，也不是说传统在今日不再发生作用。中国文化从古至今一以贯之，清季民国的知识与制度体系转型，发生在这一文化系统持续活动的过程之中，中国固有的知识与制度，是国人认识和接受外来知识与制度并且加以内化的凭借。因此，近代中国人虽已开始接受西方的观念和制度，所凭借并非西化之后，所理解的与当时的外国人和今天的中国人均有所不同。固有文化不仅制约着知识与制度体系变动的进程和趋向，而且影响着转型后的形态。不了解中国的固有文化，就很难确切把握转型中的种种情形以及转型后的种种面相，也就无从进入近代中国人面对知识与制度转型时的精神世界，难以理解相应的各种行为。

作为中西新旧变相的传统与现代，往往相互缠绕，并非如当事人及后来者所以为的截然分立。好讲科学方法，是清季民国趋新学人的共相，至于什么是科学方法，各人的理解相去甚远。而且所讲科学方法又往往附会于传统。被指为树立现代学术范式的胡适，在相当长的时期内主要是讲清代学者的治学方法。梁启超、傅斯年等人也一度认为清代学者的治学方法最接近科学。不过，梁启超长期以归纳法为科学方法的主要形式，后来却意识到，历史研究并不适用归纳。在变化之前，梁启超一度站在汉学家的立场，主张考史，引起钱穆的不满，撰写同名著作，辨析清代汉宋并非壁垒森严，甚至尽力抹平汉宋之分。可是他论及民国学术，还是不得不承认：

> 此数十年来，中国学术界，不断有一争议，若追溯渊源，亦可谓仍是汉宋之争之变相。一方面高抬考据，轻视义理。其最先口号，厥为以科学方法整理国故，继之有窄而深的研究之提倡。此派重视专门，并主张为学术而学术。反之者，提倡通学，遂有通才与专家之争。又主明体达用，谓学术将以济世。因此菲薄考据，谓学术最高标帜，乃当属于义理之探究。此两派，虽不见有坚明之壁垒与分野，而显然有此争议，则事实为不可掩。[1]

另一方面，近代学人所指称的清代学者的治学方法，很大程度上是他们用后来的科学观念观察理解的认识，未必符合清代学术的本相。从胡适推许清代学者的治学方法，到今日学界滥言乾嘉考据，可见对于由音韵训诂的审音入手的乾嘉学术，即使在专业领域

---

[1]   钱穆：《新亚学报发刊辞》，《新亚学报》1955 年第 1 卷第 1 期，第 1 页。

也已经误会淆乱到颠倒黑白的程度。今人所讲清代学术的汉宋古今，即是历来学人的认识层垒叠加的产物，视为清学史的演进变异则可，视为清学发生演化的本事，则不免似是而非。以汉宋纷争为主线脉络，甚至全用汉宋眼光理解清人的学术，多为阮元以下不断系统化的看法，而非惠栋以来复杂的实情。而且后来不断变换强化的解读，与阮元、江藩、方东树等人的本意也相去甚远。前人未必有汉宋对立、此是彼非、非此即彼的观念，即使有所分别，也与后人所说形同实异。

古今之争更是康有为以后才上升为全面性问题。清人多将古今兼治，熔为一炉，后来制定新式学堂章程，读经内容也并未排斥今文。因此讲今文不止常州一派，而常州学人所说，也并非一味从今古文立论。如果不是康有为托古改制，以及章太炎有心与康氏立异作对，今古文未必成为问题。而康有为转向今文，初衷或许只是迎合公羊学盛行的时尚，以求科考功名，为其立业奠定基础。

同样，近代学人好讲的浙东学派，固然为清代学人论及，可是不同时期不同学人所说的渊源流变和范围内容各异。迄今为止，关于浙东学派的研究，主要不是寻绎发生演化的历史，而是不断编织言人人殊的谱系。即使逐渐形成共识，也不表明符合事实。正如前贤所指出的，诸如此类的举动实为创造而非研究历史。而历史并不因此发生丝毫增减，反而无情地成为检验研究者见识是非高下的永恒尺度。每一代人心中的历史将永远反复受到验证。

近年来，海内外学人对于近代中国的知识与制度体系转型的研究兴趣渐浓，做法互有异同。高明者的理念取径从努力的方向看有一致之处，都将概念、学说、思想视为整体，以传播与接受并重，并且注意由西而东，从外入里地输入引进、模仿移植、取舍调适的全过程和各方面。窃以为，这正是通过事实影响进入平行比较，从而进行比较研究的上佳课题，[1] 对于学人的智慧与功力，也将是极大的考验与挑战。

由于近代中国的知识与制度体系转型持续时间长，牵涉范围广，相关资料多，问题又极为复杂，非有长期专深系统的探究，不易体会把握。作为集众的研究，不做一般通史的泛论，也力求避免彼此隔断的窄而深，旨在分科治学的时代，超越分科、专门、古今、中外等界域，借鉴中古制度史研究的有效良法，避免先入为主的成见，将知识与制度研究合并，按照历史发展的时序，同时考察观念与行为的变化及其相互影响制约，探究概念引进、思想传播、体制建立等层面外来影响与本位知识、制度体系的冲突融合呈现对应、移植、替代、调适、更新的不同情形，梳理西学、东学影响下中学由旧学转向新学的轨迹大势，以及各级各类政治法律、社会经济、教育文化等制度体系的变革与变异过程，深入认识中华民族崭新智能生成与运作机制形成的进程、状态和局限，使得概念、思想、学科、体制各阶段各层面各角度的内外复杂关系完整体现，力求沟通古今中外，更加全面深入地把握知识与制度转型的渊源流变和各个层面的内在联系。在实证研究的基础上，形成一套相互沟通的理念、行之有效的方法、具有统系且不涉附会的解释系统和恰如其分的表述话语，为超越分科局限的知识与制度转型研究提供切实可行的新取径和新做法。

遵从大处着眼、小处着手的途辙，本丛书将宏观作为探究的工

---

[1]   关于此节，详参桑兵：《近代中外比较研究史管窥——陈寅恪〈与刘叔雅论国文试题书〉解析》，《中国社会科学》2003 年第 1 期；《梁启超的东学、西学与新学——评狭间直树〈梁启超·明治日本·西方〉》，《历史研究》2002 年第 6 期。

具而不是表述的依托，读者高明，自然能够区分这些具体表述背后各自的"宏大框架"的当否高下。参与本丛书的各位作者，对此大义的领悟各有所长，或许不能尽相吻合。而他们的成果一旦独立，读者从中领悟的微言大义也会因人而异，呈现出横看成岭侧成峰的景象。这并不改变研究的初衷，作为开端，自有其承上启下的意义。呈现阶段性的研究所得，与其说要提供样板，毋宁说是探索途径，显示一些方向性的轮廓，希望由此引起海内外同好的兴趣，加入这一潜力无限的探索中来，循此方向，贡献各自的智慧和功力，在提供具体研究成果的同时，使得研究路径和方法日趋完善。研究成果结集出版，并不意味着相关研究的结束，而是向海内外学人展现一片广阔的研究前景。同时，同仁们努力追求的目标，不仅仅是丰富思维的内容，更要提高思维的能力。

　　近代中国的知识与制度转型研究，进行有年，收效显然，困惑仍多。探索前行，应是恰当写照。概言之，此项研究，重在"怎样做"，而非"做什么"，也就是说，主要并非所谓开拓前人目光不及的专门领域，尤其不欲填补什么空白，而是力图用不同的观念、取径和办法，重新审视探究历史本事与前人的历史认识之间的联系及区别，以求理解前人的改变是如何发生，如何演化，以便探究今日国人的思维行为、观念制度的所以然。若先有主观，则难免看朱成碧，所谓论证，无非强古人以就我。而以后来观念说明前事，历代皆有，不得不然。此一先入为主，不可避免地存在，所以学人早已提出"以汉还汉"之类的目标。只是如何还得到位，既要条理清楚，又不曲解古意，前贤做法各异，还原程度不一，还须仔细揣摩体会。

　　治史当求真，而真相由记录留存。即使当事人，因立场、关系等因素，所记也会因人而异。况且，记录不过片段，概念往往后出，当时人事的语境，经过后来史家等的再论述，不知不觉间变化转换，能指所指，形同实异。继起者不能分别历史叙述中本事与认识的联系及区别，每每因为便于理解把握而好将后出的集合概念当作条理散乱史事的工具，又没有充分自觉，导致望文生义、格义附会。时贤批评以关键词研究历史相当危险，主张少用归纳而力求贯通，或认为越少用外来后出框架越有成效，确有见地。不从先入为主的定义出发，最大程度地限制既有的成见，努力回到前人的语境理解其本意，寻绎观念事物从无到有的生成或演化，理解把握约定俗成之下的千差万别，应是恰当途径。

今日学人的自身知识大都由现代教育而来，受此影响制约，感受理解，与上述取径不免南辕北辙。用以自学，不免自误，进而裁量，还会害人。近代中国面临前所未有的大变局，意识行为以及与之相应的知识和制度规范，乾坤大挪移。努力引领时流的梁启超和趋新之外还要守成的章太炎、刘师培、王国维等，都曾不但用西洋镜观察神州故物，而且主动附会，重构历史。可见用外来"科学"条理固有学问，早在上一次世纪之交已经开始。只是当胡适等人理直气壮地用西洋系统条理固有材料欲图整理所有国故时，先驱者逐渐察觉过去的鲁莽，程度不同地自我反省。可惜后来者不易体会，历史不得不再次循环往复。所遗留的问题，至今仍然不断迫使人们反思。经过清季千古未有的大变局和五四开天辟地的新文化，有多少已经天经地义之事需要重新检讨，或者说从更贴切地理解古今人们的意识行为的角度看，有必要进一步再认识。

历史研究，无疑都是后人看前事，用后来观念观照解释前事，无可奈何，难以避免。但要防止先入为主的成见，尽量约束主观，以免强古人以就我。如何把握 1931 年清华 20 周年纪念时陈寅恪所提出的准则，即"具有统系与不涉傅会"[1]，至关重要，难度极高。这不仅因为后人所处时代、环境及其所得知识，与历史人物迥异，而且由于这些知识经过历来学人的不断变换强化，很难分清后来认识与历史本事的分界究竟何在。陈寅恪曾说：

> 以往研究文化史有二失：（一）旧派失之滞。旧派作"中国文化史"……不过抄抄而已，其缺点是只有死材料而没有解释，读后不能使为了解人民精神生活与社会制度的关系。（二）新派失之诬。新派留学生，所谓"以科学方法整理国故"者。新派书有解释，看上去似很条理，然甚危险。他们以外国的社会科学理论解释中国的材料。此种理论，不过是假设的理论。而其所以成立的原因，是由研究西洋历史、政治、社会的材料，归纳而得的结论。结论如果正确，对于我们的材料，也有适用之处。因为人类活动本有其共同之处，所以"以科学方法整理国故"是很有可能性的。不过也有时不适用，因中国的材料有时在其范围之外。所以讲大概似乎对，讲到精细处则不够准确，而讲历史重在准确，功夫所至，不嫌琐细。[2]

近代以来，中西新旧，乾坤颠倒，体用关系，用夷变夏，已成大势所趋。1948 年杨树达作《论语疏证》，为陈寅恪所推许，并代为总结其方法：

---

[1]　陈寅恪：《吾国学术之现状及清华之职责》，载陈美延编《陈寅恪集·金明馆丛稿二编》，生活·读书·新知三联书店，2001，第 361 页。

[2]　卞僧慧：《陈寅恪先生年谱长编（初稿）》，中华书局，2010，第 146 页。

先生治经之法，殆与宋贤治史之法冥会，而与天竺诂经之法，形似而实不同也。夫圣人之言，必有为而发，若不取事实以证之，则成无的之矢矣。圣言简奥，若不采意旨相同之语以参之，则为不解之谜矣。既广搜群籍，以参证圣言，其言之矛盾疑滞者，若不考订解释，折衷一是，则圣人之言行，终不可明矣。今先生汇集古籍中事实语言之与《论语》有关者，并间下己意，考订是非，解释疑滞，此司马君实李仁甫长编考异之法，乃自来诂释论语者所未有，诚可为治经者辟一新途径，树一新模楷也。天竺佛藏，其论藏别为一类外，如譬喻之经，诸宗之律，虽广引圣凡行事，以证释佛说，然其文大抵为神话物语，与此土诂经之法大异。……南北朝佛教大行于中国，士大夫治学之法，亦有受其薰习者。寅恪尝谓裴松之《三国志注》，刘孝标《世说新书注》，郦道元《水经注》，杨衒之《洛阳伽蓝记》等，颇似当日佛典中之合本子注。然此诸书皆属乙部，至经部之著作，其体例则未见有受释氏之影响者。唯皇侃《论语义疏》引《论释》以解《公冶长》章，殊类天竺譬喻经之体。殆六朝儒学之士，渐染于佛教者至深，亦尝袭用其法，以诂孔氏之书耶？但此为旧注中所仅见，可知古人不取此法以诂经也。盖孔子说世间法，故儒家经典，必用史学考据，即实事求是之法治之。彼佛教譬喻诸经之体例，则形虽似，而实不同，固不能取其法，以释儒家经典也。[1]

---

[1]　陈寅恪：《杨树达论语疏证序》，载陈美延编《陈寅恪集·金明馆丛稿二编》，生活·读书·新知三联书店，2001，第262—263页。

　　以事实证言论，以文本相参证，继以考订解释，可以明圣人之言行。此即宋代司马光等人的长编考异之法，也是史学的根本方法。其要在于依照时空顺序，通过比较不同的材料，以求近真和联系，从而把握包括精神观念在内的各种形式的史事的发生演化。在此之上，应当依据材料和问题等具体情形，相应变通，衍生出具体问题具体分析的千变万化，体现史无定法的奥妙。

　　与陈寅恪沟通较深的傅斯年撰写《性命古训辨证》，讲性命二字的古训，用法、德学者常用的"以语言学观念解释一个思想史的问题"的方法，强调："思想不能离语言，故思想必为语言所支配，一思想之来源与演变，固受甚多人文事件之影响，亦甚受语法之影响。思想愈抽象者，此情形愈明显。"而语学的观点和历史的观点同样重要：

　　　　用语学的观点所以识性命诸字之原，用历史的观点所以疏性论历来之变。思想非静止之物，静止则无思想已耳。故虽后学之仪范典型，弟子之承奉师说，其无微变者鲜矣，况公然标异者乎？前如程、朱，后如戴、阮，皆以古儒家义为一固定不移之物，不知分解其变动，乃昌言曰"求其是"。庸讵知所谓是者，相对之词非绝对之词，一时之准非永久之准乎？在此事上，朱子犹盛于戴、阮，朱子论性颇能寻其演变，戴氏则但有一是非矣（朱子著书中，不足征其历史的观点，然据《语类》所记，知其差能用历史方法。清代朴学家中，惠栋、钱大昕较有历史观点，而钱氏尤长于此。若戴氏一派，最不知别时代之差，"求其是"三字误彼等不少。盖求其古尚可借以探流变，

"求其是"则师心自用者多矣）。[1]

求其古与求其是，原为王鸣盛勾勒惠栋与戴震的治学特点，并有所评判，所谓："方今学者，断推两先生。惠君之治经求其古，戴君求其是，究之，舍古亦无以为是。"[2] 钱穆论道："谓'舍古亦无以为是'者，上之即亭林'舍经学无理学'之说，后之即东原求义理不得凿空于古经外之论也。然则惠、戴论学，求其归极，均之于六经，要非异趋矣。其异者，则徽学原于述朱而为格物，其精在三礼，所治天文、律算、水地、音韵、名物诸端，其用心常在会诸经而求其通；吴学则希心复古，以辨后起之伪说，其所治如《周易》，如《尚书》，其用心常在溯之古而得其原。故吴学进于专家，而徽学达于征实。王氏所谓'惠求其古，戴求其是'者，即指是等而言也。"[3] 或以为求其是还有是正之意，固然，但前提仍是知其本意。

将近现代学术大家如陈寅恪、傅斯年、杨树达、吕思勉、钱穆、梁方仲、严耕望等成效卓著的圣贤言行、经典古训、中古制度研究与域外比较文化研究的理念方法相结合，运用于资料更为丰富，情形更为复杂的近代知识与制度转型进程。打破分科的藩篱，不受后来分门别类的学科局限，将观念与制度融为一体，努力回到历史现场，充分展现历史的复杂性以及历史人物在此进程中所经历

---

[1]　欧阳哲生主编《傅斯年全集》第 2 卷，湖南教育出版社，2003，第 506、508 页。

[2]　洪榜：《戴先生行状》，载戴震著《戴震文集》，赵玉新点校，中华书局，1980，第 255 页。

[3]　钱穆：《中国近三百年学术史》，商务印书馆，1997，第 357 页。

和体验的各种困惑，避免用外来后出的观念误读错解，或是编织后来条理清晰的系统。将观念还原为事实，以事实演进显示观念的生成及衍化。尤其要注意中西新旧各种因素的复杂纠葛，防止简单比附，把握观念变化与制度变动的关系，依时序揭示和再现知识与制度不同时段不同层面的渊源流变等时空演化进程，使得知识与制度变动认识的历史顺序和逻辑顺序有机结合，从而达成认识与本事的协调一致。

回到无的境界，寻绎有的发生及其演化，与后现代的解构形似而实不同。其最大区别，目的不在解构现有，而是重现历史从无到有的错综复杂进程。既要警觉前人叙述框架存在的问题，不以其框架为事实或认识事实的前提，亦不以为批评对象，简单地站在前人叙述的对面立论，而要以历史事实为研究对象。后来的有固然不能等同于之前的有甚至无，却仍然是历史进程演化的一部分，只要把握具体时空联系下的所指能指，也要进入历史认识的视域。

现代中国人的思维、言说方式和行为规范以及与此相应的社会制度，大体形成于晚清民国时期，这一过程深受东西方发达国家的影响，以至于后者很大程度上对中国人的精神和行为，长期起着掌控作用，并造成对于中国社会和历史文化多方面的误读错解。前贤曾断言中国人必为世界之富商，而难以学问、美术等造诣胜人。为此，应以西学、东学、中学为支点，打破分科治学的局限，不以变化为进化，不以现在为现代，从多学科的角度，用不分科的观念方法，全面探究近代以来中国的概念、思想、学科、制度转型的全过程和各层面，沟通古今中外，解析西学与东学对于认识中国历史文化的格义附会，重建中国自己的话语系统和条理脉络，深入认识中华民族新的智能成生运作机制形成的进程、状态和局限，认识世界一体化进程中东亚文明的别样性及其对人类发展提供多样选择的价值，争取和保持对于世界文明发展日显重要的中国历史文化解释的主动和主导地位。

在分科治学的时代，超越分科、专门、古今、中外等界域，不以实用为准的，而以将人类知识作为整体来把握和运用为目标，聚合与培养超越分科与专门的志向高远之士，为国际多元文化时代的到来做人才和学理的准备，以重新理解中国、东亚乃至世界的社会、历史和文化的本意为凭借，超越17世纪以来欧洲对人类思维行为的垄断性控制，探索不同的思维和行为方式，使中国的民族精神为人类社会的发展提供新的思维取向和行为规则，建构全新的世界秩序和发展模式。

集众式的研究，很难齐头并进，只要各有所长，均有可取之处。先期刊发的相关论著，陆续得到一些意见和疑问，凡是涉及理念、取向和做法的，总说和分说有所说明，在此还想集中进一步解释。意见和疑问主要有三点：其一，关键概念应当更加明确；其二，整体系统应当先予展示；其三，方法究竟为何。

一般而言，普遍使用的集合概念大都后出，要与当下沟通，图个方便，不能不用，否则无法表达和传递意思。不过这样的约定俗成，往往省略许多复杂因素，要想作为了解历史的凭借，只能通过所有相关的史事来把握概念，决不能从后来集约的定义出发来认识历史。因为一旦要定义概念，势必牺牲史事，削足适履。所以，即使作为研究的结论，也只能说历史上这一概念因时因地因人而异的情形，大体可以如何理解。可是，人们认识世界往往以其所具有的知识为前提，有什么样的知识，决定其如何认识，这也是语言说人的意思之一。必须改变这样的认知习惯，学会不从定义出发，而以史事为据。要知道历史事件都是单一、不可重复的，历史上的词汇概念，在约定俗成之前固然言人人殊，即使在此之后，各说各话的情形也相当普遍。用定义的概念作为方便名词尚无大碍，若是作为关键概念使用，势必误读错解文本的本意和史事的本相。与此相关，用词汇勾连史事，看似展示历史的变相，实则不免用统一的概念取舍理解历史，还是跳不出认识旧惯的窠臼。

人类知识系统的整体架构究竟如何形成，什么因素在其中起作用以及如何起作用，至今为止还是有待探索的未知境界。今日通行的学科史，看似顺着说，其实大都是用后来的观念倒述出来。况且，在不同的文化系统以及同一系统的不同时段，其知识架构也是变动不居的。可以说，从来就没有什么统一、科学的整体系统。尽管近代中国人曾经笃信系统详备的分科之学就是科学，尽管康有为、梁启超、蔡元培、宋恕、刘师培、王国维等人努力学习日本，试图建立中外一体的学术系统，不知道二者其实是同义反复，五四以后留学欧洲的傅斯年还是早就发现，以分科为科学，是国人对西学的一大误会。因为即使在欧洲，各国的学科分界还是不尽相同，相互牵扯、纠缠不清。今日中国所使用的分科系统，虽然源自欧洲，却经过日本、美国的改造。前者要求严整，后者喜欢出奇。由于严整，貌似科学，由于出奇，便要创新，二者相反相成。其实不过糊弄外行，博取时名而已。研究知识与制度转型，正是为了改变以现行系统为天经地义的错觉，解析其发生演化的历史进程，解构不限于破坏，重现也不是为了替代。

先行确定整体系统，无非有两种情形：一是将现行知识体系视为认知前提，无论如何努力，结果肯定陷入窠臼；二是先验地建构新的系统，即便冥思苦想，也不能不有所凭借。若取法域外，则有格义附会、食洋不化和橘逾淮为枳的偏蔽；若任意拼凑，则重蹈前人覆辙，落得个无知者无畏之讥。凡事只要能够了解把握其渊源流变，就能够趋利避害。况且，学术研究必定是不完整的，求其完整系统，只能写成通史或一般教科书，有吸纳而难以独创，宽泛而不能深入。研究近代中国的知识与制度转型，目的不在于开辟一个具体的特殊领域，而是可以通过各方面的研究，逐渐把握中国现行知识与制度体系的由来演变，知其然亦知其所以然，进而重新检讨整个历史。这一进程目前还只是万里长征走完了第一步，随着研究的推进，各部分错综复杂的相互联系日益清晰，整体形态自然逐步显现。即使如此，也不过是研究问题图个方便，而不能视为哲学式的逻辑系统，尤其不能牺牲问题以迁就系统。

为了达成上述目的，必须有得其所哉的取径和做法。由于研究对象涵盖广泛，内容复杂，不可能有放之四海而皆准的单一方法，在海内外现行的史学方法中，也没有可以照搬的成例。在研究开始之际，虽然大体可以掌握方向，具体还有待于实际探索。经过多年努力，可以确定以下原则：沟通古今中外，回到历史现场，从无的境界寻绎有的发生演化。遵循史无定法和具体问题具体分析的要求，以史学基本的长编考异和比较之法为基础，融合借鉴国内外行之有效的研究方法，尤其要重视研制中古思想学术和制度史诸大家的心得，力求既有方法讲究，亦能据以做出超越前人的研究成果。

在具体方法上，继承各位学术大家的治学良法，与域外比较研究相结合，根据研究对象的变化，灵活应用于史料极大丰富的近代中国历史，力求贯通古今中外，重现知识与制度转型密集期的进程。诸如陈寅恪将中国固有的长编考异、合本子注与域外比较研究的事实联系各法参合运用，注意章程条文与社会常情及其变态的关系；傅斯年用语学与史学的方法探讨事物的发生及其演化；钱穆强调历史意见与时代意见的联系和分别；顾颉刚讲究史事的时空推演关系等，必须融会贯通、用得其所。所谓无招胜有招，一旦变成固定程式，就难免破绽百出。概言之，要努力因缘求其古以致求其是之说更进一层，力求摆脱先入为主的成见，以近代中国的知识与制度转型为枢纽，通过重现各种概念、学说、分科、制度的渊源流变，理解把握前人本意和史事本相。

如果仅仅就方法言方法，难免陷入专讲史法者史学往往不好的尴尬，说起方法来头头是道，却没有实用或用而效果不佳，形同纸上谈兵。所以应当着重通过具体研究成果的例子来展示方法的应用及其成效。诚如钱穆所说，方法是为读过书的人讲的。只有做过相关研究，才能体会方法的良否以及效果如何。能够在前人基础上更进一步，有用有效，便是良法。相信善读者通过丛书各编以及其他相关成果，可以查知体现于研究而非表述过程的方法及其应用。

或者根本怀疑能否放弃后设集合概念去理解前人前事，其实这是今人自以为一定比古人高明的表现。如果自以为是，不能虚怀若谷，守定后见，强古人以就我，当然是缘木求鱼。首先，古人自有其本意；其次，古人表达其本意时并不借助今人所用的概念；其三，古人的本意因时因地甚至因人而异，有其发生演化的脉络；其四，从古人的本意到今人的解读之间，仍是前后联系、不曾断裂的历史进程。具备这些基本条件，能否历时性地理解把握，就要看学人的天赋、功力、机缘凝成的造化了。

近代中国的知识与制度转型研究有计划地循序展开于新世纪之初，其主要目标，是用大约15年的时间，训练和聚集一批理念相通、潜力可观的学人，围绕主题，各选相关题目，做出50本系列学术专著，为研究的进一步铺开提供人员、材料、取径及方法的准备和示范。为此，与生活·读书·新知三联书店签订了长期出版协议，并且陆续出版了几种专著。与此相应，通过各种方式积累了数量庞大的文献资料，逐渐摸索出一套略具雏形的研究理念、取径及做法，并凝聚了一批经过训练能够胜任的研究人员。

2005 年年底，教育部重大攻关项目"近代中国的知识与制度转型"正式立项。因为所要研究的问题涵盖广泛，难度很大，需要各方面强有力的支撑。项目实施期间，除了资料的大幅度增加和人员的调整外，在系列学术专著继续出版的基础上，又在几家学术期刊开辟了相关专栏，发表阶段性成果，反应甚佳。又与社会科学文献出版社达成战略合作，在该社另外出版同名的系列专著。更为重要的是，随着研究领域的拓展和深化，研究理念、取径和做法不断清晰化，力求做到切实可行、行之有效。由此引导，后续各项具体研究日益精进，表述话语逐渐成形，转变观念和做法后的暂时性失语状态显著改善，可望达到深入而不琐碎，具有整体联系，宏观而不宽泛，可以信而有征的理想境界，争取对国内外相关研究产生长期前瞻性的导向影响。当然，良法的难度大、要求高，非经系统训练和沉潜积累不易奏功。

重大攻关项目立项时的设计，最终成果为 12 本系列专著。后来根据统一规定，改为一部集众的专书。虽然要求参与者提供各自专著的浓缩版或最具展示性的部分，力求通过每一具体个案展示整体联系，既保证研究的深度，以免流于空泛，同时又不失之零散，毕竟一般读者不易把握相关章节与背后支撑的专著之间以及各章节之间的整体联系。而最初设计以系列专著为最终成果的形式，是因为本研究旨在以新的理念、取径、做法和表述，在清代学者梳理历代文献以及近代学人用域外观念系统条理文本史事的基础上，重新梳理解读中国历史文化及其近代转型的利弊得失。按照分科治学的现状，计划几乎涉及所有社会人文学科的领域，可能衍生出难以预计的众多课题，因此并非开辟什么特别的方面或领域，所关注的着重于"怎样做"，而不是"做什么"。其终极目标，应是得其所哉地重新展现近代以来国人关于中国与世界的知识以及相应的思维方式，进而去除以进化论为主导的欧洲中心式世界一体化观念，重新理解各文化系统思维行为的本意，为应对人类文明进入多元化新纪元做好知识和人才的准备。

既然研究不是对某一或某些问题的结束，而是开启无限宽广的可能，也就无法将所有层面全部纳入。限于篇幅，即使已经专栏讨论过的问题，也要留待日后再行结集出版。或以为这样不免有所缺漏，实则不仅史学强调阙疑，但凡学术研究便从来不是面面俱到，详人所略正是学术研究的普遍规律，否则就有一般通史或教科书之嫌，看似完整，其实表浅。至于题中应有之义究竟如何拿捏把握，则不仅是科学，同时也是艺术。

重大攻关项目成稿后，特请京都大学人文科学研究所名誉教授狭间直树先生审阅，除提示若干材料与史事（尤其是与日本关系密切之处）的疏漏错误外，在事先没有任何沟通的情况下，他对各章的逐一评点，与我心中所想高度吻合，两人不禁诧为奇事，慨叹学术评价仍有不二法则，只是因人而异罢了。

此次将历年来各专栏刊发的文章以及重大攻关项目各篇重新编辑，按照概念、制度、文化、教育、学科、学术、法政、中外八个主题，分别结集，编成一套丛书。整套丛书由桑兵统稿，并撰写总说和分说（其中制度编和教育编的分说部分初稿由关晓红、左松涛提供）。各编各章作者于总说分说所述理念的领悟各有千秋，取径做法也别具特色，为了相互照应、贯通一气，于文字有所增删，意思也力求一贯。不当之处，还望方家指正。

本套丛书的编辑出版，为将近 20 年的近代中国的知识与制度转型集众研究，形成阶段性的重要成果展示，连同两套近代中国的知识与制度转型系列专著，以及专栏以外各位参与者发表的论著，为相关研究的取径做法提供了大致的方向架构。只是相对于问题本身的繁复宽广，看似已经稍具规模仍然还是开篇。诸如此类的研究，的确需要国际合作与科际整合的持续接力。希望海内外有识之士以不同形式加入其中，使得后续研究顺利展开，共同推动新一轮"以复古为创新"的文艺复兴。

分说：比较与比附——法制史研究的取径

受域外学术的影响和内在发展的驱动，近年来法制史研究渐呈活跃态势，无论文献的整理出版还是研究著述的发表，在各专史或各学史的领域都显得相当突出。只是认真检讨起来，不无可以进一步考究之处。其大有三：其一，在整体观照和具体操作层面，都存在混淆比较与比附的状况，这也是各类专史学史的通病；其二，受前一项的影响，大都难免做什么只看什么的先入为主，而预设的范围界定其实是后来观念的作用；其三，误以为案卷即为事实，很少考虑如何将案件还原为本事。

今人的法制史研究，无论问题意识还是基本架构，大都因缘西学东学而来，与中国固有的社会历史文化不相契合。大处着眼，能否用现在所谓法制的观念看待中国历代的律法及刑名，本身就是未经证实的问题。习惯法成文法或大陆法系英美法系之类的分别，与中国实情已经相去甚远，更不用说细分为民法刑法等等。凡此种种，今日习惯于分科治学者大都习以为常，甚至视为天经地义，尤其是这些预设其实正是所属学科存在的基本条件，一旦抽去，则难免皮之不存毛将焉附。即使了解史事较多之后偶感不适，也只能在框架之内略作调整，若是跳出框架，则势必陷入失语状态。因为那一套知识系统已经先验地规定了人们的思维和表述的方式，孙猴子本事再大，难逃如来掌中。

熟悉域外中国研究状况的余英时教授曾经断言："我可以负责地说一句：20 世纪以来，中国学人有关中国学术的著作，其最有价值的都是最少以西方观念作比附的。如果治中国史者先有外国框框，则势必不能细心体会中国史籍的'本意'，而是把它当报纸一样的翻检，从字面上找自己所需要的东西。"[1] 余先生客居大洋彼岸，各种论述，因为对象的分别，不免有重心的转移，甚至会刻意强调某一方面，而这番话相信是对所谓读书种子语重心长说的肺腑之言，值得认真揣摩。尤其是什么叫做以西方观念作比附，外国框框究竟体现于哪些方面，要落实到具体认知和操作层面，颇费思量。

继中体西用之后，中国实际上进入用夷变夏的时期。近代学人认为，与西洋学问进行比较，是使得缺少条理系统的中国学问能够进入轨道的重要凭借，挟洋自重，渐成风气。清季民初治学的二途之一，便是"求中国隐僻之书，以比附西方最新之说"[2]。汉文本来以字为独立单位，具有非逻辑性，容易望文生义，使用者思维认识遂好譬喻。所以中国人喜欢平行推理，"它既非演绎的，亦非归纳的，而是类比的。"[3] 晚清至五四，东西对比相当时兴，国人对于在欧洲并不视为学术正轨的斯本格勒的文化类型学颇有共鸣，以至于今日学人认为在事实联系与平行比较之间形成第三种比较研究，背后都是文化习性使然。而比较与比附究竟如何分别，要想拿捏得

---

[1]　余英时：《论士衡史》，上海文艺出版社，1999，第 459 页。

[2]　胡朴安：《论今人治学之弊》，上海《民国日报·国学周刊》1923 年 8 月 8 日第 14 期。

[3]　朱乔森编：《朱自清全集·日记编》第 9 卷，江苏教育出版社，1998，第 457 页。

当，确是难乎其难之事。

胡适所著《中国哲学史大纲》被誉为树立了近代学术典范，按照作者自己的说法，就是用西洋的哲学作比较参证的材料，而且主张必须借用别系的哲学作解释演述的工具，才能贯通整理中国哲学史的史料。胡适反对西学中源说的种种附会，认为"最浅陋的是用'附会'来代替'比较'"。可是他举出的"一有了比较，竟不须解释，自然明白了"的例证[1]，同样令人感到有附会之嫌。例如他用西洋文法术语解古文古音，在陈寅恪看来正是穿凿附会之混沌怪物；至于用西洋议会制度和高等教育制度来理解中国的御史制度及书院的性质与价值，更是流弊无穷。就连《中国哲学史大纲》也被金岳霖指为"兼论中西学说的时候，就不免牵强附会"，"总不会是一本好的哲学史。"[2] 阅读近代学人的学术评论，各种与附（傅）会相关词汇，如穿凿附会、牵强附会、格义附会等等，出现的频率相当高，不仅可见问题的泛滥，也可知各人对于比较与比附理解把握的混乱。

近代学人之所以要以西学为比附，是因为他们已经不易把握古人思想学说的系统，于是认为古人并无系统，"我们要编成系统，古人的著作没有可依傍的"，只能依傍西洋，才能构成适当的形式，重建中国学问的系统。[3] 清季民国时期，从梁启超、刘师培到胡适，都曾经努力依照西学的分科体系重新梳理解释中国的固有学问，以求融会贯通，形成具有头绪条理的学说体系。胡适的《〈国学季刊〉

---

[1]　《发刊宣言》，《国学季刊》，第 1 卷第 1 号，1923 年，第 14 页。

[2]　金岳霖：《冯友兰中国哲学史上册审查报告》，载冯友兰《中国哲学史》，上海书店出版社，1990，附录第 7 页。

[3]　欧阳哲生编：《胡适文集》第 6 卷，北京大学出版社，1998，第 155、182 页。

发刊宣言》所提出的国学研究的理想系统，就是在中国文化史的架构下整理成包含民族、语言文字、经济、政治、国际交通、思想学术、宗教、文艺、风俗、制度等十大专史在内的总系统。而要达到这样系统的整理，必须用比较的研究来帮助国学的材料的整理与解释。[1]

　　问题在于，中国的社会历史文化并非依照这样的架构发生及演化，用后来的系统部勒古代的材料，不仅有削足适履之嫌，也很难恰当理解中国史籍的本意，一方面造成归类的不当混淆，误解前人有此范围界定，另一方面，用了后来的观念认识前事本意，容易导致误读错解。正如张荫麟批评冯友兰的《儒家对于婚丧祭礼之理论》所说的那样："以现代自觉的统系比附古代断片的思想，此乃近今治中国思想史者之通病。此种比附，实预断一无法证明之大前提，即谓凡古人之思想皆有自觉的统系及一致的组织。然从思想发达之历程观之，此实极晚近之事也。在不与原来之断片思想冲突之范围内，每可构成数多种统系。以统系化之方法治古代思想，适足以愈治而愈棼耳。"[2] 陈寅恪还从晋朝清谈之士好以内典与外书互相比附，探寻格义附会的渊源，讥讽时人依傍自炫的西学时装，不过是过气的陈货。诸如此类的系统、分科、方法、概念，作为方便形式，或有不得已而为之的苦衷，若是作为预设前提，现成架构，甚至论证目标，则势必差之毫厘谬以千里。

　　今人所谓法制史，大抵也有先入为主的成见，即司法与行政分立的现实影响。诸如此类的看法，自清季以来已经存在，并在内外

---

[1]　《发刊宣言》,《国学季刊》第 1 卷第 1 号，第 13-16 页。

[2]　张荫麟:《评冯友兰〈儒家对于婚丧祭礼之理论〉》,《大公报·文学副刊》1928 年 7 月 9 日第 9 版。

官改制时造成朝野上下极大的困惑。有清一代，前期集王朝体制之大成，后期应千古未有之大变局，二者立意截然不同。而且清朝设制，旨在避免历代层出不穷的君权与相权、宦官、后宫、藩镇等其他权力相争不已，因而有实权的往往没有正式体制，一旦立制，又几近形同虚设。大清律例无疑是正式法律文本，可是律条简要，与会典事例相辅相成，也有不相吻合之处。况且，制定律条，大都在实事之后，也会掺杂后来观念，未必如实反映当时本事。尤其重要的是，皇帝的上谕实际上有着绝对权威，同样具有律法效力，往往成为则例的依据。

礼法关系，清季改制时凸显，当政者试图在二者之间进行优劣取舍。实则中国为伦理社会，律法条文的拟定，深受礼制的影响制约。改制之前，无所谓司法行政之分，府州县官的主要政务，一是刑名，一是钱粮。作为政务要项的审案，不仅要秉承律法，还要揣摩上意，甚至要顾及人情世故。各地官员判案，既要依法，也需讲礼。离开礼制，很难理解相关律法的立意、文本乃至断案的行事。今人每每指责科举正途出身的官员不谙世事，缺乏行政能力，其实科考取士要在选拔正人君子，以便树立道德楷模，驾驭深谙办事途则但也容易为非作歹的幕友胥吏。若以刑名为政务要项，便以专职司法的干吏为准则，审视衡量正印官的能力作为，岂非南辕北辙？

由此可见，以后来的法制史观念，并不能限定与法制相关的史事，因为前人并无此说，更不会按照这样的分科来行事。即使存在形似而实不同的言行，其本意也不能用后出的观念来解读。如果研究者事先预定读书甚至找材料的范围，将目光局限于所谓律法类书籍，既不能找到所需的材料，更无法读懂古人的本意。历代的图书分类，都是以后来的观念条理先前的著述，即以时代意见规定历史意见，即实清季以来袭用西学成法，欧美各国的分类归属也是大相径庭。因此，开启时空通道的钥匙或许并不在后来分类归纳所限的文献之中。只有放眼读书，才有可能寻觅资料的线索，把握问题的范围，读懂文献的意思。这也正是书中有学，但书并不就是学之意。例如，以今日的观念，要恰当理解清季改制过程中律、法、令的分别与联系，将不是那么轻而易举。虽然分科治学分门治史在今日已成常态，做什么只看什么，本来就是相当危险的事，用外来系统条理本国材料，结果是系统有了，前人的本意却被抹杀殆尽。要想明白前人设制的立意，必须超越律法藩篱，深入礼的各个层面。当然，对于礼的理解把握，也要避免为后来的成见所囿。

清季改制，面对司法权从行政分离的前景，督抚的表现前恭后倨。学人对此多以保守官僚对抗近代三权分立的政治体制加以解释。实际上赞成立宪的大员如张之洞等人，反而对行省的司法权从督抚手中分出抗拒最力。其理由即若州县不审判，则爱民、亲民之实政皆无所施，以此求治，未见其可。[1] 而督抚们之所以前后反复，原因却在先行改制的京师部院乘机大肆集权，使得督抚已经实际掌控的兵权财权面临丧失殆尽的危险，而相关的政事，督抚们却仍要继续面对和处理。只有不受法制的局限，才能得其所哉地认识清楚前因后果。

问题还不仅如此而已。今人好以案卷为研究凭据，甚至以刑案来观察常态社会。殊不知在礼法社会中，诉诸词讼的一般而言都是例外。一地若民风好讼，一般而言绝不会认为是当地人的法律意识强，而是官府、奸商和讼棍上下其手，从中渔利。直到 1940 年代，从事律师职业者仍感到中国百姓还认为只有坏人才会打官司。惹上

---

[1]　苑书义、孙华峰、李秉新主编：《张之洞全集》第 11 册，河北人民出版社，1998，第 9560 页。

官非，是一件相当不名誉的事情。司法案卷或许可见社会变态，至于常情，则须小心求证。以案卷为材料，与其他形式的史料相同，应当加以验证，不能假定案卷所记即为事实。从现实经验看，案件描述与事实往往有较大出入，能够再现百分之五十的实情，已属难能可贵。即使铁证如山的定谳，要想还原事件的全过程和各层面，也是戛戛乎其难。就此而论，考据如老吏断狱，只是形式上类似，治史的目的，绝不仅仅限于定性，因而还原度要求大幅度提高。

　　案卷经过办案人之手，即使犯人的供词和证人的证言，也难免受了刑讼惯例的制导和办案环境的左右，未必合乎事情的本相，反映各自的本意。办案者的记录或归纳，固然有官场的套话或职业性的行话，分析理解案情，更少不了推理揣度，加之牵扯各方上下其手，编造改窜的成分所在多有。况且当事人还有利害各异的立场关联，罗生门的现象在所难免。若能比照参证不同时期同一案件的复核重审，往往可以发现各种隐情。更为重要的是，必须广泛搜集和利用书信、日记、报道、口述等各种相关的非刑案文献，设法将案件还原为事实。只是案件所涉人员，大都升斗小民，缺少个人主动的记录，他人又少有采访、侧记等形式的补充，即使司法与行政分立之后，有了刑侦、检调、律师、法官各方面的相互制约，单靠法律文书要想完全还原事件真相，也几乎是不可能的事。晚清以来，报纸等公共媒体大量涌现，勇于承担社会监督责任，开始介入重大案件，使得官官相护、只手遮天的情形有所改变，最为典型的案例如坊间所称清末四大奇案之一的杨乃武与小白菜案，在报馆执着的追踪采访报道和官场内部利益冲突相互牵制的作用下，真相终于得以大白于天下。这样的事例可遇而不可求，却提示人们不可轻信案卷的记录，而要将案例还原为事实。

　　更有进者，近代报刊多有党团政派立场，关于同一事件的报道评论，往往掺杂利害意见，众说纷纭，媒体的介入，未必能使事情真相变得容易澄清，有时还会适得其反，令各方势力通过各种渠道施加影响，使得案情更加扑朔迷离。如何抽丝剥笋，逐渐近真，一方面比较各方说法，不断接近本事的真相，一方面因缘各方的态度有别，进而考察各方与此事的关系各异，将所谓法制史转化为一般历史的研究，以司法问题为线索脉络，而不以法制史为范围，由社会的变态而见常情，还有着广阔的扩展空间。就此而论，考据何止老吏断狱那样简单？

本编由以下各人撰写：总说、分说，桑兵；第一章，谭悦；第二章，胡祥雨；第三章，胡其柱；第四章，张卫明；第五章，李欣荣；第六章，赵虎；第七章，张季；第八章，伏传伟；第九章，陈明。

第一章 清季民初律制改革中"尊亲属"的引入及界定

以礼入法、礼法结合是中国传统法律的基本特征。《大清律例》卷首载有服制图，当亲属间发生相互侵犯的案件时，法律根据丧服制度所划分的尊卑、亲疏为原则，规定刑罚的轻重缓急。祖父母、父母之于子孙，恩情最深、服制最重，清代中后期司法实践中将子孙杀害祖父母、父母的行为称为逆伦，律定最严酷之凌迟极刑，即使疯病人也不得宽宥。因婚姻、抚养等特殊情况而产生的非本生祖父母、父母，律法视具体关系而区别认定。

道咸以降，清廷愈来愈疲于应对各种内忧外患，恪守祖制已经行之无效，亟须变法图存而自强，成为朝野的共识。清季律制改革以日欧为模范，以中外通行为目的，聘请日籍法学专家参与制定多部新式法典。"尊亲属"一词即于此时由日本引入，著于《钦定大清刑律》中，希冀借此兼顾中、外、礼、法。最终其对象确定为祖父母、父母，与旧律所称逆伦基本契合。民初推行新刑律的司法实践中，大理院的相关解释例、判决例规范出了尊亲属的具体范围，比旧律逆伦的对象有所扩大；同时司法部、大理院连年颁布公文部令，反复申明"精神病人不为罪"原则，并前所未有地施行于侵犯尊亲属罪行的审判中。

既往研究注重对法律文本的考察与分析，往往不自觉地使用后出的法制观念，易于从旧礼与新法对立的角度去看待清代法律的传统与近代律制的改革。旧律中的逆伦被习自日欧的侵犯尊亲属取代，在兼顾中西的修律主旨之下，变与不变的斟酌考量、立法依据的微妙转变、新旧的对立融合都有待进一步商榷。梳理礼法结合语境下逆伦一词的法理意涵及对象，分析新刑律制定过程中尊亲属的引入及争议，理解民国司法实践中尊亲属对逆伦对象的吸收与调整，考察"精神病人不为罪"原则的艰难推行，兼顾中西新旧诸多因素，有助于重建近代中国律制变革中礼法纠结的复杂面向。

第一节　清律原貌：丧服制度与逆伦

清人的一般观念中，凡是以下犯上、以卑凌尊，有悖伦常秩序之举，都可称为逆伦。如此宽泛的含义，与律例中以逆伦特指子孙伤害祖父母、父母的恶劣行径，用法明显有别。虽然逆伦初时并非《大清律例》的律定罪名，但随着皇帝朱批、上谕里以及各级官员在审判实务中使用的增多，其含义逐渐缩小而固定，最终被采编入刑律的条例，成为意涵特定的法律概念。

一、逆伦的法理意涵

由内藤乾吉整理的清代《六部成语注解》中，将逆伦解释为："凡以卑幼犯害尊长之人，皆谓之逆伦，言悖逆于伦常之道也。"[1]王朝统治下的传统中国，以儒家经义所称的五伦三纲为道德标准，划分尊卑上下的礼制秩序。君臣、父子、夫妇、长幼之间，贵贱有

---

[1]　内藤乾吉原校：《六部成语注解》，浙江古籍出版社，1987，第 168 页。

别，上下有等，才是正常和理想的社会状态。一旦出现了不孝、不悌、不忠而有悖于伦纪秩序的情形，即被视作逆伦。如：

康熙年间的《抚吴疏草》中，将弟弟诬告兄长贪赃罪名的行为称为"逆伦诬蔑"。[1]《清风堂文集》中，学生辱骂师长、奸污兄嫂的顽劣行径被称为逆伦。[2] 逆伦即指称悖逆伦常的行为，其对象除了兄、嫂之外，还包括了非亲属的师长；犯害方式也有多样，如诬告、辱骂、犯奸等。

乾嘉时期志怪小说《萤窗异草》中，记录有奴仆怀恨杀死主人夫妻，被审官斥为"好生虽上帝之德，逆伦实人神之忌"的故事。[3] 故事本身固不可全信，但个中观念也并非凭空杜撰。非亲属的主仆关系中同样存在着伦常尊卑之别，以仆犯主也被纳入逆伦之列。

咸同之际，无垢道人《八仙得道》第十六回中，将儿子欲奸污母亲的行为称作逆伦。[4]

清末小说《二十年目睹之怪现状》第六十九回，母亲称儿子不孝，意图自尽，被乡人宣扬为"逆伦重案"。虽是误会一场，但儿子仍被撤销了在招商局的供职。第七十四回中，孙子殴伤祖父，邻居担心"万一弄出了逆伦重案，照例左右邻居，前后街坊，都要

[1] 韩世琦:《覆韦成贤招由疏》，载《抚吴疏草》卷二十，康熙五年刻本。

[2] 曾王孙:《批仪陇县学劣生逆伦等事详》，载《清风堂文集》卷二二，康熙四十五年曾安世刻本。

[3] 长白浩歌子:《考勘司》，载《萤窗异草》，中州古籍出版社，1986，第190页。

[4] 无垢道人:《八仙得道》，春风文艺出版社，1987，第120页。

波及的"，盼着这伤尚不致命而连夜搬家。[1] 邻佑对这类涉及母子、祖孙的案件，往往避之惟恐不及。

近世风行的各类报刊中，逆伦的用法类似。如光绪二十九年（1903）《大公报》报道一起发生于河间的儿子因钱财勒毙母亲的案件。这名"逆伦重犯"很快就被"恭请王命，枭示市曹"。[2] 光绪三十年（1904）一起弟弟杀害兄长的案件也被称作逆伦。[3] 光绪三十三年（1907），辽西一位儿媳失手打死了翁公，同样被称为逆伦。[4] 女子出嫁从夫，夫之父母也是妻之父母，杀伤翁姑当属逆伦。

五伦中还包含君臣之伦，将逆伦由家庭推及国家层面，则意为谋反叛逆，如三藩之乱的耿精忠，即被指责为"逆伦肆志，纠众反戈"[5]。乾隆时胡中藻因诗作和文字得罪，也被斥为"逆伦悖叛"[6]。

从上述举证可见，清人一般语境下的逆伦用法灵活而广泛，涵括了以下犯上、以卑凌尊而有违伦常秩序的各类行为，既可用于家庭内部的父子、兄弟、夫妻，以及由此推及的翁媳、叔嫂等亲属关系；也可指称家庭外部的主仆、师徒关系；更可在国家层面指代臣对君的谋逆行为。除直接的身体伤害之外，犯害的方式亦有多种。

与习俗观念、文学作品中的泛指不同，逆伦在《大清律例》中从无到有，最终法理意涵被限定为子孙侵犯直系尊长祖父母、父母

---

[1] 吴趼人：《二十年目睹之怪现状》，载《吴趼人全集》第二卷，北方文艺出版社，1998，第 573、618 页。

[2] 《斩决逆犯》，《大公报》1903 年 9 月 9 日第 3 版。

[3] 《弑兄重案》，《申报》1904 年 5 月 29 日第 3 版。

[4] 《押送逆案》，《盛京时报》1907 年 4 月 23 日第 5 版。

[5] 《钦定八旗通志》卷一九五，载《影印文渊阁四库全书》第 667 册，台湾商务印书馆，1986，第 564 页。

[6] 《康雍乾间文字之狱》，北京古籍出版社，1999，第 58 页。

的行为。《六部成语注解》中逆伦的出现或可作为佐证。《六部成语》成书于康乾时期，系满汉双语对照，主要流转于官场，满足翻译、制文的需要。该书中初无逆伦一词，而参考其他史料，此时以逆伦指称悖逆伦常的行径，而并非专门术语。但到了光绪年间，谙熟官文书之人编写《六部成语注解》时，在《六部成语》之外附加的"补遗"部分收入了逆伦。《六部成语注解》一书被视作"解释清代官署用语的专门性辞书"[1]，其对逆伦的收入也在一定程度上说明至光绪时期这一词语用法的规范趋势。

逆伦于清初并未载入律文，这与《大清律例》的渊源相关。清律近袭于明，远承自唐。唐律和明律中均未见"逆伦"一词。唐律只有"谋杀期亲尊长"罪名，量刑止于斩首，已为唐律中的极刑。薛允升在《唐明律合编》中认为，"《唐律》只言谋杀期亲尊长等项者皆斩……亦无谋杀祖父母、父母罪名"，乃因"逆伦大变，律不忍言也"。[2] 薛氏所言当然有其尊崇伦纪的深义，但唐律中之所以不明言祖父母、父母，更在于出现律无明文的情况，唐人有"举轻明重"原则指导法律的适用。而《明律》诸事俱求详备，《唐律》之所不言者，必一一添入。[3] 明人修律将"谋杀期亲尊长"改称"谋杀祖父母父母"，除包括唐律的内容外，专门突出了后来被称作逆伦的行为。

清初，顺治修律以"详绎明律，参以国制"为原则，基本照抄

---

[1] 李文:《关于〈六部成语注解〉及其标点本的某些问题》，载国务院古籍整理出版规划小组编《古籍点校疑误汇录》（六），中华书局，2002，第419页。

[2] 薛允升撰、怀效锋等点校:《唐明律合编》，法律出版社，1999，第448、472页。

[3] 黄源盛:《传统与当代之间的伦常条款——以"杀尊亲属罪"为例》，《华东政法大学学报》2010年第4期。

明律内容，此后历朝增删损益例文，律文的基本框架仍不脱明律窠臼。正因为清律律文袭自明律条款，所以逆伦虽在刑案审判中大量使用，但并非一条专门的律定罪名。

　　康熙朝有制律事务，但没有颁行新律。雍正三年（1725），新订《大清律集解附例》，吸收了康熙朝修律过程中对律文的总注和增拟的则例。逆伦一词在总注里出现三次，涵义相对宽泛，用来泛指卑幼侵犯尊长、亲属乱伦等违逆伦常的行为。三处分别为：卷18"亲属相盗"律注："卑幼引他人盗其财者……若至杀伤人，自依杀伤尊长卑幼本罪科罪，其他人纵不知杀伤之情而助恶逆伦，应依强盗得财不得财论"；卷19"谋杀祖父母父母"律注：列举该条的相关罪状和量刑后，称"此以极刑重诛逆伦者也"；卷25"亲属相奸"律注："亲属若有犯奸者，皆为逆伦大变。"[1] 逆伦初入律典，指称家庭内部悖逆伦常秩序的各类罪行。

　　乾隆即位，再修律例，删除总注，修改则例，乾隆五年（1740）正式定名《大清律例》颁行。删除总注后，律典中虽不再出现逆伦，但随着皇帝的上谕、朱批中使用的增加，逆伦于律法领域的含义有缩小和明确的趋势。乾隆六年（1741），安徽巡抚奏董某用强抢卖伯母一案，皇帝上谕批示："将伯叔姑等尊属，用强抢卖，逆伦背理，尤为可恶。"[2] 伯叔姑系属期亲，此处的逆伦可理解为犯害期亲尊属。乾隆二十年（1755），胡中藻因诗文获谋反之罪，亦被皇帝指为"逆伦悖叛"。乾隆三十一年（1766），浙江巡抚熊学鹏专折具奏海盐县朱四谋杀胞兄之案，皇帝因此案"非逆伦重犯决

---

[1]　《大清律集解附例》，雍正内府刻本。

[2]　《高宗纯皇帝实录》卷一四三，载《清实录》第10册，中华书局，1985，第1059页。

不待时者可比"，"照例题达，何必专折奏闻"，指责熊学鹏敷衍塞责。[1] 胞兄亦属期亲尊属，乾隆却认定谋害胞兄不属于逆伦范畴。而三十六年（1771）蒙古发生一起谋毒胞兄、图袭父爵的案件，乾隆帝又将该犯称为"逆伦败类"[2]，对逆伦对象的认定前后略有冲突。

　　除上述涵义外，逆伦更多的是指称杀害父祖辈的行为。乾隆在一则针对民人张某与僧人同谋杀害自己祖父案件的上谕中称，该僧令"其孙干犯逆伦重罪"，应比寻常同谋案件加重量刑。[3] 乾隆三十九年（1774）宿州徐某殴杀胞兄一案，皇帝认为，若是胞兄伤害父母，则为"逆伦应死之犯"，弟弟为救护父母而杀死胞兄，可酌情减刑。[4] 乾隆四十二年（1777）江苏桃源民人孙某掌殴其父孙尚文，并咬落父亲指节，皇帝于奏折内了解到孙尚文供称儿子平昔不孝，上谕以"幸而孙尚文被咬未死，设使因伤致毙，或竟有逆伦之事"，要求嗣后各省遇到首告子女忤逆不孝的案件，均应照例发遣。[5] 乾隆五十一年（1786），发生一起儿媳汤氏谋毒亲姑的案件，后经查实，此案为丈夫韦某逼迫汤氏设置的诬陷汤氏之父的陷阱，虽未有人伤亡，但韦某致使其妻陷入逆伦死罪，将韦某发配伊犁为

[1]《高宗纯皇帝实录》卷七六九，载《清实录》第18册，中华书局，1986，第445页。

[2]《高宗纯皇帝实录》卷八八〇，载《清实录》第19册，中华书局，1986，第786页。

[3]《高宗纯皇帝实录》卷七九五，载《清实录》第18册，第740页。

[4]《高宗纯皇帝实录》卷九五八，载《清实录》第20册，中华书局，1986，第984页。

[5]《高宗纯皇帝实录》卷一〇二六，载《清实录》第21册，中华书局，1986，第763页。

奴。[1] 可见逆伦于刑名中运用，初时包括的对象除直系尊属父祖辈外，有时还涉及期亲尊属胞兄、伯叔姑等，只是界定并不明确。即使作为最高权威的皇帝本人，对这一词语的使用也出现自相矛盾的情况。

至嘉道时，逆伦的含义进一步明确，用来特指子孙杀伤父祖辈的劣行。如嘉庆十年（1805）一名"杀父伤母"的"逆伦重犯"潜逃自缢身亡，皇帝因知县未能及时缉捕，致使重犯幸逃显戮，而将其革职，发往乌鲁木齐效力赎罪。[2] 道光元年（1821），江西巡抚上奏先后查出儿媳因奸谋杀亲姑、周某谋杀亲父、聂某谋杀亲母三案，被统称为"逆伦重情"，并要求嗣后族邻得知类似案情，应即行向官府举发。[3] "亲姑"指称丈夫的母亲，即婆婆。

《大清律例》的律文自乾隆之后保持不变，条例或有增删。随着朱批、上谕中以逆伦指称犯害父祖行为的固定化，律例中将其吸收进入条例。据道光六年（1826）《大清律例》，"逆伦"一词出现了三次，一为《刑律·犯奸》："凡妇女与人父子通奸，致其子因奸谋杀其父，酿成逆伦重案者，将犯奸之妇女实发驻防，给兵丁为奴。"一为《刑律·断狱》："凡审办逆伦重案，除子孙殴伤、误伤、误杀及过失杀祖父母、父母，仍各照定例办理外；其子孙殴杀祖父母、父母之案，无论是否因疯，悉照本律问拟。"上述两条例文，都将逆伦限定为子孙杀伤祖父母父母的各种情况。另一处同样

---

[1] 《高宗纯皇帝实录》卷一二五一，载《清实录》第24册，中华书局，1986，第813页。

[2] 《仁宗睿皇帝实录》卷一四七，载《清实录》第29册，中华书局，1986，第1017—1018页。

[3] 《宣宗成皇帝实录》卷二一，载《清实录》第33册，中华书局，1986，第376页。

为《刑律·断狱》："州、县承审逆伦罪关凌迟重案，如有故入失入，除业经定罪招解者，分别已决未决，按律定拟外，其虽未招解，业已定供通详，经上司提审平反，究明故入失入，各照本律减一等问拟。"[1] 所规定事项为州县官错审错判逆伦重案的责任。仅读此条无法确定"逆伦"含义，只可了解到这一罪状被处以凌迟极刑，这与另两条中侵犯父母之罪状的处刑并无二致。

到光绪年间，无论律例中条例的明文规定，抑或皇帝的朱批、上谕以及各级官员在审案判断时的使用，逆伦特指子孙杀伤祖父母、父母之行为的法理意涵已经非常明确固定。

二、逆伦对象辨析

律法所称的逆伦行径，只有在施害者为子、孙，受害者为父母、祖父母的两造关系之下才能成立。这种身份的确定和强调，源自刑律在处理涉及亲属相犯的案件时，对作为量刑依据的丧服制度的吸收及调整。丧服制度或称服制，是礼制的重要内容，它以丧服的规制来确定亲属的范围，指示亲属等级，是一种以血缘为基础的宗法伦理原则。所谓五服即丧服的五等，包括斩衰、齐衰、大功、小功、缌麻。当触犯伦常秩序的案件发生时，律法正是以五服的亲疏远近为原则，规定刑罚的轻重缓急。

《大清律例》开篇列有丧服各图。据清律"本宗九族五服正服之图"，子为父母均服斩衰三年，孙为祖父母服齐衰期年，为曾祖父母服齐衰五月，为高祖父母服齐衰三月。其后有文字阐释：凡嫡孙父卒，为祖父母承重，服斩衰三年；为高祖父母承重，服亦同。因为服轻而义重，服制图将承重嫡孙的服制提高到与子辈相同。在

---

[1]　张荣铮等点校：《大清律例》，天津古籍出版社，1993，第 554、633、626 页。

《文例》"称期亲祖父母"条中，明确规定律例各条文所称父祖的范围：凡律称祖父母者，高、曾同。称孙者，曾、元同。称子者，男女同。[1] 这条例文实际上调整了服制图对父祖的认定，即律法中规定的"子孙"，并没有"嫡子嫡孙"与"众子"之别，对于服制关系不同的祖父母、曾祖父母和高祖父母给予同等保护力度。

律文虽是以服制的亲属远近原则制定，但并没有严格按照五服图所指示的亲等治罪。经过文例对高、曾祖父母地位的调整，律例里直系尊属就只有父辈与祖辈的区别。而在具体治罪条文中，又进一步将侵犯祖辈与父辈一律惩处，即在法律中，高祖父母、曾祖父母、祖父母与父母地位等同。如《大清律例》"刑律"中有谋杀祖父母父母、殴祖父母父母、骂祖父母父母等各条罪状，均将"祖父母""父母"并列，一体惩处子孙的各类侵犯行径。

"服制有亲疏，罪名因之以分轻重。此礼与律之相辅而行者也"[2]。服制的本质是家族的宗法伦理，以维持家族内部尊卑有等，而刑律是社会通行的行为规范，其功能在于维护王朝统治秩序。虽然二者并无根本上的分歧，但将五服融于刑律，两种规则之间的关系正如宗族与国家之间的协调，刑律对服制必然有一定的调整。刑部对此也有说明："有服卑幼干犯尊长之案，罪名之重轻固多以服制之亲疏为准，而亦有不可概论者。"[3] 当直系宗亲中出现以下犯上的情节时，律例将服制中的尊属亲等各自拔高至一致，即孙、曾孙、元孙为祖、曾祖、高祖的服制关系，虽较之子为父母稍远，但若出

---

[1]　张荣铮等点校：《大清律例》，75、136 页。

[2]　薛允升著，胡兴桥、邓又天主编：《读例存疑点注》，"例言"，中国人民公安大学出版社，1994。

[3]　《养母服虽改轻有犯仍照亲母》，载祝庆祺、鲍书芸等编《刑案汇览三编》卷四四，北京古籍出版社，2004，1606 页。

现卑幼侵犯尊属，皆照子侵犯父一律治罪。女子出嫁从夫，儿媳侵犯翁姑与子孙侵犯父祖相同惩罚。嫁女对于自己的父母，虽然服制因出嫁而降等，但若出现侵害情况，却不会减刑治罪。“夫服制以已嫁未嫁分轻重尚可，若一关父母之生死，则不可如寻常罪犯，照出嫁降服之例稍从轻减也。”[1]

在逆伦意涵已经限定为子孙对父祖侵犯行径的基础上，清律对于“祖父母、父母”身份的甄别仍大有讲究。服制图中有“三父八母”之别。“三父”指：同居继父、不同居继父、从继母嫁之父。清代经学家姚际恒解释：妇人夫死，携其子改嫁，故其子有异父，又谓之继父。[2] 继父产生于母亲婚姻关系的变化，在亲缘关系主要由父系决定的基本原则之下，服制关系必然疏远。时人有论，三父非父也，而名曰父者何，律盖恐人以亲母故，且有受继父抚养之恩，遂认继父为父。[3] 继父与己身服制关系的成立，来源有二：继父为母亲之夫，于自己有义；如果还曾抚养成长，则于自己有恩。根据这些不同情况，再考虑双方是否有其他本宗亲属，持服从齐衰到无服，跨度甚大。

继父子关系的成立，和其他由血亲、统系而天然形成的父母子女关系截然不同，律例对继父子关系的保护力度自然次于其他父母子女关系，侵犯继父并不被认作逆伦。《大清律例》中将侵犯继父的规定列于“殴妻前夫之子”条下：若殴继父者（谓先曾同居，今

[1]《高宗纯皇帝实录》卷一三七五，载《清实录》第26册，中华书局，1986，第453-454页。

[2] 姚际恒：《礼记通论辑本》，载张晓生、简启桢辑点《姚际恒著作集》二，“中央研究院”中国文史哲研究所，2004，第116页。

[3] 刘彬：《三父八母服制存疑说》，载贺长龄等编《清朝经世文正续编》第2册，广陵书社，2011，第92页。

不同居者）……至死者，斩监候。小字注：同居者，又加一等。其故杀及自来不曾同居者，各以凡人论。[1] 律文吸收了服制分类的主旨，即是否同居。殴杀同居继父至重不过为斩立决，和侵犯其他父母关系多判凌迟相比为轻。此条沿袭明律，在顺治三年增修注释内容，有清一代几乎未做改订。至于其原因，除服制为轻而案件恶劣性质亦轻外，还和与继父同居情况相对少见而案件亦不多发有关。老于审断之人还强调在公文中亲父、嗣父和继父的称呼方式亦有不同：口供内父亲某人以下只称父亲，不必再称名字；嗣父仍可称嗣父，继父则称名字，不必处处称继父。[2] 从指称的差别可以意会清代礼法的精义，继父虽有父之名分，但终究未有为父之尊。

　　"八母"指：慈母，继母，嫡母，养母，出母，嫁母，乳母，庶母。清律服制图中解释：慈母谓所生母死，父令别妾抚养者，服斩衰三年；继母谓父娶之后妻，服斩衰三年；嫡母谓妾生子女称父之正妻，服斩衰三年；养母谓自幼过房与人，服斩衰三年；出母谓亲母被父出者，服齐衰杖期；嫁母谓亲母因父死再嫁他人，服齐衰杖期；乳母谓父妾乳哺者，即奶母，服缌麻；庶母谓父有子女妾，嫡子众子服齐衰杖期，所生子服斩衰三年。

　　服制图中三父、八母的各种称呼和实际生活及司法操作中的称呼并不完全吻合。在实际社会生活中，由于抚养、承祀、婚姻状况的不同，除了本生父母外，出现较多的是继母、嗣父母、义父母及相对应的各祖父母关系。这些复杂的生育、养育关系所产生的服制关系不尽相同，当这类家庭中出现以下犯上的悖逆行为时，所处刑

---

[1]　张荣铮等点校：《大清律例》，500－501 页。

[2]　《刑幕要略》，载官箴书集成编纂委员会编《官箴书集成》第 5 册，黄山书社，1997，第 3 页。

罚亦需视具体的亲属关系而区别对待。

嫡母和继母均为父亲的正妻，对其有侵犯，定性为逆伦。光绪二十八年（1902），热河商邱县民人田某因为伙食问题，和嫡母范氏发生争执，田某手持柴棍打伤了范氏。几日之后，范氏因伤殒命。田某见闯下祸端，央求生母刘氏帮同匿报。事迹败露后，此案由县署逐级上报至热河都统锡良，锡良查明案情，照例奏称将此逆伦重犯于市曹处以凌迟之刑。刘氏因帮助儿子匿案不报也获流刑，但依律作为女子可纳银收赎。[1] 同年，陕西一起周某因疯殴杀继母的案件中，陕抚升允具奏："实属罪犯逆伦，应即按律问拟"，死者"系该犯继母，有犯应与亲母同"。周某很快被凌迟处决。[2]

妾氏地位低下，对所嫁之人不以"夫"相称，而是称"家长"。只有生有子女的妾氏才可以"母"相称，被非亲生子女称为庶母。若正妻之子殴杀庶母，并不属于逆伦行为，清律规定量刑仅止于斩监候。光绪十四年（1888）发生的此类案件里，儿子平素对庶母多有不满，趁父亲外出时殴打庶母泄忿，结果失手将其打死。按清律规定拟斩监候，秋后处决。[3] 上述三起案件中，嫡母和继母作为父亲的正妻，律法保护其正统性，即使并非案犯的生母，若有侵犯与亲母同论，逆伦而凌迟。至于妾室，即使有"母"之称但绝无为母之尊，侵犯之量刑也比逆伦轻减不少。

一般来说，因夫妻未生有子嗣，过继同姓同宗亲属或同姓不同

[1]　中国第一历史档案馆编:《光绪朝朱批奏折》第 107 辑，中华书局，1996，第 894-896 页。

[2]　中国第一历史档案馆编:《光绪朝朱批奏折》第 107 辑，第 776-778 页。

[3]　中国第一历史档案馆编:《光绪朝朱批奏折》第 106 辑，中华书局，1996，第 716 页。

宗之人的幼子承祀，并且多立有字据，过继之后幼子与承祀家庭建立起新的父母子女关系，即嗣父母关系，若有侵犯，同样成立逆伦。光绪二十年（1894），自幼过继与胞叔为嗣的通州民人曹某因疯病发作，扎伤嗣父身死。督抚奏称："嗣父与亲父无异，自应按律问拟。"曹某被凌迟处死，乡约、邻佑等人也照例获罪。[1] 光绪二十二年（1896），自幼过继与缌麻堂叔为嗣的直隶平山县民人赵某酒醉，因琐事和嗣祖母口角，踢伤嗣祖母身死，同样被认定为逆伦重罪，拟以凌迟处死。[2] 有时，嗣父母也称为养父母，具体称谓的变化并不影响对逆伦罪行的认定。如光绪十一年（1885）嗣子殴杀养母的案件中，因死者未有生育而抱养夫胞兄之子过继抚养为嗣，奏折中称"养母有犯，与亲母同"。[3]

尽管儿子已过继与别家为嗣，但若侵犯本生父母，甚至于本生继母，仍属于逆伦范畴。光绪二十年，山西绛县任某因疯砍伤本生继母陈氏身死，以逆伦罪获刑凌迟。此案中，任某自幼出继与缌麻服叔为嗣，任陈氏为任某本生父亲所娶之后妻。晋抚张煦"查例载为人后者，于本生父母有犯，仍照殴父母律定罪"，"又律载继母与亲母同"。[4] 陈氏对任某虽无生育之恩和养育之情，但她作为任某亲生父亲的妻子，律法中认定二人之间存在有母子关系，成立逆伦。

相反的，即使存在抚养恩情，若无母子名分，也就不会成立逆伦罪行。光绪二十九年（1903），程德全上奏民人李某因家贫不能

---

[1] 中国第一历史档案馆编：《光绪朝朱批奏折》第107辑，第16-17页。

[2] 中国第一历史档案馆编：《光绪朝朱批奏折》第107辑，第145-146页。

[3] 中国第一历史档案馆编：《光绪朝朱批奏折》第106辑，第475-476页。

[4] 中国第一历史档案馆编：《光绪朝朱批奏折》第106辑，第1049-1051页。

娶妻，怀恨杀死了胞姊董氏。[1] 虽然李某从三岁丧母后便由董氏抚养成人，成立了事实上的养母养子关系，但因其并未过继入叔姆家，即使他与董氏"情同养母"，程德全的奏折中却强调该案并非"竟照逆伦之案办理"，最终李某以谋杀期亲尊长被处凌迟。

义父母同嗣父母一样，也因抚养承祀关系构成，但义父母收养的子嗣一般为异姓。光绪二十八年（1902）三月，广西巡抚上奏一起发生于全州的养子殴杀义母的逆伦案件。此案中，事主唐某本姓王，因七个月大时被唐姓夫妇抱养过房为嗣，改姓唐。桂抚丁振铎认为，该犯出生七个月即经唐氏夫妇抱养为嗣，迄今已二十余年，实系恩养年久，自应照例与亲子同罪。[2] 半年之后，发生于山西的一起同类案件——大同县民人张汰谋杀养父张玉喜，晋抚却有不同认定。张玉喜因无子嗣，抱养七个月大的王姓子，取名张汰，同样抚养二十余年后，张汰图财谋杀了养父。赵尔巽虽按律将张汰拟以凌迟处死，但他强调："该犯究系义子，与谋杀亲父实在逆伦者不同。"[3]

上述两案中，异姓养子侵犯义父母的案件，审官对将案犯判以凌迟之刑并无异议，但对侵犯义父母是否构成逆伦，却持议不同。若收养关系确立时，子已年过十五，则不认为构成逆伦行为。光绪十二年（1886）广西百色厅邹某谋杀义父母一案中，事主邹某本姓黄，十八岁时被尚无子嗣的邹姓夫妇养做义子，同居生活。桂抚李

---

[1]　程德全：《审明谋杀期亲尊长一家二命折》，载李兴盛等主编《程德全守江奏稿》上，黑龙江人民出版社，1999，第32—33页。

[2]　中国第一历史档案馆编：《光绪朝朱批奏折》第107辑，中华书局，1996，第844—845页。

[3]　中国第一历史档案馆编：《光绪朝朱批奏折》第108辑，中华书局，1996，第11—13页。

秉衡奏称：义子过房在十六岁以上，对义父母有违犯以雇工人论，雇工人谋杀家长罪与子孙同。[1] 最终邹某被判以凌迟极刑，但其行为不认定为逆伦。

综上所述，作为逆伦行为侵害对象的祖父母、父母，除了生身的直系血亲本生父母、祖父母外，还有因婚姻关系而产生的继母、嫡母，因抚养关系产生的嗣父母、嗣祖父母，及义父母、义祖父母。继母、嫡母均为父亲的正妻，侵犯继母、嫡母实际上是挑战正统的权威，当然为礼法所不容。子出继其他亲属家庭承祀，嗣父母与养子建立了事实的父子母子关系，并得到律法的承认和保护。尽管在服制图中规定有"凡男为人后者，为本生亲属孝服皆降一等"的原则，但是律例的条文却传达出不同的标准：有血亲关系的本生父母对于亲子的恩威，并不因为亲子出继别家而轻减。律、礼抵牾而有所调整，礼制偏于对统系的凸显，而律法在尊重统系的同时，也没有放弃血亲脉络的延续。义父母虽和嗣父母同样抚养养子，并得养子为嗣，但因养子非出自同宗，审判中于此种关系的认定意见不一。此外，继父因由母亲改嫁而产生，侵犯行为不被视作逆伦。律法对伦常关系的保护，实际上是血亲和统系并重，对于抚养之恩，并不十分强调。

三、逆伦的重刑惩处

逆伦法理意涵的确定来源于律法对礼制的吸收与调整。礼制的最根本特征就在于"别尊卑，异贵贱"。此一"别"一"异"，正是君臣父子身份等级制度的根源。雍正曾论及孔教和礼制对君主统治的作用：若无孔子之教，势必以小加大，以少陵长，以贱防贵，尊

---

[1]   中国第一历史档案馆编：《光绪朝朱批奏折》第 106 辑，第 517-520 页。

卑倒置，上下无等，干名犯义，越礼悖义。所谓君不君，臣不臣，子不子。人第知孔子之教，在明伦纪，辨名分，正人心，端风俗。"而受益者之尤在君上也哉"。[1] 丧服制度作为礼制的重要部分，通过规定亲人死亡服丧的不同，将家庭内部亲属尊卑亲疏关系明确区分，而律法建立在身份等级制度之上，并用国家权力予以保护。家庭内部长幼有序，则王朝统治秩序井然。祖父母、父母至尊至亲，子孙服丧最重，反映在律例中，若有侵犯量刑也当最重。

　　清代律例的修订，自乾隆朝之后律文基本保持不变，条例则每五年一修。由于例文的不断增加和修订，至光绪朝会典纂修时，律文、条例、事例之间，屡有移附、互通、重复甚至自相矛盾的尴尬情况，而督抚在量刑具奏时，需要于纷繁的条文里筛选出最贴近案情的审断依据。由于清代对如何征引律例有严格规定，督抚筛选和引用时颇有讲究。根据《光绪朝朱批奏折》《宫中档光绪朝奏折》里各省督抚的相关奏疏，光绪年间审断逆伦案件所征引的律例规定散见于《大清律例》中谋杀祖父母父母、戏杀误杀过失杀伤人、殴祖父母父母等各条之下：

　　　　"谋杀祖父母父母"：凡谋杀祖父母父母……已杀者，皆凌迟处死。[2]

　　　　"谋杀祖父母父母"下"历年事例"：嗣后各州县设遇有此等事（即疯病人杀伤父祖辈），禀明督抚，一经查实……将

---

[1]　《世宗宪皇帝实录》卷五九，载《清实录》第 7 册，中华书局，1985，第 905—906 页。

[2]　张荣铮等点校：《大清律例》，第 440 页。

该犯立行按法凌迟处死，一面具折奏闻。[1]

"殴祖父母父母"下"条例"：子孙误伤祖父母父母致死，律应凌迟处死者，仍照本律定拟，援引白鹏鹤案内钦奉谕旨，及陇阿候案内钦奉谕旨，恭候钦定。其误伤祖父母父母，律应斩决者，仍照本律定拟，援引樊魁案内钦奉谕旨，恭候钦定。

"戏杀误杀过失杀伤人"下"条例"：各省及八旗凡有疯病之人，其亲属邻佑人等即报明地方官该佐领处，令伊亲属锁锢看守；如无亲属锁锢看守，即令邻佑乡约地方族长人等严行看守。倘容隐不报不行看守以致疯病之人自杀者，照不应重律杖八十，致杀他人者，照知人谋害他人不即阻当首报律，杖一百。

"有司决囚等第"下"条例"：凡子孙殴祖父母父母之案，无论是否因疯，悉照本律问拟。如距省在三百里以内、无江河阻隔者，均于审明后即恭请王命，委员会同该地方官押赴犯事地方，即行正法；若距省在三百里以外，即在省垣正法，仍将首级解回犯事地方枭示。[2]

清人视"律"为万世之法，而"例"仅一时之事，律文是例条制定和修改的宗旨。律文规定子孙杀害祖父母父母处以凌迟极刑，已然为逆伦案件的量刑定下了基调。正常人谋杀、故杀父母的，依律处决自不待言。即使是失去行为自控力的疯病人，也不得丝毫宽恤。刑部通行对此有解释："疯病杀人之犯，虽由疯发无知，然所杀

---

[1]　《清会典事例》（光绪朝）卷八五〇，第9册，中华书局，1991，第757页。

[2]　张荣铮等点校：《大清律例》，第499、459、633页。

系祖父母、父母，则伦纪攸关，迥非常人可比，在本犯身为人子，戕及所生，实属罪大恶极，执法者亦未便因其疯发无知，即令日久稽诛"。[1] 疯犯的亲属、邻佑等人，也会因看守不严、致酿重案而获杖刑一百。就在清季律制改革全面展开的前夕，还有两名十龄左右的幼童帮助亲母谋杀了父亲，二人以斩首处决。观者叹道："惨怛情形，直令人目不忍睹，耳不忍闻"。[2] 而疯病人和幼童若犯有其他罪行，尚有宽免的机会。正常人误杀、过失杀父祖各案的判决，则几经改订，因其情节较之谋故杀为轻，有可能在凌迟的基础上有所宽减至斩立决，由皇帝做最终裁定。

大悖孝道、违逆礼法的逆伦案件，不仅是对家族内伦理关系的违犯，还是对整个王朝统治基础、秩序和合理性的挑战。皇朝律例鉴于逆伦的恶劣性质而施加严厉惩处如上，却也造成了唯恐避之不及的官场心态，导致官员讳饰案件的吊诡现象多发。

清帝曾多次强调不会因逆伦案发而降罪于该管州县。乾隆二十六年（1761），在处理一起逆伦杀母案时，皇帝在上谕中鼓励各级官吏道："天下之大、民生之众，即有之，何足为讳？"[3] 要求官员据实上报。嘉庆时，有督抚上奏认为理应严定治下出现逆伦案件的州县及其上司的处分，遭到皇帝否决。嘉庆帝希望以对逆伦案件"未定有处分"来督促各级官吏"无所顾虑，认真惩办"，结果"此等逆伦之案各省奏办较多"。[4] 道光时，再次重申这一旨意，许诺不会秋后算账，断绝官员的后顾之忧，勉励其随时惩办，以彰

---

[1]《殴杀父母无论是否因疯先行正法》，载祝庆祺等编《刑案汇览三编》卷四四，第 1618 页。

[2]《斩犯何多》，《大公报》1902 年 10 月 28 日，第 4 版，"中外近事"。

[3]《清会典事例》（光绪朝）卷八五〇，第 757 页。

[4]《钦定重修六部处分则例》卷四三，光绪十八年，上海图书集成印书局。

国法。[1] 在皇帝看来，一来逆伦毕竟发生于小民的私家之中，各级官员不太可能事先察觉防患于未然；二来，这类人犯实在是戾气所钟，凶恶成性，防不胜防；同时，若该管各官惧干吏议，或相互讳匿不行究办，或捏饰情节避重就轻，反而会使得枭獍之徒侥幸逃脱国法制裁，实在得不偿失。可是，尽管三令五申，官场仍然多见讳匿情形。同治年间畿辅接连发生逆伦案件，总督担忧一月之内频繁入奏而干上怒，有讳匿的意图。[2] 光绪八年（1882）直隶丰润知县为规避处分，将逆伦重案勒令邻佑地保私了，事发后被皇帝下令交直隶总督确切查明，从严究办。[3]

官吏不报、少报讳匿逆伦案件的同时，还有凭己意裁剪案情，尽力减轻自身责任的情况。嘉庆时，溧水县徐某耽于赌博而好偷窃，母亲告发了他的偷盗罪行，徐某被关押在监。之后，盗案频发，难以破获。为求治下安定，无奈之下县令要求徐某帮助提供线索，并许诺如果贼人获案，即可将其释放回家。但乡民认为，释放徐某后，他会报复自己的母亲，要求县令收回成命，县令不听。在抓捕贼人后将徐某放出，果然没过多久徐某就杀死了自己的母亲。案发到县，县令因自己有过错在先，拒不受理案件，一拖就是三年之久。民怨沸腾之下，上级官长知府、臬司才被迫开堂审理。为了回护下属官吏，更为自己免受牵连，案件由逆伦殴杀情节，被抽改

----

[1]《宣宗成皇帝实录》卷一九七，载《清实录》第35册，中华书局，1986，第1102页。

[2] 赵尔巽等撰：《清史稿》卷三九一，第38册，中华书局，1977，第11742–11743页。

[3]《德宗景皇帝实录》卷一四五，载《清实录》第54册，中华书局，1987，第51–52页。

文案变成了"依过失杀父母律拟绞"。[1] 县令放回儿子，儿子为报复将自己送入监牢的母亲而故意将其杀害，若据实上报，县令恐得惩处。但经过改动案情成为过失的情况，过失杀伤谓"实无害人之意，偶然致死"，是清律杀人情节中性质最轻的。儿子若是出于无意致死母亲，官员因放回儿子而引发逆伦重案的责任，也就减少很多，或者无需承担。

光绪末年，《盛京时报》登载了一封民人对地方官贪赃枉法、引得天怒人怨的举报函。[2] 来函称，本地某大员任人唯亲，纵容下属借案敲诈勒索，行贿受贿，需索无度，劣迹斑斑。现在其治下连发逆伦案件，"实在是盛德所致"，"乃地方官之政治甚佳，天以此案报之也"。一案为辽西的王姓妇人久与人通奸，正月某日被翁公抓奸在床，王妇持菜刀杀死了公公。另一案同样是由犯奸引起，儿子抓母奸，持刀误砍了母亲的手臂，导致母亲身亡。该大员本打算将两案全部讳匿不报，但因上司也在城内，讳匿的算盘落空，在幕僚的指点下，呈报时改编报案人的供词，最大限度地推脱自己教化不力的责任。

第一案，隐去儿媳犯奸不说，诬言翁公欲强奸儿媳，儿媳奋力抵抗而致死翁公。时人常谓"天下无不是之父母"，即便翁公对儿媳使强，也好过儿媳与外人通奸。如此这般，儿媳反倒落得忠贞的清誉。函作者称，此叟已有 71 岁高龄，焉有谋奸情事耶？另一案更甚，彻底换掉行凶人，称是丈夫杀死了妻子。把一桩子杀母的逆伦重案，变成了丈夫捉奸登时杀妻的寻常案件。若儿子因误杀母

---

[1]　包世臣：《齐民四术》卷八，载李星点校《包世臣全集》，黄山书社，1997，第 416–417 页。

[2]　《盛京时报》1907 年 3 月 14 日，第 3 版，"来函照录"。

会被判以斩刑，而丈夫因奸杀妻却可判无罪。以上二案均涉逆伦，
"伦常之变至是已极"，而该员"为自己地步"，将案情篡改，实在
有昧天良。虽然上述两案未得其他佐证，但各级官吏或出于推脱责
任，或迫于结案压力，或钱财引诱，或互相包庇官官相佑等等原因
而裁改案情，并非罕见之事。

　　讳饰逆伦案情的另外一种方式，是将正常人捏报为疯病人。当
然，这种情况并非逆伦案所独有，捏报的情形到清季已非常普遍，
成为官场的潜规则。光绪二十九年（1903），京师永定门外有某甲
殴死母亲，邻佑告发后已经拿送刑部。报道称："虽未经定案，而某
甲之本有疯疾、时发时作之上奏不卜可知"，讽刺此举为"官样文
章，本题应有之义也"。[1]

　　光绪三十一年（1905）三月，直督袁世凯在天津出示了一张文
告，不久《大公报》予以登载。[2]告示中称，近来逆伦重案叠出，
大半是凶犯因疯病发作而导致。律例中有要求将疯人锁锢的明文，
还有若疯病人杀人地邻亲族都将涉案被罚的规定。因此与其事后被
牵连，还不如事前先报告。现在警示各属，此后再有乡人患疯，绝
不可隐匿不报，否则将从重究惩。几日之后，针对这则告示，有人
做了评论，要把另外一层意思"说破"，请袁宫保参酌。[3]评论首
先称赞告示的内容甚好，实在是防患于未然。但是疯病却未必是
真："各州县地面，要是出了逆伦重案，地方官当有处分。各州县官
每逢遇见这种案子，多半把逆犯报一个患疯，以便规避处分。其实
逆伦重犯报疯的，十个里头也未必准有一个真疯的。"一语道破所

---

[1]　《殴母致死》，《大公报》1903 年 12 月 5 日，第 3 版，"中外近事"
[2]　《天津县示》，《大公报》1905 年 5 月 9 日，第 4—5 版，"中外近事"。
[3]　《刍荛之言》，《大公报》1905 年 5 月 10 日，第 5 版，"附件"。

谓疯病犯案的另一种可能。

一年之后，袁督又遇弑父重案。光绪三十二年（1906）天津县民人卢恩荣于七月十二日自行赴县投案，称自己用刀扎伤父亲、妻子，均已死亡，还交代了凶器藏处等细节。[1] 第二天，报纸登载了案件的相关情节。卢某及两位弟弟和父母同住，两年前娶再醮妇吴氏进门。日前，卢某怀疑吴氏和自己的父亲私通，于是怀恨杀死二人。县令审定案情清晰，人证物证俱在。[2] 后续报道称，虽然案情明晰，却尚未画供。[3] 隔了两三日，果然传出卢某患有疯病的消息：卢恩荣因有疯疾，将父亲和妻子扎死等情，伊母卢张氏及邻右吉樊氏等同地保班吉升，经县讯明，一并具素有疯疾之甘结。[4] 甘结一出，卢恩荣成了疯病之人。几个月后，袁世凯向皇帝奏报此案，称卢恩荣素患疯病，在杀害父亲和妻子之后，被邻居夺下刀子，用绳捆住送官，而卢某自始至终疯迷，不能取供，由其母卢张氏和乡邻等人供述案情。[5]

案发当地的《大公报》对此案接连几日追踪报道，可谓案件的第一手材料。其中的相关记载，和数月后直督上报的奏折有多处不合，比如卢某是否果真患疯，是其投案自首还是被邻人绑缚送官，卢某能否亲自供述还是由其亲邻代为呈报等。报刊报道当然未必全然属实，但至少显示事实或许别有隐情，即卢某未必真有疯疾，而经手此案的直督袁世凯亦未必对此毫不知情。逆伦案件的肇事者如

---

[1]《逆案纪闻》，《大公报》1906 年 9 月 1 日，第 5 版，"时事"。

[2]《逆案续闻》，《大公报》1906 年 9 月 2 日，第 5 版，"时事"。

[3]《提讯凶犯》，《大公报》1906 年 9 月 4 日，第 4–5 版，"时事"。

[4]《因疯行凶》，《大公报》1906 年 9 月 7 日，第 5 版，"时事"。

[5] 台北故宫博物院故宫文献编辑委员会：《宫中档光绪朝奏折》第 24 辑，东亚制本所，1993，第 8–10 页。

果是疯人，其行为举止完全不受控制，和正常人故意杀伤父祖辈相比，恶劣程度有所轻减。即使和正常人误杀相比，疯人犯案性质仍为轻，地方官员也就不必承担教化不力的责任。因此，时人称："逆伦之人犯，必曰风颠也，误伤也"，已成"例行之事"。[1]

如前所述，疯病人和正常人一体量刑，并不因其病情而对凌迟处罚有任何影响，官员想方设法瞒报或改窜，在保护官声的同时，也不至于使得枭獍之徒逃脱严厉制裁，似乎是一个"双赢"的局面。

尽管皇帝苦心孤诣鼓励逆伦案的奏报，成效始终有限，州县督抚各级官吏在办案时还有其他因素需要考量。各级官吏讳匿的案件，实不止于逆伦一类。道光时就有大臣奏称，命盗大案"未及上陈，狡展稽迟者，每省多或千余，少亦数百"。[2] 对审判程序颇有研究的台湾学者那思陆认为："州县官极易受到罚俸、降级、革职等处分，故常有为避处分而讳报命盗重案者。"[3] 光绪末年，杭州一起杀父逆伦的案件中，县令因案发多日尚未捕获凶手而被按察使访闻，上报后巡抚增韫斥责县令"防捕不严，殊堪痛恨，应先记大过三次，摘去顶戴"，限期捕获案犯，"届限不获，由司详请奏参"。[4] 逆伦案发，直属官员不仅要限期破案，还要承担教化不力的责任，压力之大，可以想见。

除了因案情未明、案犯未获、官吏贪赃枉法等普遍性的原因

---

[1]　张鹤龄：《变法经纬公例论》卷上，载沈云龙主编《近代中国史料丛刊续编》第 472 册，文海出版社，1977，第 48 页。

[2]　黄爵滋：《饬查州县弊蔽命盗疏》，载齐思和整理《黄爵滋奏疏许乃济奏议合刊》，中华书局，1959，第 59 页。

[3]　那思陆：《清代州县衙门审判制度》，中国政法大学出版社，2006，第 16 页。

[4]　《逆伦案之近闻》，《大公报》1908 年 10 月 15 日，第 2 张第 2 版。

外，臣下对逆伦案件颇有忌讳而不愿提及，更多是因为这类罪过严重违反了必须严格恪守的礼法秩序，既是对家族伦理关系的违犯，也是对王朝统治秩序的挑战，其恶劣影响会及于自己的治理能力。国家设官之制，使贤治不孝，不以卑凌尊，而"逆伦案有司恒多方涂饰，不使上闻，以为圣天子在上，教化普及，安有此不祥事？"[1]

因此，一旦有抢劫命盗案件发生，"地方官先已惭愧交并，心怀不安，无以自容"[2]。平常命盗案件官员已经羞愧难当，逆伦案发则更加无地自容。《我佛山人笔记》中称，有官员在审理子孙不孝的忤逆案件时，自认"部有忤逆之民，官之罪也"。[3] 与之类似，清季曾任六州县刑幕的陈天锡在回忆录中记载了宣统年间一件逆伦案件对县令的影响：湖南新宁县发生一起子杀父的案件，县令认为自己"教化无方，引为内疚"，向上级自请处分。商之作为幕僚的陈天锡，陈亦亟赞其行为：为民父母者，遇有此案，引咎自责，实为当官应有之义。[4] 即便官员未因逆伦案件而直接获罪，但治下出现如此案情，显然其为官不贤，教化职责未尽，至少会对官声清誉有所影响。

对官声的维护，是从州县官到督抚大员的共同顾虑。讳匿逆伦案件多发生于州县一级的要因之一，还在于亲民之官必须面对更为实际的经费开支问题。清律规定，徒罪以上的案件必须解送上司衙门覆审。当逆伦案件发生，州县确定案情之后，按照程序规定需要

---

[1]　戢庵：《如皋逆伦案》，《小说月报》第 7 卷，第 11 号，1916。

[2]　褚瑛：《州县初仕小补》卷上，载官箴书集成编纂委员会编《官箴书集成》第 8 册，第 749 页。

[3]　吴趼人：《我佛山人笔记》，载《吴趼人全集》第七卷，第 87 页。

[4]　陈天锡：《迟庄回忆录》，载沈云龙主编《近代中国史料丛刊续编》第 24 册，文海出版社，1974，第 67 页。

审官亲自押解赴省。这一过程中，无可避免地产生了诸多名目的费用，如往返囚笼扛夫之费，长解差役饭食之费，省监囚粮之费，贴监差役雇送差役饭食之费等。如果案件审理不顺，搁置半年不转，或有审驳情况出现，这些费用还会成倍增长。估算下来，州县所办普通案件，花费在一二百金到四五百金之间。若是逆伦案件，则需七八百金之多。[1] 所需费用由州县自行筹备。清人总结道，正是经费开销过大，才造成州县"于命案则欲百姓私和"，"于逆伦重案亦或敢置之不问"的无奈之举。

清中叶后"逆伦"的词意逐渐缩小和固定化，在律法文书中特指杀伤祖父母、父母的案件，律定凌迟处罚的原则。从婚姻、抚养关系而产生的各种祖父母、父母，到谋、误、过失等不同情节，素重等差的清律都有相对明确的认定，和惩罚方式一一对应，即便失去行为能力的疯病人也不得宽免。鉴于其恶劣性质，各级官吏还有意讳匿不报或裁改案情。清季改制，逆伦作为违逆礼法的典型，从未被立者轻视。只是中国特有的服制原则和伦常观念应如何以"中外通行"为宗旨而斟酌取舍做出调整，各人因立场不同，意见有异，注定要经历举步维艰、充满争议的变制过程。

第二节　清季律改："尊亲属"的引入

庚子被迫西狩，最终坚定了清廷最高统治者变法自救的决心，清末十年新政由此开端。各国在新拟商约中允诺：一旦中国改订新

---

[1]　陈坛：《请拨州县罚俸银两为解案经费疏》，载贺长龄等编《清朝经世文正续编》第 4 册，第 548–549 页。

律，英、美、日、葡等国将放弃领事裁判权，于是作为清末新政重要一环的律制改革，除解决自身的法律适用性之外，还被要求必须得到列强的认可。初时舆论对旧律的批判多集中在刑罚严酷、狱制黑暗等表象，于是修订法律大臣沈家本、伍廷芳着手对律例内重刑加以删除，对审判程序及方法进行重新规划。光绪三十一年三月二十日（1905 年 4 月 24 日），修律大臣上奏《请变通现行律例内重法数端折》并获准，凌迟枭首戮尸等重刑被删除，律例内原判上述三种重刑的改拟斩立决，原判斩立决改判绞立决。凌迟等酷刑本为律例内最重，主要针对的是谋反、逆伦、杀害官差或杀伤多命等严重犯罪行径，此番删减从刑制上取消了对大逆之罪重惩的制度保障，"客观上等于将礼法列为首罪的'大逆'降同凡人"[1]。

　　光绪三十二年（1906），修订法律馆奏派刑部候补郎中董康、麦秩严等赴日本考察审判和监狱制度，以此为契机，聘请了多位日本法律专家，以"调查员"的名义前来中国直接参与法律的修订，刑法方面的专家即冈田朝太郎（おかだ　あさたろう）。在此前后，修订法律馆还翻译了诸多外国法律作为修律参考，包括法兰西刑法、德意志刑法、俄罗斯刑法、荷兰刑法、意大利刑法、日本刑法、日本改正刑法、日本新刑法草案等，其中以日本法律为最多。

一、尊亲属入律

　　光绪三十三年（1907）八月、十一月，刑律总则、分则草案进呈于上。草案总则第十七章"文例"第八十二条："凡称尊亲族者，为下列各等：一、祖父母，高、曾同。二、父母。妻于夫之尊亲族

---

[1]　张仁善：《礼·法·社会——清代法律转型与社会变迁》，天津古籍出版社，2001，第 203 页。

与夫同。三、外祖父母。称亲族者，为下列各等：一、夫妻。二、本宗服图期服以下者。三、妻为夫族服图大功以下者。四、出嫁女为本宗服图大功以下者。五、外姻服图小功以下者。六、妻亲服图缌麻以下者。"[1]

分则第二十六章"关于杀伤之罪"第二百九十九条："凡杀人者，处死刑、无期徒刑或一等有期徒刑。"第三百条："凡杀尊亲属者，处死刑。"[2]

分则所谓"尊亲属"，即总则所称"尊亲族"。杀害常人可轻判至十年有期徒刑，但杀害尊亲属则只有死刑的处罚，二者明显不同，杀害尊亲属量刑更重，而且此处的"死刑"，并不似普通死刑用绞，而是以更重的斩刑行刑。可见修律者为了凸显草案对伦常秩序的维护，甚至不惜牺牲新律本应坚守的"死刑唯一"的原则。后续各条详细规定了涉及杀伤的其他情况，如伤害身体、教唆或帮助自杀、过失致死或致伤等，以及杀伤之外如损害遗弃尸骨、发掘坟墓等罪行中，对象为尊亲属和平人的量刑存在差别，侵犯尊亲属均较常人至少加重一等。

尽管刑律草案没有如《大清律例》收入服制各图，但总则中以列举的方式规定了亲族即亲属的范围，除"妾为家长族服图"之外，上述第八十二条亲族范围的划分基本包含了旧律服制各图中的全部亲属关系。妾室并不成立婚姻关系，因此被排除在亲属成员之外。表面看来，草案总则中对亲属范围的处理与旧律并无二致。但

---

[1]　《修订法律大臣沈家本等奏进呈刑律草案折》，载上海商务印书馆编译所编纂《大清新法令》第一卷，商务印书馆，2010，第 518 页。

[2]　《修订法律大臣沈家本等奏进呈刑律分则草案折并清单》，载上海商务印书馆编译所编纂《大清新法令》第一卷，第 607、610 页。

旧律吸收服制规则，对亲属等级的划分与刑罚的轻重相对应，而草案总则里虽划定了亲属范围，却没有提及亲属等级的问题，分则里也就没有了等差治罪的明文。更有甚者，尊亲属中对外祖父母的处理改变了五服的血统宗亲原则。

草案的拟定参考了诸多外国刑律。虽然各国立意有别，法兰西、德国、俄罗斯、意大利等国刑法中都有对尊长尊属的特别保护条款。《法兰西刑法》第二百九十九条："凡杀适法之父母、不适法之父母、或养父母、及其他尊属之亲者，谓之弑逆。"第三百二条："凡犯谋杀之罪、杀尊属之亲之罪、及杀子、毒害诸罪者，处死刑。"法国的死刑执行方式为斩首，谋杀常人和杀害尊亲之属虽同为死刑，但杀害尊属之亲的斩首方法比常人更为郑重而复杂。第一编第一章"重罪"中规定，"凡因弑亲受死刑者，应使单衣跣足、首蒙黑绢，带赴刑场。裁判所使吏对众读罪案、将犯人牵上斩坛、罪案读毕、即令行刑"。[1]

德国刑律中规定："故杀尊属者，处十年以上惩役或无期惩役"。[2] 被称为"近代刑法之父"的德国刑法学家弗兰兹·冯·李斯特（Franz von Liszt）——同时他还是冈田朝太郎留学德国时的导师，在所著《德国刑法教科书》中介绍刑罚改变的情况时，明确"伤害尊亲属"是刑罚加重的条件之一。[3] 直至 1976 年西德修正公布的《刑法典》，仍保持了对于伤害直系血亲尊亲属的加重刑罚，如该典

---

[1]　王大错编辑：《法兰西刑法　美国刑律》，中华图书馆，1913，第 118、4 页。

[2]　劳乃宣：《修正刑律草案说帖》，载桐乡卢氏校刻《桐乡劳先生（乃宣）遗稿》，沈云龙主编《近代中国史料丛刊》第 357 册，文海出版社，1969，第 889 页。

[3]　弗兰兹·冯·李斯特：《德国刑法教科书》，徐久生译，法律出版社，2000，第 472 页。

第二二三条："（一）不法伤害他人身体或损害其健康者，处三年以下自由刑或并科罚金。（二）对直系血亲尊亲属犯前项之罪者，处五年以下自由刑或并科罚金。"[1]

遗憾的是，未见清末译成的俄罗斯、意大利等刑法，但据反对刑律草案甚力的劳乃宣称，俄国刑律中规定"谋杀父母者，无限公权全夺，罚作无限苦工。到工后永远不准改拨教养局习艺，遇赦不赦。实系老疾无力操作，始免苦工，仍禁锢"。对于忤逆父母、不遵训导的，俄律还规定："凡人于行动间欺辱父母及直系亲属尊长、被控到官，讯明后将犯人有限公权全夺，发往西伯利亚与平民一律安插，抑或交教养局习艺一年以上一年半以下"，处刑均较为严厉。[2] 而据 1930 年公布的《意大利刑法》，杀人罪中若对象是直系尊、卑亲属的，将加重量刑，直到 1968 年的修正案仍保持这一内容。[3] 当时意国的刑法中自然也有侵犯各亲属与常人不同的处罚。荷兰律、瑞士律中，犯害祖父母父母等尊属的罪行"无专条"律文。[4]

草案的拟定参考了上述多国刑法，但具体章节条文的编排和书写则深受日本影响，对于外祖父母的安排更是如此。以服制论，"外亲服图"中外祖父母系属"小功"，和母亲的兄弟姊妹等同服，即便服轻而义重，《大清律例》里对小功的外祖父母和齐衰斩衰的祖父母、父母保护力度并不相同。律例中有"谋杀祖父母父

---

[1]　《西德刑法》，载《各国刑法汇编》上册，司法通讯社，1980，第 806 页。

[2]　劳乃宣：《修正刑律草案说帖》，载桐乡卢氏校刻《桐乡劳先生（乃宣）遗稿》，第 889、890 页。

[3]　《意大利刑法》，载《各国刑法汇编》下册，第 1627 页。

[4]　劳乃宣：《修正刑律草案说帖》，载桐乡卢氏校刻《桐乡劳先生（乃宣）遗稿》，第 889 页。

母""殴祖父母父母"各条，未将"外祖父母"与其并称。清律规定，"凡谋杀祖父母、父母及期亲尊长、外祖父母、夫、夫之祖父母、父母……已杀者，皆凌迟处死。"除涉及故意杀害人命的极端行为将侵犯祖父母、外祖父母一体治罪外，其他相对较轻的罪状，往往祖父母父母和外祖父母隶属不同条文，量刑亦不相同。

日本旧刑法第一编第十章"亲属例"第一百十四条规定了亲属的范围，包括祖父母、父母、外祖父母、子孙、兄弟姐妹及其子，父母之兄弟姐妹及其子。这些亲属于夫妻双方互认，即丈夫的亲属是妻子的亲属，同样妻子的亲属也是丈夫的亲属。第三编"对身体财产之重罪轻罪"各章节规定各种侵犯情况及其量刑，最后第十三节"对祖父母父母罪"专论侵犯父祖的罪行，量刑比照常人加重。[1] 尽管亲属关系于夫妻双方互认，但是本条"对祖父母父母罪"的成立，只针对侵犯己身的父祖，包括外祖父母，不涉及妻父母。上述内容在日本新刑法中进行了调整。新刑法总则取消了关于亲属范围的具体规定，而"让之民法"，但较之旧刑法"扩张其范围，及于配偶者之直系尊属"，即姻亲之妻父母、外亲之外祖父母都在此列。同时新刑法还取消了旧刑法中"对祖父母父母罪"一节，将侵犯尊亲属的各种情况分列于相关各章之中，与杀伤常人并列，比之旧刑法条文有所简省，且量刑也有轻减。[2] 冈田朝太郎、沈家本等在制定刑律草案时，正是吸收了日本新刑法的编排方式，内容却偏向于日本旧刑法的详尽细致。刑罚的设置更严，尊亲属的范围较

---

[1] 章宗祥、董康合译：《日本刑法》（1905 年），载《董康法学文集》，中国政法大学出版社，2005，第 815、837-845 页。

[2] 牧野英一：《日本刑法通义》，陈承泽译，中国政法大学出版社，2003，第 11、190-200 页。

窄，这些都是基于清律传统又与日法折衷的结果。

中日两国对亲属认定的原则并不相同：中式家庭注重的是血缘和统系，五服范围内父党宗亲占据了绝大部分，而日本家庭为使家族繁盛，更愿意接纳血缘稍远的外亲以及非血缘关系的姻亲和收养关系。日本旧、新刑法中所称"祖父母、父母"的范围比清季刑律草案大得多。有学者分析中日家族制度的差异，认为中国的家以血缘关系为纽带，以传宗接代为根本任务，而日本的家是以家业为核心的集团，家业的繁荣昌盛是家的终极目标，为此则可以超越血缘的藩篱，姻亲等非血缘关系也可以进入家庭，参与家业的经营。[1] 中国传统社会男尊女卑，女子以夫为天，父子关系也优先于母子关系，出嫁女为本宗亲属之服皆降等；而日本的亲属关系是将夫妻对等，甚至有日本学者称："构成日本社会的原理基本上可以说是一种母性原理"[2]，姻亲关系使得双方亲属的密切程度增加。中日一降一升，观念迥异。

通观刑律草案中的相关内容，既有服制规则的延续，又对日欧新法的吸收。草案保留了传统律法的身份特征，对于以下犯上、以幼凌长的悖逆伦常秩序的行为比之常人加重处罚，只是除尊亲属之外，法条不再明文规定旧律中细化的其他各等亲属与常人的量刑差别，且尊亲属的范围与旧律的惯常划分略有差异。即便这种处罚与传统律例相比有所轻减，较之常人加重的级数也有所减少，但比之作为模范的日本刑法仍有加重。而且，量刑的减轻并非刑律草案特意为之，在此之前一系列删除凌迟枭首戮尸、酌减死罪奏折的上呈和准奏中，已经将处刑方式中的重刑尽删，

---

[1]　参见李卓：《中日家族制度比较研究》，人民出版社，2004。

[2]　源了圆：《日本文化与日本人性格的形成》，郭连友、漆红译，北京出版社，1992，第 143 页。

导致刑等减少。

如果说《大清律例》中对尊属尊长的特别保护及对逆伦的重刑处置，是传统社会礼法合一特征的集中体现和必然规定，那么刑律草案中对这一措施的保留甚至扩大——将"外祖父母"纳入尊亲属的范围，与祖父母、父母并列，除却对旧律中伦理秩序的肯定之外，更加入了"折衷各国大同之良规，兼采近世最新之学说"[1] 的新法色彩。

二、对尊亲属的理解歧异与质疑

依照光绪三十三年九月宪政编查馆奕劻等议定的修订法律办法，宪政馆在接到各项法典草案后，须分咨在京各部堂官、在外各省督抚等签注复议。刑律草案既经上奏，后续的签注程序也逐渐展开。

一般认为，进呈于三十四年三月初四日（1908 年 4 月 4 日）的《署邮传部右丞李稷勳奏新纂刑律草案流弊滋大应详加厘订折》，是关于新刑律草案的第一份奏驳之折，其主旨被舆论总结为请加重对逆伦罪行的量刑。[2] 李稷勳批判的焦点在于逆伦及其他伤害尊属罪行的编排方式不合理，"不惟弑逆大恶与杀伤平人，略无区别，已堪骇异，而前后寥寥数条，复与寻常各罪犯交互错出，尤足令乱臣贼子睥睨生心，以为祖孙父子一切平等，固法律所公认也。"在他看来，应该单列一章名为"关于亲属之罪"，紧接在

---

[1]　《修订法律大臣沈家本等奏进呈刑律分则草案折并清单》，载上海商务印书馆编译所编纂《大清新法令》第一卷，521 页。

[2]　《议准加重逆伦罪》，《神州日报》1908 年 6 月 8 日，第 2 页，"要闻一"。

"关于帝室之罪"后面，并且明确以斩刑治罪。[1] 第二年五月初七日，由张之洞兼管的学部《奏为新定刑律草案多与中国礼教有妨谨分条声明折》，舆论解读其意在强调修律应该"将新旧律比较采用"[2]。学部奏折开始就一针见血地指出，因草案成书过速，很多内容都是日本起草员所拟就的原文，与我国礼教实有妨碍，对侵犯尊亲属的量刑过轻以及外祖父母与祖父母并列，混淆了本宗与外姻的区别都是明证。[3]

学部奏折为新刑律草案定下了"篾弃礼教"的基调，此后"各省疆吏亦希旨排击"[4]，签驳意见居多。尽管草案对于尊亲族即尊亲属的范围已有明确说明，但各签注内容显示，诸臣对此种规定的理解并不清晰且彼此有异。陕西巡抚恩寿认为尊亲属中只有祖父母、父母，范围过窄，应该把现行律中伯叔父母及兄等这些尊长者全部列入。[5] 而在粤督张人骏看来，尊亲属已然包含了"期亲尊长"[6]。河南巡抚吴重憙对草案所称尊亲属范围的理解更大，除祖父母父母、期亲尊长，所有本宗外姻的大功、小功、缌麻尊亲都在其列。[7]

---

[1] 《署邮传部右丞李稷勳奏新纂刑律草案流弊滋大应详加厘订折》，载故宫博物院明清档案部编《清末筹备立宪档案史料》下册，855 页，中华书局，1979。

[2] 《请改刑律之原因》，《大公报》1908 年 6 月 10 日，第 4 版，"要闻"。

[3] 《学部签注清单》，载高汉成主编《〈大清新刑律〉立法资料汇编》，社会科学文献出版社，2013，第 220-221 页。

[4] 江庸：《五十年来中国之法制》，载申报馆编《最近之五十年》，1923，第 8 页。

[5] 《陕西巡抚恩寿奏参考刑律草案分条签注折并单》，《政治官报》第 547 号，1909 年 5 月 8 日，第 10 页。

[6] 《两广总督张人骏奏请将刑律草案详加更订折》，《政治官报》第 284 号，1908 年 8 月 11 日，第 6 页。

[7] 《河南巡抚吴重憙奏签注刑律草案折并单》，《政治官报》第 605 号，1909 年 7 月 5 日，第 21 页。

　　造成这种理解歧误的原因，根本在于伦常观念和旧律规则的根深蒂固。无论是对亲属等级的直观认识，还是律例所形成的具体判案规则，在清人眼中对尊长要敬重，侵犯尊长要严惩。督抚即便对于五服和律例中亲属系统的等级划分以及二者之间的差别并不透彻知悉，但日常生活和经手伦常案件的耳濡目染，使其对于亲等有更直接的认识，即除却祖父母、父母之外，兄姊、伯叔父母、堂兄姊、堂伯叔父母等宗亲和外姻亲等等都在尊长尊属的范围，也都是律例的重点保护对象，律法理所当然应该区别亲疏而量刑有等。

　　另一方面，熟悉旧律的部院督抚和其他参与拟就签注的臬司、刑幕等人，尚未适应草案这种新的列举方式。以旧律"谋杀祖父母父母"条为例，其律文如下：凡谋杀祖父母、父母及期亲尊长、外祖父母、夫、夫之祖父母、父母，已行者皆斩，已杀者凌迟处死。谋杀缌麻以上尊长，已行者杖一百流二千里，已伤者绞，已杀者皆斩。其尊长谋杀卑幼，已行者，各依故杀罪减二等，已伤者减一等，已杀者依故杀法。若奴婢及雇工人谋杀家长及家长期亲外祖父母，若缌麻以上亲者，罪与子孙同。会典事例中此条之下的附律条例和历年事例的内容，除了涉及该条标题所称的"祖父母父母"之外，几乎包含了所有亲等关系，以及比照亲等关系而论的奴婢、雇工之于家长的非亲属关系。旧律中违逆伦常相关各条一般都是如此，在"殴祖父母父母""殴期亲尊长""尊长为人杀私和"等各条中，同样并不单纯只有条目名称所指的内容，而是涵盖了更多的相关规定，如"殴期亲尊长"条例中还包括有子妇殴毙翁姑的案例。正是因为督抚更倾向于旧律的这种表述方式和行文逻辑，依照其常规性理解，出现了对刑律草案的误读。有鉴于此，山西巡抚宝棻提出："但云尊亲属，不若仍照五服图式以定等差，以示区别，较为明晰"[1]，希望仍用熟悉的图示代替生疏的文字描述。

在有些签注认为尊亲属范围过窄的同时，也有签注提出了对"外祖父母"身份的质疑。江苏巡抚陈启泰认为应该如旧律一般，对侵犯不同等级的亲属明示量刑等差。在他的规划中，杀伤祖父母应处斩刑，而对象若为外祖父母，应为绞刑。[2] 明显陈启泰并不认同将外祖父母和祖父母等而视之。江西巡抚冯汝骙比陈启泰的奏折更进一步明确：外祖父母不仅比祖父母、父母服低位卑，而且本宗和外姻不可相提并论。[3]

东三省督抚所上奏折是为数不多对刑律草案表示支持的签注之一。徐世昌等对将外祖父母与祖父母并列大加赞同，认为在"家庭专制时代"的旧律中外祖父母本属小功，有犯以期亲论，礼应轻而法或重，正是礼法融合的表现。而现在是实行立宪、尊重人格、男女平等的时代，男女既然平等，则不能尊父而卑母，伸夫而抑妻，因此必须将外祖父母纳入尊亲属之列，修律大臣的这种安排有其"明于礼法之殊途与时代之相异"的深意。尽管三位督抚对"外祖父母为尊亲属"毫无异义，但仍不得不承认："以外祖父母与祖父母同等，以夫与妻同等，骤视之似未免令人骇异"，而且父母、祖父母、外祖父母的服制各不相同，"父母同为一等亲，则父之父母与

---

[1] 《山西巡抚宝棻奏签注刑律草案折并单》，《政治官报》第 528 号，1909 年 4 月 19 日，第 11 页。

[2] 《江苏巡抚陈启泰奏新订刑律草案逐条签注折》，《政治官报》第 497 号，1909 年 3 月 19 日，第 15 页。

[3] 《江西巡抚冯汝骙奏参考刑律草案折并单》，《政治官报》第 520 号，1909 年 4 月 11 日，第 12 页。

母之父母自亦同为二等亲",三者之间的差别不容忽视。[1]

从邮传部李稷勳到学部张之洞,再到陆续上奏的其他部院、督抚,对刑律草案驳改意见的焦点,并不是新律中是否包含礼制内容,因为刑律草案始终保留有礼法合一的内容和特征,而且这种保留更因为与东亚的日本、泰西的法兰西、德国等的条文类似,提升至世界大同的意义。部院签注所争之处,在于新律中对礼制内容吸收的程度如何,如尊亲属和常人量刑等差级别,尊亲属是否涵括外祖父母,尊亲属之外的其他尊长尊属又将如何量刑,对尊亲属有犯的条文编排次序等等。

除了条文的明文规定,旧律的精神更是影响深远。刑律草案采取泰西立法以抽象概括的方式规定罪名、设定刑罚范围的编纂方法,而摒弃了传统律例一罪一刑、罪行一一对应而衍生无限例文的"列举主义"方式。按照沈家本的解释,此举是为了补救旧律中的"援引比附",以免吏胥上下其手而量刑轻重偏畸的弊端,取而代之以新律更定刑名、设置刑罚范围,审官在依照新法判断时,可在条文规定的范围内享有一定的酌情处理的权限;差等非法律所能预定,均认审判官之秉公鞫劾而已。因此修律者的此番设计使得即便刑律中没有明文规定侵犯期亲尊属较常人量刑为重,传统观念却最终决定了这样的判决结果依旧可以实现;反之亦然,尊长伤害卑幼可以较常人为轻。民国时期践行新刑律时确实有此倾向。

三、尊亲属与逆伦对象的趋同

依照推行宪政"逐年筹备事宜清单"的时限规定,宣统元年

---

[1] 《东三省总督徐世昌、署吉林巡抚陈昭常、署黑龙江巡抚周树模奏参考刑律草案签注各条折并单》,《政治官报》第549号,1909年5月10日,第19-20页。

（1909）应该完成刑律草案的核订事宜。综合各签注意见，修订法律馆对草案进行修改，并在当年十二月（1910 年 2 月）会同法部联衔进呈《修正刑律草案》。舆论总结此番修改：凡旧律之大背于人道主义者，均斟酌删减，加以注释，求与世界各立宪国法律上之大原则无大相违忤。然亦不偏重西律，以保纲常名教之国粹。[1] 无论是签注刑律草案时多方的反对意见，抑或光绪朝两宫和宣统朝摄政王的历次上谕内容，都要求草案在修改过程中应对礼教伦纪各内容再加谨慎和多以採择。因此修律大臣"汇集中外签注，分类编辑，折衷甄采，并懔遵谕旨，将关于伦常各款加重一等"[2]。

　　修正草案中，对于尊亲属的规定和原草案相同。学部、两广、江西、湖南等处签注提出的要求将服制图置于刑律之中，修正案语认为此条内容即是根据律例的服制图而定，并无增删之处，言外之意无须再增列服制图。江西巡抚冯汝骙反对"外祖父母"入尊亲属以致本宗和外姻的相提并论等观点，案语并未一一回应，只是简单地自说自话，认为对于"尊亲族"的认定与服制图相合，一语带过，"外祖父母"仍如日本刑法的认定，稳列于"尊亲族"中。[3] 原草案中总则分则对于"尊亲族""尊亲属"和"亲族""亲属"的使用含混，修正草案也同样存在这一问题。

　　修正草案分则第二十六章"关于杀伤之罪"第三百一十条：凡杀人者，处死刑、无期徒刑或一等有期徒刑，与原草案内容相同，

---

　　[1]　《新刑律重订之内容》，《申报》1910 年 2 月 16 日，第 1 张第 4 版，"紧要新闻"。

　　[2]　《修正刑律草案告成敬缮单呈览折》，载徐世虹主编《沈家本全集》第二卷，中国政法大学出版社，2010，第 482 页。

　　[3]　《修正刑律案语》，宣统元年修订法律馆印，第 45 页。

规定了杀人罪状的普遍性刑罚。针对此条，各签注多有要求对尊卑相犯的量刑作出明确规定，案语将其总结为：学部谓杀人之罪，轻重因其所犯之为何人而定；山东谓刑之所加，必衡本罪之主体；江西谓应分别亲属差等；两广、湖南谓应分别尊卑、长幼、良贱。继而解释道：犯人之身份只是分别罪情的一个方面，不能因此一端而抹杀了其他一切犯罪情节。身份之外，犯罪的原因和施行犯罪的手段都是最终量刑的决定性因素。虽然案语亦认可"尊卑、长幼、良贱在伦理固有等差"，但筹备宪政之际，为立宪国体计，"臣民齐等，生命均贵"。鉴于上述原因，案语坚持不可仅以身份尊卑的标准而制定律条。[1] 案语与原奏折的考量大致相同，律之明文不因身份尊卑而设置量刑区别，而律文刑罚范围的规定已经对此作出补救，审判官可在刑罚允许的范围内，通过刑期的不同来体现身份不同的等差。举例而论，同样的杀伤情节，若平人之间相犯，可判处一等有期徒刑；若弟弟侵犯出嫁胞姐，可处无期徒刑；若弟弟侵犯胞兄，则可处死刑。如此则尊卑、轻重立显。

　　第三百十一条规定"凡杀尊亲属者，处死刑"[2]，与原草案内容相同。死刑以至极刑，量刑无可复加。签注对该条的评议多在于执行方式。案语称两广、两江、河南等各省均谓本条之罪量刑为轻，应明定科斩刑。关于本条的争议，原草案中虽有"死刑处惟一绞刑"的声明，但在奏折中修律大臣等又指出要别辑专例通行，以明定谋反、大逆逆伦等罪仍处斩刑。沈家本初时虽有心坚持死刑惟一，但考虑到斩绞二项中如果再议删去一项，"必至訾议锋起，难遽实行。今拟定绞为死刑之主刑，斩为特别之刑，凡刑事内之情节

---

[1] 《修正刑律案语》，第 89 页。

[2] 《修正刑律案语》，第 91 页。

重大者，酌立特别单行之法"[1]，修律大臣既有此认识，再加之督抚签注的要求，修正草案对本条的修改集中表现为由法部尚书廷杰所拟就、增加在"附则"五条中的第三条："应处死刑如系危害乘舆、内乱、外患及对于尊亲属有犯者，仍照臣馆第一次原奏代以斩刑，俾昭炯戒。"[2]死刑仍视犯罪性质分斩绞，而"死刑唯一"的原则又不便公然破坏，因此修正草案的权宜之计则为斩刑注明于附则而非律文内。

致毙尊亲属的情况单一，死刑判决无异，致伤尊亲属的情况则有伤势轻重、致伤原因等区别。几乎所有签注都认为原草案中对于致伤尊亲属的量刑较轻。案语认为原奏所定之刑，较之东西各国的刑律已经为重；而且现时施行的律例内此类案件也并非全部坐以死罪。但既有各督抚部院的签驳，还有屡次要求慎重礼教的上谕高悬，修正草案将伤害尊亲属的相关条文之内的量刑各加重一等。杀伤罪之外，其他案涉尊亲属的罪行，均有较常人、较原草案加重的处理。另外如遗弃之罪、逮捕监禁之罪中，原草案将平人与尊亲属并列为一条，修正案将尊亲属的相关规定析出为专条，量刑也同样加重一等。[3]

《修订刑律草案》上奏后，上谕著宪政编查馆查核覆奏。宪政馆参议劳乃宣将撰写的新刑律驳论说帖在馆内出示，提出异见。在劳乃宣看来，中律和西律不可能也无必要改同一律，因为外国律例本就互不相同。他专门以礼法重责的典型案件——逆伦及忤逆行为的惩处条文为例，明确各国如法、德、荷兰等对犯害父母等尊属的

[1]　沈家本：《死刑惟一说》，载徐世虹主编《沈家本全集》第四卷，第662页。

[2]　《修正刑律案语》，第127页。

[3]　《修正刑律案语》，第101、103页。

行为处罚互有不同。劳氏又将草案中"尊亲属"的名称和认定范围与多国比较，法国律中称"适法之父母"、"不适法之父母"或"养父母"，且这些尊属和"其他尊属之亲等名称，皆同罪"。日本律中于侵犯自己或配偶的直系尊属皆同罪，即"夫于妻之尊亲属与妻同"。针对后者，劳乃宣着重强调：我朝律内，妻于夫之尊亲属与夫同，即子妇与翁姑有犯与子犯父母同罪。但是女婿与妻父母有犯则不能与女犯父母同罪。不过他并未对外祖父母的定位提出质疑。劳乃宣批判修正刑律草案"视法律为全无关于道德、教化之事"，必将导致一味模仿外国而尽弃旧律伦常诸条，主张将旧律中案涉尊卑各条如干名犯义、犯罪存留养亲、亲属相犯、亲属相殴等逐一修入刑律正文。[1] 很快，沈家本做出回应，提出可以"编纂判决录而详定等差"的办法解决其大部分疑虑，唯有犯奸和子孙违反教令是教育相关之事，不可编入刑律。[2]

　　为调和劳、沈异见，谘议官陈宝琛主张因罪行不同重新为尊亲尊属分类，提出了"直系尊属"的概念，他并未直接质疑尊亲属中的外祖父母，而是指出子孙鲜少与外祖父母同居的事实，因而在相关罪行中如子孙违反教令，其侵犯对象应该以"直系尊属"来概括更为准确，包括祖父母、父母以及曾祖父母。

　　从刑律草案到修正刑律草案的改定过程中，法律馆已经吸收了各方签注的修改意见，对于逆伦案件即犯害尊亲属的行为，从原来的加重常人一等处罚到加重二等，绝对和相对的量刑都已增加。尽

---

[1]　劳乃宣：《修正刑律草案说帖》，载桐乡卢氏校刻《桐乡劳先生（乃宣）遗稿》，第 885-928 页。

[2]　沈家本：《沈大臣酌拟办法说帖》，载桐乡卢氏校刻《桐乡劳先生（乃宣）遗稿》，第 929-935 页。

管汪荣宝评价劳乃宣的说帖"均关涉礼教者，措辞甚厉"[1]，但在结尾处劳氏亦承认草案对于"卑幼犯尊长应加重者""已略具"。至此，在第一轮部院督抚签注中，诟病最多的"犯害尊亲属量刑过轻"之处，已经在修正过程中予以解决，趋新如法律馆，崇礼如劳乃宣达成了一致。在此之后，对修正草案的批驳意见转向礼法融合的其他表征：明定减轻尊长犯卑幼的治罪，增加对无夫奸及子孙忤逆罪的处罚等三个方面。而沈家本以"编纂判决例"解决了尊卑相犯量刑的等差问题，关于《修正刑律草案》的争议最终落到"犯奸"和"子孙违犯教令"两事，与侵犯尊亲属无涉。

　　宣统二年（1910）八月到十月，宪政馆内讨论修改的基本工作结束，核订新刑律告竣，再次进呈于上。当年资政院开院，核订新刑律案发予资政院讨论。十一月初一日下午资政院第二十三号会议上，由政府提出《新刑律》议案，进入初读程序。初读完毕，议长将法案交付法典股审查。十二月初六日（1911年1月6日）资政院第三十七号会议上，由汪荣宝以法典股员长的身份说明对刑律案的审查结果和理由。汪解释了草案自初读后交法典股一个月以来股内的办事流程，介绍了修改的情况。总则修正的地方比分则稍多，分则的修订之所以不多，是因为"这部刑律虽仿照各国最新的刑法起草，而其内容凡是中国特别的国粹可以保存的地方，大概都保存的"。汪荣宝代表股员会所认定的"保存中国立国的特色之处"，即刑律案的规定中"对于尊亲属的犯罪非常之多"，而各国法律中均没有如此详细的规定。对于尊亲属的范围，各国刑法多采用男女平等主义，自己的尊亲属和配偶的尊亲属一样看待。但草案中妻对于

---

[1]　《汪荣宝日记》，载北京大学图书馆馆藏稿本丛书编委会编《北京大学图书馆馆藏稿本丛书》，天津古籍出版社，1987，第576页。

夫的尊亲属与夫同，但夫对妻的尊亲属却不然，这也是出于保存中国家族制度的考虑。各国立国风俗、历史各不相同，法律也不必求得完全一致。因此股员会认为"凡是可以保存的地方都以保存为是"。[1]

从这一原则出发，有些主义上很好但实行有所窒碍的地方，就应当改正。修正案分则首当其冲之处，就在第三百十六条："凡对尊亲属加强暴未至伤害，处三等至五等有期徒刑，或五百元以下五十元以上之罚金"。罚金的规定确实不甚合理。宣统二年时，监察御史陈善同曾奏参河南巩县知县，依据之一就是该县在母告子忤逆之案中判处罚金，"民间诧为异闻"的，既有该县罚银中饱私囊，又有对忤逆处罚金的不苟同。[2] 汪荣宝亦明了此条中的罚金规定于中国社会情形不适，大家心里有所未安。汪解释原案设罚金之刑的用意，因为本律所称的尊亲属包括父母、祖父母和外祖父母，以继母如母之义推之，继母的继母也是外祖母，因此范围甚广。此等尊亲属和自己的直系尊亲属大不相同，所以若有强暴举动且情节较轻的，有时不妨处以罚金。但是股员会的多数意见认为，我国习惯，尊亲属多指祖父母、父母而言，一见本条规定，往往以为从此以后殴父母者仅以罚金了事，这种误会在所难免。会议讨论多次后议决将本条罚金的规定删去。

对于此条更重要的变化是，借由罚金之刑的讨论，把尊亲属的范围缩小，将"外祖父母"剔除。股员会意见认为："中国既然不

[1]　李启成校订:《资政院议场会议速记录——晚清预备国会论辩实录》，上海三联书店，2011，第 594 页。

[2]　陈善同:《陈侍御奏稿》卷一，载沈云龙主编《近代中国史料丛刊》第 274 册，文海出版社，1966 年，第 76 页。

采男女平等主义，而外祖父母与祖父母服制轻重不同，自不能相提并论。外祖父母就是父之外舅外姑，父对于外舅外姑并不与自己父母视同一体，以此类推，则子对于外祖父母亦不能与祖父母视同一体"，"根据中国习惯礼制修正"，将外祖父母从尊亲属中删去，归于亲属之内。[1]

关于外祖父母在服制与律法中的地位，前文已做分析，外祖父母服止小功，但因其"为母之所自出，即己之所自出"，服轻而义重，舍服而从义，所以旧律中多把外祖父母和期亲尊长相提并论，除子孙故意杀害外祖父母而判处凌迟与逆伦罪相同处罚外，其余殴打、詈骂等行为的处置均比侵犯祖父母、父母为轻。如董康所言，"外祖父母服虽小功，究系母之父母，在旧律犯谋杀与祖父母、父母同科；犯殴亦同期亲尊长"[2]。制定刑律草案时将外祖父母加入尊亲属的行列，是直接取自日本的法条——日本新、旧刑法中均有类似认定。这一与传统律例有悖的认定在第一轮督抚部院签注时已经引发争议，如江苏巡抚陈启泰、江西巡抚冯汝骙对将外姻亲属统入"尊亲属"中不以为然，即便东三省总督徐世昌以倡导"男女平等"的姿态对此条表示赞同，也承认其与旧律有所差异。深谙律例的吉同钧解释道："外祖父母一项外国亦重，日本刑法与祖父母父母同论，较中律以叔伯父母论更从尊严，然毕竟系属异姓，与本宗祖父母有别"。[3]

初轮修改时，法律馆坚持对外祖父母的态度，未加删改。而法典股讨论时，以删除三百十六条的罚金之刑为契机，股员终归无法

[1] 李启成校订：《资政院议场会议速记录——晚清预备国会论辩实录》，第594页。

[2] 董康：《修正刑法草案理由书》，载《董康法学文集》，第30页。

[3] 吉同钧：《大清现行刑律讲义》卷六，清华大学出版社，2017，第328页。

忽视外祖父母在旧律及社会生活中与祖父母、父母有异的习惯观念。同时以刑律草案的整体逻辑来看,如沈家本所言,"夫为妻纲,乃三纲之一。然夫之与妻,与君父之于臣子,微有不同","似应视君父略杀",西人的男女平权之说,在中国断不可行。[1] 日本新刑法比旧刑法进一步规定配偶双方的亲属关系对等,但在刑律草案中却只认可"妻于夫之尊亲属,与夫同"。既然夫妻双方的尊亲属无法互认,参考日本的外祖父母为尊亲属也就出现了股员会所指出的矛盾之处:父亲对于外舅外姑,即岳父岳母不与自己父母视同一体,儿子却将外祖父母和祖父母视同一体,显然并不合适。鉴于上述两方面的考量,最终将外祖父母划出"尊亲属"范围。

宣统二年十二月二十五日(1911 年 1 月 25 日),在筹备立宪期限紧迫的压力下,上谕颁布新刑律。宣统三年三月二十日(1911 年 4 月 18 日),《钦定大清刑律》刊刻成书颁行中外,以备采用。新刑律的篇首虽然载有服制各图,但由于刑律正文已不复旧律详尽的亲属等差量刑,其《服制图》仅仅徒具形式而已,时人甚至认为:"其实条文内容与服制并不两涉也"。[2] 当年 10 月,辛亥革命爆发,终结了清朝和帝制,新刑律并未来得及认真施行。

第三节 民初践行:尊亲属范围的界定

民国肇始,事务纷繁,法律适用问题也亟待解决。南京临时

---

[1] 沈家本:《死刑惟一说》,载徐世虹主编《沈家本全集》第四卷,第 664 页。

[2] 刘锦藻:《清朝续文献通考》卷二四八,浙江古籍出版社,1988,第 9938 页。

政府、北京政府先后发布政令，拟修改前清刑律以备采用。在此之前，江苏、浙江、湖南等省份已纷纷表示基本认可清季制定的刑律案。[1]1912 年 3 月 10 日袁世凯就职临时大总统的当日，发布总统令称：现在民国法律未经议定颁布，所有从前施行之法律及新刑律，除与民国国体牴触各条应失效力外，余均暂行援用，以资遵守。此后大总统、法部暨司法部多次重申修改后的《大清刑律》即《暂行新刑律》的法律效力。即便此举事出权宜，也颇有众望所归的意味。

一、重申血缘、统系的决定作用

和《大清律例》相比，《暂行新刑律》在结构编排和行文逻辑等方面已去旧律甚远：律例相辅的结构不再，抽象概括的条文极为精简，否定比附、强调罪刑法定。在审判厅员新旧参杂的情况下，推行新律确有难度。许世英任司法总长期间曾力排众议，坚持必须接受过新式法政教育的人员才可充任司法官，其施行效果有待讨论，但所受批评不绝于耳。面对新法典，旧律背景的折狱老吏骤行之下固然感觉难以适从，游学日本泰西的法政科毕业生也难以一步到位学以致用。时人多认为新刑律"条文语简理精，不易适用"，河南提法司表示：必须深通法意，方知引用，希望司法部可以迅速编订判决例、施行细则以为指导。[2]见此商机，很快有人编辑出版了《新刑律详解》。[3]

---

[1] 《苏省改革后之新猷》，《申报》1911 年 11 月 15 日，第 1 张后幅第 3 版，"接要闻一"；《修正刑律之条件》，《民立报》1912 年 1 月 13 日。

[2] 《司法部令河南提法司电》，《政府公报》第 1 册第 23 号，1912 年 5 月 23 日，"公电"。

[3] 《政府公报》第 2 册第 32 号，1912 年 6 月 1 日，"广告"。

编纂判决录之议并非此时首倡。清季法部和大理院的权限划分一直未明，1910 年大理院考虑到各省筹办审判厅伊始，需要"一切案由事理"的解释之书以资依据，为宣示自己最高裁判衙门的地位，曾预备编纂判决录[1]，但未及着手。民国建立后，这一需求依然存在，同时民初各级司法机构对新刑律的法律适用屡有疑问，也频繁咨询大理院。司法实践中，审判各员往往依照既有经验和社会习惯风俗判案，出现疑义再与大理院函电咨询，如此逐渐形成了固定的解释制度。这些解释例与判决例既彰显了法律的规范性和固定性，同时因其被一般国人"视若法规，遵行已久"，成为沟通法制与社会的桥梁。

《暂行新刑律》第八十二条规定：称"尊亲属"者为祖父母，高曾同；父母。妻于夫之尊亲属与夫同。[2] 清律中对于杀伤祖父母父母的逆伦行为当然有特别规定，但若侵犯伯、叔、兄长等期亲尊属也有重刑判决，因此刑律草案的签注意见中有的对尊亲属的范围产生误解，也有的认为应将期亲尊属特别列出以示保护。这种观点在民初仍然存在。

1913 年，朱某杀死了伯父朱天顺，审官将此案定性为杀害尊亲属。大理院接到案件后驳回其定案，认为：新刑律第八十二条尊亲属者，专指高曾祖父母而言，已死朱天顺系该犯伯父，不在该条尊亲属之列。又有审官将轻微伤害功服兄弟之案依刑律三百十四条伤害尊亲属论，大理院驳为"实属违法"。不久，有上报谋杀胞叔之犯援引杀尊亲属之条而定罪，大理院再次驳回，称"原判引律既

---

[1] 《大理院咨预备编纂判决录》，《盛京时报》1910 年 5 月 15 日，第 3 版。

[2] 《中华民国暂行新刑律》，载《各国刑法汇编》上册，第 95 页。

属错误"。[1] 1916 年 6 月，江苏高等审判厅以一起父亲与两名幼子合谋杀死长子的案件咨询大理院。审厅在第一封函电中称弟弟知情共谋，构成"杀尊亲属之罪"。不久审厅意识到对"尊亲属"的错误理解，再发函电到院，修改前述错误："尊亲属"三字是"兄长"二字之误，亟应声请更正，免误解释。[2] 在大理院的多次解释与声明之后，审判厅逐渐明确并把握住新律"尊亲属"的范围。还有审官亦将夫作为妻的尊亲属而援引三百十二条科断，大理院称该判断"与第八十二条第一项各款所规定者不合"，驳回重新拟罪。[3]

实际生活中除本生父母外，因婚姻关系还有嫡母、继母、慈母，同居继父、不同居继父等，反映到前清服制图和律例中则有"三父八母"之别。因抚养、承嗣关系等还产生了多种父母子女关系，如养父母、义父母、嗣父母等。女子出嫁从夫，对翁姑也比照父母关系。清律对这些父母子女关系的规定在前文已有介绍，律例中各父母及相应的祖父母地位略有差别。民国时这些复杂的人伦关系当然继续存在。

1913 年 5 月，江苏高等审判厅咨询大理院关于新律第二百九十一条重婚罪的问题。律文规定："有配偶而重为婚姻者，处四等以下有期徒刑或拘役。"[4] 江苏的疑问在于"配偶"二字，未婚夫妇是否包含在内。大理院很快回复，配偶专指已成婚者。[5] 已经结婚才能成立婚姻关系，缔结了婚姻关系后才可能出现重婚，大理

---

[1]　大理院判例汇览编辑处：《大理院判例要旨汇览（二年度）》，京师第一监狱，第 37、59 页。

[2]　郭卫：《大理院解释例全文》，成文出版社，1972，第 287 页。

[3]　郭卫：《大理院判决例全书》，成文出版社，1972，第 516 页。

[4]　《中华民国暂行新刑律》，载《各国刑法汇编》上册，第 125 页。

[5]　郭卫：《大理院解释例全文》，第 16 页。

院的解释理所当然。1917 年，又出现了另一种有待认定的婚姻状态。浙江高等检察厅函电咨询"童养媳对于未婚夫之父母，应否以尊亲属论"，大理院的答复却是肯定的。[1] 这一结论还被收入该院编辑的《解释例要旨汇览》中，作为原则性规定以供后案参考。[2] 比较上述两条解释例文，以时人的逻辑看来，童养之媳未婚和普通订婚而未婚的关系不同，在法律上后者不成立婚姻关系，但前者成立。清末童养而未婚的媳妇李某因奸谋杀亲姑陈氏一案，审判时认定"虽然刘氏未成婚，但已经过门为童养，婆媳名分已定"，刘某被判斩立决。[3] 童养媳与翁姑的关系认定，民国和前清的判断标准相同。

　　1913 年 9 月，湖南高等检察厅以"出继子对于本生父母有犯，以及亲子对于出母有犯是否应以尊亲属论"致电大理院，大理院回复"均应以尊亲属论"[4]。上述两种父子母子关系均本于血亲，与前清相同，由血缘关系而成立的父母子女关系毫无疑义地被认定为"尊亲属"。

二、加重对抚养关系的保护

　　血亲之外，由抚养关系而成立的异姓父子关系的定性，在审判中也如前清一样，受到争议。1915 年 7 月，武昌地方审判厅受理养子殴打养父一案，并咨询大理院。该案中，多年前甲价买两岁儿童乙为子，养育二十余年，乙成人后浪费家产且不受甲的管教，甚

---

[1]　郭卫：《大理院解释例全文》，第 395 页。

[2]　大理院编辑处：《大理院解释例要旨汇览》，大理院收发所，1919，第 69 页。

[3]　台北故宫博物院故宫文献编辑委员会：《宫中档光绪朝奏折》第 22 辑，东亚制本所，1993，第 861–863 页。

[4]　郭卫：《大理院解释例全文》，第 35 页。

至殴打养父养母。甲将乙告至审判厅，希望对其惩戒。审判厅受理后，对于如何判决产生分歧，一种观点认为，甲和乙并无血统关系，不能依照新刑律第三百十七条伤害尊亲属的条款进行处断。另一种观点认为，按照清朝律例，乞养义子或收养三岁以下小儿，虽不许以之立嗣，但仍成立尊亲属关系，可以第三百十七条论处。争执的焦点在于没有血亲关系的养父母是否可认定为尊亲属。大理院赞成后一种观点：刑律尊亲属包括养父母在内。收养三岁以下小儿本为现行律所许，虽不能以之立嗣，而亲子名义则存。[1] 大理院做统字二九四号解释，认可血亲之外的抚养关系也属于"尊亲属"的范围。

　　此条解释又引伸出了新的问题。1918 年 7 月时，直隶高等检察厅再生疑义：今有甲为其子乙将买异姓幼孩丙为子，抚养婚配，甲对于丙是否为刑律上之尊亲属。对此，一说认为，根据统字二九四号解释，养父母之父母当然为刑律上的尊亲属。一说认为，前清刑律服制图现在继续有效，应依照服制图而确定亲属及亲疏等差。服制图中的"三父八母"中并不包括养父，且注明养子系指自幼过房与人。细绎"过房"二字，当然系同宗而非异姓。收养异姓之子，即与服制无关，则甲对于丙难以认定成立尊亲属关系。大理院认可第一种观点，依统字第二九四号解释，养父母之父母当然为刑律上之尊亲属。[2] 表面看来，第二种说法似乎严格依据清律的服制图判断，理应接近于清朝习惯判决，但实际上清代司法实践中对于亲属亲疏关系的划分与本于血缘和统系的服制图并非完全一致，还加入了对于抚养关系的考量。如前文介绍光绪二十八年两起养子杀父的案件中，广西巡抚和山西巡抚对于恩养年久的异姓子杀父是否构成

---

[1]　郭卫：《大理院解释例全文》，第 185 页。

[2]　郭卫：《大理院解释例全文》，第 450-451 页。

逆伦持议不同,一位认为"恩养年久,自应照例与亲子同罪",一位认为"究系义子,与谋杀亲父实犯逆伦者不同",但对两个养子均被判处凌迟极刑却无争议。由清朝到民国,认定意见的分歧仍然存在,不同的是前清对父子关系的认定不影响最终判决,而民国不然。上述两例解释中,大理院同样如清朝习惯尊重抚养关系,且进一步将养父纳入了"尊亲属"的范围,昭示着民国法律及司法实践对于血统的相对弱化,相应的,对事实上已经成立父子关系的加强保护。

　　清人的家庭关系中,正妻以外尚有妾室。入民国后,法律虽禁止重婚罪,但继续容许妾的存在,不作为婚姻关系,而被认作有效的契约关系。因此民国同清朝一样,生母之外还有"八母"存在。1916 年曾有判决例说明,继母即父亲所娶的后妻依第八十二条规定,当在尊亲属之列。[1] 1917 年又确定,嫡母即妾生子所称父之正妻,也为尊亲属。庶子对嫡母有犯,以杀害尊亲属论。[2] 1921 年7 月,浙江鄞县地方检察厅经浙江高等检察厅以"前清刑律有三父八母名称,有几种可与刑律第八十二条之尊亲属相当",咨询大理院。[3] 大理院综合历年的相关解释,总结为:三父八母服图内之嫡母、继母、养母、嫁母、出母,固应包含于刑律第八十二条第一项第二框所称父母之内。其同居继父,从继母嫁之另有养父关系者,及庶母对于其所生子女亦同,此外则否。[4] 其中"嫁母"即因父死再嫁他人的亲母,和出母其实相类,因血缘关系而存在,不难理解解释

[1]　郭卫:《大理院判决例全书》,第 454 页。

[2]　周东白:《大理院判例解释新刑律汇览》,载张研等主编《民国史料丛刊》第 18 册,大象出版社,2009,第 272 页。

[3]　郭卫:《大理院解释例全文》,第 913 页。

[4]　吴健盦:《大理院解释例汇编》,载张研等主编《民国史料丛刊》第 13 册,第 110 页。

例将其归入尊亲属之内。所列举的五类母亲都可在此前大理院的文件中找到依据。慈母谓生母死，父令别妾抚养者。庶母谓父亲生有子女的妾。乳母即奶母，谓乳哺的父妾。慈母、庶母和乳母均为父亲的妾室，虽然民国时期妻妾之间严格的阶级差别已经有所削弱，妾的地位有所提高，但是和前清一样，妾终其一生不被承认具有尊属的地位，因此也就不可能被纳入尊亲属的范围。庶母虽为妾，但对于所生子女即为生母，当然可以成立尊亲属关系。上述各种认定基本与前清相同。

该条解释例中对于继父的认定却与清制不同。前文已经明确，清代伤害继父并不构成逆伦行为。三父中尚有"从继母嫁"的情况，清人也不以父相称：若从继母嫁者，并继父之名亦无，而同居不同居亦置不论，皆以使人知其非父也。继母之名得之于父，父死而继母又改嫁，名义已经有所减损。但在民国的认定中，同居继父以及从继母嫁而有养父关系者，因为继父子有共同居住生活的经历，继父对子有抚养义务的付出，即便没有血缘和统系名分，仍成立尊亲属。至于"不同居继父"，因既无血缘和统系关系，又不同住而无抚养关系，清朝和民国对此类父子关系都不甚重视。

大理院的上述统字第一五六四号解释中，认定"从继母嫁"而形成的父子关系为养父子关系，连同同居继父都归纳入"尊亲属"的范围，实际上强调的是尊重抚养关系。前清固然亦重抚养之恩，与血统形成的父母子女关系相同处罚，但同罚却不同罪，对两类案件的定性有逆伦与否的根本区别。民国对于侵犯"尊亲属"的认定和判决，实际上继受了清制的逆伦罪行又稍有扩大，强调血缘、统系关系的同时，增加了由抚养而实际成立父母子女关系的养父母、同居继父各关系。

对于侵犯尊亲属罪行的处罚，在主刑之外，还有从刑褫夺公权，即褫夺为官资格、选举资格等。清季制律时认为，褫夺公权即丧失权利的处罚，对于应否褫夺公权，"不可拘泥犯罪之大小，须洞察犯人之心术。所犯虽轻，苟出于无廉耻者，亦应褫夺。所犯虽重，苟有可恕之理，即不褫夺可也"。[1]《暂行新刑律》延续了这一原则，杀伤尊亲属、教唆尊亲属自杀等罪行的惩处，主刑之外附加了褫夺公权的从刑。1914 年 12 月大理院在回复总检察厅函询《暂行新刑律》的文字错误时，进一步申明："刑律规定褫夺公权之标准，对于丧廉耻逆伦常之犯，虽罪情较轻者亦均定为褫夺公权。……对于其他故意犯罪之情节较重者，则定为得褫夺公权。"[2]侵犯尊亲属的罪行，即使罪状略轻，如帮助尊亲属自杀，仍要褫夺公权。

三、"精神病人不为罪"原则的确定和贯彻

清制，逆伦行为悖逆礼法，理当重刑严惩，即便疯病人也不得宽免。律改之初的光绪二十九年（1903），鉴于内外舆论对刑罚残酷的批判，修订法律大臣沈家本从仁政角度出发，考虑疯病人病情及量刑梯度，呈请将疯病逆伦行为减刑一等以斩立决惩处。谕旨允准，成为新的刑部通行。[3] 疯病人逆伦，终于较常人为轻。施行不过年余，两宫批复《删除律例内重法折》，凌迟枭首戮尸等酷刑尽删，其他死刑方式依次减等，还限制缘坐、刺字等。但因疯病逆伦"已邀

---

[1]　《修订法律大臣沈家本等奏进呈刑律草案折》，载上海商务印书馆编译所编纂《大清新法令》第一卷，第 496 页。

[2]　郭卫：《大理院解释例全文》，第 137 页。

[3]　《最新法部通行章程》，载徐世虹主编《沈家本全集》第一卷，第 119-120 页。

实典，未便再改绞决"[1]，以致再度出现疯人和常人谋故杀同样的判决结果。随着律制改革的渐次展开，沈家本着手修订现行刑律作为新律的过渡。《大清现行刑律》制定时，吸收改制以来的各种轻刑措施，还为统一律文、则例的编排将相关条款移改和增删。正常人谋故杀伤父祖由凌迟减等为斩立决，误杀、过失杀伤父祖的案件也有减刑，区别具体案情，量刑从流三千里到绞立决之差。疯病逆伦的条款从"谋杀祖父母父母"条下移至"戏杀误杀过失杀伤人"条下，量刑得以再次减等，将可原情节于折内声叙请旨改为绞立决。[2]亲属邻佑等人因此前有取消缘坐的上谕发布，此时已不再科刑。

精神病人作为新名词取代旧律中的疯病人，和尊亲属相同，于清季律制改革时首次见诸刑典，当为冈田朝太郎所创。刑律草案总则第十二条："凡精神病者之行为不为罪，但因其情节，得命以监禁处分。"[3]冈田解释，中文中的疯癫白痴，不过为精神病之种类，以"精神病"来概括，才够全面。"有精神病之障碍，即绝对无责任"，是因为"有精神病者，即受病之支配，故其作用，乃病之作用，非自己之作用"，这已经成为各国通例。精神病者犯罪，可以剥夺他的自由，但是不能置于监狱之中，而应该由家人看护；没有家人的，应该置于国立病院之中。[4]沈家本和冈田对于精神病人行为的定性及处置，认识基本相同。他在《答王仁山问笃疾废疾》一文中，专

---

[1] 《最新法部通行章程》，载徐世虹主编《沈家本全集》第一卷，第133页。

[2] 《钦定大清现行刑律》，载故宫博物院编《故宫珍本丛刊》第333册，海南出版社，2000，第275-276页。

[3] 《修订法律大臣沈家本等奏进呈刑律草案折》，载上海商务印书馆编译所编纂《大清新法令》第一卷，第476-477页。

[4] 冈田朝太郎口述、熊元翰编：《刑法总则》，上海人民出版社，2013，第56、61页。

门论述历代精神病人的量刑情况，奏进刑律总则草案时，也有简单追述。沈氏总结道：针对普通的伤害行为，汉律中疯病人"得减重论"；元代可免罪，但要征银赔偿；唐、明律无明文；康熙初年和元代处理方式相同，自乾隆之后定立锁锢之法，照斗杀之例分别拟罪。既然精神病人之行为，非其人之行为，乃疾病之作为，即使触罪，也全无责任，不应加刑而应投以药石。参考各国的规定，必要时可将其监禁。[1] 被后人许为"懂得制度的保守者"且始终参与修律的吉同钧，同样考证了历代对于疯病人的量刑规定，与沈氏不同的是，他认为对于精神病人"不论其罪，未免太宽"，但"此一项非但古今中外不同，即本朝前后百余年间亦屡为变易"，既然刑法原无一定，那么因时制宜，不拘泥于古训而做出变通也是理所当然之事。[2] 至于犯人是否患有精神病的诊断问题，沈家本认为按照以往惯例，可以由审判官当堂召集医生进行鉴定。

新刑律的制定过程中，针对此条相关的批评意见，多以"精神病"为东瀛词汇难于理解以及如何鉴定及安置精神病人为焦点。新刑律虽然没有明言精神病人逆伦的处罚问题，但沈家本在奏进刑律草案时于杀害尊亲属的条款之下叙述制度沿革，引用了《元史·刑法志》"诸子孙弑其祖父母、父母者，凌迟处死，因疯狂者，处死；诸子弑其父母，虽瘐死狱中，仍支解其尸以徇"之说，并强调"五伦君亲并重，故杀直系尊属"，当处惟一死刑。[3] 明显并不认可精神病人杀伤父祖可免除治罪或仅处监禁的刑罚。山西巡抚宝棻在刑

---

[1]　沈家本：《答王仁山问笃疾废疾》，载徐世虹主编《沈家本全集》第四卷，第 727-731 页。

[2]　吉同钧：《大清现行刑律讲义》卷六，第 294 页。

[3]　《修订法律大臣沈家本等奏进程刑律分则草案折并清单》，载上海商务印书馆编译所编纂《大清新法令》第一卷，第 610-611 页。

律草案签注中更明确指出：中医仅有理想，毫无鉴定能力，施行此条（总则第十二条）已觉困难。况现今警察制度尚未精备，无安置疯人之善法。设有因疯殴死祖父母、父母、期亲尊长及多命案件，其情节较重，若援此条办理，殊失尊崇伦纪、保安社会之法意。[1]修订法律馆在拟定《修正刑律草案》时，仅以"此理未足"回应山西巡抚的质疑。

此事不可能丝毫未引起沈家本、冈田朝太郎等制律者的注意，究其被忽视的原因，不外于两种情况：其一，修律者认可晋省之议。依清律规定，疯人犯案从未有可免除刑罚的情况，逆伦罪行更是对病情不做考虑。现在对情节较轻的罪状可不论罪已是极大宽免，杀伤多命或逆伦断无获免的可能。这一认识作为常识，修律者认为无需回应。其二，造律者的倾向和山西的这一议题相反，即认可因疯逆伦案的事主可获无罪的量刑，只是若正面回应此事，则可能引起无论趋新或守旧的内外大员的反弹，甚至和"旧律义关伦常诸条不可率行变革"的上谕相左。为了减小阻力，使修订草案顺利通过，案语中对此采取了回避态度。参考前述对于疯病逆伦罪行从凌迟减刑为斩首的规定，病人和正常人谋杀仍处同样刑罚。同期制定的《大清现行刑律》也保持着对病人治罪的条文，疯人逆伦可免于科刑的可能性极小。至宣统二年五月时奏报的广宁县李某因疯杀父一案，经奉天高等审判厅审明、锡良拟判斩立决。况且无论修律者态度究竟为何，因新刑律未及施行而清帝逊位，终清一代，疯人始终不能免罪。

民初《暂行新刑律》中总则第十二条规定："精神病人之行为不

---

[1] 《山西巡抚宝棻奏签注刑律草案折并单》，《政治官报》第 528 号，1909 年 4 月 19 日，第 7 页。

为罪，但因其情节得施以监禁处分。"分则第三百十二条："杀尊亲属者处死刑。"[1] 看似矛盾的法条很快引起司法部的注意，1912 年 7 月 13 日发布部令，从近代法理的角度阐释了精神病人的责任问题，申明"不为罪"原则。

部令首先解释，作为无行为能力的精神病人，对其犯罪所做的监禁处分并非刑罚，而只是一种行政处分。继而指出前清多有官员捏报疯病、规避处分的现象，现在对官员的处分已经取消，而且是否患疯判决结果差异甚大，要求审官对精神病人犯罪务必调查确实证据，确定患疯是否属实，严禁族邻捏报为疯的陋习，以期对精神病人犯罪做到"无枉无纵"。司法部明确表态，即便是犯有逆伦罪行的疯病人，仍适用不为罪的原则。[2] 至此，终于在立法层面明确终结了对精神病人科刑的历史，出于疯发无知而杀伤常人、亲属甚至尊亲属的病人，终于得以免于刑罚，可谓民国刑法的一大改变。

两个月后，成都发生了一起因疯杀父的案件，审判厅拟以永远监禁的处罚，被"法部驳下，谓精神病者无罪"。时人早已习惯于逆伦案的重刑处置，对于这样的判决，吴虞在其日记中记载"成都人惊矣"，他还敏锐地察觉出，"此家族制度将消灭之征也"。[3] 清代将逆伦案中疯病人和正常人一体治罪，在当时鉴定手段有限而难以确诊的情况下，无疑最大程度维护着伦常秩序，保证了祖父母、父母的无上权威和绝对安全，即便因疯无知，刑律也毫不留情地将犯人凌迟处决，向社会中传递着祖父母父母凛然不可侵犯的信息。

---

[1] 《中华民国暂行新刑律》，载《各国刑法汇编》上册，第 83、128 页。

[2] 《司法部部令》，《政府公报》第 3 册第 72 号，1912 年 7 月 11 日，"命令"。

[3] 中国革命博物馆整理，荣孟源审校：《吴虞日记》上册，四川人民出版社，1984，第 66 页。

而民国新刑律却在这种无上权威中打开了一道缺口——若因精神病发作伤害了尊亲属，可以免于刑罚。尽管民国刑法中保留有对侵犯尊亲属加重量刑的规定，但也融会了近代法理的责任能力的观点，抛弃了清朝制律时所坚守的对父祖的无条件保护。保护程度的降低，无上权威的丧失，都会加速吴虞所称的家族制度瓦解的趋势。

1913 年，况某因疯致死了父亲，与上述成都一案相同，经办的地方审判厅综合习惯办法并参考法律条款，认为此案实属逆伦，情节最重，按照新刑律的规定，拟将况某判处永远监禁。此判报到中央，总检察厅表示认可，逆伦行为确实属于法条中所称的重大"情节"，应该监禁。而大理院却认定总检察厅的理解有误，明确所谓"情节"的含义，与普通所用"犯罪情节"轻重不同，刑律第十二条的情节指的是精神病人于社会危害程度与有无相当看护或监督之情形而言。病人如果对社会继续有意外危险，且没有亲属监督，才成为需要被监禁处分的"情节"。至于此案，地方审判厅将况某永远监禁实属不当。鉴于吾国现在行政机关于精神病人之处置及精神病院的设立尚未着手，如果对况某没有相当的监置方法，恐怕他又会对社会产生威胁，大理院最终认为，"便宜上之必要处分，将该精神病人况荣耀暂时监禁，至其病愈时即行释放"[1]。

尽管司法部有部令，大理院有判例，但并非全国各省均能接到公报通行无误。1914 年，新疆再次发生因疯杀父的案件。2 月间，英吉沙尔县的卡比里疯病发作，用木工铁砍砍伤父亲胸口，导致其因伤死亡。知事张某验尸后确定了案情，拟罪时在刑律第三百十二条"杀尊亲属者以绞刑处死"和第十二条"精神病人之行为不为罪"二者之间难以决断。经新疆都督兼民政长查核，又咨询到新

---

[1]　大理院判例汇览编辑处：《大理院判例要旨汇览（二年度）》，第 13—14 页。

疆司法筹备处，都未能确定法条适用问题，于是将此疑义上报大理院。大理院再次对疯病逆伦的治罪做出解释："若系因疯，不能不适用第十二条精神病人行为不为罪之规定。"[1]

司法部、大理院的三令五申之下，各地仍不断有上报疯病逆伦的案件。1915 年 7 月，广西高等检察厅在检查覆判时，发觉存在捏报疯病逆伦而逃脱法律制裁的情况，报司法部。司法部未尝不知此中情弊，"当新刑律公布之始，本部虑此种捏饰之弊沿袭已久，未尽革除"，但碍于法律的明文规定，尚无良法予以纠正，只得再发公文，"饬各高检厅处办理逆伦案件不得仍以犯人疯病捏报"。饬文中指出，逆伦之案是否因疯，在旧律不过刑名斩绞之殊，在新律则为罪名有无之标准。事关伦纪，不宜稍涉粗疏。再次告诫各审检厅、各县，"嗣后办理逆伦案件，既与考成无关，不得再沿陋习捏报因疯，即或家族邻佑称系因疯，亦须详细证明，免致枭獍之徒得以漏网"。[2]

从 1912 年到 1915 年，司法机关连续四年均有关于疯病逆伦的公文发出，一方面强调因疯犯案要依照不为罪原则判令无罪或行政监禁，即便是伤及尊亲属也应该严守法条。如果其事主为精神病人，普通犯罪的所谓"情节"并不适用。因此一般视为情节重大的逆伦罪行，并非对精神病人施行监禁处分的标准，病人对社会的危险程度以及有无相应的看护或监督才是依据。此类案件有暂时监禁、病愈即行释放或直接释放的无罪判决。另一方面，前清逆伦案件性质恶劣，与此相应的重判结果造成审官相率以疯定谳的陋习，

---

[1] 郭卫：《大理院解释例全文》，第 86-87 页。

[2] 《饬各高检厅处办理逆伦案件不得仍以犯人疯病捏报文》，《司法公报》第 31 期，1915 年，"例规"。

一时间难以根除。在旧律中是否患疯几乎对案件判决毫无影响，但新律里病情如何对于案犯有生死之别。司法部和大理院既要尊重法条，又须保证罪当其刑，唯有再三申明新旧刑律的区别，希望审官能够革除捏饰陋习，据实定案。

结　语

回顾清末新式刑律自草拟到修改颁行的过程，日式草案拟就后，初经部院督抚的签驳，在修订案中加重侵犯尊亲属的量刑；继而由宪政编查馆讨论，增拟案涉尊亲属的条款；至资政院内会议，重划"尊亲属"之范围并恢复服制图，最终出台的《钦定大清刑律》里，作为礼法合一最突出、最重要象征的侵犯尊亲属的相关条文，经过多轮驳议和修改，愈来愈契合于《大清律例》中的"逆伦"。以内涵而论，因确与惯常的人伦观念不合而摒除"外祖父母"后，特指祖父母、父母，于新律而言，更是在诸多尊亲尊属中唯一明文保留的保护对象。以惩罚方式而论，旧律中逆伦处以最重之凌迟极刑，新律虽然取消酷刑，但对杀伤尊亲属的行为同处以最重之斩首。再比之常人量刑，旧律杀平人处斩监候，新律杀平人处一等有期徒刑至死刑，若案犯逆伦或杀尊亲属，则处绝对死刑，都较常人加重至少二等。表面看来，旧律中的逆伦和新律中的杀伤尊亲属几无区别。

但是，祖父母、父母作为对象，于旧律和新律中确定的原因却有本质区别。旧律以服制图为依据，祖父母、父母至尊至亲，子孙服丧也最重，反映在律例中，若有侵犯，刑罚也当最重。但新律却并非单纯如此。草案由日人参与制定，作为参考的各国刑律如法国、德国、俄罗斯等，均有侵犯尊长而加重的条款，尽管未必如劳乃宣所声称那样，"今草案内，卑幼犯尊长列有加重之条，非重伦常也，摹外国也"[1]，这些外国因素起着决定作用，但其模范效果却不可忽视。

无法简单衡量"服制"和"大同"对于制定法条的影响孰轻孰重，但若以新律中不再有亲属等级的明文条款，却仍保留了服制图，以及修律者认可案涉亲属之案仍以尊卑关系为量刑依据，却坚拒于新律中做出明文规定为佐证，沈家本的编订大旨"折中各国大同之良规，兼采近世最新之学说，而仍不戾乎我国历世相沿之礼教民情"，的确是融会贯通于整部律典的制定及修改过程中。从旧律的"逆伦"到新律的"尊亲属"，修律者对祖父母、父母的保护态度依然不改，而背后的伦常观念却已经在服制等级之外，加入了泰西新法的考量。

民初《暂行新刑律》颁行，大理院的相关解释例和判决例最终规范出时人看来语焉不详的尊亲属范围。清代服制图中规定因婚姻、抚养等情况而产生的各种祖父母、父母关系，律例中以血缘和统系原则优先，对服制中的三父、八母有所调整吸收。民国大理院尊重清律的既定原则，同时又加入了因抚养而实际成立父母子女关系的各亲属为"尊亲属"，如在清律中有争议的养父母和被排除在外的继父等。总之，虽同为祖父母、父母，民国时侵犯尊亲属的范围，大于清律中的逆伦。

另一方面，大理院未受清季刑律草案制定过程中的诸多批驳意见以及新制施行时各地审判机构误判的干扰，摒除了旧制中各类不

---

[1] 劳乃宣：《修正刑律草案说帖》，载桐乡卢氏校刻《桐乡劳先生（乃宣）遗稿》，第902页。

同罪但同罚的其他有服尊长，如期亲之伯叔父母等。清律中与逆伦异罪但同罚的情况，经大理院的解释，民国刑律的明文里不再出现。从此意义上来说，《暂行新刑律》延续了《大清律例》保护祖父母、父母的精义，而大理院和司法部的致力推行更是领会了清季刑律草案制定者的苦心孤诣，与地方各审判官员盲目按照旧制习惯判断相比，尽管法条明文中侵犯而加重惩罚的亲属范围缩小，但对于传统律例中性质最恶、刑罚尤严的逆伦案件，民国时期仍保持了相同认定且重罪重罚的态度。

　　清末出台的《钦定大清刑律》和民初改订的《暂行新刑律》，于杀伤罪的文字规定几乎相同，即便清人有时间施行新律，在王朝统治的背景之下，对于法无明文的"疯病逆伦"最可能的判决绝非"不为罪"而释放。民国建立，有了中央司法部、大理院先后出台的部令和解释例着力纠正地方审检厅的错判，反复申明精神病人无罪的基本原则。杀伤罪的审判断罪，前清旧律以服制所确定的亲属尊卑亲疏等级划分作为判案的首要依据，其他如是否患疯，是否误杀过失杀伤等情节，对量刑的影响尚在其次，因此疯病人逆伦罪行照正常人处断。这种判决原则固然是出于维持伦纪的考量，但也为审官规避教化不力的处分行了便利，于是逆伦重案捏报为因疯杀人就成了"官样文章的应有之义"。进入民国，审判者们已经将这种"唯身份论"的标准让渡给了近代法理视为更加重要的因素，如责任能力即是否患疯、犯罪年龄以及故意或过失等，犯人的身份只是区别情罪之一端，伦理有等差，而生命均可贵。可是，由于清季捏报疯病已成习惯，即便侵犯尊亲属案件的出现不会对管辖官员产生影响，是否患有精神疾病对审判结果却有生死之别，两相作用之下，民初的司法人员仍被捏报之风所困扰，将正常人说成精神病人以脱罪的情况屡见不鲜，考验着司法和社会的天平。

第二章 变与不变：太平天国运动与京师司法审判

咸丰三年（1853），太平军北伐，其势力不久直接影响到京师。清廷为应对危局，在京师以及近畿地区采取了一系列措施，如成立京城巡防处、加强保甲等。清廷的这些措施，对京师司法审判产生了影响。其中，京城巡防处的影响尤为明显，而且留下了不少有关审判的档案。[1] 太平天国运动冲击了清朝的审判制度。为了平息叛乱，清廷在各地施行"就地正法"之制。而京师作为帝都，清廷的政策则相对谨慎。以往的研究者，均未注意到京师是否施行"就地正法"之制。[2] 对于京城巡防处，"时人批云'巡防处稽查形迹可

---

[1] 《京城巡防处档案》全宗，藏中国第一历史档案馆。部分内容已经发表，载中国第一历史档案馆编《清代档案史料丛编》第5辑，中华书局，1980，第156-231页；中国社会科学院近代史研究所近代史资料编辑室编：《近代史资料》总65号，中国社会科学出版社，1987，第6-36页。

[2] 有关就地正法之制，请参阅那思陆：《清代中央司法审判制度》，文史哲出版社，1992，第218-220页；李贵连：《晚清"就地正法"考论》，原载《中南政法学院学报》1994年第1期，后收入李贵连《近代中国法制与法学》，北京大学出版社，2002；邱远猷：《太平天国与晚清"就地正法之制"》，《近代史研究》1998年第2期；王瑞成：《就地正法与清代刑事审判制度——从晚清就地正法之制的争论谈起》，《近代史研究》2005年第2期；娜鹤雅：《晚清中央与地方关系下的就地正法之制》，《清史研究》2018年第1期。

疑之人，勾捕过严，有无辜而死于西市者。'"[1] 后来的研究者们也认为京城巡防处杀了不少无辜百姓。[2] 那么，事情的真相到底如何？京城巡防处对京师审判制度产生了何种影响？值得深究。[3]

实际上，尽管太平军北伐一定程度上影响了京师审判制度，但这种变化一方面仍然是中国传统的自我演化，并未渗入任何近代因素；另一方面，与各直省相比，太平天国运动对京师司法的影响较小。清廷并未在京师实行"就地正法"之制，京城巡防处对案件的审理也大体遵循清朝制度。完善于乾隆时期的京师审判制度在清末新政以前变更极少，即便是太平天国运动，也没有给京师审判制度带来新的变化。

第一节　京城巡防处的设立

京城巡防处是清廷为防范北伐军而专门设立的军事联络与指挥机构，统筹京师防务。咸丰三年太平军北伐部队进入河南，因京师为根本重地，咸丰皇帝特于五月十八日"派御前大臣科尔沁郡王

---

[1]　中国社会科学院近代史研究所近代史资料编辑室编：《近代史资料》总 65 号，第 6 页。

[2]　梁义群：《清廷京城巡防处与太平军的失败》，《济宁师专学报》1986 年第 3 期；李惠民：《太平军在北京》，《近代史研究》1997 年第 3 期。

[3]　以往的研究者多关注太平军北伐，基本没有涉及京城巡防处的审判职能。赵蕙蓉：《太平天国北伐军对京师的冲击与影响——纪念太平天国北伐失利 130 周年》，《北京社会科学》1995 年第 3 期；梁义群：《清廷京城巡防处与太平军的失败》，《济宁师专学报》1986 年第 3 期；梁义群、丁进军：《清廷京城巡防处与太平军北伐的失败》，载河北、北京、天津历史学会《太平天国北伐史论文集》，河北人民出版社，1986，第 251-263 页。

僧格林沁、步军统领·左都御史花沙纳、右翼总兵达洪阿、军机大臣·内阁学士穆荫专办京城各旗营巡防事宜"。同时令已经革职的赛尚阿随同僧格林沁等办理巡防事宜。[1] 五月二十日至二十三日，僧格林沁前往通州、黄村、芦沟桥等地查看，布置京畿防务，并于二十四日拟定京师《稽查章程》十二条，得到皇帝批准。《稽查章程》除对赌博、讹诈、私造火器、酗酒、斗殴、犯夜禁、米石出城等严行禁止外，还特意强调严查奸细、严禁议论是非、严禁妄造谣言，并限制迁徙，"如系无故迁徙，有心运寄躲避者，即将起意之人按律治罪，资财入官；傥实有事故，必须回籍者，亦应报明地方官。除盘费银两外，其余资财暂行交官，仍由在京地方官发给知照，由原籍地方官照数发给"。同时，加重对上述各种犯罪的处罚。[2]

三年九月，因太平军进入直隶，京师震动，清廷立即采取进一步措施，加强京畿地区的防务与治安。九月初六、初七日，清廷连发谕旨令步军统领、五城等认真稽查弹压。九月初七日，清廷派惠亲王绵愉总理巡防事宜。[3] 初八日，命工部员外郎耆英在巡防处效力。初九日，咸丰帝在乾清宫举行仪式，授予惠亲王奉命大将军印、御前大臣·科尔沁郡王僧格林沁参赞大臣关防，令僧格林沁出京。又因僧格林沁统兵出京，添派亲王衔定郡王载铨、内大臣璧昌办理巡防事宜。同日再次谕"顺天府所属各营，向系直隶总督管辖。现在军务殷繁，自应权宜办理。所有顺天府属各营将弁兵丁，

---

[1]　中国第一历史档案馆编：《清政府镇压太平天国档案史料》第 7 册，社会科学文献出版社，1993，第 217－218 页。

[2]　中国第一历史档案馆编：《清政府镇压太平天国档案史料》第 7 册，第 312－315 页。

[3]　中国第一历史档案馆编：《清政府镇压太平天国档案史料》第 9 册，社会科学文献出版社，1993，第 595、608、609 页。

均著暂归该兼尹、府尹管辖调遣，以资防卫。"初十日，又加派恭亲王办理巡防事宜。二十日，添派户部尚书孙瑞珍、刑部左侍郎罗惇衍办理巡防事宜。[1]

据曾经参与巡防事宜的成琦所述："大将军、王大臣言事用军机折，许随时陈奏。大将军有面陈，得请见。大将军行文，内惟军机处，宗人府，内阁，各部、院及侍卫处用咨，余用札；外惟钦差暨参赞用咨，余用札。中外行文大将军，用咨呈；惟宗人府、内阁用移会。"[2] 负责巡防处的惠亲王是道光帝的兄弟，咸丰帝的叔叔，从中不难看出巡防处的重要地位。

京城巡防处的设立以及清廷的一系列举措，可见京师管理已经空前强化。风雨飘摇中，清廷必然会使出浑身解数力挽危局。而所谓"乱世用重典"，也是统治者的一贯手法。当时，清廷对各地叛逆重犯予以"就地正法"，不再按常规审判途径处理。问题是，京城巡防处是否也对罪犯予以"就地正法"？京城巡防处在京师审判中承担了什么样的角色？

第二节　京城巡防处的审判职能

京城巡防处作为军事协调和指挥机构，有权审理涉及军事方面

---

[1]　《文宗显皇帝实录》，见《清实录》第 41 册，中华书局，1986，卷 105，第 591、592、594、597 页，卷 106，第 622-623 页；中国第一历史档案馆编：《清政府镇压太平天国档案史料》第 10 册，社会科学文献出版社，1993，第 14-17、75、216 页。

[2]　成琦：《主善堂主人年谱·巡防纪略》，转引自张守常编《太平军北伐资料选编》，齐鲁书社，1984，第 412 页。

的犯罪。据成琦所述，"先是，巡防办事借值军旗衙署"，九月巡防处"设公所于地安门外东不量桥之东，谓总理巡防事宜处"，下设文案、审案、营务、粮台等办事机构。其中审案处负责审理案件，设总司二人，余俱帮审。[1] 巡防处审讯事宜由驻守京城的惠亲王绵愉等人负责，僧格林沁等统兵大员则在外打仗。自咸丰三年九月十三日起，巡防处开始审理京师涉及军事方面的案件。[2] 在此之前，京师涉及军事的案件仍按常规途径由刑部等衙门审理。如咸丰三年七月，北城御史拿获一可疑人犯，即奏交刑部审理。[3]

中国第一历史档案馆所藏《京城巡防处档案》保存了巡防处所审案件的部分案由、部分案件的奏折、供词等。在《刑（法）部档案》中，有咸丰四年（1854）巡防处所审案件案由的残片。依据这些档案，并结合相关材料，可见京城巡防处所审案件主要是有关军事方面的，也偶尔审理越城、命盗、债务、铸钱、天主教等各种案件，但基本没有超出僧格林沁五月所拟《稽查章程》的范围。后来，巡防处还审理大钱案件。以下分别就两类案件予以论述。

一、涉及军事的案件

京城巡防处主要审理与军事相关的案件。京师各衙门遇有此类案件，会送至巡防处审理，如果情罪重大，则奏明皇帝再送巡防处。步军统领所属步军和各门门军常将可疑人犯直接呈解到巡防处审理，而没有按常规途径由步军统领转解。对于重大案件，步军统

---

[1]　成琦：《主善堂主人年谱·巡防纪略》，转引自张守常编《太平军北伐资料选编》，第 551 页。亦见中国社会科学院近代史研究所近代史资料编辑室编：《近代史资料》总 65 号，第 6 页。

[2]　《京城巡防处档案》第 2 卷，藏中国第一历史档案馆。

[3]　《文宗显皇帝实录》卷 99，载《清实录》第 41 册，第 444—445 页。

领衙门则奏交巡防处审讯。即使顺天府、刑部遇有此类案件，也会送到巡防处审理。巡防处对于涉及军事的案件可以全权处理，但对于一般的案件，则交由相应衙门处理。例如偷盗案件，有些送刑部审理，有些则交由顺天府审理。对于钱文案件，既有巡防处自行拟结者，也有送刑部审理者。自咸丰五年（1855）三月起，大钱案件，概归巡防处审理。

由于案件的特殊性，巡防处所审案犯多由京师各衙门拿获，少见有呈诉者。当时军情紧张，让百姓前往巡防处控诉显然不利于保密及管理。除兵丁、衙役盘查拿获之外，偶尔也有为了某种目的故意诬陷别人者，如被判斩监候朝审勾决的许城即为一例。许城有一女，于道光三十年（1850）十二月经内务府镶黄旗包衣王四儿为媒，许给太监刘得幅的义子刘玉山为妻，尚未过门。咸丰三年四月间，许城听说刘玉山逃走。十月十四日，许城听说刘玉山回京，又于十七日不知所踪，即向王四儿抱怨，要求退婚。王四儿问许城有什么办法，许城就说写一封信捏称刘玉山已经投奔太平王，这样刘得幅自然害怕，可以退婚。王四儿答应，即写信由其表弟张虎儿抄写后交给许城。许城将信塞入刘得幅门缝内，刘得幅拾到信后立即呈告京城巡防处。京城巡防处讯得大概情形后，立即请奏严讯。最后巡防处判许城除悔婚轻罪不议外，应照诬告叛逆之人未决者斩监候例拟斩监候，秋后处决，咨送刑部监禁，归入来年朝审办理。王四儿于许城斩罪上减一等杖一百、流三千里，系旗人照例折枷鞭责发落。张虎儿应照谋害他人不即阻挡律，杖一百酌加枷号一个月。其余无干之人均毋庸议。巡防处拟律后即上奏请旨。[1]

关于拿获案件的审理过程，由杨可望一案可见一斑。咸丰三年

---

[1]　《京城巡防处档案》第 6 卷，藏中国第一历史档案馆。

十二月十六日，步军统领衙门兵丁在查店时拿获杨可望，不久，又将杨可望之义父杨起信拿获。步军统领联顺随督饬司员详加审讯。杨可望供曾经被"贼"（指太平军）裹胁打仗，打死官兵二人。杨起信供不知其义子从贼打仗之事。步军统领衙门审讯后，于咸丰四年正月十七日上奏，将案犯所供情形叙述明白，并请将案件交巡防王大臣审讯。皇帝于即日朱批"杨可望、杨起信均著交巡防处严讯"。[1] 步军统领衙门虽将案犯供词一并上奏，但并未拟律，与平时送刑部案件类似。其他各衙门送往巡防处的案件，也如京师初级审判之例，均不拟律。[2]

步军统领衙门将人犯解到之后，京城巡防处立即督饬司员严加研鞫。杨可望和杨起信所供情节与前在步军统领衙门所供一致。经司员审讯后，巡防王大臣等亲加复讯，"核与供无异，应即拟结"。杨可望被贼裹胁，听从打仗，应照军法从事，即行处斩。杨起信虽不知杨可望从逆之事，亦未便轻纵，应于"乞养异姓义子为嗣，杖罪上加等。拟为杖六十、徒一年。虽年逾七十，不准收赎。札交顺天府定地解配，折责拘役。"巡防处拟律后即上奏请旨。[3]

巡防处对案件的处理程序基本上与刑部一致，不过稍有区别。如果系奏送案件，则不论罪之轻重，一律请旨发落。对于各衙门呈送案件，如果巡防处觉得情罪重大，亦会由咨改奏；如果是巡防处所辖兵营呈送者，案情重大也会在拟律后上奏请旨。对于呈送案件徒、流罪犯的判决，一般不单独上奏，说明可直接产生法律效力。

---

[1] 中国第一历史档案馆编：《清政府镇压太平天国档案史料》第 12 册，社会科学文献出版社，1994，第 295-297 页。

[2] 胡祥雨：《清代刑部与京师细事案件的审理》，《清史研究》2010 年第 3 期。

[3] 中国第一历史档案馆编：《清代档案史料丛编》第 5 辑，第 176-178 页。

以上程序都和刑部一致。各衙门将人犯送到后，即督饬司员审讯，一般都是由司员将案情问讯明白，再由巡防王大臣亲加覆讯。如果案情无异，则即拟律，未见司官先行拟律。若由刑部处理，则由各司审讯明白自行拟律，然后再由刑部堂官复核。对于重案，刑部堂官也会亲提人犯复讯。如果复讯无异，一般会按各司所拟办理。

和刑部以及外省各问刑衙门一样，巡防处对一般犯罪也照《大清律例》拟律。但是对死罪则未说明所引律例，只是如前文那样照"军法从事"。同时档案中大量案件巡防处均在律例上加重处罚。如上文杨可望之义父，虽然年老而且不知其子从"贼"之事，亦加重处罚。又如巡防处审理李秋儿、寇希智一案，李秋儿打仗杀人并奸淫妇女，巡防处拟李秋儿应照军法从事即行处斩，从重加拟枭示；寇希智被贼裹胁，服役一日即乘空逃回，但"现当军务吃紧之际，未便照刑例被掳从贼自投来归免罪，致滋轻纵，寇希智酌拟杖六十、徒一年，札交顺天府定地配解。"[1]

由案由中的时间差可知，巡防处办理案件的速度是非常快的。和京师日常案件一致，巡防处对徒流案件定拟（如系奏案经皇帝批准）后，罪犯由顺天府定地发配，军罪案犯则由兵部定地。上文二例徒犯均指明由顺天府定地配解。再如，步军统领衙门奏送高付溃一案，巡防处审得高付溃被裹胁仅止服役旋即逃出，拟于被胁随同打仗未伤人遣罪上量减为杖一百、流三千里，札交顺天府定地发配。巡防处拟律后即奏闻请旨。巡防处审讯杨二一案，即将其中一犯黄泳淦拟发黑龙江为奴，咨送兵部即行发配。[2]

特别需要指出的是，巡防处对死罪案件的判决，必须得到皇帝

---

[1]　《京城巡防处档案》第 2 卷，藏中国第一历史档案馆。

[2]　《京城巡防处档案》第 2 卷，藏中国第一历史档案馆。

的批准方可执行。档案中有关死罪的判决，巡防处叙明案情并拟律后均加"所有臣等审拟缘由，谨恭折具奏。请旨"之类的话。咸丰四年四月十三日上谕中提到："巡防处叠次拿获形迹可疑人犯，经该王大臣等审明定拟具奏。朕核其情罪，较重者即立正典刑。"[1] 这表明巡防处所拟死罪案件不需要刑部复核，但需要皇帝的核准。尽管京师一度风声鹤唳，却始终没有像外地那样施行"就地正法"之制，死刑的判决均须皇帝批准。

京城巡防处所审案件不限于京师，而以巡防所涉及的地方为限。成琦《巡防纪略》载有京师及附近地区兵丁数目和分布情况，这些兵丁主要用于京师防御。[2] 各路军营盘获的可疑人犯，均由该路领队大臣送交或奏交巡防处审理。其中文瑞、乌尔棍泰统率的东路军营因拿获奸细较多，得到咸丰皇帝的嘉奖。[3] 咸丰四年二月二十二日，令乌尔棍泰等将"寻常可疑人犯，著送至载龄处转解；若要紧头目，著直交巡防处。统不必奏，以归画一。若实有至紧至要机密之事，仍著知奏"。同月二十五日，乌尔棍泰仍将二可疑人犯李秋儿、寇希智审录情况上奏，请交巡防处审理。咸丰帝除照常例将该犯送巡防处审理外，还严厉批评乌尔棍泰"上次朱批岂尚未看见耶！抑并未遵行耶。著乌尔棍泰明白回奏"。[4]

根据《刑（法）部档案》（新整）所藏咸丰四年巡防处所审案

---

[1] 中国第一历史档案馆编：《清政府镇压太平天国档案史料》第14册，社会科学文献出版社，1994，第3页；《文宗显皇帝实录》卷127，载《清实录》第42册，中华书局，1986，第243页。

[2] 张守常编：《太平军北伐资料选编》，第552—553页。

[3] 《奖励东路军营出力人员》，载中国社会科学院近代史研究所近代史资料编辑室编《近代史资料》总65号，第28—29页。

[4] 中国第一历史档案馆编：《清代档案史料丛编》第5辑，第172—174页。

件案由的残片可知，巡防处每日所审案件远少于咸丰三年年底，尤其是到了咸丰四年七月以后，案件更是稀少，说明巡防处所审案件和当时的军事形势紧密相连，也表明巡防处将其所审案件规定在与军事及其相关范围内。此档案中，只见总统各路巡防官兵大臣载龄呈解案件，未见各路领队大臣呈解。咸丰四年三月二十日上谕，著载龄统筹守御，将所有现审未结案件，俟文瑞抵营后移交审办。二十五日，因文瑞生病开缺，"所有现审未结案件，仍著载龄迅速审办，分别定拟具奏"。[1] 按此二道谕旨，载龄对转审案件可以定拟。由于缺少史料，不知详情如何。只知载龄仍将可疑人犯解送巡防处审理。

虽然巡防处官兵在近畿拿获的案犯有许多送至巡防处审理，但清廷在京畿各州县实行的政策不同于京师。咸丰三年九月中旬，清廷令顺天府府尹和直隶总督督饬所属办理团练，明确谕令在京畿各地方官"出示晓谕，如遇有本地匪徒及外来贼伙乘间抢掠者，准该绅民人等格杀勿论"。[2] 而京城巡防处及京城官兵则没有这样的权力。

至于在外打仗之各统兵大员，对拿获人犯的处理权力则非常大。所有案件中只见有胜保将一幼犯送到巡防处审理，其余未见有前方所获俘虏送审之事。僧格林沁等统兵大员在外打仗，偶尔也对其拿获的一些罪犯进行审讯，有时将供词送巡防处查照[3]，但未见送巡防处审理者。不过，对于太平军首领，如林凤祥、李开芳等，

---

[1]　中国第一历史档案馆编:《清政府镇压太平天国档案史料》第 13 册，社会科学文献出版社，1994，第 329-330、403-404 页。

[2]　《文宗显皇帝实录》卷 106，载《清实录》第 41 册，第 619-620 页。

[3]　《僧格林沁咨呈审录王自发供词文》，载中国第一历史档案馆编《清代档案史料丛编》第 5 辑，第 175-176 页。

均交巡防处审讯。实际上，僧格林沁等统兵大员在京畿地区一样施行"就地正法"之制。其对于拿获人犯，拥有比京城巡防处更大的权力。咸丰三年十二月，僧格林沁表示"现在逆氛逼近之区，无赖之徒未免心萌乘机妄为之念，一经有犯，必须尽法重惩"。他将张永等犯人委托通永道会同武清县审理。经审，张永等四人或入室伤人，或认代为纠邀，情形较重。僧格林沁令将此四犯于犯事地方立正军法，枭首示儆。咸丰三年十二月二十六日，僧格林沁上奏办理情形，皇帝朱批"办理俱是"。咸丰四年三月二十一日，僧格林沁奏已将活埋官兵之武举张攀桂等正法，咸丰帝也表示同意。[1]

二、大钱案件的审理

咸丰三年，清廷因富庶各省银两不能北运，无力筹集军饷，财政陷入严重危机。为此，一面节省开销，于咸丰三年九月下旨宗室觉罗及八旗官员兵丁红白事赏恤或停止，或减半给与[2]，另一方面，实行通货膨胀政策，发行官票、宝钞，不久又下令户、工二部铸铜、铁大钱。[3] 然而，由于大钱分量不足，立即遭到市场的抵制。清廷无力也无心使货币物有所值，甚至认为"大钱之畅行与否，全视在上之信与不信"。[4] 同时，大钱因分量不足，还引起大量的私铸，更给大钱的流通带来障碍。咸丰四年六月，清廷因私铸之案层见叠出，认为大钱使用不畅是因为私铸太多，从而加重对私铸犯罪

---

[1]　中国第一历史档案馆编：《清政府镇压太平天国档案史料》第 12 册，第 77—78 页；第 13 册，第 347—348 页。

[2]　《文宗显皇帝实录》卷 105，载《清实录》第 41 册，第 573 页。

[3]　相关背景可参阅梁义群《咸丰三次财政危机述论》，《史学月刊》1990 年第 1 期；张国辉《晚清财政与咸丰朝通货膨胀》，《近代史研究》1999 年第 3 期。

[4]　《文宗显皇帝实录》卷 113，载《清实录》第 41 册，第 760 页。

的惩罚。咸丰帝批准刑部所议，将私铸之犯为首者及匠役人等不论是否已及十千均从重拟斩监候，并在刑部所拟于秋审时区别实缓基础上，亲自拟定"私铸大钱案内为首及匠人问拟斩候之犯，无论钱数次数，均著入于秋审情实"。[1]

　　尽管清廷加重对私铸的打击，但大钱的使用仍不理想，市面上多将其按面值打折使用。清廷不得不动用官方力量强制推行，甚至不惜使用严刑酷法。咸丰四年七月初六，清廷下令凡有将当百以下大钱（当百以上大钱已经下旨停铸）不遵钱面数目使用，妄行折减者，拿交刑部治罪，并著刑部速拟罪名。七月初十，刑部遵旨奏加等严定私铸大钱罪名并奸商阻扰钱法从重治罪折，咸丰帝著照所请，"嗣后私铸当百以下大钱人犯如系为首及匠人，数至十千以上或未及十千而私铸不止一次者，即于斩候罪上从重请旨即行正法。其私铸仅止一次为数又在十千以下者，仍照前拟，定为斩候，入于秋审情实"。"至为首阻扰任意折算之商民人等，即照所拟杖八十、徒二年，再加枷号两个月；为从杖六十、徒一年，枷号一个月。"同时令户、工二部提高大钱质量。虽然如此，大钱使用仍陷入壅滞。清廷于四年八月下令再铸制钱，与大钱相辅而行。[2] 据崇实记，他于咸丰四年四、五月间，实署户部左侍郎，"彼时都中之困莫过于当千当五百之大钱"，甚至有人每月捐铸大钱，"名为报效，其实暗中射利"。他在皇帝召见时痛陈其弊。[3] 可能考虑到当五百、当千大钱使用过于困难，清廷于咸丰四年将其停铸。咸丰五年，又奏

---

[1]　《文宗显皇帝实录》卷134，《清实录》第42册，第376-378页。

[2]　《文宗显皇帝实录》卷135，《清实录》第42册，第387-388、391页；卷141，第475-477、488页。

[3]　张守常编：《太平军北伐资料选编》，第540-541页。

准宝泉局停铸当百、当五十大钱。[1]

即便如此，大钱的使用依然困难重重，清廷于咸丰五年三月二十一日谕内阁，批准惠亲王、恭亲王所拟《钱法亟宜整顿酌拟章程》五条，对阻扰当十大钱使用或因大钱加价者，初犯枷号，再犯发极边烟瘴充军，遇赦不赦。对私铸罪犯，除按例办理外，还将该犯财产全部入官。并著巡防王大臣、步军统领、顺天府、五城出示晓谕，务期家喻户晓。[2]

自咸丰五年三月二十五日起，阻扰当十大钱之犯归巡防处办理。同时巡防处声明到案被告悔过情愿行使者即当堂开释，如坚执挑剔，初犯予以枷示，再犯拟发极边烟瘴充军，奉旨允准。据巡防处统计，自咸丰五年三月二十五日到五月初九日，共审理大钱案件 58 件。《京城巡防处档案》存有此 58 件案件的案由（见附表）。其中到案即肯行使免其议罪者共 43 起；不肯行使初犯予以枷示者共六起；咨送宗人府会同刑部办理者一起；札交步军统领查办者共四起；札交顺天府查办者共三起；札交北城御史查办者一起。[3]

从案由可知，拒用大钱的情况出现在商品买卖、还账、交房租等多种场合，以买卖为主。这些案件一般均由须接受钱文的一方（被告）拒绝使用而引起支付方的控诉，也有因使用大钱增价而招致控诉。当然，某些涨价案件中没有原告，也被拿至巡防处审办，说明官方对此类案件会主动介入。控诉的地方包括步军统领衙门及

---

[1]　光绪《大清会典事例》卷 214，载《续修四库全书》第 801 册，上海古籍出版社，2002，第 498—499 页。

[2]　《文宗显皇帝实录》卷 163，载《清实录》第 42 册，第 785 页。

[3]　《京城巡防处档案》第 6 卷，藏中国第一历史档案馆。

其所辖之各旗营、北城察院、顺天府所辖之宛平县、以及巡防处。由于步军统领衙门所辖兵丁遍及京城内外，故百姓多往其所辖兵丁处喊告。步军统领衙门所辖之各旗营并无收受词讼的权力，正常情况下他们应将词讼送到步军统领衙门处理。但各旗营均直接送巡防处审办，而未交步军统领衙门转解。其原因当为此时大钱案件不论罪之轻重均归巡防处审理，步军统领不能参与，直接交巡防处显然更为快捷。

巡防处接到案子后，多半自行审办，但也有些交与其他衙门审理。例如，涉及皇族的案件送刑部会同宗人府审办；有一个案件讯明非大钱案件送至大兴县审办；有些案件在巡防处控告，但原告皆顺天府人，故均送顺天府"就近"办理；有些则并非大钱案件，故送回步军统领衙门审理。另外，一些涉及斗殴的案子，不论打人者是原告还是被告，均据《大清律例》给与相应的惩处。

巡防处处理大钱案件，只要案犯同意使用大钱，就可以无罪释放。显然，迫于权威，绝大多数人都选择了同意使用，但也有坚决不用而被拟枷示者。不过，如果是因使用大钱而增价的，则不管情形如何，均给与惩罚。由于再犯者按新奏之例将发极边烟瘴充军，这在清代是极为严厉的处罚，所以巡防处所审案件中无一人再犯。按巡防处在奉旨裁撤之后奏请大钱案件仍归地方官管理的奏底所陈，到咸丰五年五月份后，阻扰减少，大钱可冀流通。

根据《京城巡防处档案》的一份奏底，大钱案件归巡防处办理；在巡防处裁撤之后，大钱案件仍归地方官管理。即此后凡京营兵丁拿获者，送步军统领衙门办理；五城巡役获案者，送五城御使办理；由顺天府地面巡役获案者，送顺天府办理。遇初犯之案，即由各衙门照章发落；所有再犯之案，仍照例即由各该衙门逐送刑部办理；其有牵涉宗室觉罗者，应由刑部会同宗人府审办。[1] 据此推断，巡防处裁撤之前是京师大钱案件唯一的审判机构。不过，实际执行中可能并没有照此办理，五城察院也可审理大钱案件。

一个比较奇怪的现象是，58 件案子中，没有一件是由五城察院呈送的，而且顺天府及其所辖的大兴、宛平二县也只有两件。尽管从衙门的空间分布和所辖兵役来看，五城察院接受呈词数量远远低于步军统领是可以理解的，但不至于没有有一件。一种合理的解释是，五城察院可以对这些案件自行审结。按巡防处裁撤后的奏底推断，五城察院当将大钱案件送至巡防处处理。可是据附表第 38 案，吕魁先在北城控诉，而后又到巡防处呈告，巡防处居然以"此案该原告在北城察院控告有案"为由，札北城察院审办。这一理由显然承认北城察院可以对此案进行审办，否则应该追究其未及时呈送之责。

同样，顺天府亦未见呈送。当然，顺天府接受控诉的可能性较小。巡防处将两个案件札顺天府就近办理，并特意强调两位原告分别来自顺天府大兴、房山二县。而所谓就近办理的理由并不充分。从衙门的空间分布上看，除房山县外，顺天府、大兴县、京城巡防处三处衙署均在北京内城，且顺天府和巡防处相隔不远。若说房山县民札顺天府饬房山县就近办理，还可以成立；大兴县民的案件交顺天府"就近"办理则十分勉强。最合理的解释是，顺天府属大钱案件仍按常规，即顺天府属民人在顺天府所属地方犯罪，仍由顺天府或其所辖衙门办理。[2] 档案中有两个案件由宛平县送巡防处，但没有解释原被告住在何地。另外有一案系大兴县民在巡防处喊告，

----

[1]　《京城巡防处档案》第 6 卷，藏中国第一历史档案馆。

[2]　关于顺天府审判职能，详见胡祥雨：《清代顺天府司法审判职能研究》，载朱诚如、王天有主编《明清论丛》第四辑，紫禁城出版社，2003，第 217–223 页。

巡防处也予以审理。此三案极有可能发生在京城，故京城巡防处予以结案。

第三节　京城巡防处与京师审判制度的关系

清代京师审判制度经过清前期的变革，到乾隆年间基本稳定下来。大体而言，乾隆以后京师初级审判在步军统领衙门、五城察院、内务府、八旗都统、佐领等处。无罪和轻罪（笞杖）案件，五城和步军统领衙门等衙门均可自行审结。徒以上案件交刑部审理，称现审案件。送交刑部之案，初审衙门均不拟律。各衙门所审案件如涉及内务府所属人员（上三旗包衣、宫女、太监），轻罪则交由内务府审理，徒以上案件一般仍由刑部审理。涉及皇族人员之案，不论罪之轻重，一般均由宗人府会同户部（田土案件）或者刑部审理。罪犯拟监候者，入朝审。民人徒、流人犯，由顺天府定地发配；军罪人犯由兵部定地发配。旗人犯徒、流、军罪，折枷号。其他方面与各直省大体类似。[1]

由于特殊的军事环境，清廷赋予京城巡防处一定的审判职能，使得京师审判制度发生变化。对于涉及军事或其他相关的刑事案件，京城巡防处拥有审判全权。军情紧急之下，清廷将这些案件归军事机构管理，有其合理性。这样，京师的二级审判机构在从前户、刑二部的基础上又增加了一个。从审判管辖来说，京城巡防处实际上是分担了部分原属刑部的职能。仔细分析巡防处审判职能，不难发现，巡防处依然遵循清朝的审判制度，如按照律例拟律，将重要案

---

[1]　胡祥雨:《清前期京师初级审判制度之变更》,《历史档案》2007 年第 2 期。

件及奏交之案上奏，对徒、流、军、遣人犯的判决和执行均和刑部一致。最为关键的是，对死刑的判拟，和刑部并无二致。至于大钱案件，大部分实际上都无关罪名，由京城巡防处审理，且将审判权凌驾于步军统领等衙门之上，则与清代京师审判制度多有不合。这从侧面反映出清廷在财政上的困境以及当时大钱流通不畅的事实。

　　至于当时人以及后来的研究者们认为巡防处勾捕过严，有无辜死于西市者，实际情况到底如何？

　　据巡防审案处统计，自咸丰三年九月十三日起至咸丰五年五月初七日止，巡防处审理案件共计355案，涉及人犯779名口。其中，凌迟枭示、斩枭、斩决、绞决人犯100人，监候一人。详如下表：[1]

巡防处所审案件处理方式及人数统计

处理方式	人数	所占比例 1（%）
凌迟处死、枭首示众	19	2.44
斩决、枭首示众	20	2.57
斩决	60	7.70
绞决	1	0.13
斩监候	1（许城　咸丰四年　朝审勾决）	0.13
（死罪总数）	101	12.97
发黑龙江	44	5.65
发极边烟瘴充军	2	0.26
流罪	17	2.18
徒罪	55	7.06
枷号	31	3.98

---

[1]　《京城巡防处档案》第 2 卷，藏中国第一历史档案馆。

续表

处理方式	人数	所占比例 1（%）
杖责	56	7.19
递籍	77	9.88
毋庸议保释	235	30.17
送刑部审办	82	10.52
递解查办	79	10.14
合计	779	100

由上表可知，巡防处所审之案犯，有近 13% 被判死罪，同时至少有 30.17% 被无罪释放。考虑到递籍、送刑部审办、递解查办者中，也有无罪之人，总的无罪人数当超过三分之一。

再看案犯的拘捕途径。巡防处所审涉及谋反的案件由兵丁拿获者占绝大多数。清廷自咸丰三年五月起，加强了对京师的治安管理。咸丰三年十月，清廷谕令步军统领衙门、顺天府、五城等认真盘诘，严防太平军假扮难民入城。[1] 咸丰三年十一月，步军统领衙门兵丁在客店拿获来京探信之太平军人员。咸丰帝得到奏报后，即日谕令顺天府、五城派人对京内外各客店，不动声色，严行盘查。如有来历不明或形迹可疑之人，立即连同开店之人一并拿获。[2] 京城巡捕人员除照常对有伤痕的人予以盘问外，还对留有长须或是服装怪异者予以盘获，对难民的防范也更为严格。在当时形势下，查拿叛逆时影响平民的生活是在所难免的。

咸丰三年十二月，张瞬、李幅、陇贵、万得福因肩上有圈，刘

---

[1]　《文宗显皇帝实录》卷 108，载《清实录》第 41 册，第 663 页。

[2]　中国第一历史档案馆编：《清政府镇压太平天国档案史料》第 11 册，社会科学文献出版社，1994，第 209-212 页。

汰因生疮头上没有发辫，陇贵有木莲蓬，即被步军统领衙门兵丁拿获送巡防处审理。巡防处讯得此五人均系轿夫，湖北人，抬送越南陪臣贡差进京。张瞬等四人肩上之圈皆因生疮用针刺血而成，刘汰确因生疮头发未齐，陇贵所买木莲蓬是作为烟袋别子使用，均无为匪不法之事。巡防处拟将此五人抬送越南陪臣出京后回原籍交地方官管束，咸丰三年十月三十日具奏允准。[1] 咸丰四年三月二十八日，山东道御史奏请嗣后遇有发长及寸之人，立即详细盘诘。[2]

由此不难看出，京师各衙役、兵丁拿人范围十分宽泛。另外，也有利用太平军诬陷他人者，如上文提到的许城。根据上表巡防处的统计，有相当多的疑犯送到巡防处后都无罪释放，可知京师各巡捕衙门及巡防官兵相当卖力，所拿获之人至少有 30.17% 是无罪的。换句话说，各衙门送巡防处之案犯有相当多的无辜者。

京师官兵及各衙门捕役为了避免遗漏，将更多的人送往巡防处审理自在情理之中。至于巡防处的审理，能够使无辜者死于西市的原因主要有两种，一是巡防处拟律不当，一是巡防处逼供，致使无辜者妄供。就前者而言，不必怀疑巡防审案处人员对律例的精熟。上文所举案例表明巡防处是按《大清律例》拟律的。例如对杨起信的审判，依据的律例是"乞养异姓义子为嗣"，在杖罪上加等判徒一年，此为户律里的内容。[3] 再如许城一案，巡防处将其拟斩监候，《大清律例》的例文为"诬告叛逆，被诬之人已决者，诬告之人拟

---

[1]　中国社会科学院近代史研究所近代史资料编辑室编：《近代史资料》总 65 号，第 34-36 页。

[2]　中国第一历史档案馆编：《清政府镇压太平天国档案史料》第 13 册，第 443-444 页。

[3]　律文为"乞养异姓义子以乱宗族者，杖六十"，载薛允升撰，黄静嘉编校《读例存疑》卷 9，成文出版社，1970，第 246 页。

斩立决。未决者，拟斩监候，俱不及妻子家产。"[1]

不过，尽管巡防处的拟律水平不成问题，但可能会在明知律例的情况下加重处罚，将罪不至死之人拟死罪。前文就有不少案件，巡防处在律例基础上加重拟律。一般情况下，巡防处所拟死罪都与太平军有牵连。由于参加太平军属叛逆重罪，对于参加太平军并且杀过人的罪犯，其处罚往往非常严厉。

《大清律例》对于叛逆重罪处罚非常残酷，"凡谋反及大逆，但共谋者，不分首从已未行，皆凌迟处死。"如果系谋叛，"但共谋者，不分首从，皆斩。……若谋而未行，为首者，绞；为从者，（不分多少）皆杖一百、流三千里"。[2] 对于谋反谋叛之亲属，也有非常严厉的惩罚。但清代律例并不严谨，往往有许多具体案子并无律例可直接引用，需要比拟。即便谋反、谋叛这样重要的律例，也弊端百出。在谋叛律下，嘉庆五年（1800）例规定"谋叛案内被胁入伙，并无随同焚汛戕官，抗拒官兵情事，一闻查拿，悔罪自行投首者，发新疆给官兵为奴。"薛允升指出："反逆案内，此等被胁入伙之犯，应否一体照办，并无明文"。更加麻烦的是，在"犯罪自首"律下，乾隆五年（1740）定例"被掳从贼，不忘故土，乘间来归者，俱著免罪"。薛允升指出，此二例"一免罪，一发遣，轻重相去悬绝，援引不无窒碍"。[3]

至于被胁后打仗伤人应如何拟罪，律例更是没有明文。巡防处开始对被胁伤人者拟发黑龙江，但后来全部处死。一般此类案

---

[1]　薛允升撰，黄静嘉编校：《读例存疑》卷 39，第 1004 页。

[2]　薛允升撰，黄静嘉编校：《读例存疑》卷 25，第 555、558-559 页。

[3]　薛允升撰，黄静嘉编校：《读例存疑》卷 4，第 108 页；卷 25，第 561 页。薛允升对此二例参差之处进行了详细的分析，可参阅。

件关系重大，由于律例本身有缺陷，往往只能看当时皇帝的旨意。巡防处对于参加（或被裹胁）太平军并且打仗杀人致死者，往往都拟以死罪。到后来，即使被裹胁打仗伤人也拟以死罪。如果只是被裹胁而未打仗，处罚则较轻。[1] 巡防处对此类死罪的审断，拟律时一般都未引用《大清律例》，而只是说某犯"应照军法从事，即行处斩"（有时是凌迟处死枭示或斩首枭示）。咸丰帝给各统兵大员的谕旨中也常常提到"军法从事"。咸丰二年十月十二日，令徐广缙对迁延观望、畏缩不前、贻误战机的带兵之员，即用皇帝所赐之遏必隆刀军法从事。十一月十五日，再次著徐广缙将追剿不力、临阵退缩、坐视不援之将领，"一面奏闻，一面以军法从事"。[2] 按照皇帝的意思，照军法从事，应当就是指即行处死。索引巡防处拟定死罪人犯所说"应照军法从事"，无疑也是指即行处死，具体而言还有不通过刑部复核的意思。其实即使按律例拟律，这些人也该死罪。如果案犯所供情节没有错误的话，巡防处将这些人按"军法从事"是合乎律例的。之所以不按《大清律例》拟律，而称按军法从事，可能因为巡防处本身是一个军事机构，而人犯所犯罪行与军事相关。

不过，有时巡防处将不认罪的罪犯仍然拟以死刑。咸丰三年十月，巡防处审讯杨二等人。杨二供郑大曾经被贼裹胁后逃回，今又起意投贼。但郑大并不承认曾经从贼，只承认杨二抢火药要秦五托他照应。巡防处仍认为杨二供词确凿，"未便因其（指郑大）坚不承招，致逃显戮"，将郑大照军法从事，即行处斩。皇帝于咸丰三

---

[1]　李惠民：《关于太平天国北伐战役的战俘问题》，《清史研究》1997 年第 4 期。

[2]　中国第一历史档案馆编：《清政府镇压太平天国档案史料》第 4 册，社会科学文献出版社，1992，第 40、99-100 页。

年十月二十四日朱批"依议"。[1] 这里将郑大拟以死罪的证据并不充分，巡防处的意见表明判郑大斩刑有宁肯错杀不能放过的因素。

但总的看来，巡防处加重拟律主要针对死罪以下的案犯，对死罪的拟定仍然相对谨慎。其实，就死刑案件而言，皇帝本人常常加重惩罚。有时皇帝在接到奏折后即对案情甚至惩罚作出判断，如步军统领衙门奏送拿获从逆奸细一案，皇帝在咸丰三年十月十一日朱批"着该巡防王大臣严讯正法"，[2] 而不是惯常的交巡防王大臣审办。

有时候皇帝对巡防处拟律不满，要求加重处罚。咸丰四年正月，绵愉等审拟石宝山被胁代买火硝一案，石宝山虽被胁代买火硝两次，但仅止引仗，并未打仗杀人，"应于斩罪上减一等，发黑龙江给兵丁为奴"。咸丰帝看到奏折后大怒，正月十七日朱批："石宝山代买火硝，情节尤重，岂能仅科以指引道路，究与甘心代买火药者有间？试问火硝何用？与火药何所分别？又岂能以并未打仗为从宽之据？愚民无知，从贼杀人尚迫于不得已。甘心代买，心迹背乱已极。石宝山著照军法从事，即行处斩。"[3]

咸丰四年二月二十五日，绵愉等奏报审拟被敌裹胁打仗伤人之陈敬汶等一案，因陈敬汶、李春业被太平军裹胁打仗伤人未死，拟于斩罪上减一等，发往黑龙江给披甲人为奴。被胁打仗伤人之犯，一般均是被太平军裹胁，以前都是将其发往黑龙江。咸丰帝却认为："该犯等或连伤两人，或只伤一人，是该犯用枪刀砍扎，实系有

---

[1]   中国社会科学院近代史研究所近代史资料编辑室编：《近代史资料》总65号，第23－26页。

[2]   中国社会科学院近代史研究所近代史资料编辑室编：《近代史资料》总65号，第13页。

[3]   中国第一历史档案馆编：《清政府镇压太平天国档案史料》第12册，第293－294页。

心致死，并非出于无奈。且仅据逆供伤而未死，焉知非避重就轻？即使当时未死，贼去后焉知不已殒命？著再详讯定拟具奏，以昭军法而归核实。"[1]

咸丰帝对陈敬汶一案的朱批，使得日后巡防处凡遇被胁打仗伤人者一律拟以死罪。而这一决定，不久就遭到官员的反对。首先表示不赞成是刑部左侍郎罗惇衍。继陈敬汶案之后，又有四起打仗伤人之案犯被拟死罪。作为京城巡防处成员，罗惇衍觉得情罪未当，奏请"将被胁打仗、伤人未死之犯，照原办发遣"。结果引来咸丰帝的严厉批评，咸丰四年四月十三日谕内阁对罗惇衍传旨申饬：

> 若该犯等如果实有冤抑，罗惇衍亦系巡防大臣，即不应随同画稿，何竟待数月之后始为此奏？又称李春业、尚克明、李四儿、郑帼华四案，皆伤人未死，亦从严照陈敬汶一案办理。是该侍郎以此四案之拟结，均照陈敬汶案办理，情罪多有未当。如果属实，该侍郎又何不于定案时单衔具奏，据理建白？且既以该犯等不当立正典刑，又何不随时奏闻？俟有四案之多，数月之久，始行入奏，假使死者果有含冤，已无救矣。而罗惇衍平日毫无定识，徒好虚名，已可概见。至所称屡怀是念，欲言而止者再三，尤不成话。试思身为大臣，秉心如果忠正，又有何避忌而不言耶？[2]

罗惇衍作为巡防处人员，没有及时奏请，可能另有原因。而咸

---

[1] 中国第一历史档案馆编：《清政府镇压太平天国档案史料》第12册，第637-638页。

[2] 中国第一历史档案馆编：《清政府镇压太平天国档案史料》第14册，第3页。

丰帝不仅拒绝减轻惩罚，反而因此严厉抨击罗惇衍的人品。

咸丰四年五月，京师降雨稀少，清廷因"清理庶狱，冀可感召天和"，即令刑部和顺天府将现审案件逐一清厘；对于实有冤抑者，务当悉心推求，即予平反。[1] 趁此机会，兵部右侍郎王茂荫于咸丰四年五月二十一日上奏，认为太平军将裹胁良民加以烙印，且各审判衙门严刑逼供，故被贼裹胁杀伤兵丁之犯，其中亦或有可矜者，请从缓定拟。咸丰虽下旨对刑讯者予以纠查，但不同意对被胁人犯从缓定拟，其理由是巡防处所拟死罪人犯"权衡至当，其实系甘心从逆之犯，断不能为之曲宥，如系愚民被胁，原未尝概予骈诛，亦非以烙印为凭，定为从逆，遂置重典。乃该侍郎辄请从缓定拟，试思执法贵在持平明慎，期无留狱。若使辗转迟延，案多积压，转非清理庶狱之意"。显然，咸丰对裹胁杀人犯当中可能存在可矜者的问题予以回避，而以案件不可迟延积压为由拒绝了王茂荫的请求。王茂荫在奏折中承认"曾伤官兵者照律论死"，"原非法之过严"，但由于官不能护民，故请皇帝对被胁人犯暂缓定拟。[2] 也就是说，咸丰帝下旨对被胁伤人之犯处以死罪并不违背律例。

咸丰四年六月中，皇帝又拒绝了御史薛鸣皋将形迹可疑人犯从宽典审办的请求，其理由是巡防处所审案件没有冤抑，而且对可疑人犯以及杀贼来归者均正确对待。同时咸丰还严厉批评该御史，"岂以纵奸养恶，为好生之德？"[3]

皇帝辩解巡防处所审案件中没有冤案，这未必符合事实。不

---

[1]《文宗显皇帝实录》卷130，载《清实录》第42册，第305—306页。

[2] 中国第一历史档案馆编：《清政府镇压太平天国档案史料》第14册，第391—393页。

[3]《文宗显皇帝实录》卷133，载《清实录》第42册，第357—358页。

过，京城巡防处所拟死罪人犯，全部经过皇帝的核准方可执行。按
清制，常规情况下只有皇帝才有权力使死刑发生效力。如果京城巡
防处拟律有误的话，皇帝可以驳回。只不过由于当时形势特殊，未
见有皇帝将死罪人犯减等的。如果有无辜者因拟律有误而被冤杀的
话，更大的责任承担者应是皇帝本人。而在清代，皇帝本人拥有最
高权力，拥有超越《大清律例》杀人的特权。何况，参与叛乱谋反
之犯，按律例皆可拟死罪。清廷将被胁之犯区别对待，更多的是出
于形势而非律例的考虑。

　　作为君主，咸丰帝要对涉及叛逆之犯拟以重律是可以理解的。
必须强调的是，咸丰帝本人力图将其控制在一定范围内，对一般性
的犯罪拟律固然也有某些加重，但要把握火候。巡防处所拟之死罪
一般均是涉及谋反叛逆，这在清代属于"十恶"之首。其他案件则
仍归刑部照常审办。甚至在外省，咸丰对普通罪犯的态度也比较谨
慎。清廷曾下令对太平军所逼近地方监狱罪犯加快处理。咸丰四年
三月十九日，咸丰帝照僧格林沁所奏，令直隶总督桂良等对监狱罪
犯分别处理。"其谋故凶盗拒捕杀人重犯法无可贷者，拟即正法；
至情有可矜及例应缓决各犯，拟即减等；并将向拟情实免勾之犯开
单请减。"[1] 这样虽然死罪人犯未经皇帝勾决即予以正法，但对缓决
以下的罪犯实际上比按往常处理来得宽松。

　　至于严刑逼供，在清代本来就是合法的，但清代对刑供进行了
比较具体的规定。涉及谋反的案件，审案者往往不顾及律例。在咸
丰四年五月二十一日的奏折中，兵部右侍郎王茂荫提到"闻各处拿
获形迹可疑人犯，先自严讯取供，熏以香烟，往往有实未杀伤官兵

---

[1]　中国第一历史档案馆编：《清政府镇压太平天国档案史料》第 13 册，第
315 页。

者，因熏急难受，又不知杀伤官兵之必死，遂亦妄供，迨至辗转交审，前供难改，因而诬服"。[1] 王茂荫指的是各衙门送巡防处之前的审讯有逼供情事，从而导致冤狱。咸丰帝下旨对此事进行调查，结果是巡防处并未刑讯。[2] 至于其他衙门是否有刑讯逼供，因无材料，故无法判断。但王茂荫的奏折所说可能是空穴来风，巡防处档案中可见蛛丝马迹。咸丰三年十月十三日，巡防处在审拟李伏一案的奏折中提到对李伏"连日熬审，加以刑吓"，[3] 应当就是严刑逼供的另一种表达。

巡防处所拟死罪案件中，很可能有无辜者。但京城巡防处仍在清代制度范围内运作，其审理案件程序，基本上与刑部一致。而且即便是刑部以及其他审判机构，一样存在刑讯逼供或是审判时受到皇帝的干涉。何况涉及叛逆的案件，皇帝常常超越常规。

结　语

咸丰五年（1855）五月初十日，清廷因北伐军已被消灭，下旨裁撤京城巡防处。[4] 此后，京师之审判制度仍循旧制。在巡防处运作期间，即便京师司法制度有所变更，也是在清代原有的轨道上进行。从体制上看，京城巡防处给京师治安和审判制度几乎没有造成

---

[1]　中国第一历史档案馆编：《清政府镇压太平天国档案史料》第 14 册，第391–393 页。

[2]　《文宗显皇帝实录》卷 133，载《清实录》第 42 册，第 358 页。

[3]　中国社会科学院近代史研究所近代史资料编辑室编：《近代史资料》总 65号，第 12–13 页。

[4]　《文宗显皇帝实录》卷 167，载《清实录》第 42 册，第 847 页。

什么影响。

太平天国运动破坏了清朝的审判制度。为了平息叛乱，清廷在各地施行"就地正法"之制。本来，"就地正法"并非新鲜事物，只不过清廷意料不到太平军被扑灭后，自己无力将死刑的审判恢复正常。而京师作为帝都，其政策则谨慎得多。据当时人的记述，早在咸丰三年二三月间，京师就因太平军军势甚炽而人心惶惶。[1] 但清廷只是加强原有的治安体系，至于审判之制则仍如往常。直到九月，在太平天国北伐军逼近的情况下，京师审判制度才生了一些变化，而皇帝始终控制着生杀大权。与外地相比，清廷在京师的政策尽管相对谨慎，仍有臣子力劝皇帝慎杀。清廷在京师的特殊政策当与其独特地位有关。

京城巡防处的设立，给京师的审判制度兴起一些涟漪。清廷将涉及叛逆的案件归巡防处审理，实际上分担了刑部的部分职能。尽管时局艰危，巡防处的审判基本遵循清朝制度。尤其是对死刑的审判，尽管多按"军法从事"，仍需得到皇帝的批准方可生效，和刑部或三法司所拟立决之犯相同。甚至其所拟定的斩监候，也一体归入朝审办理，更是和平常完全一致。尽管巡防处很可能因刑讯逼供而冤杀无辜之人，但毕竟其死刑判决与执行同外省先斩后奏或是边斩边奏式的处理方式分别不小。当然，原因或是外省军兴，交通阻隔，皇帝鞭长莫及，如果继续照平时办理，无法处置紧急案件。在北伐军败局已定、巡防处事务日少的情况下，清廷又令其审理大钱案件，可以称得上是违反常规。这从侧面反映出清廷的财政困境，也说明巡防处的审案效率较清廷原有的步军统领、五城以及刑部要高。这一特殊机构，在军事危机消失之后很快被撤销，京师的审判

---

[1]　张守常编：《太平军北伐资料选编》，第528—538页。

制度恢复如前。

咸丰帝虽然对参与叛乱的罪犯处罚较严，但清朝司法的诸多传统，仍然得到传承。在京师少雨的情况下，他如常下旨清理刑狱，有些按律例罪不至死之人可能因为刑讯逼供或皇帝本人加重处罚而死于无辜，但都经过审讯及皇帝的批准。依清制，常规情况下，皇帝是唯一可以使死刑生效的人，同时也是有权超越律例杀人的人。从某种程度上说，不存在是否"合法"的问题。而且尽管"圣意"已明，还是有大臣上奏对皇帝加重处罚表示反对。他们虽未能说服皇帝，至少形成一种无形的约束。两年中，巡防处所拟的死罪仅一百人，其中相当部分是由各路巡防官兵在京畿地区拿获的。用咸丰皇帝自己的话说，死罪人犯是"权衡至当"之后才杀的。

总而言之，太平天国北伐军的逼近，使得清王朝遭遇重大统治危机，迫使清廷在京畿地区设置京城巡防处，分理与军情相关的刑案事务，采取了一些非常时期惯有的措施，可是京城巡防处对案件的审理大体上遵循清朝常规制度。就京师审判的制度而言，太平天国的影响甚微；即便有所影响，也如外省实行的"就地正法"之制一样，是中国内在传统的延续，而缺乏新因素。在京师，由于清廷控制力更强，且近在天子脚下，"就地正法"亦不存在。换言之，清廷并未改变对中国传统制度的笃信。这一现象表明，中国传统制度具有相当的韧性。即便清廷处于内外交困之际，种种压力也不足以推动清廷进行司法变革。直到庚子之役败于八国联军，慈禧太后和光绪帝逃往西安，清廷不仅实行"就地正法"，[1] 而且马上宣布实行"新政"，要项之一，就是改革司法制度。

---

[1]   光绪二十七年（1901）五到九月，至少有56人经刑部审讯后即行正法，再行奏闻。《刑（法）部档案》（新整），《律例馆》第94号，藏第一历史档案馆。

附表：巡防处审理大钱案件情况

日期	呈送者官职或原告	案由	处理情况
三月二十五日	1. 阜城汛守备	买豆腐不使大钱（按：指卖主不用，下同）	情愿行使，毋庸议（指被告，即卖主，下同）
	2. 东河沿讯守备	买鞋不使大钱	情愿行使，毋庸议
	3. 镶白汉步军校	买馒首不使大钱	被告愿行使，毋议；原告照手足伤人律笞三十
	4. 乐善园讯守备	买酒不十大钱	情愿行使，毋庸议
二十六日	5. 花儿讯署守备	买布裤不使大钱	情愿行使，毋庸议
	6. 镶黄　步军校	因买米不使大钱	被告坚执不用，枷号一月游示
	7. 正黄蒙步军校	还账不使大钱	情愿行使，毋庸议
二十七日	8. 正黄蒙步军校	买米不使大钱	情愿行使，毋庸议
	9. 广渠汛守备	买包子不使大钱	情愿行使，毋庸议
	10. 树村汛守备	买锅不使大钱	情愿行使，毋庸议
二十八日	11. 乐善园汛守备	买筐子不使大钱	情愿行使，毋庸议
	12. 正红蒙步军校	买鞋不使大钱	情愿行使，毋庸议
	13. 花儿市汛署守备	还账不使大钱	被告情愿行使，仍照他物殴人成伤律笞四十
	14. 镶黄满步军校	买（按：应为"卖"字）烧饼煤块互相增价人犯二名	系一时赌气增价，张四杖八十，李发泉杖六十
	15. 乐善园汛守备	买烟不使大钱	情愿行使，毋庸议
	16. 步军统领衙门	给房租不使大钱	讯非不使大钱，交大兴县审办
	17. 正蓝汉委步军校	赎当不使大钱	情愿行使，毋庸议

日期	呈送者官职或原告	案由	处理情况
二十九日	18. 步军统领衙门	买杂货不使大钱	情愿行使，毋庸议
	19. 正红蒙步军校	买豌豆黄不使大钱	情愿行使，毋庸议
三十日	20. 阜城汛守备	吕天文等四人增长粮价	属实。吕天文等四人枷号一月、游示；听从主使挑斥大钱之赵希顺杖八十
	21. 西珠市口讯都司	买肉不使大钱	情愿行使，毋庸议
	22. 乐善园讯守备	买麦不使大钱	被告情愿行使。原告照手足殴人成伤律笞三十
四月初一日	23. 乐善园讯守备	买酒不使大钱	情愿行使，毋庸议
初二日	24. 步军统领衙门	买酒不使大钱	讯非不使大钱，送回原衙门办理
	25. 步军统领衙门	还账不使大钱	同上
	26. 西珠市口讯都司	买烧饼不使大钱	情愿行使，毋庸议
	27. 正红满步军校	被告因大钱增茶叶价	属实枷号一月游示
初三日	28. 步军统领衙门	买饭不使大钱	情愿行使，毋庸议
初五日	29. 东河沿汛署守备	买木柜不使大钱	情愿行使，毋庸议
	30. 镶蓝满步军校	买凉粉不使大钱	情愿行使，毋庸议
	31. 西河沿汛署守备	买香络不使大钱	情愿行使，毋庸议
	32. 西河沿汛署守备	买麦面不使大钱	情愿行使，毋庸议
初六日	33. 西河沿汛署守备	买鞋钉不使大钱	情愿行使，毋庸议
	34 西河沿汛署守备	买豆腐不使大钱	情愿行使，毋庸议
	35. 镶红满步军校	还账不使大钱	情愿行使，毋庸议
	36. 正黄汉步军校	给车钱不使大钱	情愿行使，毋庸议
初八日	37. 西河沿守备	买饽饽不使大钱	情愿行使，毋庸议

续表

日期	呈送者官职或原告	案由	处理情况
初十日	38. 吕魁告吴德	因买房间不肯收使大钱	此案原在北城察院控告，仍札北城归案审办
十一日	39. 西河沿汛署守备	买烧饼不使大钱	情愿行使，毋庸议
十二日	40. 宛平县知县申送	梁太告福裕当铺不使大钱	情愿行使，毋庸议
	41. 镶黄汉步军校	宗室占常控孙延兴买香不使大钱	因赊账未遂应送刑部会同宗人府审办
	42. 正白满步军校	因赊腴子不使大钱	情愿行使，毋庸议
十八日	43. 大兴县民喊告大兴县属丰加油盐店	买盐不使大钱	札顺天府就近查传审办
十九日	44. 正蓝汉委步军校	赎当不使大钱	情愿行使，毋庸议
	45. 静宜园汛守备	买麻不使大钱	情愿行使，毋庸议
二十三日	46. 房山县民彭起	告李四不使大钱	札顺天府就近查办
	47. 菜市口汛守备	买麦面不使大钱	情愿行使，毋庸议
二十五日	48. 山东民郑九海呈告	马立家因大钱长油价	属实枷号一月游示
二十七日	49. 大兴县民马二喊告	张大因买烧饼行使大钱不肯找钱	情愿行使并找钱，应毋庸议
五月初三日	50 宛平县知县	魏国良告用大钱向王兴顺买麦面不肯找钱反同刘二等将其群殴	讯明王兴顺情愿找钱，将魏国良照申诉不实律杖一百
	51. 阜城汛守备	买酱不使大钱人犯薛景元	薛景元情愿行使，仍照殴人成伤律笞三十
	52. 镶黄满步军校	买米不使大钱	讯非不使大钱，札交步军统领衙门办理

续表

日期	呈送者官职或原告	案由	处理情况
初四日	53. 镶蓝蒙步军校	买饽饽不使大钱	情愿行使，毋庸议
	54. 阜城汛守备	买肉不使大钱	情愿行使，毋庸议
初五日	55. 镶红汉委步军校	国太原告，买肉不使大钱人犯杨文义	杨文义实系不使大钱，枷号一月游示
	56. 菜市口汛守备	买高粱不使大钱	情愿行使，毋庸议
	57. 镶蓝满委步军校	德庆原告，买酱不使大钱人犯常学	讯明实系挑剔大钱，枷号一月游示
初九日	58. 步军统领衙门	买烧饼不使大钱	讯非不使大钱，送回原衙门办理

第三章　蔡锡勇《美国合邦盟约》的翻译及影响

　　在晚清西学东渐史上，蔡锡勇的名字鲜为人知。即使有人闻见其名，也很少了解其早年的履历和行事。[1] 多数既有研究，仅仅关注其创建中国速记学，协助张之洞办理洋务，而不知蔡氏早在任职驻美使馆期间（1881 年），已经翻译了美国联邦宪法及十五条修正案。这与蔡氏在西学东渐史上的贡献实不相符，[2] 对于西学东渐思想史，亦是一大遗憾。有鉴于此，在勾勒蔡氏早年履历的基础上，探究其翻译美国联邦宪法的原委，进而分析该文本在近代中国思想

---

　　[1]　汪敬虞先生在一篇文章中说："蔡锡勇的历史，现在还不大清楚。人们只知道他是 1896 年死去的，至于他是哪一年出生的，连集中国的专家在 1988 年编写出版的《中国大百科全书》都是打了一个问号。"见汪敬虞：《中国现代化征程的艰难跋涉·下》，《中国经济史研究》2007 年第 3 期。

　　[2]　学界对于蔡锡勇生平尚有一定注意，但是各种叙述相互间存在诸多冲突。详情参见苏精：《清季同文馆及其师生》，作者自印版，1985；苏精：《蔡锡勇：张之洞的洋务专家与中文速记鼻祖》，《传记文学》（台北），第 39 卷，第 3 期，1981；葛继圣：《中国近代高校第一位校长、中文速记首创人——蔡锡勇》，《广西大学学报》1995 年第 5 期；蔡凯如：《自强：珞珈精神的源头——纪念自强学堂首任总办蔡锡勇先生》，《武汉大学学报》1993 年第 6 期；黎仁凯等：《张之洞幕府》，中国广播电视出版社，2005；张永刚、樊孝东：《蔡锡勇——张之洞幕府前期实业总管》，《河北大学学报》2006 年第 6 期；李文杰：《首部汉译美国宪法问世考》，载北京大学历史学系编《北大史学》，第 15 期，北京大学出版社，2010，第 221-339 页。

史上的影响和地位，便显得颇有意义。

第一节　从广州同文馆到驻美使馆

　　蔡锡勇，字毅若，福建龙溪（今龙海）人。有些资料称蔡氏字"毅敬"，目前看来没有依据。[1] 关于蔡氏生年，各种材料说法不一。其中有 1847 年、1850 年、1845—1851 年三种观点。[2] 同治六年（1867），两广总督瑞麟遴选广州同文馆学生进京时称，"蔡锡勇，汉人，年二十岁"[3]；同治十一年（1872）广东将军长善再次送学生进京时，又附了一份学生人员名单，其中提及"蔡锡勇，年二十五

---

[1]　目前所见资料，没有一则称蔡锡勇字"毅敬"。辜鸿铭、郑观应、黄遵宪致函蔡锡勇时，都称"蔡毅若观察"，详见辜鸿铭：《大臣远略》，载冯天瑜点校《辜鸿铭文集》，岳麓书社，1985，第 4 页；夏东元编：《郑观应集》，上海人民出版社，1982，第 201 页；吴振清、徐勇、王家祥编校整理：《黄遵宪集》，天津人民出版社，2003，第 444 页。蔡氏后人蔡凯如曾称蔡锡勇又字"启运"，见蔡凯如：《自强：珞珈精神的源头——纪念自强学堂首任总办蔡锡勇先生》，《武汉大学学报》1993 年第 6 期。

[2]　葛继圣、蔡凯如和黎仁凯称蔡锡勇生于 1847 年，《福建名人词典》《武汉大学校史》称蔡锡勇生于 1850 年，台湾学者苏精称蔡氏"约生于道光二十五年（1845年）至咸丰元年（1851 年）之间"，并另加注释说："蔡锡勇确实生于何年不悉，这段时间是由广东同文馆成立于同治三年，招收十四岁至二十岁的学生推算而来。"详见吴贻谷主编：《武汉大学校史（1893—1993）》，武汉大学出版社，1993，第 6 页；刘德城、周羡颖主编：《福建名人词典》，福建人民出版社，1995，第 181-182 页；苏精：《清季同文馆及其师生》，第 225 页。

[3]　马廷亮：《京师同文馆学友会第一次报告书》，京华印书局，1916，第 12 页。

岁，福建龙溪县监生"[1]。照此推算，蔡氏应生于 1847 年。这与蔡氏家谱的记载相符。[2]

同治三年（1864），17 岁的蔡锡勇进入广州同文馆，除学习汉语、满文与算学外，专攻英语。同治十年（1871），两广总督瑞麟在奏折中提到同文馆学生的学习情况："设馆以来，诸生奋勉学习，著有成效者尚不乏人，两次考试，作为生监共十一名。旗籍诸生咸皆踊跃，惟民籍正学、附学各生，来去无常，难期一律奋勉。其学习西语者民间固有之，而偶有招入官馆肄习者，始愿不过希图月间膏火，迨学习一二年后，稍知语言文字，每有托词告病出馆，自谋生理，而于始终奋勉学成有用者，实难得人。"[3] 照此说法，广州同文馆中的汉人学生，尤其是学习西文者，不够专注，旁骛较多，成绩不佳。

不过，从各种材料来看，蔡锡勇的成绩应属上等。同治六年（1867）十一月，广东向京师同文馆推荐 6 名学生参加考试，蔡锡勇名列第一，这说明其学习成绩在广州同文馆居于前列。蔡锡勇等人到达京城后，住在新成立的天文算学馆。总理衙门负责人"先试以汉文译作洋文，继令将洋文照会译成汉文，嗣又以算法各条令其逐条登答。该学生等文理俱各明顺，登答均无舛错"[4]。其中，蔡锡

---

[1]　马廷亮:《京师同文馆学友会第一次报告书》，15 页。

[2]　蔡凯如:《自强:珞珈精神的源头——纪念自强学堂首任总办蔡锡勇先生》，《武汉大学学报》1993 年第 6 期。

[3]　《同治十年十月二十一日文渊阁大学士两广总督瑞麟等折》，载中国史学会主编《中国近代史资料丛刊·洋务运动（二）》，上海人民出版社，1956，第 117-118 页。

[4]　《总理各国事务衙门奕䜣等折》，载朱有瓛主编《中国近代学制史料》第一辑上册，华东师范大学出版社，1983，第 263 页。

勇表现最为优秀，被授予"监生"。考试结束后，蔡锡勇等人未被京师同文馆留下，"仍照原议分别派充（广东）将军、督抚各衙门翻译官"[1]。

同治十年（1871），京师同文馆再度急调上海、广州两地方言馆优秀学生进京。广州同文馆原来报送了 14 人，其中包括蔡锡勇。但蔡锡勇与那三、左秉隆三人很快又被排除。据广东将军长善说，原因是"讵意该生等恳求保举，当将翻译官撤退，扣除送京，仍留该生等衣顶，在馆学习，如一年后果能立品悔过，再行开复，知照保奖在案"[2]。由此来看，蔡锡勇等三人并不愿意到北京继续学习，而是想早点谋求差事。次年，广州同文馆又向京师同文馆推荐了蔡锡勇，称"蔡锡勇等一年以来，颇知愧奋，现在照章奏请，给予升阶"[3]。同治十一年（1872），蔡锡勇与那三、左秉隆正式进入京师同文馆学习。

在京师同文馆期间，蔡锡勇随丁韪良、李善兰等人学习。他曾经参加同文馆组织的数学难题解答，并在《中西闻见录》上发表过《节译几何新本圆径求周法》一文。[4] 由此可知，其学习课目包括数学。另外，蔡锡勇赴美期间，喜欢旁听司法审判；回国办理洋务

---

[1] 《总理各国事务衙门奕䜣等折》，载朱有瓛主编《中国近代学制史料》第一辑上册，263 页。

[2] 《广州将军长善等续送学生咨文》，载朱有瓛主编《中国近代学制史料》第一辑上册，278 页。

[3] 《广州将军长善等续送学生咨文》，载朱有瓛主编《中国近代学制史料》第一辑上册，278 页。

[4] 参见张剑：《〈中西闻见录〉述略——兼评其对西方科技的传播》，《复旦学报》1995 年第 4 期；姚远：《〈中西闻见录〉与中士第一批科学论文》，《科学时报》2008 年 9 月 25 日。

时，又以通晓西方法律而著称。[1] 则他在京师同文馆期间，很可能学习过有关西方法律的课程。当时，丁韪良恰好酝酿开设万国公法课，为蔡锡勇提供了学习条件。[2]

光绪元年（1875），清政府任命陈兰彬为驻美、日、秘公使。陈兰彬随即奏调蔡锡勇担任英文翻译。对此，两广总督刘坤一有所耳闻："即广东亦早设同文馆，名异实同，初议兼用满汉生徒，此次荔秋星使走调之蔡倅锡勇，系由此馆出身。"[3] 光绪四年（1878）六月，蔡锡勇随陈兰彬抵达美国，开始了三年多的国外生活。在此期间，公使陈兰彬曾率员前往西班牙和秘鲁，蔡锡勇似乎并没有跟随前往，而是长留华盛顿担任翻译。

---

[1]　光绪二十一年闰五月初十日，张之洞致电蔡锡勇问道："来禀言：'查各国购产条例，遇有来历不明、串买盗卖，经官查出，契据作废，且须罚办'等语。此外国购产条例系载何书？此书有译出华文者否？望速查明电复，以便奏咨。"次日，蔡锡勇便回电："光绪十一年粤人胡礼垣所译《英例全书》载：购产来历不清，而故为隐饰，是欺诈也，买约作罢论，买价追回。又云地有关于众用者，不知而买，买约可废。又云立契约不法，其故有三皆可，一伤德，二碍份，三骗诈，均有罪名。"同年七月，《马关条约》签订后，张之洞又急问蔡锡勇条约"第六通商条"如何补救，蔡锡勇向他提供了十一条补救建议。由此可见，蔡锡勇对于西方法律颇有心得，深得张之洞依赖。见苑书义等主编：《张之洞全集》第八册，河北人民出版社，1998，第6484、6581页。

[2]　根据林学忠的研究，丁韪良1873年开始在同文馆教授国际法。此时，蔡锡勇刚刚进入京师同文馆，恰好有机会选修。尽管目前还不清楚丁韪良到底教了哪些学生，但是根据蔡锡勇的知识素养和个人兴趣来看，他有可能选修了这门课程。参见林学忠：《从万国公法到公法外交：晚清国际法的传入、诠释与应用》，上海古籍出版社，2009，第124-133页。

[3]　《光绪二年十月二十八日致黎召民函》，刘坤一《刘忠诚公遗集》，载杨家骆编《洋务运动文献汇编》第2册，世界书局，1963，第128页。

第二节　《美国合邦盟约》的诞生和流转

　　蔡锡勇在美期间，没有像其他出使人员一样，留下翔实的出使日记，其同侪的日记也很少提及蔡锡勇。陈兰彬在《使美纪略》中，仅提到蔡锡勇两次，且俱为无关紧要之事。其一为："初三日巳正三刻，兰彬与容副使阌，率同参赞容增祥、翻译陈善言、蔡锡勇俱用行装，并洋员柏立，乘马车先到外部衙门"[1]，往见美国总统。另一次是在《纪略》末尾，陈兰彬表示写作时参考了陈、蔡等随员的记录。[2] 副使容阌在《西学东渐记》中追述到甲午战争时，才顺便提及蔡氏："蔡君前在公使馆为予之通译兼参赞者也"[3]，对其他则未置一词。总之，在蔡锡勇及其同侪笔下，没有出现任何有关他翻译美国宪法的信息。

　　不过，蔡氏曾透露自己驻美期间的业余生活。他在自己的速记著作《传音快字》序中回忆说："余昔随陈荔秋副宪出使美日秘三国，驻华盛顿四年，翻译之暇，时考察其政教风俗。尝观其议政事，判词讼，大庭广众，各持一说，反复辩论，杂还纷纭，事毕各散。"[4] 这说明蔡锡勇驻美期间，曾经投入很大精力，考察美国政法。只是长期以来对蔡氏了解太少，很少有学者注意这句话背后所隐含的历史信息。实际上，蔡锡勇不仅观摩"议政事""判词讼"，而且翻译了美国联邦宪法。

---

　　[1]　陈兰彬：《使美纪略》（卷 21），载王锡祺辑《小方壶斋舆地丛钞》第 16 册，第 12 帙，著易堂，1891，第 76 页。该版本误将"陈善言"刻为"陈言善"，此处引用时已改正。

　　[2]　陈兰彬：《使美纪略》卷 21，第 77 页。

　　[3]　容阌：《西学东渐记》，徐凤石、恽铁樵译，商务印书馆，1915，第 134 页。

　　[4]　蔡锡勇：《传音快字·自序》，湖北官书局藏版，1905，第 1 页。

蔡锡勇究竟是出于个人兴趣抑或受陈兰彬之命翻译美国宪法，不得而知。李文杰根据陈兰彬报送总理衙门信函，推断陈兰彬在与美国政府的交涉过程中意识到美国宪法的重要性，并安排蔡锡勇进行翻译。该译本最有可能出现于光绪七年三月至八月间（1881年4月至9月）。[1] 但是，从蔡氏角度来看，其常常观摩美国议政和审判，必定很早就了解美国宪法的重要性，出于个人兴趣公务之余翻译美国宪法，亦非不可能。

陈兰彬在《使美纪略》中，没有提及蔡锡勇翻译美国宪法一事；陈氏递交总理衙门的信函仅附蔡氏译本，而未有半点文字说明，总理衙门对蔡氏译本亦无只言片语的反馈。[2] 从头到尾，翻译美国宪法更像是蔡锡勇的个人行为。

光绪七年（1881），即蔡氏任满回国的当年，《西国近事汇编》发布过一则消息称："中国驻美使署有随员蔡锡勇译成美国律法一书。该员在美三年，广交天文历学之士，时往公议堂及律师处留心考察，译成此书，详加注解。经钦使咨送总理衙门，想邀懋赏矣。"[3] 此处所提到的"美国律法"，当即《美国合邦盟约》。

此后四年，似无人讨论过蔡氏译本。光绪十一年（1885），先后协助刘坤一、张树声办理洋务的汪瑔，刻印了读书笔记《旅谭》，其中全文抄录了蔡氏译文，并加按语曰："厦门蔡毅若太守锡勇尝随陈荔秋副宪兰彬出使米利坚国，居米都三年，得华盛顿立国之初与各

---

[1]　李文杰：《首部美国汉译美国宪法问世考》，载北京大学历史学系编《北大史学》，第221-239页。

[2]　李文杰依据北京大学收藏的《总理各国事务衙门清档》推断，现存清档遗漏的信息中，可能包含着陈兰彬对美国宪法译本的介绍。

[3]　钟天纬编辑：《西国近事汇编》，机器制造局，1882，第73页。

部所立合邦盟约，译以汉文。余尝取观之，其立国规模约略已具，因录于此，为志岛夷者考订焉。"[1] 据此可知，汪瑔曾阅览过蔡氏译本。汪瑔从未北上游历，也未曾随使出洋，他看到的译本，当来自蔡锡勇本人。1884 年张之洞就任两广总督，蔡锡勇入张之洞幕府任事，他很可能将译本带至广东，从而为洋务同僚所知。[2]

至少在光绪十一年以前，岭南洋务人士已经知晓或得见蔡氏译本。但是，在北方洋务圈子中，蔡氏译本似乎寂寂无闻。光绪十二年（1886）二月，以善办洋务、通晓西学著称，并且两度入值总理衙门的张荫桓，奉命出任驻美、日、秘公使。抵达驻美使馆后，他发现了一份汉译《美国合邦盟约》，并称自己在国内从未见过，也没有看到类似的译本，故全文照录在日记中，并在后面注曰："此项译文，不知吾华有无刊本，录于简端，以资考核。"[3] 以张荫桓的身份阅历，尚不知蔡氏译本，其他人可想而知。

就文字内容来看，张荫桓所录即为美国联邦宪法。但是其日记称作者为"蔡毅约"，与《西国近事汇编》所称"蔡锡勇"不符。[4] 蔡锡勇与蔡毅约是否为同一人？两件事到底有没有关系？由于《西国近事汇编》未提供译文，难以判断。不过，光绪二十三年十月（1897 年 11 月 5 日），《时务报》发表了一份署名"厦门蔡锡勇译"的《美国合邦盟约》，仔细对照，与张荫桓日记所录除个别字词外

[1]　转引自王进驹、王永青：《岭南幕客诗人汪瑔研究》，中国社会科学出版社，2012，第 21 页。

[2]　1886 年，两广总督张之洞设立"办理洋务处"，广州知府蔡锡勇担任提调。参见吴义雄：《清末广东对外交涉体制之演变》，《学术研究》1997 年第 9 期。

[3]　任青、马忠文整理：《张荫桓日记》，上海书店出版社，2004，第 81-94 页。

[4]　笔者所据为任青、马忠文整理出版的《张荫桓日记》，而非日记稿本，尚不确定整理本与原本是否有出入。

基本一致。由此可以印证，张荫桓所谓"蔡毅约"即蔡锡勇，《西国近事汇编》所称"美国律法"即"美国合邦盟约"。至于"蔡毅约"，则可能是蔡锡勇之字"毅若"的笔误。除张荫桓日记外，其他史料未见蔡锡勇字"毅约"之说。

　　时务报本与张录本在个别地方的措辞略有不同（以下简称《时务报》刊本为"时务本"，张荫桓所录本为"张录本"）。比如，第一章中，第二节第一款，张录本为"各邦亦分上下两院"，时务本则为"各邦各有邦会，亦合上下两院"；第四节第二款，张录本为"国会每年至少须聚会一次，以洋十二月内第一次礼拜一为期"，时务本则为"国会每年至少须聚会一次，以西十二月内第一个礼拜一为期"；第八节第五款，张录本为"国会有权饬将钱币"，时务本则为"国会有权饬铸钱币"；第八节第九款，三洲本为"巡按署及合众国按察司署"，时务本则为"巡按署及合众国按察使署"；第八节第十二款，张录本为"惟筹饷不得逾两万之需"，时务本则为"惟筹饷不得逾两年之需"。第三章中，第一节第一款，时务本比张录本多一按语"又曰上法院"。在合众国续增盟约中，第十一章，张录本为"无论本国列国之民，不得因例案争端兴讼"，时务本则为"无论本国外国之人，不得因例案争端兴讼"。另外张录本多处用"都城"，时务本则改为"京师"；张录本用"一次礼拜"，时务本则改为"一个礼拜"。[1]

　　据此，1897年时务本应为1886年张录本的修订版。或许，蔡锡勇又将译本从广东带到湖北，利用工作之余，对译文进行了修订。此时《时务报》的主持人汪康年与蔡锡勇同入张之洞幕府多

---

[1]　除个别措辞外，时务本与张录本最大的不同，在于前者遗漏了续增盟约第十四章第二款至第四款的大部分内容。

年，相互之间应该非常熟悉，可能从蔡氏处得到定本，最终予以刊发。[1] 另一种可能性是，光绪二十二年，张荫桓将出使日记修订后刊行于北京，汪康年等人可能从日记中觅得蔡氏译本，并邀请蔡锡勇进行修订，然后发表。不过，光绪二十三年冬蔡锡勇已经抱恙，所以第二种可能性较小。

光绪十六年（1890）初，张荫桓卸任回国，将日记抄录进呈光绪皇帝。如果陈兰彬递交译本曾经送达天听，这意味着光绪帝是第二次读到该译本。同时，回乡探亲的张荫桓结识了康有为，康有为亦有机会得见其出使日记。至少至光绪二十二年（1896），张荫桓将出使日记分卷修订，以《三洲日记》为名出版后，康、梁师徒以及其他维新人士，完全有机会得见蔡氏译本。以张荫桓当时的影响力，《三洲日记》应该会在京城趋新士大夫圈内被广泛传阅。

到目前为止，尚未发现 1890 年代蔡氏译本在南方流传的证据。不过，有几个现象值得注意。第一，曾经抄录蔡氏译本的汪瑔，家族内出现了两个革命理论家，分别是侄子汪精卫和外孙朱执信。他们早年对民权、革命的坚持，与蔡氏译本修正案中隐含的人民自由和权利观念甚为相符。第二，蔡锡勇曾招汪凤瀛入张之洞幕府，而汪氏长子汪荣宝乃清末民初制宪的核心人物之一，被誉为"中国宪法第一人"。汪荣宝选用了蔡锡勇的速记学著作，并邀请蔡锡勇之子担任速记学堂教习。[2] 蔡、汪两家的关系非比寻常。第三，一

---

[1]　汪康年担任主编期间，蔡锡勇曾与之联系，商讨刊载其所译速记之法。参见上海图书馆编：《汪康年师友书札》第 3 册，上海古籍出版社，1987，第 2967-2970 页。

[2]　赵林凤：《中国近代宪法第一人：汪荣宝》，秀威资讯科技股份有限公司，2014，第 525 页。

直对制宪情有独钟，且于民初提出《拟中华民国宪法草案》的康有为，对蔡锡勇颇为了解。自立军起义失败以后，张之洞诛杀多人，远在海外的康有为悲愤交加，致信张之洞，历数其残酷无情之所为，其中提到"但执事自思之，所杀之蔡成煜为何人？乃君之心腹蔡毅若之兄弟也"[1]。由此可见，康有为不仅知道蔡锡勇其人，而且了解其家族成员情况。

以上几位历史名人，皆与蔡锡勇存在一定关联，不知是历史的巧合，还是隐含着某种知识或精神的传递。[2]

第三节　"constituion"在蔡氏译本中的再生 [3]

19世纪80年代以前，晚清法学翻译主要集中于国际法领域。[4]

---

[1]　康文佩编：《康南海（有为）先生年谱续编》，文海出版社，1966，第8页。

[2]　康有为本人并未接受美国宪法的精神。他在1913年草成的《拟中华民国宪法草案》中表示，美国联邦宪法"益便暴民之横行"，因而持否定态度。见康有为：《拟中华民国宪法草案·发凡》，广智书局，1916，第91页。

[3]　本节（包括第四节）旨在分析蔡氏翻译在19世纪中后期语境中的意义，如果没有特别指明，所引文字均据张荫桓日记所抄录译本。

[4]　参见[挪威]鲁纳（Rune Svarverud）：《万民法在中国——国际法的最初汉译，兼及〈海国图志〉的编纂》，王笑红译，《中外法学》2000年第3期；刘禾：《普遍性的历史建构——〈万国公法〉与十九世纪国际法的流通》，载李陀、陈燕谷主编《视界》第1辑，河北教育出版社，2000；田涛：《国际法输入与晚清中国》，济南出版社，2001；王健：《沟通两个世界的法律意义——晚清西方法的输入与法律新词初探》，中国政法大学出版社，2001；林学忠：《从万国公法到公法外交：晚清国际法的传入、诠释与应用》，上海古籍出版社，2009。至于国内法翻译，在1880年以前，只有裨治文的《美理哥合省国志略》及其修订本对美国联邦宪法做过简单意译。此后两年间，毕利干译述了《法国律例》，林乐知较为完整地翻译了美国联邦宪法。

由丁韪良主持翻译的译著，如《万国公法》《星轺指掌》《公法便览》等书，在引介国际法的同时，亦触及西方国家政治理论。《万国公法》简要介绍过美国联邦宪法。[1] 裨治文的《大美联邦志略》也介绍过美国政制以及联邦宪法。[2] 不过，这些引介零碎而模糊，并非完整的直接对译。因此，蔡锡勇翻译美国联邦宪法时，没有多少资料可供参考。换一个角度说，《美国合邦盟约》有可能是国人首次将"constituion"引入中文语境的一种尝试。

英文"constitution"源于拉丁文"*constitutio*"，意为规定、组织或结构。公元2世纪后，"*constitutio*"多被用来指称皇帝的立法行为。再后来，这一概念被教会借用，专指涉及教会和教会领地的法律规章。进入中世纪，"*constitutio*"又被赋予了契约意义，指代一种基于历史权威和传统惯例的最高准则，以及一种非经封建主和自由民同意，而不得变更的最高法则。16世纪以后，英国在"*constitutio*"含义基础上形成了"constitution"概念，用来表示建立政府组织和法律制度时的最高原则。美国独立革命则又为其注入了"社会契约""成文法""最高法"等元素。

在美国创建初期，"constitution"的内涵并不固定。有人认为它是各个州之间的政治盟约，有人认为它是美国人民之间的社会契约。至19世纪中叶，随着联邦党人得势，后一种观念逐渐占据了上风。联邦党人认为，美国是基于人民契约的统一国家，而非各个州的松散联盟；美国宪法是美国人民相互订立的社会契约，而非各个州的政治盟约。"constitution"应为"美国各州人民约定的创建政

---

[1] 亨利·惠顿:《万国公法》，丁韪良译，上海书店出版社，2002，第24-26页。

[2] 裨治文:《大美联邦志略》，墨海书馆续刻，1861。

府的根本大法"[1]。

对于晚清国人来说，"constitution"的内涵无疑是陌生和难以理解的。儒家所拥有的"民本"传统，同样强调人民的重要性，孟子甚至提出了"民贵君轻"的学说。但是这种学说与近代西方"constitution"之间存在着原则性差异。儒家的民贵君轻之说，是对君主的告诫，是圣王应当遵守的原则。本质上，它是"圣王之治"学说的组成部分，与人民主权之间的联系非常微弱。自先秦至明清，很少有儒家学者提出过赋予人民最高权力的主张。其实，在启蒙运动以前，欧洲思想家亦作如是想。但是，启蒙运动以后，欧美思想家从个人自由权利出发，推导出了一个掌握国家最高权力的"人民"概念。而且，还通过"社会契约"理论赋予了"人民"崇高的地位。在某种意义上，美国"constitution"是这一思想的具体化或文本化。

身处19世纪中叶的蔡锡勇，当然很难了解"constitution"的复杂内涵。即使了解，也面临着翻译上的巨大挑战。在以"圣王之治"为传统的儒家话语中，缺乏与"constitution"相对应的语汇表达。不过，中文倒有一个含有"契约"之意的字，即"盟"。"盟"是中国较古的文字，本义为在神灵面前发誓结盟。《礼记·曲礼》曰："约信曰誓，涖牲曰盟"。《三苍》曰："盟，歃血誓也"。《说文》曰："割牛耳盛朱盘，取其血歃于玉敦"。据此，"盟"有订立契约、

---

[1]　论述"constitution"概念的经典文本，是C. H. 麦基文（Charles Howard McIlwain）的 *Constitutionalism Ancient and Modern*。中译本参见C. H. 麦基文著：《宪政古今》，翟小波译，贵州人民出版社，2004。本文还重点参考了胡锦光、臧宝清：《宪法词义探源》，《浙江社会科学》1999年第4期；王人博：《宪法概念的起源及其流变》，《江苏社会科学》2006年第5期。

各方同意之意，可与"constitution"略通。或许因此，蔡锡勇才将其译为"盟约"。不过，"盟"在政治层面上的主体多指"国"或少数人[1]。"合邦盟约"一语反映出来的，是一种国与国之间而不是人民之间的约定。同时，它也缺乏"constitution"在西方语境中的人民立法和最高法则内涵。[2]

　　西方"constitution"概念的复杂性，不仅仅在于其背后所隐含的"社会契约"思想，在某种程度上，还隐含着对各州原有主权的确认。根据这一确认，美国各州既是合众国政府的下属，又拥有联邦政府不得干预的自主之权。因此，联邦宪法提到合众国时用"state"，提到各州时亦用"state"或"states"。在某种程度上，一个"state"就是一个小国。这种多元化的中央和地方关系，在古代中国没有出现过。中国从秦汉以后，就废除了封建制，大力推行郡县制。郡县制下的州郡与朝廷，是纯粹的上下隶属关系，没有任何独立性可言，更谈不上人事和财政主权。顾炎武曾提出一种类似于美国的"寓封建于郡县"的设想，不过昙花一现，很快就被淹没于乾嘉考据风潮之中。至 19 世纪中叶，国人早已习惯

---

　　[1]　这里的"国"，是指中国古代语境中的"国"，而不是指作为现代民族国家的"国"。

　　[2]　美国联邦宪法的本质，恰恰主要在于这两点。美国最高法院大法官约瑟夫·斯托里（1779—1845）在《美国宪法评注》中指出："人民制定和确立的是一部'宪法'，不是'盟约'（confederation）。宪法与盟约之间的差异是众所周知的。后者，或者说至少一项纯粹的盟约，是独立国家之间的纯粹条约或者联盟合约，一方不愿意，即不再具有约束力。一部宪法，……一旦被批准，就作为基本法令或者法律而具有约束力。"显然，蔡锡勇译文是与斯托里的观点相对立的。详见约瑟夫·斯托里（Joseph Story）：《美国宪法评注》，毛国权译，上海三联书店，2006，第128-138 页。不过，蔡锡勇在译文中还偶尔使用另一个译词"律纲"。与"盟约"相比，这一译词倒具有一种最高原则的意义。

了集权的传统。因此，对于蔡锡勇来说，要理解并表达出原文的准确内涵并非易事。

美国联邦宪法第四章第二节部分原文为："A person charged in any state with treason, felony, or other crime, who shall flee from justice, and be found in another state, shall on demand of the executive authority of the state from which he fled, be delivered, to be removed to the state having jurisdiction of the crime."该条款的意思是，凡在任何一州被控告犯有叛国罪、重罪或其他罪行，逃脱法外而又在另一州被拿获者，应该根据他所逃脱的州行政当局之请求，被引渡回对该罪案件拥有管辖之权的州。该款规定的主旨，在于确保各州的独立司法审判权。因此在该条款中，"the state having jurisdiction of the crime"是一个关键点。但是，蔡锡勇仅仅将其译为"起事之邦"，没有体现出"邦"的司法独立性质。

美国联邦宪法第四章第四节原文为："The United States shall guarantee to every state in this union a republican form of government, and shall protect each of them against invasion; and on application of the legislature, or of the executive (when the legislature cannot be convened) against domestic violence."该条款意在厘定合众国对于各州的保护界限。它的意思很清楚，即当各州遭受外来侵犯时，合众国政府可以直接采取保护措施；而当各州内部发生暴乱时，则必须接到该州合法机构之请求才能采取行动。这是对各州独立主权的又一确认。然而，蔡氏译文没有体现这一意思："合众国愿保全各邦永行民主之政，各邦遇有外侵内乱，一经该邦邦会或总督报知（邦会停议即由总督）合众国，必妥为保护。"该译文将各州内外事务混在了一起，而且将"application"译为"报知"，大大弱化了各州的主权性。

根据以上分析可知，蔡氏译文在引入美国联邦宪法的过程里，实际上无意中对其进行了诸多"改造"。美国联邦宪法的关键之处，一方面在于它提出了一种最高的国家大法，另一方面又对各州原有主权进行了确认。前者代表了联邦党人的主张，后者则代表了反联邦党人的声音。[1] 某种程度上，美国联邦宪法是对两者主张的融合。而古代中国恰恰缺少中央集权之下的分权传统。除了顾炎武等，很少有人提出过"寓封建于郡县"的设想。相反，长期郡县制之下的中央集权传统，已使国人习惯于从地方绝对服从中央的角度思考问题。蔡锡勇的译文亦未能避免这一点。其译文呈现给读者的，主要是一个中央集权的民主国家，而不是中央与地方分权之下的政治安排。

第四节   《美国合邦盟约》在晚清思想史上的意义

美国联邦宪法是一篇政治宣言，表达的是一个国家的政治原理和制度设计。这样的内容，在晚清以前的中国极为少见。自先秦到明清，中国儒家处处以天下为己任，不可谓不关注天下政治。但是，隋、唐以后的儒家在释、道两教压力下，不得不更多照顾个人的心性。虽然他们刻意与释、道划清界限，努力将个人心性导向天下国家，使"内圣"化为"外王"的基础，但是其建立的一套"内圣外王"功夫，仍然无法避免最终沉溺于心性。至于"外王"的具

---

[1] 其实，联邦党人是反联邦主义的，反联邦党人才是真正的联邦主义者。麦迪逊、汉密尔顿等人为顺应民情，占据舆论制高点，抢先使用了这一称谓。详见赫伯特·J. 斯托林：《反联邦党人赞成什么？——宪法反对者的政治思想》，汪庆华译，北京大学出版社，2006。

体方案，则迟迟提不上讨论日程。及至朱元璋废除丞相，从制度上切断"得君行道"之路，儒家士大夫更是干脆将说教对象，从天下国家转向了个人和社会。他们试图以个人与社会对抗日渐威猛的君主专制。[1] 由此，儒家学说变得愈来愈伦理化而"非政治化"。顾炎武、黄宗羲对"旧制度"的批判，曾表现出不同的思考取向，可惜没有被后人所继承。[2]

　　1840 年前后的西方侵入，给儒家士人带来了新的精神刺激。以英、法、美为代表的西洋，不仅向中国展示了精良的器技，亦呈现出不同的制度和思想。梁廷枏、魏源、徐继畬等人对此都有所注意。梁氏《海国四说》曰："（英）其会同议国事署曰巴里满。凡新王立，先集官民于署，议其可否。大事则王与官民同入署议。……英吉利自开国时，已有五等之爵职。最尊与王共治国事，统称之曰国政公会。"[3] 徐氏《瀛寰志略》曰："华盛顿，异人也。起事勇于胜、广，割据雄于曹、刘，既已提三尺剑，开疆万里，乃不僭位号，不传子孙，而创为推举之法，几于天下为公，骎骎乎三代之遗意。其治国崇让善俗，不尚武功，亦迥与诸国异。"[4] 魏氏《海国图志》曰："（美国）议事听讼，选官举贤，皆自下始，

---

　　[1]　此处参考了余英时对明清儒家思想基调的论述。详见余英时：《现代儒学的回顾与展望——从明清思想基调的转换看儒学的现代发展》，载沈志佳编《余英时文集》第二卷，广西师范大学出版社，2004。

　　[2]　黄克武分析过顾炎武、黄宗羲思想与清代中叶以降经世思想之间的关系，详见氏著：《从追求正道到认同国族——明末至清末中国公私观念的重整》，见许纪霖主编《公共性与公民观》，江苏人民出版社，2006。不过，黄克武分析的主要是顾炎武思想与清代经世致用之学的关系。

　　[3]　梁廷枏：《海国四说》，中华书局，1993，第 136、158 页。

　　[4]　徐继畬：《瀛寰志略》卷 9，上海书店出版社，2001，第 277 页。

众可可之，众否否之，众好好之，众恶恶之，三占从二，舍独徇同，即在下预议之人，亦先由公举，可不谓周乎？"[1] 这些关于西方政制的只言片语，反映了国人从纯粹关注社会到日益关注政制的转换。

第二次鸦片战争后，晚清士大夫不得不更加注意西方。其中，对于西方政治的关注愈来愈明显。1861 年，冯桂芬在《校邠庐抗议》中写道："及见诸夷书，米利坚以总统领治国，传贤不传子，由百姓各以所推姓名投匦中，视所推最多者立之，其余小统领皆然。国以富强，其势骎骎凌俄英法之上，谁谓夷狄无人哉！"[2] 十余年后（1875），总理衙门大臣文祥亦在遗折中说："说者谓各国性近犬羊，未知政治，然其国中偶有动作，必由其国主付上议院议之，所谓谋及卿士也；付下议院议之，所谓谋及庶人也。议之可行则行，否则止，事事必合乎民情而后决然行之。"[3] 当时，冯桂芬、文祥尚未有出洋的经历，他们应该是依据他人文字或讲述，得出了上述看法。这意味着，当时在中国的官绅当中，已经存在不少关于西方政治的信息。

以上对于西方政治的论说，显示了晚清经世思想的一种新动向。部分儒家士人受西方冲击的影响，开始在人伦日用、实学器技之外，关心天下国家的制度设计。他们在"睁眼看世界"的过程中，意识到了一种"天下为公"制度的存在，并且对之表现出高度的肯定。这种倾向在明清儒家思想基调中，原本是非常微弱的。因此，从另一个角度来说，晚清士人对西方政治制度的关注，是对中断的顾炎

---

[1] 魏源：《海国图志》卷 59，中州古籍出版社，1999，第 369 页。

[2] 冯桂芬在手稿中写下此段文字，而后修改时被抹掉了，故在行世本中不得见。详细情况参见陈旭麓：《关于〈校邠庐抗议〉一书——兼论冯桂芬的思想》，载《陈旭麓文集》第 3 卷，华东师范大学出版社，1997。

[3] 赵尔巽主编：《清史稿·文祥传》，中华书局，1977，第 11691 页。

武、黄宗羲思想的一种再续。他们由西方"民主"制度，忆及中国上古三代之遗意，进而试图探求一种避免君权独断的制度安排。

蔡锡勇翻译美国联邦宪法，主观上是了解欧美法政，客观上却意味着中国知识界的进一步转向。他们不仅关注欧美制度，还想把握欧美法政原理。而且，蔡锡勇的路径与众不同。此前，魏源、徐继畬、冯桂芬、郑观应皆从中国上古三代出发，去想象和判定西方"民主"。他们觉得，西方"民主"政治不过是中国上古三代的外传，而蔡锡勇选择直译西洋经典文本，是知识取向上的一种超越。尽管他选择译词时，依旧存在"格义"成分，但整体而言，其译文与原文信息已经较为吻合。该译文对美国政治的描述，如总统选举，议会至上，国会、总统、律政院三权分立并相互制衡等，都将由"格义"而起的想象降到了最低。在蔡氏译本中，美国政治真正脱离中国上古三代之制，具有了自己的主体意义。当然，在甲午战争之前，《美国合邦盟约》主要局限于高层士大夫阅读范围之内，受众有限。

光绪二十三年（1897）十月，《时务报》将这一译本呈现在了公众面前。此时距蔡氏翻译已经过去十七八年，西学引介进入了新阶段。即使如此，《美国合邦盟约》在当时亦算得上非常"前沿"的西学译著。戊戌之前，较为重要的西政翻译，仅仅局限于《万国公法》《公法便览》《公法会通》《星轺指掌》《环游地球述略》《佐治刍言》《法国律例》《天演论》《拿破仑法典》等十余部。光绪二十二年（1896），梁启超尚且表示："惟西政各籍，译者寥寥，官制、学制、农政诸门，竟无完帙。"[1] 因此，《美国合邦盟约》的发表，有其独特价值。这种价值，除体现于进一步丰富

---

[1]　梁启超：《西学书目表》序例，载张品兴主编《梁启超全集》第 1 册，北京出版社，1999，第 83 页。

国人对美国的认知之外，表现在它较几乎同时出现的传教士译作《环游地球述略》，更为鲜明地折射出了西洋思想与儒家学说之间的张力。

光绪七年（1881）夏间，美国来华传教士林乐知在《万国公报》连载《环游地球述略》，对美国联邦宪法及其修正案进行了译介。通过对照林、蔡两人的译本，可以直接感受蔡氏译本的"独特"和"现代"之处。以下是林译修正案中的部分内容：

第一条，"公议堂大臣不得行法关系立教，亦不得阻人愿从何教，且不得禁人言论、报馆登录、聚集会议、具奏上闻、求免责备。"第四条，"不准无故行查民产、拿获人民、搜检书信等事，倘奉官查访，须求实据，并须立誓详言访查何地何人何事则可。"第五条，"审问审结后，不得再行审判，亦不得强逼人自证己罪。凡斩杀、囚狱、封产等事务，须照律审定，不得违背律法，亦不得以民产充公，如欲取民物，必当偿其价值。"第十条，"凡有权柄未交于联邦，此权仍在，或曰在于民乎。"第十四条第一款，"凡生于美国或入籍人等，既属于美，皆为美国有分之人，则不得弃其分，即如斩杀、封产、释放等事，悉照律法所定。不论何邦何法，不得减少其人之分，亦不得照律例一体相待，庶无轻重之别。"[1]

林乐知在这里介绍了美国人民权利，其中多数内容都是传统儒家话语所缺乏的。政府不得阻止人民信仰宗教，不得禁止言论、报馆登录、聚集会议、具奏上闻、求免责备，不得无故行查民产、拿获人民和搜检书信，不得违法斩杀、囚狱、封产等，都与传统儒家的"集权者"思维不同。传统儒家主要思考如何引导君主教化民

---

[1]　林乐知：《环游地球述略第二十七次》，《万国公报》第 379 卷，1881，第 8159-8160 页。

众，很少思考如何确保民众不受侵犯。因此，林乐知对美国宪法的引介，对儒家政治思想是一种理论上的挑战。但是，林乐知在翻译原文时颇多省略，而且完全选用中国传统法律术语予以表达，如以"斩杀、囚狱、封产"和"分"分别对应"be deprived of life, liberty, or property"和"right"，因而又大大淡化了美国宪法原理与儒家思想之间的张力。

蔡锡勇的翻译与林乐知差异甚大。其相应的译文为：第一条，"民间立教奉教，各行其是，国会不得立例禁阻。至于言论著述、安分聚会、负屈请申等事，皆得任便行之，国会毋得立例拘制。"第四条，"民间身家、房屋、物业、契券、字据不得无故搜夺，如请搜检票，必须案出有因，又必具誓确实，指明应搜之处某人某物应行搜拿，方准发票。"第五条，"罪犯既已办结，不得再拿惩办，并不得勒令犯人自供其罪指明刑鞫讯。除遵例办理外，不得杀害人之生命、拘制人之行藏、侵夺人之家产。如以私业取为公用，必须公平酬偿。"第十条，"合邦盟约所载民间应有权利，非谓所有权利，仅此而已。其寻常所有者，仍旧照行。"第十四条第一款，"凡在合众国内生长之人，及入籍于合众国，或其属地之人，即为合众国之民，亦即为所住此邦之民，无论何邦不得立例减少合众国人民应享之权利，并不得违背例章杀害人之生命、拘制人之行藏、侵夺人之家产，凡属合众国辖内之人，皆须遵例一体保护。"[1]

与林氏译文相比，蔡氏译本翻译更为准确、完整。更为重要的是，蔡锡勇没有像林乐知一样，为便于中国人理解而采用固有中文词汇予以表达。他选用了很多新词汇、新概念，比如"国会""生

[1] 蔡锡勇：《美国合邦盟约》，《时务报》第 50 册，文海出版社，1987，第 3428-3431 页。

命""家产""人民应享之权利"等。如果再加上宪法正文中的"自由""总统""上下议院"等概念，可以说已经初步形成了一套新型话语表达。这种话语将美国从"西学中源"论中独立出来，较为准确地呈现了西洋政治与儒家政治之间的张力。毕竟，传统儒家士人很少从"言论著述、安分聚会、负屈请申"等"人民应享之权利"角度，去思考人民与政府之间的关系，界定政府的性质、组织和任务。有机会阅读这一译本者，很容易受到思想刺激，进而对传统儒家"民本"学说做出新的阐释。

结　语

长期以来，学界对于蔡锡勇的了解，局限于创立速记学和协助张之洞办理洋务。很少有人知道蔡锡勇还是一位擅长翻译的人才。[1] 至于他翻译美国联邦宪法一事，则更少为人提起。学人在讨论美国宪法的早期中文翻译时，多追溯至 1902 年的章宗元译本，而不知早在 19 世纪 70 年代末 80 年代初，就已经出现了较为完整的蔡氏译本。[2] 此译本不但早于章宗元译本，还略先于林乐知 1881年《环游地球述略》中的美国联邦宪法译本。

---

[1]　蔡锡勇在翻译上的才能，自美归来后就为人所知。光绪十年三月二十七日，李鸿章曾在致张佩纶的信中问道："蔡锡勇长于翻译，未知有何奇技？"见李鸿章：《李致张书札续之 122》，载上海图书馆历史文献研究室编《历史文献》第 10 辑，上海古籍出版社，2006，第 150 页。

[2]　章宗元译：《美国宪法》，文明书局铅印本，1902。有关晚清美国联邦宪法的翻译文献，可以参见黄安年辑：《关于〈独立宣言〉和〈美国宪法〉中译本》，http://www.annian.net/show.aspx?id=40&cid=21，2010-10-03。更为详细的 （转下页）

　　美国联邦宪法是联邦党人试图加强中央权威的思想结果，其中的"constitution"一词，具有经由人民约定而建立国家之意。它代表的是一个国家的最高政治原则，而不是各个政治共同体的随意联合。不过，为照顾各州原有的自主传统，宪法又处处隐含着对各州主权的确认。这样一种复杂的政治设计，既没有在中国传统政治中出现过，又没有被中国思想家所讨论过。因此，尽管以后见之明来看，蔡氏将"constitution"翻译为"盟约"，没有准确传递出美国宪法本意，但是在当时条件下，已经将翻译中不可避免的"语义失真"降到了最低。更何况，美国宪法内涵本身就是流动的，是不断被阐释的，不存在一个清晰固定的意义主体。

　　如果撇开语言翻译，将蔡氏译本作为一个独立文本，置于晚清思想史中去审视，还会看到它更有价值的意义。晚清以前，除顾炎武、黄宗羲等人外，儒家学者很少思考国家的制度设计。余英时先生曾指出，明清以来儒家的说教对象，已经变成了个人和社会，而非传统的君主。及至道、咸年间英法来侵，魏源、徐继畬、冯桂芬等才在"师夷长技"的过程中，注意到西洋各国迥然不同的政制。在某种意义上，蔡锡勇选择翻译美国联邦宪法，是对这一"新经世思想"的持续推进和升级，为清末民权思想的兴起埋下了伏笔。

（接上页）讨论，参见杨玉圣：《中国人的美国宪法观——一个初步考察》，《美国研究参考资料》1989 年第 5 期；聂资鲁：《一部宪法与一个时代：〈美国宪法〉在清末民初的传入及对民初中国立宪的影响》，《政法论坛》2005 年第 5 期。

第四章 宗藩体制与国际公法：晚清中朝秩序的重新建构（1870—1895）

"如何从国际法的角度对晚清中朝关系进行新的认识"，可以说是个富有挑战性的命题。纵观 20 世纪有关近代中外关系史的研究，不仅普遍将中朝关系作为中日战争的背景，且鲜有涉及清政府的国际法实践。[1] 归因于侵略与反侵略的革命史书写方式，恐怕不会有

---

[1] 参见刘彦：《中国近时外交史》，商务印书馆，1914；刘彦：《被侵害之中国》，太平洋书店，1928；王钟麒：《中日战争》，商务印书馆，1930；徐国桢：《近百年外交失败史》，世界书局，1932；苏乾英：《中国近代外交史》，国民出版社，1944；Immanuel C. Y. Hsü, *China's Entrance into the Family of Nations: The Diplomatic Phrase,1858-1880*, Cambridge, MA: Harvard University Press, 1960；刘培华：《近代中外关系史》，北京大学出版社，1986；孙克复编：《甲午中日战争外交史》，辽宁大学出版社，1989；杨公素：《晚清外交史》，北京大学出版社，1991；戚其章：《甲午战争国际关系史》，人民出版社，1994；季平子：《从鸦片战争到甲午战争——1839 至 1895 年间的中国对外关系史》，华东师范大学出版社，1998；杨昭全、何彤梅：《中国—朝鲜·韩国关系史》，天津人民出版社，2001；王绍坊：《中国外交史 鸦片战争至辛亥革命时期（1840—1911）》，河南人民出版社，1988；石源华：《近代中国周边外交史论》，上海辞书出版社，2006；黄凤志主编：《中国外交史（1840—1949）》，吉林大学出版社，2005；熊志勇、苏浩：《中国近现代外交史》，世界知识出版社，2005；赵佳楹：《中国近代外交史》，世界知识出版社，2008；李兆祥：《近代中国的外交转型研究》，中国社会科学出版社，2008。值得一提的是，日本学者川岛真较早开始关注 19 世纪 80 年代中后期（转下页）

太大的异议。与此同时，所谓的"现代化"研究范式，则把近代国际法与中国原有的外交观念和秩序对立起来，认为国际法是外来的，与中国"体制"不合，如果采用它，就意味着放弃中国世界秩序和破坏朝贡制度，被疑为一种陷阱。[1]

随着以西方为中心的"现代化"研究范式受到质疑，中外学者开始追寻"东方立场"或者"中国立场"，关注中朝宗藩关系的自适性变化。美国著名汉学家芮玛丽（Mary Clalaugh Wright）有意识地以"1866 年法国征讨朝鲜"的例子，引起研究者关注晚清外交观念与制度转型中的复杂面相。在该案例中，对朝鲜的交涉牵涉到国际法与宗藩制度的同时运用:理藩院"依照传统的礼仪"对朝鲜打交道，而总理衙门则"全神贯注在令西人信服的推理的方式上，对于礼仪则不甚重视"[2]。芮玛丽的独特观察视角无疑大大拉伸了晚清外交史的研究视域。不容置疑，两次鸦片战争之后，中国与欧美列强关系开始以条约或国际法为基础构建近代国际关系（形成所谓不平等条约体系），与此同时，中国与周边小国长期形成的宗藩关系依然盘根错节。近年来，中国学者用"一个外交两种体制"（One Diplomacy Two Systems）[3] 来概括晚清外交转型，或许就是一种本土回应。

――――――――――

（接上页）（尤其是朝鲜派使问题上）万国公法与"既存体制"的结合，考察国际法引入之后宗藩关系的局部调整。参见川岛真:《中国近代外交の形式》，名古屋:名古屋大学出版会，2004，第 355-364 页。

[1]　王铁崖:《中国与国际法――历史与当代》，载中国国际法学会主编《中国国际法年刊（1991 年卷）》，中国对外翻译出版公司，1992，第 28 页。

[2]　芮玛丽:《同治中兴:中国保守主义的最后抵抗（1862—1874）》，房德邻等译，中国社会科学出版社，2002，第 294-296 页。

[3]　参见权赫秀:《晚清对外关系中的"一个外交两种体制"现象刍议》，《中国边疆史地研究》2009 年第 4 期;梁伯华:《近代中国外交的巨变――外交制度与中外关系的研究》，香港:商务印书馆，1991。

如何尽可能地回到历史现场，避免以"传统"与"现代"二元对立的"后见之明"和"冲击—反应"的解释框架考察晚清中朝关系，正体现这一研究领域理论自觉的新进程。日本学者滨下武志（はました たけし）提出"要从体现历史纽带的亚洲区域内的国际秩序和国际贸易关系的整体内在变化之中，去把握作为亚洲史的发展形态的亚洲近代"[1] 的东方立场和台湾学者张启雄提出的"东西国际秩序原理冲突的问题意识"，[2] 对于重新审视晚清中朝关系的嬗变有着显著的借鉴意义。研究晚清中朝宗藩关系的递嬗，不仅要认识到宗藩体制与国际公法渊源有自，更要客观地分析二者是如何发生碰撞以及彼此之间的位置，用历史的眼光考察变动中的秩序调适，由此进路，或可得窥堂奥。以 1870 年至 1895 年为研究时段，着重考察清政府在宗藩体制中如何植入国际公法、国际公法对宗藩秩序带来什么样的支持与冲击、宗藩体制在国际公法作用下如何变化与调适等重要问题，以此增进对晚清中外关系史和国际法史的认知。

第一节 "合作"与"冲突"：宗藩体制和国际公法的两歧关系

1871 年，中日签订了《修好条规》。清政府吸取先前利权外

---

[1] 滨下武志：《近代中国的国际契机：朝贡贸易体系与近代亚洲经济圈》，朱荫贵、鸥阳菲译，中国社会科学出版社，1999，前言，第 5 页。

[2] 张启雄：《东西国际秩序原理的冲突——清末民初中暹建交的名分交涉》，《历史研究》2007 年第 1 期。

溢的经验教训，对日要求领事裁判权，全力禁遏"内地贩货"和"一体均沾"[1]，尝试按照主权与平等的原则建立新型关系。日本则由此获得与中国"比肩同等"的地位，并开始以"敌体之国"的身份干预朝鲜外交。1872 年 5 月，日本派外务大丞柳原前光（やなぎはら さきみつ）到天津请求改约，遭到李鸿章驳斥。李鸿章严正声明：条约由两国全权大臣议定，不可遽然改悔，否则邦交失信"为万国公法所忌"[2]。对于日本觊觎朝鲜的野心，李鸿章早在订约之初已有警觉。在他看来，日本断不至侵犯中国及属国，因为该约"第一条载明两国所属邦土不可稍有侵越等语，隐为朝鲜等国预留地步"[3]。利用条约必须遵从的国际法则约束日本的外交行为，可以视为晚清中国运用国际法捍卫宗藩秩序的初步尝试。

光绪元年 (1875) 八月二十一日，日本军舰侵入朝鲜领海，在江华岛测量海口。朝鲜炮台开炮示警，日舰攻毁炮台。随即日军登陆，屠杀朝鲜军民。1876 年 1 月至 2 月间，身为日本驻华公使的森有礼（もり ありのり）先后在北京和保定两地同总理衙门和李鸿章进行了有关江华岛事件的交涉。主要围绕朝鲜身份等外交议题，中日双方展开一场针锋相对的辩论。

对于朝鲜，总理衙门最初表达"不强预其政事"的态度，理由是宗藩体制渊源有自，即作为中国属国的朝鲜"自行专主"其国一

---

[1] 李鸿章：《复曾中堂》，载顾廷龙、戴逸主编《李鸿章全集》(30) 信函二，安徽教育出版社，2008，第 276 页。

[2] 李鸿章：《辩驳日使改约折》，载顾廷龙、戴逸主编《李鸿章全集》(5) 奏议五，第 126 页。

[3] 李鸿章：《日本约章缮呈底稿折》，载顾廷龙、戴逸主编《李鸿章全集》(4) 奏议四，第 369 页。

切政教禁令，"中国从不与闻"[1]，所以，宗主国中国依循"任其自理"的治理藩属理念，"不令华人到彼交涉"[2]。

为了说明中朝宗藩关系，奕䜣解释道：中国从不干预属国内政，属国外交"亦听彼国自主"。然而，日本却以西方国际法的独立国或附属国概念强要对朝鲜身份作出非此即彼的区分，声称中朝宗藩关系徒具虚名，内政外交俱得自主的朝鲜"是一独立之国"，借机提出以后朝日两国交涉，均与中日条约"无所关系"[3]，力图以现代国际关系代替东方藩属关系，假借独立国的名义使朝鲜脱离属国身份。

日本"有意"误解清方的不干涉态度，并由此将中朝关系确认为相互独立、不相从属的国际平等关系。这种曲解立即引起清政府的忧虑与恐慌。奕䜣不得不再次申明："朝鲜为中国属国，隶即属也，既云属国，自不得云不隶中国"，"修好条规内载所属邦土，朝鲜实中国所属之邦之一，无人不知"[4]，依据1871年《中日修好条规》中"所属邦土不相侵越"的条文，警告日本不得擅自用兵朝鲜。此外，总理衙门还对"属国分际"作出更为详尽的解释："朝鲜为中国所属之邦，与中国所属之土有异"，属国之属性不在疆土，而在名分。确切地说，"盖修其贡献，奉我正朔，朝鲜之于中国应尽之分也。收其钱粮，齐其政令，朝鲜之所自为也。此属邦之实

[1]　总理各国事务衙门：《总理各国事务衙门奏日本欲与朝鲜修好折》，载北平故宫博物院编《清光绪朝中日交涉史料》卷1，北平故宫博物院，1932，第1页。

[2]　总理各国事务衙门：《（一）附件三　覆日本国节略》，载中国史学会主编《中国近代史资料丛刊·中日战争》（一），上海书店出版社，2000，第292页。

[3]　森有礼：《（二）附件一　日本国照会》，载中国史学会主编《中国近代史资料丛刊·中日战争》（一），第294页。

[4]　总理各国事务衙门：《（二）附件二　覆日本国照会》，载中国史学会主编《中国近代史资料丛刊·中日战争》（一），第295页。

也。纾其难，解其纷，期其安全，中国之于朝鲜自任之事也。此待属邦之实也"[1]。在"事大字小"的宗藩理念中，属国称臣纳贡之职分和宗主国解难纾困之义务，实为关键。

　　森有礼与总理衙门大臣争辩后，于 1 月 24 日率郑永宁离京，赴保定府访李鸿章。作为观念冲突的延伸，李鸿章与森有礼的对话，进一步围绕国际法和宗藩关系而展开。

　　　　森有礼：和约不过为通商事可以照办；至国家举事，只看谁强，不必尽依着条约。

　　　　李鸿章：此是谬论！恃强违约，万国公法所不许。

　　　　森有礼：万国公法也可不用。

　　　　李鸿章：叛约背公法，将为万国所不容。

　　　　…………

　　　　森有礼：高丽与印度同在亚细亚，不算中国属国。

　　　　李鸿章：高丽奉正朔，如何不是属国？

　　　　森有礼：各国都说高丽不过朝贡受册封，中国不收其钱粮，不管他政事，所以不算属国。

　　　　李鸿章：高丽属国几千年，何人不知？和约上所说所属邦土，土字指中国各直省，此是内地，为内属，征钱粮，管政事；邦字指高丽诸国，此是外藩，为外属，钱粮、政事向归本国经理；历来如此，不始自本朝，如何说不算属国？

　　　　…………

　　　　郑永宁：森大人因总署说中国不管高丽内政，所以疑不是属国。

----

　　[1]　总理各国事务衙门：《（二）附件六　覆日本国照会》，载中国史学会主编《中国近代史资料丛刊·中日战争》（一），第 297 页。

李鸿章：条约明言所属邦土，若不指高丽，尚指那国？总署说的不错。

森有礼：条约虽有所属邦土字样，但语涉含混，未曾载明高丽是属邦，日本臣民皆谓指中国十八省而言，不谓高丽亦在所属之内。

李鸿章：将来修约时，所属邦土句下，可添写十八省及高丽、琉球字样。[1]

纵观以上交涉，中国方面频频申明"属国分际及条规应守之义"，要求日本"不敢断以己意，谓于条约无关"。但是，日本则屡以"属国为空名，于条约为无关"为托词，认为朝鲜是独立国，不是附属国。围绕朝鲜身份问题，双方各持己见，往复确认。中日之间的辩争，体现出东西方两种国际政治观念和外交理念的冲突。诚如蒋廷黻所言，是"中国传统的宗藩观念与近代的国际公法之宗藩观念的冲突"[2]。

《万国公法》汉译本自 1864 年面世之后，一度流入日本。此后各种节译、全译的日文本不下数十种之多。"明治政府在万国公法及宇内之公法的理解下，将其作为明治政府的开国方针。"[3] 在此次

---

[1]　李鸿章：《（二）附件八　李鸿章与森有礼问答节略》，载中国史学会主编《中国近代史资料丛刊·中日战争》（一），第 299-302 页。

[2]　蒋廷黻：《近代中国外交史资料辑要》中卷，商务印书馆，1934，第 365 页。但蒋氏又曰："日本的立场合乎时潮，我们的则不合。在朝鲜问题的开端，我们就为传统所误"，明显带有后见之明，以今人之意揣度前人，甚至强古人以就我。

[3]　赵国辉：《近代东亚国际体系转型期理念研究——以近代中日两国对国际法理念的接受为中心》，载王建朗、栾景河主编《近代中国、东亚与世界》上卷，社会科学文献出版社，2008，第 39 页。

交涉中，日本对朝鲜身份的质疑和追问，立足于国际法中有关独立国和附属国的知识范畴。"国际法区别独立国和附属国是根据外部表现而不是根据基本的政治现实情况；只要一国表面上执行着独立国家通常执行的职能（派遣和接受大使、签订条约、提出国际请求和对国际请求作出回答等等），国际法就把这个国家当独立国家对待，并不调查该国是否可能按另一国的指示行事。"[1] "按当时国际公法及惯例，宗主国干涉属国内政外交，尤以外交为最，不但系一种权利，且系一种义务，中国既放弃宗主国责任，日本自亦不能承认中国之宗主国权利，而妨碍自身之对韩行动。"[2]

　　朝鲜所具有的东方式属国特征，不仅引起日本的疑惑，即便在西方人看来也难有定论。因为从西方的观念及历史看，亚洲诸国的独立状态极为微妙而模糊，西方人士很难明确区分这些国家是独立国还是从属国。近代国际法对属国地位难以做出明确的界定，"宗主国与属国之关系随情势而异，对于属国在国际社会之地位殊难立一确定的准则。属国是部分主权国，但不一定保有国际人格。如果属国绝对与他国不生关系，其对外关系全然为宗主国所吸收，则此属国绝不是国际人格者。但近世一般所谓属国，究竟多少在国际社会可以有地位的，因之在有些处所，可视为国际人格者"[3]。在此意义上而言，东方的属国具有多元异质性内涵，不能与西方属国简单地等同划一。由于中西附属国概念大相径庭，

---

[1]　Michael Akehurst, *A Modern Introduction to International Law*, London：George Allen & Unwin Ltd, 1984, p.55.

[2]　王信忠：《中日甲午战争之外交背景：附日志条约附录》，文海出版社，1964，第 252 页。

[3]　周鲠生：《国际法大纲》，商务印书馆，1934，第 57 页。

当时日本和欧美坚称朝鲜并非中国属国，是从西方国际法知识出发，等于用国际法否定东亚的宗藩体制，不仅有失平允，而且不合事实。

总之，从《中日修好条约》的签订直到中日之间关于朝鲜身份的辩论，可以看出：为了防御日本对宗藩关系的破坏，清政府利用国际法的法律威慑力以震慑来自宗藩体系外的挑衅，既以条约不可违犯的国际法规范遏制日本对朝鲜的野心，又利用某些"自然天成"的自然法学说来强化宗藩秩序的"天然理性"。在宗藩关系问题上诉诸自然法性，并不是李鸿章的一己之见，河南道监察御史刘恩溥亦称："按万国公法例载，凡地球上之动物、植物掌管已历百年，不得藉端侵夺"，中国应"据公法"[1]保藩属。但是，宗藩秩序及宗藩观念仍然是处理中朝关系的轴心意识。从宗主国角度出发，清政府并不认为必须干涉朝鲜外交，所以，总理衙门强调"其与外国交涉亦听彼自主"，李鸿章亦谓"愿与日本通商与否，听其自主，本非中国所能干预"。在中国看来，宗藩关系，只需彼此承认，而无待他国之承认与否。日本不直接说朝鲜为独立国，而狡称之为自主国，"即巧取中国所表示不干涉朝鲜内政之名词"[2]。中日围绕朝鲜身份问题的纠葛，却暴露出西方国际法与东方宗藩关系之间"合作"肇始之初已隐埋"冲突"后患。

然而，问题在于，国际法与宗藩关系的冲突，并非平等的交涉，而是国际法挟西方列强的扩张而来，欲将各国强行拉入以国际

---

[1]   刘恩溥：《河南道监察御史刘恩溥奏法人窥伺滇粤请保护越南以固疆围折》，载军机处原档编《清光绪朝中法交涉史料》卷4，文海出版社，1967，第29页。

[2]   萧一山：《清代通史》（三），中华书局，1986，第1101页。

法为基础的世界体系。中日韩三国之间，日本虽然暂时不能逞强，却深谙国际法与宗藩制度的差异分别，旨在利用国际法肢解宗藩体系及其构建基础。说到底，所谓国际法，本来不过处理欧洲各国之间的关系，并不具有普适性，只是在殖民主义浪潮中扩张普遍主义诉求。在晚清中国，知识精英的国际法的认识和理解莫衷一是，外交决策层在国际法的适用问题上充满疑窦和顾忌。当 19 世纪 70、80 年代列强环伺四邻，清政府倍感左支右绌，遂不得已援引国际法作为因应之策，维系危机四伏的宗藩体系。

第二节　朝鲜通商均势与宗主国权力扩张：国际法对宗藩关系的权力补给

利用中国对朝鲜外交"不干预"态度，日本于 1876 年与朝鲜签订《江华条约》，日益扩大在朝鲜半岛的势力和影响。欧美列强亦不甘示弱，纷纷要求对朝通商。清政府清醒地意识到传统的宗藩体制和朝鲜的闭关政策已不适应变化中的国际局势，尤其是"废琉置县"一事"显露端倪"，迫使清政府考虑到"与其援救于事后，不如代筹于事前"[1]，不得不预先筹备朝鲜安全。有关朝鲜通商均势的构建，以及中国对朝鲜事务由"听彼自主"向"主动介入"的转变，恰恰反映出国际法对宗藩关系的理论支持与权力补给。

首先，清政府利用国际法的均势理论，积极构建朝鲜通商

---

[1] 李鸿章：《附件二：北洋大臣李鸿章覆朝鲜李裕元函》，载郭廷以、李毓澍编《清季中日韩关系史料》，"中央研究院"近代史研究所，1972，第 377 页。

均势。[1]

1879 年 6 月，总理各国事务大臣丁日昌上奏《条陈海防事宜折》，最早将国际法均势理论运用于朝鲜对外缔约通商当中："日本有吞噬朝鲜之心，泰西无灭绝人国之例，将来两国启衅，有约之国皆得起而议其非，日本不致无所忌惮。若泰西仍求与朝鲜通商，似可密劝勉从所请，并劝朝鲜派员分往有约之国，聘问不绝"[2]。通过与西方列强缔约，借助西力制约日本，达到保存朝鲜的目的。

8 月，李鸿章在给朝鲜李裕元的书信中传达了清政府的旨意，提出运用国际公法处理朝鲜与日、俄及欧美之间的关系，尤其善于运用均势法则。"泰西通例，向不得无故夺灭人国，盖各国互相通商，而公法行乎其间。"如亚洲弱国土耳其得到英、奥援助，才避免被俄罗斯侵伐的危险；欧洲小国比利时、丹麦与各国立约，遂免受妄肆侵凌。像朝鲜这样的弱小国家，应该"乘机次第亦与泰西各

---

[1]　19 世纪前期，均势已经作为基本原理出现于国际法体系中。1864 年汉译本《万国公法》提到"一国强盛过分，恐有不遵公法而贻患于邻国，故欧罗巴大洲内，倘国势失平，诸国即惊惧张皇，且必协力以压强护弱，保其均势之法"。（惠顿著：《万国公法》卷 2，丁韪良译，同治三年［1864］刊本，京都崇馆存版，第 3 页。）1880 年的《公法会通》从 95 章至 114 章专门讨论"均势"理论，提出"公法所谓均势，无论国之大小，以彼此不相侵夺为要。遇强横之国侵夺他国自主自立之权者，各国应群起而匡救之，务使彼此相安"。（步伦：《公法会通》卷 1，丁韪良等译，光绪六年同文馆聚珍版，第 34 页。）郑观应、陈虬等人盛赞国际法均势法则，"故有均势之法，有互相保护之法，国无大小非法不立"（郑观应：《公法》，载《盛世危言》，辽宁人民出版社，1994，第 108 页。）"按万国公法，欧罗巴大洲内，倘国势失平，诸国即警惧张皇，且必协力压强护弱，保其均势之法。盖一国强盛过分，恐其有不遵公法而贻患于邻国也"。（陈虬：《治平通议》经世博议卷四，光绪十九年瓯雅堂刻本，第 15 页。）

[2]　总理各国事务衙门：《总理各国事务衙门奏拟劝朝鲜交聘各国片》，载北平故宫博物院编《清光绪朝中日交涉史料》卷 1，第 32 页。

国立约"，得到欧美强国支持后，"不但牵制日本，并可杜俄人之窥伺"。朝鲜不必"别开口岸"，只须"就日本通商之处"，同时向数国开放，"其所分者日本之贸易"，而于朝鲜无碍。一旦有一国有侵凌朝鲜之事，朝鲜"终可邀集有约各国，公议其非，鸣鼓而攻"，借助西力，形成均势。[1]

9 月 6 日，清政府驻日公使馆参赞黄遵宪在东京给即将归国的朝鲜政府访日修信使金宏集一份《朝鲜策略》。其中，同样贯彻着朝鲜按照"均势外交"思维进行"立约通商"的外交战略。黄遵宪认为，天下万国星罗棋布，强弱相济，互相维持，才能使国际局势趋于稳定。面对朝鲜局势，他也主张利用公法均势谋求朝鲜利益。"泰西公法，无得剪灭人国，然苟非条约之国，有事不得与闻，此泰西诸国所以欲与朝鲜结盟也。欲与朝鲜结盟者，欲取俄国一人欲占之势，与天下互均而维持之也。"在他看来，欧美诸国"迭来乞盟"，"此即泰西所谓均势之说也"。是以，他提出"亲中国、结日本、联美国"的结盟策略。[2]

当时以恩科举人陈澹然为代表的绅士也纷纷运用国际公法分析朝鲜局势。"西洋公法，凡各国通商之地，即有战事，例皆置诸局外而不能争"，"诸国通商则诸国均权而不相下……而吾转可萧然寂守，而假以自存"。[3] 在他们看来，朝鲜开埠通商以及由此造成的列强均势，无疑是对国际公法的巧妙运用。

1880 年 10 月，金弘集一回到汉城，随即向国王建议联合列强

---

[1] 李鸿章：《李鸿章覆李裕元书》，载王亮、王彦威编《清季外交史料》卷 16，书目文献出版社，1987，第 15—16 页。

[2] 黄遵宪：《朝鲜策略》，载《黄遵宪集》（下），天津人民出版社，2003，第 398、403 页。

[3] 陈澹然：《权制》卷七军谋述，清光绪二十六年徐崇立刻本，第 8-9 页。

对抗俄国，以领议政李最应、左议政金炳国为首的内阁重臣全无异议，一致认为依目前国际形势判断，朝鲜孤立已不可能，故决定取对列强通交、柔远的方针，以临之。[1]1882年，朝鲜首先与美国签署了《朝美修好通商条约》，之后朝鲜与列强各国先后签署了《朝英通商条约》（1882年）、《朝德通商条约》（1882年）、《朝俄通商条约》（1884年）、《朝法通商条约》（1886年）等商约。

其次，国际法属国理论为中国由"听彼自主"向"主动介入"的转变，提供干预朝鲜事务的理论依据。

诚如前述中日之间关于朝鲜身份地位问题的争辩，清政府屡屡申明向不过问属国内政外交。然而，1876年《朝日江华条约》第一款中规定："朝鲜国自主之邦，保有与日本国平等之权"，确认朝鲜的独立地位。由于中日两国已在1871年签订《修好条规》，确立了基本对等的关系，那么，由《江华条约》可以推导出中朝两国同样具有对等关系，"间接的否认中国在朝鲜的宗主权"。[2]显然，宗藩体制与国际公法之间存在张力。因为，倘若因循体制，则中国对朝鲜通商"碍难与闻其事"，但这样一来后果将不堪设想，"各国效尤"《江华条约》，"久之将不知朝鲜为我属土"；相反，若照西方国际惯例，"而万国公法，凡附庸小国不得自主者，又未便与各大邦立约"，朝鲜通商事势必要由中国代为主持，则又与体制相违。歧路彷徨之际，清政府颇感"左右均有为难"。[3]毫无疑问，清政府在朝鲜问题上从"不干预"到"有作为"的急转直下，极有可能被

---

[1]　曹中屏：《朝鲜近代史》，东方出版社，1993，第66页。

[2]　蒋廷黻：《近代中国外交史资料辑要》中卷，第365页。

[3]　总理各国事务衙门：《总署收北洋大臣李鸿章函》，载郭廷以、李毓澍编《清季中日韩关系史料》，第548-549页。

理解为宗藩关系不攻自破。在此背景之下，国际公法的属国理论被引入进来，弥补了中朝宗藩关系转型的法理缺失。换言之，国际法为宗藩关系提供了权力补给。按照国际法的属国理论，清政府在治理属国朝鲜问题上作出积极调整。

其一，以宗主国身份主持结约。1880 年，驻日公使何如璋在《主持朝鲜外交议》中提出：先前宗藩体制下宗主国不作为，"听令朝鲜自行与人结约，则他国皆认其自主，而中国之属国，忽去其名"，后果不堪设想。作为"救急在一时"的权宜之计，不妨移植西方国际法的属国理论和立约规范，为中国干预朝鲜政事提供法律依据，从根本上实现宗藩体制的自我调节。依照西方属国理论，"考泰西通例，属国与半主之国，与人结约，多由其统辖之国主政。又考泰西通例，两国争战，局外之国，中立其间，不得偏助，惟属国乃不在此例"。再依照立约规范，"如璋因又徧查万国公法，德意志联邦向各有立约之权"。所以，"中国许令朝鲜与人立约，原无不可"，按照国际法，中国派驻办事大臣主持朝鲜内政和"结约"，宗藩关系因而得到巩固，"属国之分，因之益明"。[1]

1882 年，李鸿章在《奏议覆朝鲜事宜折》中，也认为可以借鉴西方属国理论，由中国主持朝鲜对外结约。"惟是泰西通例，凡属国政治不得自主其权，与人结约多由其统辖之国主政。"[2]5 月 22 日，《朝美通商条约》签订。清政府为了弥补《江华条约》的过失，在约中第一款申明"朝鲜为中国属邦"，但遭到美方拒绝。最终，以

---

[1]　何如璋：《附件一：何如璋"主持朝鲜外交议"》，载郭廷以、李毓澍编《清季中日韩关系史料》，第 440 页。

[2]　李鸿章：《北洋大臣李鸿章奏议覆朝鲜事宜折》，载王亮、王彦威编《清季外交史料》卷 30，第 6 页。

朝鲜国王另发照会的方式折中处理，"始明中国属邦字样"。此后，其他列强接踵而至，均依照《朝美通商条约》立约办法签订商约。通过主持朝鲜立约活动，中国的宗主国身份得以维系。

其二，以主持通商名义，派出驻朝大臣，总监内政外交。李鸿章认为中国可以按照国际法属国理论实施对属国的监管："朝鲜为东三省屏蔽，朝鲜危亡则中国之势更急，乘此无事，派大臣往驻以主持通商为名，藉与该国政府会商整理一切，保朝鲜即以固吾圉，与泰西属国之例相符"。[1] 清政府为了维持其宗主国地位，在内政外交方面加强了对朝鲜政府的监理与控制。从 1882 年壬午事变至 1884 年甲申事变，中国积极从事保朝防日政策，留兵驻韩，派驻朝通商大臣阴预朝鲜外交，代朝练兵，扶植军事势力。清政府对朝鲜内政外交的全面参与，体现了何如璋在《主持朝鲜外交议》中所谓"以揽大权"的监管思想。在西方国际法属国理论指引下，宗主保护权得到"合法伸张"。

第三节　主权与属权：朝鲜商约章程对宗藩体制与国际公法的兼容

按照国际法均势理论，清政府力劝朝鲜与欧美通商立约，营建国际均势，抵制日俄，目的在于维护宗藩体制。然而，如何立约？条约应注重哪些问题？这些接踵而来的命题，涉及如何兼容宗藩体制与国际公法。

---

[1]　李鸿章：《北洋大臣李鸿章奏议覆朝鲜事宜折》，载王亮、王彦威编《清季外交史料》卷 30，第 7 页。

早在 1879 年秋，李鸿章在致李裕元函件中，提醒朝鲜在与欧美立约通商时务求主权利益。他一味地将先前的主权流失归罪于西方武力强迫，"从前泰西各国，乘中国多故，并力要挟，立约之时，不以玉帛而以兵戎，所以行之既久，掣肘颇多"。所以，朝鲜在立约通商时，应吸取中国的前车之鉴，讲求主权利益，"如贩卖鸦片烟、传教内地诸大弊，悬为厉禁"，"期于大局无所亏损"。[1]

1880 年黄遵宪在《朝鲜策略》中更加明确地强调主权自操的理念，如重视司法主权，限制领事权限，声明"（外国商人）归领事官暂管，随时由我酌改，又立定领事权限，彼无所护符，即不敢多事"。此外，还要注意鸦片输入和教士蔓延之祸，"皆可妥与商量，明示限制"。[2] 朝鲜谋求的国际均势，务必立足于主权平等之上，"即可援万国之公法"与西方诸国订立"公平之条约"。[3]

11 月 18 日，总理衙门收到驻日公使何如璋的《主持朝鲜外交议》，其中同样表达了朝鲜与英、法、德、美通商的主张，"与其为他人威逼势劫，以成不公不平、所损实多之条约，则何如自中国急图之，以揽大权，以收后效"，着重强调订立"公平"条约和维护国家主权。[4]

1880 年 10 月 25 日，李鸿章与朝鲜政府赍咨官卞元圭在天津就朝鲜外交事务进行商讨。李鸿章格外重视朝鲜的海关税率问题，认为：泰西各国海关征税实行"入口税重""出口税轻"原则，根据

---

[1]　李鸿章：《附件二：北洋大臣李鸿章覆朝鲜李裕元函》，载郭廷以、李毓澍编《清季中日韩关系史料》，第 378 页。

[2]　黄遵宪：《朝鲜策略》，载《黄遵宪集》（下），第 401 页。

[3]　黄遵宪：《朝鲜策略》，载《黄遵宪集》（下），第 400 页。

[4]　何如璋：《附件一：何如璋"主持朝鲜外交议"》，载郭廷以、李毓澍编《清季中日韩关系史料》，第 441－442 页。

货品价值和市场需求等因素，"酌定等差，有每百抽二三十者，有每百抽十数者"。而中国昧于国际惯例、为西人所蒙，进出口概定为值百抽五，吃亏实多。朝鲜必须引以为戒，捍卫关税主权，"税额必须加重，可以自主"，恤民生且利物产。概言之，"重加税则，利可在我"。[1]

1881年3月2日，李鸿章在答复朝鲜政府咨询有关通商事务时，再次谈到关税问题：西洋抽税，根据"货物之畅滞"，"竟有值百抽三十，以至值百抽百者"，笼统而言，"大约不在值百抽十五以下"，朝鲜不妨"定一试办统例"，规定"进口货估价值百抽十，出口货估价值百抽五"，若干年后再与各国重定税则。[2]

李鸿章、黄遵宪和何如璋等人对朝鲜主权问题的关注，既是对晚清中国外交教训的借鉴，同时也反映出清政府对国际公法的某种体认。他们的建议和主张，绝大部分在后来正式的朝鲜通商条约中得到体现。

按照清政府"先通美国，公平立约，俾嗣后来款者一遵成式，无害我自主之权"[3] 的批示，朝鲜从1882年开始陆续与美、英、德、俄、法等列强签订修好通商条约。其中，《朝美通商条约》作为蓝本被随后的各约所引用。通过对《朝美通商条约》进行条文解读，可以发现条约文本中赫然存在着清政府精心建构的由宗藩体制与国际公法共同形成的二元秩序。以下简述各主要条款的内容：

----

[1] 李鸿章：《附件二：北洋大臣李鸿章与朝鲜赍咨官卞元圭笔谈问答》，载郭廷以、李毓澍编《清季中日韩关系史料》，第432、443页。

[2] 李鸿章：《附件六：北洋大臣酌覆朝鲜询问各条》，载郭廷以、李毓澍编《清季中日韩关系史料》，第476页。

[3] 金允植：《附 朝鲜陪臣金允植密书》，载顾廷龙、戴逸主编《李鸿章全集》(9) 奏议九，第541页。

第二款涉及派驻使领权以及国际平等礼仪。"两国可交派秉权大臣驻扎彼此都城，并于彼此通商口岸设立领事"，"此等官员与本地官交涉往来均应用品级相当之礼"；"两国秉权大臣与领事等官享获种种恩施，与彼此所待最优之国官员无异"。该款体现国际法关于近代主权国家之间的主权平等原则。

第三款涉及人道主义国际义务。"美国船只在朝鲜左近海面如遇飓风，或缺粮食煤水距通商口岸太远，应许其随处收泊以避飓风，购买粮食，修理船只，所有经费系由船主自备，地方官民应加怜恤援助"；"如该船在不通商之口潜往贸易，拿获船货入官"。该款基本遵循国际法的海难援助规范，与当时中国对海难中的属国商民进行无偿援助有明显区别。

第四款涉及限制领事裁判权问题。"在朝鲜国内，朝鲜、美国民人如有涉讼，应由被告所属之官员以本国律例审断，原告所属之国可以派员听审，审官当以礼相待"；"如朝鲜日后改定律例及审案办法，在美国礼与本国律例办法相符，即将美国官员在朝鲜审案之权收回，以后朝鲜境内美国人民即归地方官管辖"。该款体现了黄遵宪所强调的重视司法主权、限制领事权限主张。

第五款涉及关税自主问题。"朝鲜国商民并其商船前往美国贸易，凡纳税船钞并一切各费，应遵照美国海关章程办理，与征收本国人民及相待最优之国税钞，不得额外加增。美国商民并其商船前往朝鲜贸易，进出口货物均应纳税，其收税之权，应由朝鲜自主，所有进出口税项及海关禁防偷漏诸弊，悉听朝鲜政府设立规则，先期知会美国官，布示商民遵行。现拟先订税则大略，各色进口货有关民生日用者，照估价值百抽税不得过一十，其奢靡玩耍等物，如洋酒、吕宋烟、钟表之类，照估价值百抽税不得过三十，至出口土货，概照值百抽税不得过五"。该款体现了李鸿章所谓"关税自主""入口税重""出口税轻"的关税主权意识。

第六款和第七款涉及属地管辖权和禁止鸦片贸易问题。"朝鲜国商民前往美国各处，准其在该处居住、赁房、买地、起盖栈房，任其自便，其贸易、工作，一切所有土产，以及制造之物，与不违禁之货，均许买卖"；"美国商民前往朝鲜已开口岸，准其在该处所定界内居住，赁房、租地、建屋，任其自便，其贸易、工作，一切所有土产，以及制造之物，与不违禁之货，均许买卖"，"其出租之地仍归朝鲜版图"，"皆仍归朝鲜地方官管辖"；"美国商民不得以洋货运入内地售卖，亦不得自入内地采买土货，并不得以土货由此口贩运彼口，违者将货物入官，并将该商交领事官惩办"；"朝鲜商民不准贩运洋药入美国通商口岸，美国商民亦不准贩运洋药入朝鲜通商岸，由此口运往彼口，亦不准作一切买卖洋药之贸易"，"永远禁止，查出从重惩罚"。该款体现了李鸿章与黄遵宪的"限制"鸦片主张。

第十款涉及属人管辖权。"朝鲜人遇犯本国例禁，或牵涉被控，凡在美国商民寓所行扰及商船隐匿者，由地方官照知领事官，或准差役自行往拿，或由领事派人拿交朝鲜差役，美国官民不得稍有庇纵掯留"。此款保留朝鲜属人管辖权。

第十二款申明国际法对条约的指导意义："兹朝鲜国初次立约，所订条款姑从简略，应遵条约已载者先行办理，其未载者，俟五年后两国官民彼此言语稍通，再行议定。至通商详细章程，须酌照万国公法通例，公平商订，无有轻重大小之别。"该款说明朝鲜与欧美国家的外交关系，以国际法为准则，注重主权与平等。

第十四款涉及最惠国待遇问题。"嗣后大朝鲜国君主有何惠政恩典利益施及他国或其商民，无论关涉海面行船、通商、贸易、交往等事，为该国并其商民从来未沾，抑为此条约所无者，亦准美国官民一体均沾。为此种优待他国之利益，若立有专条、互相酬报者，美国官民必将互订酬报之专条，一体遵守，方准同沾优待之利益"。该款是对中外片面最惠国待遇的修正与改进，体现了平等互惠的思想。[1]

以上所列诸款，如互派使领、限制领事裁判权、禁止鸦片、要求租界主权和关税自主、主张属地管辖权和属人管辖权，等等，"既经参酌公法"[2]，统筹应防流弊和应获权利，处处显示出"先事预防，自主之权操之在我"[3]的利权观念，体现清政府在朝鲜通商问题上对国际法的国家主权意识和主权平等观念的运用。

与此同时，该约中还嵌套着宗藩体制。如结尾部分以"中国光绪八年四月初六日"为议定日期，中国纪年体现"奉中朝正朔"的观念。[4] 第十三款议定以华文为标准语言。"此次两国订立条约，与夫日复往来公牍，朝鲜专用华文，英国亦用华文，或用英文必须以华文注明，以免歧误"。该款完全改变了近代条约以法文、英文为"公用文字"[5]的国际惯例，以华文为标准语言，显示中国作为宗主国在属国外交中的作用。此外，更为重要的是，朝美条约还另

---

[1]　总理各国事务衙门：《附件二：清单 抄录美韩条约各款》，载郭廷以、李毓澍编《清季中日韩关系史料》，第 670—675 页。

[2]　鱼允中：《附 朝鲜侍讲鱼允中节略》，载顾廷龙、戴逸主编《李鸿章全集》(33) 信函五，第 168 页。

[3]　李鸿章：《附件六：北洋大臣酌覆朝鲜询问各条》，载郭廷以、李毓澍编《清季中日韩关系史料》，第 475 页。

[4]　李鸿章：《致总署　论美使筹议朝约》，载顾廷龙、戴逸主编《李鸿章全集》(33) 信函五，第 144 页。

[5]　惠顿：《万国公法》卷 2，第 63 页。

附《朝鲜国照会》作为补充说明，郑重声明"朝鲜素为中国属邦"，强调中国对朝鲜的宗主权。

同样在这份朝鲜国王照会中，清朝对宗藩体制与国际公法作出精心安排。首先声明"朝鲜素为中国属邦，而内治外交，向来均由大朝鲜国君主自主"，显示中朝关系自有礼制。同时又主张朝鲜在面对美国时，"彼此立约，俱属平行相待。大朝鲜国君主明允将约内各款必按自主公例，认真照办"，俨然以主权独立之国身份与外国平等交涉。为了避免朝鲜在国际社会中面对中国和第三国所出现的角色冲突与错位，照会中格外声明："至大朝鲜国为中国属邦，其分内一切应行各节"，均与第三国"毫无干涉"。[1]

尽管清朝在主持朝鲜对外缔约的过程中极力强调国家主权与国际平等，但在缔结中朝之间的通商章程时，又刻意地将宗主特权取代主权与平等。1882—1883 年间，中国与朝鲜之间陆续签订了《中朝商民水陆贸易章程》、《奉天与朝鲜边民贸易章程》和《吉林朝鲜商民贸易地方章程》。后来通过《仁川华商租界章程》（1884 年）、《釜山华商租界章程》和《元山华商租界章程》，取得了仁川清租界、釜山清租界以及元山清租界三个专管租界，此外还包括在镇南浦、木浦、群山、城津、马山等地的各国共同租界。[2] 李鸿章和马建忠在筹划章程时，既"参稽会典、掌故"，又"详考万国公法"，终于摸索出"变通旧制"又"不悖属国交涉之体统"的"两有利

---

[1]　总理各国事务衙门：《附件三：朝鲜国王致美国总统照会》，载郭廷以、李毓澍编《清季中日韩关系史料》，第 675 页。

[2]　川岛真：《朝鲜半岛的中国租界》，载中国社会科学院近代史研究所编《中华民国史研究三十年（1972—2002）》（中卷），社会科学文献出版社，2008，第746 页。

益"原则。[1] 章程重申："朝鲜永列藩封"，所订细则"系中国优待属邦之意，不在与各国一体均沾之例"，"实际上是向世界重申了中国对朝鲜的宗主权，从而使中朝宗藩关系成为条约下的一种权利和义务"。[2] 中国在对朝鲜商人入境贸易提供优遇的同时，在朝鲜取得系列特权，如优待中国官员[3]、领事裁判权、租界、兵舰停泊、对朝贸易特权，等等。对于朝鲜而言，该章程无疑向世界表明中国对朝鲜的宗主地位及其特权，意味着朝鲜身份的契约化进程。与此同时，对于中国来说，"公法内凡攸关藩属朝贡之国所定贸易往来之限"，体现宗主国的特权，关系到宗藩体制"实在之名分"，非第三国所能"比拟"或均沾。[4]

通过上述一系列条约与章程，朝鲜被赋予二元国际身份，即在宗藩关系内作为中国的属国和在宗藩关系外面对世界的主权独立国。朝鲜以二元身份行走在东亚与欧美之间，同时受宗藩体制与国际公法的约制。值得注意的是，按照清朝的设想，二元秩序（包括二元身份）之间不会产生紧张与冲突，因为照会和章程都注明"其分内一切应行各节"均与外国"毫无干涉"。"毫无干涉"表明清朝主观上利用条约法的方式抵制了来自体制外的种种有关朝鲜二元身份的质疑与反驳。这应该归属于清朝的"独特创造"，而且这种本

---

[1] 李鸿章：《致总署　议朝鲜通商章程》，载顾廷龙、戴逸主编《李鸿章全集》（33）信函五，第168页。

[2] 李兆祥：《近代中国的外交转型研究》，第108页。

[3] "遇朝鲜公会各国公使，朝鲜为中国属邦，中国总办委员为宾中之主，应坐于朝鲜官主位之上"，参见《清实录·德宗景皇帝实录》卷151，中华书局，2008，第56885页。

[4] 周馥、马建忠：《附　津海关周道候选马道复鱼允中节略》，载顾廷龙、戴逸主编《李鸿章全集》（33）信函五，第169页。

土创造体现了宗藩体制在西力下的自适性转型。

第四节　不古不今的属国驻外使臣制度：宗藩体制与
　　　国际法的交错杂糅

　　为了建构朝鲜半岛国际均势，清朝鼓励朝鲜对西方开放。1879
年，李鸿章奉清廷旨意正式劝告朝鲜王朝同欧美各国"修交通商"，
以遏制日本与俄国的侵略。清朝甚至建议朝鲜和"有约之国"之间
互派使臣，"通聘问，联情谊"；如果遭受其他国家欺凌，朝鲜"终
可邀集有约各国，公议其非，鸣鼓而攻"，借助西力，形成均势，
遏制俄日，"则所以箝制日本之术，莫善于此，即所以备御俄人之
策，亦莫先于此矣"。[1] 当时清朝对于如何具体展开朝鲜通商、立
约和派使诸事，没有"先见之明"。随着朝鲜与日本、欧美的接触
越近，大有挣脱宗藩关系的趋向。为了改变被动局面，中国主动借
鉴西方经验，依照国际法属国条例，由中国派出大臣主持通商，并
创造性地在朝鲜与欧美立约时附注朝鲜属国地位。

　　至于在朝鲜派出使臣问题上，清朝最初只是建议"修交"，别
无他涉，根本没想过要进一步干预朝鲜与欧美的邦交。1881 年 3
月，李鸿章在《酌复朝鲜询问各条》中指出："使臣驻京，西洋各
国皆同，盖既通商，必有交涉事件"，公使驻京，便于"遇事互
酌"，"联两国之谊"，"平两国之争"，因而"有益而无损"，总体
上赞同朝鲜接受外国驻京使臣。但对于朝鲜向外国派驻使臣，清

---

[1]　李鸿章:《李鸿章覆李裕元书》，载王亮、王彦威编《清季外交史料》卷 16，
第 16 页。

朝不置可否。1882 年 2 月，由马建忠拟呈的《代拟朝鲜与各国通商约章》中，只是初步规定"×国可派一总领事于某口驻扎"[1]，允许朝鲜接受外国总领事，并未有要求朝鲜向外国派驻使臣的意图。1882 年 5 月 22 日，朝鲜同美国签署《朝美通商条约》，约定"两国可交派秉权大臣驻扎彼此都城，并于彼此通商口岸设立领事"。清朝对朝鲜与西方之间互派使臣没有明显反对。11 月 17 日，李鸿章《奏议覆朝鲜事宜折》，称："惟是泰西通例，凡属国政治不得自主其权，与人结约多由其统辖之国主政，即宗主之国可自立约，亦只能议办通商，而修好无与焉"[2]，表达了在朝鲜通使问题上的不作为态度。

　　然而，朝鲜却开始主动通过派使的方式，试探着向中国谋求平等的地位。1882 年 5 月，高宗国王致函清廷礼部："请于已开口岸互相交易并派使进驻京师"。按照近代西方的外交惯例，只有两个互相平等的主权国家才可互派使节。由于触及宗属礼制，随即引起清朝的警惕，清帝上谕声称："朝鲜久列藩封，典礼所关，一切均有定制，惟商民货物不准在各处私相交易，现在各国既已通商，自应量予变通，准其一体互相贸易……此后该国贸易事宜应由总理衙门核办，其朝贡陈奏等事，仍照向例由礼部办理，以符旧制，至所请派使驻京一节，事多窒碍，著不准行"。[3] 朝鲜对华平等外交的尝试遭到了失败。

---

[1]　马建忠：《代拟朝鲜与各国通商约章》，载郭廷以、李毓澍编《清季中日韩关系史料》，第 473 页。

[2]　李鸿章：《北洋大臣李鸿章奏议覆朝鲜事宜折》，载王亮、王彦威编《清季外交史料》卷 30，第 6 页。

[3]　《谕朝鲜请派使驻京着不准行》，载王亮、王彦威编《清季外交史料》卷 27，第 45 页。

向宗主国的挑战受挫后，朝鲜接着向第三国派出使臣，以间接的方式试图脱离属国身份。按照商约条约的约定，朝鲜开始筹备向西方派出使臣。1887 年 8 月，闵泳骏出任朝鲜驻日代理大臣。9 月，朴定阳被任命为驻美全权大臣，出使华盛顿；赵臣熙被任命为驻英、德、俄、意五国全权大臣，出使欧洲。

由于朝鲜在国际上具有双重角色，于是就出现了朝鲜到底是以平等国家还是以中国的属国的身份出现于正式外交场合的问题。根据国际惯例，全权大使是最高一级的外交使节，并且"遣发第一等钦差，惟君主之国或民主之大国方可"。[1] 而当时清朝的驻外公使，"皆系二等"。[2] 在外交场合，各国使节的位次一般是依外交使节的等级确定的，常驻公使等级低于全权公使。所以，朝鲜的全权公使享有比中国使节更受尊重的地位。朝鲜派出全权大臣以及去后始咨的做法，引起宗主国决策中枢的震动。

清朝首先考虑约束朝鲜的派使权力及使臣自由。9 月 11 日，袁世凯致电李鸿章称："韩派使各国，自谓可与华驻各国大臣敌体。如无限制，似妨体面，可否乞咨明韩王，并请总署咨驻各国大臣订明，无论韩何项使臣，概与华大臣用呈文，往来用衔帖，华大臣用朱笔照会，以符旧制。韩欲以派使示自主于天下，华亦以不得平行示属邦于各国"。[3] 13 日，按照商约朝鲜"系中国属邦，分内应行各节与他国毫无干涉"的声明，总理衙门通知朝鲜国王和驻外华

---

[1]　惠顿：《万国公法》卷 3，第 3 页。

[2]　李鸿章：《寄译署（光绪十三年八月十五日亥刻）》，载顾廷龙、戴逸主编《李鸿章全集》(22) 电报二，第 249 页。

[3]　李鸿章：《寄译署（光绪十三年七月二十四日巳刻）》，载顾廷龙、戴逸主编《李鸿章全集》(22) 电报二，第 238 页。

使："朝鲜派往之员与中国驻扎大臣公事交涉应用呈文，往来用衔名贴。中国钦使遇有公事行文朝鲜驻使用朱笔照会，以符向章体制"，并声称属国体制"实与他国毫不相干"。[1]"不得平行"对"自主"的钳制，再次生动地反映出宗藩关系对国际法的容忍底线。朝鲜政府以互派使节是朝鲜与各国所订条约的内容之一，条约"既经咨报奏准，则约内所开各节亦皆邀准"[2]，坚持自由向西派驻使臣。23 日，清廷同意袁世凯先咨后派的意见，要求朝鲜派遣驻外使节应商请中国，"朝鲜派使西国，必须先行请示，俟允准后再往，方合属邦体制"[3]。

至于朝鲜的出使等级，清廷于 10 月发出指示：体制交涉务归两全，所有派往各国之员与中国往来均用"属邦体制"。依此，李鸿章向袁世凯发电，申明朝鲜所派使节只能是"驻扎某国分使"，不能用"全权字样"，"与万国公法三等公使定章相合"。[4] 朝鲜政府则以派使问题早已由外署知照各国使臣，现在另改使节等级多有不便为由，要求仍沿用全权公使。

11 月，几经交涉未果之后，李鸿章按照属邦体制拟定了规范属国驻外使节体制的《应行三端》，要求朝鲜驻外使节听从中国驻外使节的节制："韩使初至各国，应先赴中国使馆具报，请由中国钦差

---

[1] 李鸿章：《寄朝鲜袁道（光绪十三年七月二十六日辰刻）》，载顾廷龙、戴逸主编《李鸿章全集》（22）电报二，第 240 页。

[2] 李鸿章：《附件六：朝鲜议政府覆袁世凯函》，载郭廷以、李毓澍编《清季中日韩关系史料》，第 2358 页。

[3] 李鸿章：《寄朝鲜袁道（光绪十三年八月初七日酉刻）》，载顾廷龙、戴逸主编《李鸿章全集》（22）电报二，第 245 页。

[4] 李鸿章：《寄朝鲜袁道（光绪十三年九月初四日戌刻）》，载顾廷龙、戴逸主编《李鸿章全集》（22）电报二，第 257 页。

挈同赴外部"；"遇有朝会公谦酬酢交际，韩使应随中国钦差之后"；
"交涉大事关系紧要者，韩使应先密商中国钦差核示"等。[1] 清朝还
迫使朝鲜将不遵《应行三端》的驻美公使召还免职。

　　朝鲜按照国际惯例向日本与欧美派出公使，而清朝则为了"体
面"，要求加以限制，"无论韩何项使臣"均需遵循体制。由此生成
的朝鲜驻外使臣制度，恰恰体现了传统宗藩体制和近代国际法秩序
之间的纠结与嵌套。但是，对于宗藩体制之外的其他国家来说，这
样一种不中不西、不新不旧的外交模式显得格外"光怪陆离"。尽
管商约中"有交派秉权大臣之句"，以及照会中有中国公认朝鲜内
治外交"均有自主"的声明，朝鲜已经感受到因属国体制的存在而
导致国际地位出现"同等"与"不同等"的冲突。[2] 井上毅就利用
国际法的主权原理与属国理论来批驳"属国体制"下的朝鲜驻外使
臣制度。他提出，属国身份与主权地位水火不相容，"在公法，一
国自主即得与他国平等交涉。自主也，平等也，其势相依，故与他
国平等交涉，即可以证明其国之为自主也，天下岂有与他国平等
交涉而独不得为自主独立之邦者乎哉……所谓半主也者，内治任
其自主，而外交由上国主持之谓也。若使外交犹将其自主而不受
上国管束，即结约沦约唯其所欲，而上国之主权安在焉。故外交任
其自主，而犹待以半主之邦，公法所无也……此即朝鲜非半主之邦
也明矣。朝鲜既非半主之邦，而为自主之国，即藩属之名未尝，藩
属与自主其势相反，不可相谐。此古义与今法混，而不可以通于万

---

[1]　李鸿章：《中韩驻外使节体制未尽事宜续筹定应行三端》，载郭廷以、李毓
澍编《清季中日韩关系史料》，第 2381 页。

[2]　俞吉浚：《朝鲜开化派人士俞吉浚为朝鲜政府代拟再答清使照会》，载权赫
秀编《近代中韩关系史料选编》，世界知识出版社，2008，第 323 页。

国"[1]。列强借口"西国不准属邦遣使，故无带见之例"，[2] 拒绝接受作为属国代表的朝鲜使臣。

尽管遭到日本与欧美的质疑，清朝仍然坚持朝鲜国王照会的效力，声明中朝宗藩体制与各国交涉"毫不相干"。[3] 直到1892年秋，中朝之间针对朝鲜使臣等级还存在"改派三等"抑或"仍派全权"之争，与此同时，针对中国使臣职权则呈现出"挈同"抑或"节制"之争。在此期间，双方文牍往来近20回合。终因清朝坚决执行属国体制及"应行三端"，遏制了朝鲜向欧美各国自由派驻公使的企图。

结　语

诚如清代首任驻日公使何如璋所言"时移事变，中国之待朝鲜，总须稍变旧章，方能补救"[4]，清末宗藩关系面临重新整编的历史使命。19世纪70年代以降，中朝关系在外力的逼迫下，无法继续以宗藩体制为单一轨迹运转，被迫调整为在宗藩体制与国际公法

---

[1]　井上毅：《拟舆马观察书》，《梧阴文库：井上毅文书》，国学院大学图书馆，档案号：No A 856，转引自毛吉康《近代朝鲜半岛中立问题研究》，博士学位论文，复旦大学，2010，第44页。

[2]　洪钧：《附　洪使致译署》，载顾廷龙、戴逸主编《李鸿章全集》（22）电报二，第296页。

[3]　李鸿章：《寄译署（光绪十三年八月二十一日亥刻）》，载顾廷龙、戴逸主编《李鸿章全集》（22）电报二，第251页。

[4]　何如璋：《附件一：何如璋"主持朝鲜外交议"》，载郭廷以、李毓澍编《清季中日韩关系史料》，第441页。

之间演进。

　　随着近代西力东渐，东西方两种国际政治理念之间不可避免地出现互识与对话、冲突与合作、融摄与排拒诸种情状。已有研究片面强调国际法与宗藩关系的冲突，[1] 值得检讨。清政府务实性地参用国际公法，即利用条约法遏制日本对朝鲜的野心和借助自然法学说塑造宗藩关系的正当合法。随之中日两国在朝鲜身份问题上有关独立国、附属国的辩争却使东西方两种国际政治理念的分歧迅速显现出来。清政府在宗藩关系上"量为变通"，积极构建朝鲜通商均势，实现由"从不与闻"到"积极治理"的嬗变，用行动表明宗藩关系在治理属国问题上"稍参权变"并向国际公法趋近。缘于国际公法的理论援助，中国宗主权在朝鲜问题上得到及时的伸张。在治理属国问题上的妥协与蜕变，却并不意味着宗藩关系对国际公法的归顺。恰恰相反，宗藩关系借助国际公法而得到强化。正是由于宗藩关系的本土立场，主权平等作为国际法的核心价值，却被中朝关系时迎时拒：当一致面向日本或欧美时，中国和朝鲜都试图以主权国的身份诉诸国际法，要求主权独立与国际平等；而一旦涉及中朝内部宗属关系时，所谓的"主权"和"平等"往往让位于宗主权和属国体制。有关中朝贸易章程和朝鲜派驻公使问题上差异化措置，在形塑朝鲜二元身份的同时，彰显出宗藩体制与国际公法之间"和而不同"的东方立场。国际法在宗藩体系中的作用，并不占主导地位，却又不可或缺，常常以智识资源的形式提供权力补给。由此，宗藩体制得以一而再地实现自我调适。然而，以中立或（中日或中日美）共保为代表的国际法主张，却因触及宗主权及属国体制，无

---

　　[1]　王明星:《韩国近代外交与中国（1861—1910）》，中国社会科学出版社，1998，第18-24页。

法得到认可与落实。宗藩关系在很大程度上规定着国际法"进入"和"冲击"中朝关系的内容。

显然，从中国立场来看，"近代国际社会之所以把国际法当作自己的一个制度，只是历史的偶然结果"[1]。更进一步说，以往认为宗藩体制完全被动的看法同样值得质疑。[2]晚清宗藩关系在遭遇资本主义强国压迫时表现出相当大的弹性，主要体现于利用国际法的某些原理并赋予宗藩观念及宗藩秩序以合理性和柔韧性，尤其是对国际法属国理论中某些模糊片段的自主运用，从而实现宗藩关系的因应调整。国际法"支节两歧、理义不精"[3]的时代特征为近代宗藩关系的整编提供广泛多元的法理资源。东方宗藩关系实现由"任由自主"向"治理属国"的机制转变，"事大字小"和现代外交的并行，以及"属国自主"和属国体制的兼容，实质性地建构起宗藩体制与国际法的复杂关系，制约着中朝关系向近代演进的途径和方式。

清朝在按照国际法伸张宗主权时，认定"凡各国自己保护属地，其权皆有轻重之分"[4]。中国对朝鲜内政外交的全面干预，由于

---

[1]　赫德利·布乐：《无政府社会——世界政治秩序研究》，张小明译，世界知识出版社，2003，第113页。

[2]　代表观点如："我国当局因昧于世界大势，不明近代宗属观念……盖自欧人东渐，海禁大开，宗主之于属国，享其权，必须负其责。中国闭关时代之畸形宗属关系根本已不能适用，而当局懵然，不知更改以适应时代潮流，则其偾事也固宜"。参见王信忠：《中日甲午战争之外交背景：附日志条约附录》，第15页。

[3]　宋育仁：《外洋公法》，载陈忠倚编《清经世文三编》卷七十六洋务八，文海出版社，1972，第4页。

[4]　黎庶昌：《日田边太一建议中日或中日美共保朝鲜其说似有可采》，载郭廷以、李毓澍编《清季中日韩关系史料》，第1201页。

合乎国际惯例，基本上得到了西方的认同。清朝镇压壬午兵乱后，美国驻日使对清驻日公使黎庶昌说："朝鲜之属中国已数百年，众所共知。此次中国发兵往定内乱，具有担当，所为实合公法"[1]。中国对属国的干预，目的在于"巩固其宗主国地位"，不仅合乎情理，而且遵循公法惯例。当代学者对此"予以彻底否定"[2] 的评价，显然不够客观。自《朝美通商条约》以后十余年间，中国较为稳固地控制着朝鲜局势。直到甲午战争期间日本强力侵入，中国传统的"藩属制度不仅在理论上，而且在实践上也被粉碎，这标志着帝国与外国交往的传统的彻底崩溃"。[3] 晚清国人返观中外关系已然得出"公法之本不必遵"之体悟。[4]

纵观此间宗藩体制与国际公法的离合、交错及互动，是以宗藩关系为中心的逆向视角，对源自西方的国际法秩序进行一种他者化的分析与评价，展现了晚清中国面对西方国际关系冲击的本土立场和向近代外交转变的内在动力。"公法乃泰西所订，东土未必照行。"[5] 处于外交转型中的近代中国并非被动接受西方国际法及主权平等观念，而是立足于宗藩关系之上依据本土立场和情境加以采择

---

　　[1]　黎庶昌：《美使平衡称道此次平朝乱极具担当并言美韩条约必可批准》，载郭廷以、李毓澍编《清季中日韩关系史料》，1059 页。

　　[2]　杨昭全、何彤梅：《中国—朝鲜·韩国关系史》，天津人民出版社，2001，第 682 页。

　　[3]　费正清、刘广京编：《剑桥中国晚清史：1800—1911 年》下卷，中国社会科学院历史研究所编译室译，中国社会科学出版社，1996，第 88 页。

　　[4]　钱德培：《条陈联络英德等国借饷购械购船募将速平日本》，载郭廷以、李毓澍编《清季中日韩关系史料》，第 3700 页。

　　[5]　李鸿章：《附件二：北洋大臣李鸿章与朝鲜责咨官卞元圭笔谈问答》，载郭廷以、李毓澍编《清季中日韩关系史料》，第 435 页。

施用。晚清外交转型中，宗藩关系与国际公法之间存在杂糅交错的复杂面相，任何舍此趋彼的片面研究都不足取，不仅要注意二元并存的现象，避免"传统"与"现代"、"先进"与"落后"的后见之明，更应将二者置于连续的动态历史当中去把握整体内在变化，观测作为历史延续的宗藩关系的整体性调适。由此进路，或可较为合理地解释近代中外关系的变迁。

第五章　清末死刑方式的转变与争论

　　《大清律例》继承明律，死刑方式根据罪行轻重的不同而有分别：以凌迟和枭首（或称"枭示"）来处置极严重的罪行（此外还有戮尸，但因其性质特别，并非针对生人，故不讨论），次之以斩首，最轻则为绞刑；在行刑场域方面，除符合"八议"资格的人犯有可能被体面地私下处决外，"在京执行死刑系于'市曹'，在外省不论'常犯'与'官犯'，亦均于'市曹'"。[1] 直到清末新政之时，朝廷逐步改革死刑方式，最终以绞刑为钦定新刑律内惟一死刑，而斩刑为特别之法，置诸暂行章程；行刑场域亦由公开执行于"市曹"改为在行刑场内封闭执行。民国代清后，暂行章程被认为是守旧落后的象征而被废除，绞刑遂成为民初《暂行新刑律》中惟一的死刑方式。

　　既往研究已经注意到废除凌迟等酷刑在清末修律进程中的重要性，不过往往评论重于史实的重建，并且囿于传统的法律史观，所

---

　　[1]　此据巨焕武教授的研究，见其《明刑与隐刑——沈家本考论执行死刑的方式及其场所》，载中国法制史学会编《中国法制现代化之回顾与前瞻》，台湾大学法学院，1993，第 124 页。不过，沈家本所见的清季实情与之有所不同，"今时惟京师尚于市，各直省情形不同，有在教场者，有在城外旷地者。所谓杀人于市，亦虚有其文而已"。见其《历代刑法考（三）·行刑之制考》，中华书局，1985，第 1233 页。

论较难深入。[1] 其中亦有极少数的例外，法国学者 Jérôme Bourgon
（巩涛）的研究甚有启发性。他反驳了 Marinus Johan Meijer 的中国
修律主要受到西方的冲击和收回法权愿望的推动的观点，通过分析
薛允升和沈家本对于废除凌迟、枭首和戮尸的意见，认为应重新关
注和评价中国法律传统对于清末修律的作用。[2] 在试图理解传统死
刑方式的法理基础上，以"见之于行事"的方法，考察朝野各方如
何输入引进、模仿移植、取舍调整西方的死刑观念和制度实践，以
完成近代中国死刑方式的转化，有望对问题的认识深入一步。

第一节 凌迟等重法的废除

光绪五年（1879），万国公法会友土爱师拜访清驻英公使曾纪
泽，就中国刑狱问题"谈极久"。客问："大辟之刑，一死足矣，何
以有凌迟、斩、绞之分？"曾答："以罪有轻重，则刑有等差，非独

---

[1] 例如王仲修：《从野蛮走向文明——中国死刑执行方式的历史演变》，《烟台
大学学报（哲学社会科学版）》2004 年第 2 期；李交发：《简论沈家本的废除死刑观》，
《现代法学》2005 年第 1 期；许建刚《晚清死刑改革研究——以清末修律为中心的
考察》（硕士学位论文，扬州大学，2007），论及清末死刑改革的诸多方面（关于死
刑执行方式的论述反而有限），认为实现了轻刑化和近代化。巨焕武教授的前引文是
关于本题较为深入的研究，基本是沿着沈氏的思路，论证"隐刑"（密行）自古有
之，而且效果优于"明刑"（公行），可惜关于晚清部分的论述极为简略。

[2] Jérôme Bourgon, "Abolishing 'Cruel Punishments'：A Reappraisal of the
Chinese Roots and Long-term Efficiency of the Xinzheng Legal Reforms," *Modern Asian
Studies*, Vol. 37, No. 4(Dec 2003), pp.851-62. 关于凌迟刑更详细的研究，可参 Timothy
Brook（卜正民），Jérôme Bourgon（巩涛），Gregory Blue, *Death by a Thousand Cuts*
(Cambridge, Mass.: Harvard University Press, 2008)。

以处犯者，亦欲使齐民知所儆畏也。"[1] 换言之，罪犯受凌迟等重刑，除了惩治罪行的考虑外，更是出于警示民众勿要以身试法之意。

曾氏的意思大致不错，但是其究非法律专家，对于各种死刑的起源流变未能尽悉。具体而言，凌迟在中国的死刑体系中相当特别，应当另眼相看。一方面，凌迟的记载首见于《辽史·刑法志》，本非源于中国汉、唐律法正统的刑种；另一方面，凌迟的具体之法不见律典，各家记载也有所不同。沈家本指出："律无明文，不能详也。今律亦不言此法。相传有八刀之说，先头面，次手足，次胸腹，次枭首，皆侩子手师徒口授，他人不知也。京师与保定亦微有不同。似此重法，而国家未明定制度，未详其故。"[2] 章宗祥则说："旧时对于'大逆'尚有用'鱼鳞剐'者，即以铁网罩人身体，以刀割其自网突出之肉片，若去鱼鳞，故有是名。清末已废之。此时所谓凌迟，即俗称'杀六刀'，先去手足，后破腹，最后斩首。"[3] 说法的多样性表明，凌迟之法全凭刽子手的施行，并无绝对的规矩可言，自然容易引发各种弊端。[4]

凌迟更因为其残酷性，有违儒家的仁政理想，历来不乏抨击者。沈家本引述说："宋真宗时，御史台请脔剐杀人贼，帝曰：'五

---

[1]　曾纪泽：《曾纪泽日记》（中），岳麓书社，1998，第890页。

[2]　沈家本：《历代刑法考（一）·刑法分考》，第111页。所谓"未详其故"，显然有批评之意。清末另一位律学大家薛允升也说："唐律无凌迟及刺字之法，故不载于五刑律中。明律内言凌迟、刺字者指不胜屈，而名例律并未言及，未知其故。"见其《唐明律合编》，法律出版社，1999，第6页。

[3]　章宗祥：《新刑律颁布之经过》，载全国政协文史资料委员会编《文史资料存稿选编》（晚清·北洋上），中国文史出版社，2002，第35页。

[4]　方苞亲眼见识到行刑者的索贿行为，"其极刑，曰'顺我，即先刺心，否则四支解尽，心犹不死'"。见其《狱中杂记》，载《方苞集》（下），上海古籍出版社，2008，第710页。

刑自有常刑，何为残毒也？'陆游常请除凌迟之刑，亦谓肌肉已尽而气息未绝，肝心联络而视听犹存，感伤至和，亏损仁政，实非圣世所宜遵。隋时颁律诏云：枭首义无所取，不益惩肃之理，徒表安忍之怀。"沈家本认为这些话"洵皆仁人之言"，并以刑法"得中"的唐律无凌迟等重法为由，要求加以废除。[1]

与凌迟一样，枭首同样被认为属于"非刑之正"。[2] 虽然枭首的历史源远流长，但是在沈家本看来，亦非华夏刑律的正统。其名著《历代刑法考》指出："王莽杀议己者，故重刑以肆虐，非汉法也"；"唐律无枭首及要斩之文，仇士良等戕害朝臣，乃用此律外之文，不可以寻常论也"。[3] 他显然想尽量区隔枭首之刑与汉唐律之间的关联性，否定枭首刑之意甚为明显。

斩首和绞刑明确规定于《大清律例》中的"名例律"，是为"正刑"。斩首令犯人身首异处，在律法上重于绞刑；绞刑则通过刑具的"三放三束"处死犯人（并非现在所认知的吊死），犯人得以保留全尸。这种轻重之分，根据的是中国传统注重保留尸身完整性的普遍观念；[4] 而非以犯人的感受为标准，否则斩首似乎要优于绞刑。换言之，在律例的"正刑"之中，犯人受折磨的程度并非是判

---

[1]　伍廷芳、沈家本：《删除律例内重法折》，载《沈家本未刻书集纂·最新法部通行章程》，中国社会科学出版社，1996，第499页。

[2]　国务院法制局法制史研究室注：《〈清史稿·刑法志〉注解》，法律出版社，1957，第44页。

[3]　沈家本：《历代刑法考（一）·刑法分考》，第122、124页。

[4]　1903年沈荩被慈禧太后下令杖毙致死，辜鸿铭解释说："根据中国人的观点，认为用棍子打死的严峻和残酷程度比砍头处死要轻，因为前一种惩处不会造成中国人感觉特别可怕的身首异处。"见《辜鸿铭来函》（1903年8月25日），载骆惠敏编《清末民初政情内幕》（上），刘桂梁等译，知识出版社，1986，第273页。

断死刑轻重的标准。

近代海通以后，影响愈发巨大的西潮裹挟着这些传统的因素，混合产生出推动变革的力量。首先，列强拥有领事裁判权，中国要想废除之，必须充分考虑列强对于中国法律的批评意见，尤其是凌迟和枭首等残害身体之刑已成为外国舆论的众矢之的。正如日本的《时事新报》所指出："枭首之法、凌迟之刑，均视为等闲之事，不复觉其惨与刻，犹屠者之于牛羊。支那刑狱中残忍之案极多，办不胜办者，亦刑法之不善，助其势而长之也。宜除苛逆之条，如凌迟、枭首者，参仿东西法例，别设新章以代之。"[1]

其次，外国新的法律思想资源也开始在知识面影响中国。沈家本在光绪二十八年（1902）受命修律后，颇信用法律馆内的陕派律学新秀吉同钧，直至日本法律顾问来华，两人方始貌合神离。[2] 吉氏初时表现颇为趋新，鉴于"除法国旧例外，其余各国法律俱无译本"，可能系从经世文编一类的时务书籍去了解到西法的概貌，[3] 得出"死刑则中国重于外国，生刑则外国严于中国"[4] 的结论。其《请减轻刑法说帖》指出："近年中外交通，外人之入我中国者，均

---

[1]　《支那之法律》（罗刹庵主人译日本《时事新报》），《大公报》，光绪二十九年十月十一日，第 1 版。

[2]　参见李欣荣：《吉同钧与清末修律》，《社会科学战线》2009 年第 6 期。

[3]　陈忠倚编的《清经世文三编》（上海，扫叶山房石印本，光绪二十三年）收有李经邦《中外各国刑律轻重宽严异同得失考》、孙兆熊《中西律例繁简考》和杨毓辉《中外刑律辨》，以及杞庐主人的《时务通考》（上海，点石斋印本，光绪二十三年）卷十，都有西方法律的介绍，以及中西法律的对比，内容与吉氏所言有不少雷同之处。例如李经邦"死罪则中国重于泰西，活罪则泰西严于中国"，孙兆熊"中律似严而实宽，西律似宽而实严"的结论，便与吉氏相同。

[4]　吉同钧：《上修律大臣酌除重法说帖》，载《审判要略》，法部律学馆石印本，宣统二年，第 2 页。

不受我范围，以为中国刑法过于严酷。初闻是言，疑其无理取闹，及详考历代刑章，博览外国律书，始知其言非尽无理"；又谓"观近来各处所办案件，多有涉于严厉者，无怪外人藉为口实，不肯收回治外法权也"。[1] 稍后，其《上修律大臣酌除重法说帖》进一步阐发此意："凌迟之法，寸而磔之，支分节解，其刑最为严酷。考之汉唐律书，俱未载及。其法创之于辽，元明至今，相沿不废。枭示虽创始于周，悬首白旄以枭示天下。然考之唐律不载，此刑宋元以后始采用其法。"鉴于"现今欧西各国刑律俱以残酷为戒。俄用折解之刑，群相议为野蛮。我若仍沿旧制，用此重典，不特外人诽笑讥议，即考之中国汉唐律书，亦多不经见，似应概从删除。"[2] 换言之，凌迟和枭示既不符合古法，更被外人指为残酷，自当废除。

不只是吉同钧，法律馆提调董康也"建议自宋以后，刑制日趋于重，若凌迟犹形残酷，今欲中外划一，须从改革刑制始。如蒙俞允，始知朝廷非虚应故事也。"[3] 章宗祥的回忆则提到："某日会议，余等提议：现在既议改订新律，旧时沿用残酷之制必须先行革除，为人民造福。伍大赞成，谓'外人屡讥中国为野蛮，即指凌迟及刑讯而言。我辈既担此改律重任，大宜进言先废，于他日收回治外法权，必得好结果'。沈乃命即日草拟奏稿，旧派于凌迟及即决两端无异议。"[4] 不论具体创议者为谁，可以确定的是，馆内同仁各自有其所据的法律思想资源和目标，一致作出了废除凌迟等重刑的决议。

---

[1]　吉同钧：《请减轻刑法说帖》，载《审判要略》，第 1—2 页。

[2]　吉同钧：《上修律大臣酌除重法说帖》，载《审判要略》，第 2 页。

[3]　董康：《中国修订法律之经过》，载《中国法制史讲演录》，文粹阁，1972，第 157 页。

[4]　章宗祥：《新刑律颁布之经过》，载全国政协文史资料委员会编《文史资料存稿选编》（晚清·北洋上），第 35 页。

有意思的是，法律馆《删除律例内重法折》只是以"仁政"为由，要求废除酷刑。该奏强调："刑法之当改重为轻，固今日仁政之要务，而即修订之宗旨也"；"凡此酷重之刑，固所以惩戒凶恶。第刑至于斩，身首分离，已为至惨，若命在顷忽，菹醢必令备尝，气久消亡，刀锯犹难倖免，揆诸仁人之心，当必惨然不乐。谓将以惩本犯，而被刑者魂魄何知？谓将以警戒众人，而习见习闻，转感召其残忍之心。"特别是以本国历史上的刑法资源为证："刑律以唐为得中，而唐律并无凌迟、枭首、戮尸诸法。国初律令，重刑惟有斩刑，准以为式，尤非无征。"并没有提及西人的反对。[1]

该奏事前曾"呈稿于军机各大臣，由军机大臣改订一二语，斟酌妥善而后发"。[2]并获得其时主政中枢的军机大臣瞿鸿禨的赞赏，"年来臣僚，侈谈新政，皆属皮毛，惟法律馆此奏，革除垂及千年酷虐之刑，于小民造福不浅也。"[3]可见就朝廷高层看来，革除弊政，不一定要到"侈谈新政"的程度，就恢复本国律典传统立言，也许更为平易而具说服力。朝廷的上谕显然也赞同这种立论的方式，巧妙地把凌迟等重法解释为"前明旧制"，为改变祖制辩护。当时美国驻华公使馆的中文秘书 Williams 就观察到，"这个借口（假如它是一个借口的话）使得现政府至少可以把一部分的酷刑责任推卸给明朝"。[4]这种说法不无所见，至少表面上能够避免西

---

[1]　伍廷芳、沈家本:《删除律例内重法折》，载《沈家本未刻书集纂·最新法部通行章程》，第 499 页。董康自言该奏由其"草撰"。见其载《中国修订法律之经过》，载《中国法制史讲演录》，第 157 页。

[2]　《纪奏请删除重刑事》，《时报》，光绪三十一年四月初四日，第 6 页。

[3]　董康:《中国修订法律之经过》，载《中国法制史讲演录》，第 157-158 页。

[4]　Coolidge to the Secretary of State, April 26, 1905, Dispatches from United States Minister to China, File Microcopies of Records in the National Archives, R128, No.1870.

方以本朝律例为野蛮的指责。

第二节　死刑惟一的论辩

当时的新人物和传媒舆论对于朝廷废除重法之举当然表示欢迎，但是出于来自西方而自认野蛮的心态，却认为在未能全变西法的情况下，单独进行废除重法和刑讯的变革，只能是有害无益。孙宝瑄就认为："凌迟之刑，古无有也，始于五代，沿宋、元至今，始一旦除之，甚盛举也！"但是"穷凶大憝，一人而伤多命，仅断其首不足蔽辜者，似宜留是刑以待之，方满人意。国民程度未进，徒轻其刑，亦无益也。"[1]当时还是小青年的胡适也有类似意见，认为朝廷同时废除刑讯"是狠好的，只是太便宜了那班大盗老贼了"。[2]

《中外日报》在废除重法上谕之后，随即发表"论说"，在表示"安得不颂朝廷之仁恕，而为国民庆幸"的同时，更要求"穷其弊之原，而施根本之治，不仅以量减缓治为毕乃事"。这是因为"改律之用意，当先改良政体，而不当只改法文，政体先改，则人心始变，人心既变，则法治之精神，始能大著"。更何况这次改革死刑尚不彻底，"我国之立法者既知凌迟、戮尸、斩枭三等为过重矣，然于绝人生命之刑犹分斩、绞二门，得无嫌其过欤？"进而主

---

[1]　孙宝瑄：《忘山庐日记》（光绪三十三年十二月二十五日），上海古籍出版社，1983，第1133页。

[2]　《停止刑讯》，载季羡林主编《胡适全集》（21），安徽教育出版社，2003，第50页。关于清末废刑讯的详情，可参李欣荣：《清末修律中的废刑讯》，《学术研究》2009年第5期。

张"重罪之刑，只宜分为绞、徒、流三等，而不当再用斩刑，且宜
有徒、流二等之中，分为有期、无期各二等，改兼科杖罪之定制，
为有定服役、无定服役，改纳赎之例为附加之罚金，或在徒、流
以下，再增设轻重禁锢、轻重惩役四门，以处轻罪。"[1] 这明显仿自
1881 年颁布的日本刑法的刑名规定。[2] 若对比 1902 年该报关于开
展修律的"论说"，提出"除惨刑""去刑讯""设律师"和"整牢
狱"四条主张，[3] 更可体现西方和日本法律这些年对于中国舆论影
响的深化。

　　除了《中外日报》提出绞首为死刑惟一的方式外，更有传媒
提倡当时最新的电气吊毙之法，认为要比绞刑和枪毙快捷、文明。
《申报》的"论说"认为："中国绞决之法，向来用欲擒先纵之术，
三放三束，急血窜心，痛苦难言"；"外国刑人或用枪毙，或用电气
吊毙。弹丸直射，一击即中，幸也，偶差累黍，一击不死，势必再
击，再击不死，势必三击，三击之痛苦亦与斩犯身首不殊之痛苦相
等。惟用电气吊毙之法最为简捷，而犯人只有一秒钟震动之痛苦，
无数时闭绝之痛苦。"背后则推崇"泰西惩犯之宗旨"，"意在行为
不端之人留之世界，妨害人群，不得不死之，以保公益，故死犯之
刑只求简捷，不求痛苦"。如此"刑人之法日进文明，将来收回治
外法权，外人亦无所借口，否则斩决改为绞决，仍用向日绞犯野蛮
放束之技，名则仁慈也，而其实并不仁慈。夫名似实非之刑法，岂

[1]《读二十日上谕书后》，载《中外日报》，光绪三十一年三月二十三日，第 1 版。

[2] 日本刑法规定，重罪主刑为死刑（绞首）、徒流（各分有期、无期）、惩役
与禁狱（各分轻重两等），轻罪主刑则为禁锢（分轻重两等）和罚金。见《旧刑法正
文》，载牧野英一《日本刑法通义·附录》，陈承泽译，中国政法大学出版社，2003，
第 250-251 页。

[3]《论改刑律》，载《中外日报》，光绪二十八年六月二十八日，第 1 版。

文明国所宜有乎？”[1]

稍后更传出消息，谓刑部将用电气死刑。《大公报》报道：“刑部将设一电室，遇有死刑之犯，恭请王命之后，即入电室以死之，并不刑人于市。此法亦文明刑政也。”[2] 该报在1909年更指出，戴鸿慈和法部各官员也赞同电气吊毙之法。“法部戴尚书现议改良处决军犯办法，拟仿美国例，用电气击毙之法，保全身首异处之惨。闻各司员意见均属相同。”[3]“法部各堂会议，以各立宪国惩处人犯，均用电气击毙，并无身首异处之事，拟饬各省俟改良监狱后，即在按察使驻节处令建行刑场，改用电气杀人法，以期刑律纯合文明。”[4] 有意思的是，大理院在死刑改革的问题上也相当趋新。《天铎报》报道：“大理院前向法国定购死刑用断头机一具，已运到。”[5] 随后却被英国的“绅士”所嘲笑。[6]

朝野并非一面倒地赞成电气等法，《新闻报》就以与西方“接轨”为由，支持用枪毙之法：“细按（商约）原约文之意，必须中国刑律与他国之律一体相合，方为妥善，若有一款不合，即不能谓为妥善，各国即不允弃其治外法权之意已在言外。中国今日仍用斩决、绞决等名目，是显与枪毙之律不合，即将借此指为不妥善之处，而治外法权必不允诺放弃。”换言之，作者认为中国每条法律

[1] 《论议改斩为绞》（录《申报》），丙午（1906年）四月二十六日，载国家图书馆分馆编选《（清末）时事采新汇选》（第十六册），北京图书馆出版社，2003，第8379页。

[2] 《处死刑于电室》，《大公报》，光绪三十二年闰四月十六日，第4版。

[3] 《拟改死刑执行方法》，《大公报》，宣统元年二月初五日，第1张第4版。

[4] 《法部对于斩犯慈悲》，《大公报》，宣统元年九月二十六日，第2张第1版。

[5] 《专电》，《天铎报》，宣统二年四月十五日，第1版。

[6] 《报余摭谈》，《神州日报》，宣统二年九月二十九日，第5页。

都要符合西法，才可以收回法权。[1] 但据法律馆的统计，西方各国其实同时存在斩、绞和枪毙等多种死刑方式，"而用枪毙之国皆系维持往昔西班牙殖民地之旧惯，非以此法有所独优也"。[2] 传媒好道听途说，一知半解，但恰好反映其严格遵守条约以收回法权的意愿。

死刑方式属于修订刑律的范畴，主导权在修订法律馆，特别是修律大臣沈家本和负责起草新刑律的日本法律顾问冈田朝太郎（名义上为"调查员"）。当时西方和日本废除死刑之说已经甚嚣尘上，沈氏和冈田却一致反对。[3] 但是过此以往，关于死刑惟一以及斩、绞轻重等问题，却颇有异同。西方法律教育出身的冈田主张："执行死刑之方法，以确实、迅速为主，不宜使犯人受无益之苦痛，或斩或绞，宜用一种，不宜以斩、绞分轻重。"[4] 其理由被沈家本归纳为三条：

（一）"今中国欲改良刑法，而于死刑犹认斩、绞二种，以抗世界之大势，使他日刑法告成，外人读此律者，必以为依然野蛮未开之法，于利权收回、条约改正之事，生大阻碍也必矣。"（二）"主

---

[1]　《论改定法律》（录《新闻报》），乙巳（1905年）四月初六日，载国家图书馆分馆编选《（清末）时事采新汇选》（第十二册），第6479页。

[2]　《初次新刑律草案》第七章说明，油印本。

[3]　冈田在日本讲课时指出："今世所引用死刑废止之论，虽极为多数，概括论之，则仅自感情演绎而出，无根据事实的归纳之学理也。"见其《刑法总论》，李维钰编辑，天津，丙午社，光绪三十三年，第177-178页。沈家本则谓："欲废死刑，先谋教养。……若疆域稍广之国，教养之事安能尽美尽善，犯死罪而概宽贷之，适长厥奸心，而日习于为恶，其所患滋大。"见其《历代刑法考（三）·死刑之数》，第1249-1250页。

[4]　汪庚年编，冈田朝太郎讲授：《京师法律学堂讲义·刑法总则》，油印本，宣统二年，第21页。

张斩重绞轻者，恒谓斩者身首异处，故重，绞者身首不异处，故轻。然斩与绞同为断人生命之具，身首异处何以重？身首不异处何以轻？要亦不外中国古来之陋习迷信耳，非有正当之理由也。"（三）"试问：中国刑法之分别于杀人罪，曾有因犯人用斩用绞之故，以重轻其处分之规定乎？于犯人犯罪之手段，则不问其用斩用绞，皆作为同一价值，曾无轻重之分，独于官刑，则斩重绞轻，是何理也？"[1]

沈家本为此专门撰文表明自己的立场。[2] 其只同意第一条的"论势"之说，"今日世界之情形固然"，对于后二点则不以为然。他认为："斩、绞既有身首殊不殊之分，其死状之感情，实非毫无区别，略分轻重，与他事之迷信不同，遽斥谓非正当之理由，未可为定论也。刑法乃国家惩戒之具，非私人报复之端，若欲就犯罪之手段以分刑法之轻重，是不过私人报复之心，而绝非国家惩戒之意，自古无此法律，乃以此为对镜之喻，实非其比也。"沈氏并反问道，既然外国军律用枪毙、德国兼用斧和断头台，"则独责中国死分斩、绞之非，中国岂首肯哉！"

那么，如何解决世界大势与学理之间的矛盾呢？沈家本考证《吕刑》等经典后认为，古法于"死罪之列于常刑者止有一等，无二等也"，但是对于特别之人、特别犯罪也有特别之死刑。这"与

---

[1]　说见沈家本：《死刑惟一说》，载《历代刑法考（四）·寄簃文存》，第2099–2100 页。以下三段的沈家本言论均出于此。

[2]　杜钢建以为沈氏反对冈田之说，"主要是由于他害怕保守派舆论的压力"，是一种妥协的表现。见其《沈家本与冈田朝太郎法律思想比较研究》，载中国人民大学清史所编《清史研究集·第 8 辑》，中国人民大学出版社，1997，第 354–357 页。其说似乎未能解释沈氏何以撰专文以驳冈田的事实，以及充分注意到沈氏会通中西法理的修律观。

今日东西各国死罪或绞或斩，止用一种，而仍有枪击之法，正可互相参证"。因此今日应行死刑惟一之法，不再区分死刑之轻重，"乃复古，非徇今也"；同时又可以特别之法加以补充。具体而言："定绞为死刑之主刑，斩为特别之刑，凡刑事内之情节重大者，酌立特别单行之法。其军中之刑，亦以斩行之，不用枪击。"这样做除了符合古法之外，也有循序渐进的现实考虑，因为"斩、绞二项中，再议删去一项，必至訾议蜂起，难遽实行"，"惟以渐进为主义，庶众论不至纷挐，而新法可以决定，亦事之次序本当如是，非依违也"。

选择中国传统的斩、绞二刑，而非外国的死刑之法，似乎可以体现出沈氏所宣称"复古"而非"徇今"的理念，而与传媒的前述趋新意见有所区隔。但是历史的内情或不如此简单。沈氏在解释何以不用外国枪毙之法时指出："尝见一枪击者，凡发四十余枪而后气绝，其惨甚于凌迟，非仁政也。即使此种枪刑，必选择精于用枪者行之，可以一发即毙。然斩首者，首断而气即绝，其痛楚之时必短。枪击者，枪中而气未遽绝，其痛楚之时必长。以此相较，枪击不如斩首也。"其关注受刑人痛苦程度，并作为死刑优劣标准的意见，其实已经暗中接受了冈田"不宜使犯人受无益之苦痛"的观念，只不过换了传统"仁政"的表述方式而已。就新派看来，沈氏仍是站在他们一边。章宗祥后来指出："（入民国后）沈虽在病中，犹时时念及新律之将来如何施行，关于各国执行死刑方法尤注意，嘱余详细考察。中国执行死刑，采用新法，在监狱密行绞毙，废去公开斩决、枭首示众，皆沈主持之力。"[1] 沈氏在奏进新刑律初次草案时曾指出：修律宗旨乃"折衷各国大同之良规，兼采近世最新之

---

[1]　章宗祥:《新刑律颁布之经过》，载全国政协文史资料委员会编《文史资料存稿选编》（晚清·北洋上），第37页。

学说，而仍不戾于我国历世相沿之礼教民情"，[1] 单从死刑方式变革的斟酌取舍一事，已可见其煞费苦心。

草案奏上后，交付各部院、督抚签注。大多数部院督抚认为死刑应该区分轻重的观念与沈氏一致，却不认同其折衷的做法，力主斩刑不但不能废，而且应明著于律文。学部指出："明律斩绞分立决、监候，具有深心，国朝因之。新律草案称死刑仅用绞刑一种，大逆逆伦重案俱用斩刑。现当斩刑未废，如一律用斩〔绞〕，是等君父于路人，破忠孝之大义，将来流弊所极，有非臣子所忍言者。"[2] 湖南巡抚岑春蓂认为，现行的死刑制度"已属仁至义尽"，"若并斩刑而除之，则大逆枭獍、穷凶极恶均获保全首领，是未收感化教育之效，先宽乱臣贼子之诛。虽云希望人民进步，然世有犯者固当处重刑，以警天下之人心"。即便打算别辑特别专例，"然新律既将实行，章程又复错出，司法殊不统一，仍蹈例案前辙"。[3] 江西巡抚冯汝骙也反对新刑律的办法："刑律为全国之法典，与其徒骛轻刑之名，而以蔑伦乱纪之条置诸例外，似不若仍存斩刑名目，而罗举应行骈首各罪，列诸篇章，较为得体。"[4] 三说（学部说得最重）均认为斩刑若废，任何死罪人犯处以同一死刑，将会产生破坏伦纪的问题；即便斩刑置诸暂行章程，也未能解决该问题。

---

[1] 《修订法律大臣法部右侍郎沈家本奏刑律分则草案告成折》（光绪三十三年十一月二十六日），《政治官报》第 69 号，光绪三十三年十一月二十九日，第 11 页。

[2] 《学部奏为新订刑律草案多与中国礼教有妨折》（光绪三十四年五月初七日），载宪政编查馆编《刑律草案签注》第 1 册，油印本，无页码。

[3] 《湖南巡抚岑春蓂咨送新刑律签注呈文（并单）》，载《刑律草案签注》第 4 册。

[4] 《江西巡抚冯汝骙奏参考刑律草案折（并单）》（宣统元年闰二月初四日），《政治官报》第 520 号，宣统元年闰二月二十一日，第 11-12 页。

　　江苏巡抚的签注则认为，目前情形并不适合明著废除斩刑："现时法兰西、德意志、瑞典等国亦有斩刑，而揆以中国民俗之浇漓，纪纲日就颓败，窃谓凌迟、枭示、戮尸三项已奉明诏删除，足徵仁德，惟斩刑未可全废，明刑正以弼教，似宜明著诸篇。"[1] 都察院立意最旧，从报复犯人的角度加以反驳："窃谓犯身首异处之罪，而后有身首异处之刑。若谓非人情所忍见，第不忍于犯罪之人，势必忍于被害之人。被害者有何罪孽，而应遭凶犯之毒手乎？故哀矜勿喜则可，姑息养奸则不可。"[2]

　　对于这些反对声音，法律馆的《案语原稿》答复道："极刑何必更分等差，重斩轻绞，不过一种迷信。人往往不悟极刑不应更有等差之理。试问斩立决应实之罪至二以上俱发时，果以何刑科之耶？草案之主义认死为极刑，其行刑之手段如何则不暇问。"[3] 可见起草此条意见的法律馆司员与冈田的立场一致，而异于沈家本之意。但是到了案语正式发表时，却强调此为时势所迫："至斩刑暂留，以待旧律枭獍之徒，臣馆原奏亦声明在案。于新陈行替之交，作此权宜之办法，未为不可，似毋须明著于律，启人口实也。"[4] 这种说法大概能为各方所接受。

---

[1] 《苏抚咨宪政编查馆签注新订刑律草案文》，《申报》，宣统元年二月二十七日，第4张第2版。

[2] 《都察院奏为刑律草案未尽完善请饬核订折（并单）》，第7章签注，见《刑律草案签注》第1册。都察院原折甚至认为此前就不该废除凌迟等重刑，"世之乱臣贼子与夫穷凶极恶之人，遂与寻常之犯死罪者无甚区别矣"。如今再次减轻，"是以姑息为爱，以宽纵为恩，恐水懦民玩，犯法日众，将来难以收拾矣"。

[3] 《法律馆答复部院督抚签注新刑律之案语原稿》，一档馆藏修订法律馆全宗第6号卷宗。

[4] 《修正刑律案语·总则》，清末铅印本，第23页。

针对两广总督的签注质疑新刑律废除"立决、监候、应实、应缓之等差"的做法（即秋审制度），[1]《案语原稿》认为根据草案第39、40条的规定，须经法部奏复回报或命令，方能执行死刑，因此"草案主义一切死刑皆近于监候"。不过，原来的监候之法导致轻立死罪之名，"乃掩耳盗铃之法也，名重而实轻，舞文立法适足以堕法之威信，有百害而无一利者也"。这种激烈的言辞在案语发表时虽被删除，但是新刑律并没有为秋审制度留下位置，后者被废已是必然。

此时报刊舆论也以秋审制度异于外国，而反对督抚之立说。《帝京新闻》一篇署名"正"的文章说："绞多秋后，斩多立决，是姑无论斩、绞，均有监候、立决之分；即如所云，亦方向之错误，此非刑之轻重，乃裁判上缓急，以裁判缓急误作刑之轻重，叩诸持论者，当哑然失笑。"[2]《大公报》的"论说"意思相类："同一审讯，其必待秋谳者，未必即得情实，其不待秋审者，未必毫无冤诬。况乎斩首之法，徒足以伤道德之感情，而无俾于社会之实益。秋谳之制亦徒以延执刑之时期，而无济于罪情之虚实。斩刑之在所必废，秋审之在所必停，为今日刑法学者之通说。乃原奏必极力回护之诚，不知何所取义。"[3] 其实，秋审制度本来是"慎重人命"之举，[4] 却被指为无关轻重和无益实际，显示出立说者对于旧律的观念和制度相当陌生，所谓"今日刑法学者之通说"，也只不过是辗

---

[1]《两广总督签注》，第37条签注，载《刑律草案签注》第2册。

[2] 正:《死刑存废论》,《帝京新闻》,宣统二年十二月初四日，第2页。

[3]《论粤督请改刑律草案之无理》（续），《大公报》，光绪三十四年七月二十五日，第1张第3版。

[4] 吉同钧指出："其尤可取法者，如秋审一项，更为慎重人命。……故每杀一人，必经内外十余衙门之手详审覆核，又必复奏八九次，然后处决。"见其《论有清一代政治得失》，载《乐素堂文集》卷一，第2-3页。

转来自西方的道听途说。

第三节　死刑的密行

　　传统中国执行死刑采用公开示众的方式，这与当时欧洲的密行方式截然相反（不过却与欧洲前近代相同）。其原因正如辜鸿铭所言："现代欧洲惩办罪犯的动机，仅仅是希望阻止犯罪、保障社会安全，使之不受伤害和损失。但是在中国，惩办罪犯的动机是对犯罪的憎恶。"[1] 不过在西风鼓荡之下，沈家本诸人开始转向支持密行之法，并专门撰写《变通行刑旧制议》一文来阐述自己的意见。

　　沈氏认为，现在的公行方式效果负面而且不符古制：首先，"示众以威，俾之怵目而警心，殊未得众弃之本旨。且稔恶之徒，悍不畏死，刀锯斧钺，视为故常，甚至临市之时，谩骂高歌，意态自若，转使莠民感于气类，愈长其凶暴之风。常人习于见闻，亦渐流为惨刻之行"。其次，"古之市，有垣有门，周防甚密。今京师处决重囚，在菜市地方，为四达通衢，略无周防，与古制本不甚合。至各直省府厅州县，大都在城外空旷之地，与弃市之义更不相符"。[2]

―――――――――

　　[1]　《辜鸿铭来函》（1903年8月25日），载骆惠敏编《清末民初政情内幕》（上），第274页。

　　[2]　沈家本：《变通行刑旧制议》，载《历代刑法考（四）·寄簃文存》，第2060-2062页。本段和下段引语均出于此。章宗祥也对公开行刑有类似的批评："至死刑执行公开，尤足启人残忍之心。北方强悍多盗，被捕就刑者辄于囚车内高歌自傲，谓'今日就死，明日转生，二十年后仍不失为一好汉'，闻者辄和之。由此以观，公开处刑之不足以警众明矣。"见其《新刑律颁布之经过》，载全国政协文史资料委员会编《文史资料存稿选编》（晚清·北洋上），第37页。

外人的因素更是关键，"不独民人任意喧呼拥挤，即外人亦诧为奇事，升屋聚观，偶语私讯，摄影而去。既属有乖政体，并恐别酿事端"。沈氏参考西方各国的行刑办法后，相当肯定其"立法之意"，"一则防卫之严密，一则临刑惨苦情状不欲令人见闻，于教育、周防两端均有关系，其制颇可采择。第监内行刑，恐多窒碍，不若另拘一区，较为妥善。"于是提出京师建筑专门的封闭式行刑场，外地于原处"围造墙垣，规制不嫌简略，经费可从节省，总以不令平民闻见为宗旨"。新刑律初次草案虽然没有详细规定具体办法，但是已经宣示采用密行方式，"按之古来各国之实验，非唯无惩肃之效力，适养成国民残忍之风，故用绞之国无不密行者，本案亦然。"[1]

《大公报》所见与沈氏颇有相类之处："行刑之日，每于东方未明处决于途。愚民先日闻知，争赴刑场，宛如观剧，甚或有提行厨而至者，携老扶幼，杂□无隙地，而犯人登台时，更出以骂詈、嘲弄，与刑人相争。呜呼，惨哉！彼公行死刑，愚氓观之为愈快，善士触之起怜悯，欲警戒将来之犯，而观之者方生有种种恶感情矣。"故而主张："恐一经公行，反令良民感染恶风，诱起凶念，终必将警戒犯人、惩戒罪恶之实益亦失。抑预戒他人，亦不尽在令他人悉窥其惨状也。盖一公行裁判，公布宣告，则人民即知有罪必诛、不可长恶之意。是刑之密行室内，果为有利无害可知也。我国现定改行室内，殆已知数千百年之弊害而进高明之域乎！"[2]

然而，一些督抚看来，封闭行刑之法显然违背"辟以止辟"的经义。陕西签注认为："刑人于市，正以示徼，谓无惩肃之效力，殊

[1]《初次新刑律草案》，第七章刑名说明。

[2]《释新律之善点》，《大公报》，光绪三十二年闰四月二十三日，第2版。

不尽然。况以煌煌国典，行于密室，似于辟以止辟之意相背，应请再议。"[1] 两广签注的意见略同："且死刑公行，即刑人于市，与众共弃之义。所谓惩一以儆众者也。今以密行为法，使凶顽罔知所戒，恐亦非辟以止辟之义。"[2]

亦有督抚以人民程度不足为辞。湖广签注认为："死刑用绞，各国多尚密行，意在不示民以残忍，立法良善。中国人民良莠不齐，教育现未普及，桀骜之徒每多越货杀人之案。鄂省民风强悍，刀匪痞盗所在多有，动辄持械抢劫杀人，若不明正国法，仅于狱内执行，恐无以昭炯戒。似应俟教育普及，国民程度渐高，再以密行，著为定例。"[3] 闽浙签注虽然赞同死刑一律用绞，"本尚妥洽"，"惟于狱内密行，恐愚民见其犯罪而不见其论决，以为虚拟罪名，并未实行处死，必致畏法者愈少，犯法者愈众。现在人民程度未到，所有密行之处，应请缓议。"[4]

相较而言，苏抚的意见算是较为支持新法："绞刑于狱内执行，现各国皆同，中国亦可照行。惟判决后应行宣告之法，使人共晓。若用斩刑，应否仍肆诸市朝，请再厘订声叙。"[5] 湖南的主张则较为折衷："死罪仍宜分别斩、绞二刑，凡犯旧律凌迟、枭首罪名者，均

[1]《陕西巡抚恩寿奏参考刑律草案分条签注折（并单）》，《政治官报》第547期，宣统元年三月十九日，第8页。

[2]《两广总督签注》，载《刑律草案签注》第2册，第37条。

[3]《湖广总督陈夔龙奏签注刑律草案折（并单）》（宣统元年二月初十日），《政治官报》第490号，宣统元年二月二十一日，第9页。

[4]《闽浙总督松寿签注新刑律草案清单》，载《刑律草案签注》第4册，第38条。

[5]《苏抚咨宪政编查馆签注新订刑律草案文》，《申报》，宣统元年二月二十七日，第4张第2版。

用斩公行，明着于篇，以示肆诸市朝之义。其余死罪，均用绞密行，以昭刑期无刑之政。"[1] 其实类似的折衷想法，此前也为吉同钧所分享，其向沈家本提出："如案关逆伦，处以骈首极刑，正法于市，不用秘密之法，仍仿用西法，用黑绢罩头，以示暗无天日之意，庶几众人觍之，亦可以为炯戒。"[2] 但上述意见最终显然未被沈家本接受。

对于这些反对的声音和修正的意见，法律馆的答复相当简要："公行之制有害无益，各国皆由经验得之，且光绪三十三年五月业经法部于请拨常年经费折内奏明，建设行刑场，改为密行，奉旨允准，钦遵于是年实行在案，未便再事纷更也。"[3] 换言之，法部提出执行死刑新制甚至在新刑律草案提出以前，并已获得朝廷批准。[4] 事实上，从光绪三十三年开始，京师的秋决已经在新筑的行刑场内执行。孙宝瑄记述："从前刑人在菜市口，殆数百年，今移至长椿寺之北，地平旷，外筑垣绕之，凡遇刑人，则构席棚。"[5] 当时北京的竹枝词也传唱："当年弃市任观刑，今日行刑场筑成。新旧两般都有意，一教警众一文明。"作者"兰陵忧患生"解释说，"自前明即在菜市刑人，本朝仍之。每遇刑人于市，行者观者，动为塞途。今于

---

[1] 《湖南巡抚岑春蓂咨送新刑律签注呈文（并单）》，第7章总叙，载《刑律草案签注》第4册。

[2] 吉同钧：《上修律大臣酌除重法说帖》，载《审判要略》，2页。

[3] 《修正刑律案语·总则》，第23页。

[4] 中央有此宣示后，地方新设的司法机关也有呼应者。如云南高等检察厅呈请仿照法部的办法，"在省城模范监狱照例处决，则手续较为便利，而与新理亦甚吻合"。《云南高等检察厅拟请厅判死罪人犯在狱内用刑咨呈提法司文》，载汪庆祺编《各省审判厅判牍》，北京大学出版社，2007，第254页。

[5] 孙宝瑄：《忘山庐日记》（光绪三十四年二月初六日），第1152页。

斗鸡坑地方建筑刑场一所，门墙屋宇，颇为高宏，既益卫生，复合文明之举"。[1]

余　论

宣统二年九月，宪政馆通过的新刑律第三草案正文虽然以绞刑为惟一死刑，但是在暂行章程中仍然规定危害帝室、杀尊亲属、内乱等严重犯罪适用斩刑。宪政馆为暂行章程辩解道："藉以沟通新旧而利推行，将来体察全国教育、警察、监狱周备之时，再行酌量变通，请旨办理。"[2] 这种折衷新旧的做法自然不能令新派满意。由汪荣宝主导的资政院法典股经多数表决后认为："暂行章程五条与新刑律所采主义，根本上不能并容，若因囿于中国旧俗，新律即无须编订"。"若因人民程度未至，则是颁行期限迟早之问题，决不可于新刑律实行之际，又另设一暂行章程以破坏之也"。其中"暂行章程第一条，死刑仍用斩，与原案死刑惟一之旨不合，且同一绝人生民而故分轻重，徒留残酷之风，无关劝惩之实。"[3] 几乎就在同时，王树荣参加第八次万国监狱改良会，并顺途考察各国刑狱现状，归国后的报告指出："各国死刑只用一种，谓之死刑维一主义。……我国新刑律草案专用绞刑，则将来可仿行英、日等国之制，宪政编查馆

---

[1]　兰陵忧患生：《京华百二竹枝词》，载《清代北京竹枝词（十三种)》，北京出版社，1962，第 120 页。

[2]　《奕劻等奏为核订新刑律告竣缮单请旨交议折》（宣统二年十月初四日），载《大清新刑律·奏疏》，宪政编查馆，宣统三年。

[3]　《资政院反对暂行章程》，《申报》，宣统二年十二月初四日，第 1 张第 5 版。

奏定暂行章程有新律实行死刑仍暂用斩各条，以法理言之，未免自乱其例耳。"[1]

朝廷并未理会资政院等外界的批评，最终钦定的《大清刑律》仍然保留了暂行章程。然而民国代清以后，北洋政府很快就宣布废除暂行章程："新刑律后附暂行章程五条，或违死刑惟一之原则，或失刑当其罪之本意，或干涉个人之私德，或未谙法律之解释；即以经过法而言，亦无法律、章程两存之理。以上属无关于国体，当兹法令新颁，断不可留此疵类，自应一概删除。"[2] 这显然是章宗祥、董康和汪有龄等新派当政后的结果。至此，斩刑才最终得以被废除，绞刑成为民初《暂行新刑律》中的惟一死刑。

通过重建相关的史实和讨论，不难发现中国死刑方式的近代变革，并非全是西潮的作用，传统律法的思想资源也有加功的作用。但是随着日本法律顾问来华和朝廷宣示立宪，西法的威力变得势不可挡，影响深入舆论。即如精通旧律的沈家本，在与冈田进行法理的论辩时所采用三代古法和西方法比附论证的方式，已经提示出《大清律例》丧失了不证自明的威信，何况其格于"世界之情形"而作的折衷安排，最后也不敌民初的趋新世风而归于落空。

[1]　王树荣:《考察各国监狱制度报告书提要》，京师第一监狱，1923，第4页。

[2]　1912年10月北洋政府《司法公报》，引自黄源盛《沈家本法律思想与晚清刑律变迁》，台湾大学博士学位论文，1991，第252页。

第六章　改设政务处与丙午内官改制

清末复行新政伊始，朝廷特设督办政务处（简称"政务处"）作为领导新政的专门机构，并计划将各项新政事宜的应革损益交由该处审定，以便分别缓急，次第施行。辛丑回銮前后，政务处与军机处"双峰并峙"，成为新政枢纽。自 1905 年起，政务处的议政职能因《会议政务章程》的颁行而得以增强，时人谓政务处"为议政之地"[1]。随着立宪声浪的高涨，政务处将改为议院的消息屡见报端。然而，在丙午内官改制中，政务处却并未循着原有演变轨迹和人们的预期发展，出人意料地被改为会议政务处，实际上成为责任内阁的替代品。

既往研究对政务处的改设问题多依据章程条文稍加陈述[2]，尽管有学者注意到政务处在改设前后的差异[3]，却因视角各异，鲜有

[1]　《前署户部尚书赵遵旨奏应行时政十二事折》，《申报》1905 年 6 月 25 日，第 1 张第 9 版。

[2]　代表性成果为张德泽：《清代国家机关考略》（修订本），学苑出版社，2001；李鹏年等：《清代中央国家机关概述》，紫禁城出版社，1989；张晋藩、王超：《中国政治制度史》，中国政法大学出版社，1987；韦庆远主编：《中国政治制度史》，中国人民大学出版社，1989；谢俊美：《政治制度与近代中国（增补本）》，上海人民出版社，2000；郭松义等：《清朝典章制度》，吉林文史出版社，2001。

[3]　王立诚、楼劲认为，政务处在改设之后，"天下政治之管辖"的地位为考察政治馆及其改设的宪政编查馆所取代。而负责军机大臣、大学士、则成了会议政务处的主要职责（《政务处与清末政局》，载上海市历史学会编：《中国史论集》，（转下页）

论及其改设的因由与过程，以及对中枢体制改革的影响。爬梳史料发现，政务处的改设过程极为复杂，其中既萦绕西方宪政体制对内官改制的影响，又牵涉不同政治派别趋向各异的利益诉求。最高统治者对内官制方案举棋不定，最终选择将政务处改为会议政务处的稳妥方案来平衡各方，导致丙午内官改制收效甚微。因缘政务处的改设过程，可以进一步厘清其在清末的渊源流变，透视西方宪政思潮对内官改制的影响，近代制度转型的曲折与复杂亦由此凸显。

第一节　两可之间

五大臣出洋前后，行将立宪并改革官制的消息在京中已是沸沸扬扬，内官制的变动成为舆论关注的焦点。报载，"政府王大臣近日屡次会议改定官制、裁并衙署各节"[1]。有消息说，"那中堂创议，将内阁改为内部。以后，政务处为立法官，内部为行法官。某邸甚以为然，不久即见明文矣"[2]。又谓"政府因内阁事务清闲，各大学士均系备员，有拟即行裁撤之意，所有事宜归并政务处。政务处之名目亦拟改定。又闻有归军机处、内阁、政务处为一处

（接上页）内部发行，1986）。关晓红指出，丙午改制后，"军机处侧重于军事与外交，各部所管新政事物则主要由内阁会议政务处审议。除外务部外，各部尚书退出军机处而仍充会议政务大臣，至少是减轻军机处的事权，增加政务处的权限"，且"具有向责任内阁过渡的性质"（《晚清学部研究》，广东教育出版社，2000，第228页）。彭剑注意到《内阁官制草案》前后关于政务处去留的不同，惜未予深究（《清季宪政编查馆研究》，北京大学出版社，2011，第146页）。

[1]《会议归并职官办法》，《申报》1905年10月25日，第1张第4版。

[2]《内阁改为内部》，《香港华字日报》1905年9月23日，第1张第3版。

之说，或总名枢密院，或仍名内阁。各军机大臣现正议商，尚未决定"[1]。

外界虽然众说纷纭，而朝中大老的实际步伐显然与之不合符节。1905 年 11 月 27 日（光绪卅一年十一月初一），商部尚书载振上折条陈改官制。折称，"我朝设官分职，大都沿明代旧制，故有旧政既废，官位尚存，寖至名实不符"，由此而官制事权不一，责任不专。其弊有二：一曰推诿，"盖责任不属于一人，则纲领便无由提挈，国家遇有大事，此部推诸彼部，甲权诿为乙权，或明知其事之非，而不肯出一言以立断"。二曰牵掣，"各部堂官既众，意见不无参差，往往提议一事，议论经年，终归搁置，所谓筑室道谋，不溃于成"。因此，他认为当此时局艰难之际，旧有官制已经无法适应，建议"宜仿各国专任之例，将中央官制改弦而更张，庶有以植新政之初基，而可自立于竞争之世"，并提出了一整套官制改革的方案。其中，"内阁大学士不兼部务者，同内阁学士等官，事务稀简，几等闲曹，于国家体制，名实太不相符，或可将近设政务处，归入内阁办理"，而"都察院系建言论事之地"，"未可轻议裁撤"[2]。

上奏之前，载振特地致函瞿鸿禨，并将疏稿见呈，望瞿氏入对之余，"赞成一切，俾可见之施行"[3]。不难看出，载振所奏与此前

---

　　[1]　《政界将有变动》，《香港华字日报》1905 年 11 月 7 日，第 1 张第 3 版。

　　[2]　载振：《奏为官制窳败事权不一宜仿专任之法一律改定以维政体事》，光绪卅一年十一月初一日，军机处录副奏折，档号：03-5449-008，缩微号：412-0077。该折为唐文治代拟，见唐文治：《茹经堂奏疏》，载沈云龙主编《近代中国史料丛刊》初编（056），文海出版社，1969，第 219-228 页。

　　[3]　《载振致瞿鸿禨》，见《瞿鸿禨朋僚书牍选（下）》，载《近代史资料》编辑部编《近代史资料》，总 109 号，中国社会科学出版社，2004，第 59 页。

外界传闻差距不小。折中虽然提出宜仿照各国"专任之例",但并未涉及立宪政体改革,而是在原有体制内进行"祛冗滥、专责成"的调整,意在"维政体",而非"改政体"。不过,折中也提到"日本明治变法之初,亦先改定官制",隐含为立宪张本。其实,载振此奏另有隐情,"闻振贝子此折夏秋之间即已具稿,是时贝子适在极力运动立宪,欲俟立宪事成,然后请更官制。不料立宪事外议略有异同,刻下未能遽行,遂将此折递上。又闻此折原稿其官制全仿外国制度,后与朝中大老细商,知中国此时程度未能及此,且今日仓卒之间亦万办不到,乃降格为此,实有不得已之隐衷"[1]。此言并非子虚,"(载)泽未行时,(载)振即告以非立宪不可,兄出去一看,便明此理"[2]。可见此时朝中亲贵对于立宪仍在游移之间,又未能与中枢大老就官制改革达成共识,故此折虽发交政务处议奏,但阻力重重。政务处各堂"议及政务处归并内阁一事。某大臣谓以现在改良政治不厌求详,内阁为各衙门总汇之区,而政务处交议折奏事务尤属繁冗。若经归并,难免有疏略之虞。此举暂可从缓,俟有妥实办法再议"[3]。有消息称,"议覆振贝子变通官制折","欲俟五大臣回国后始行发表"[4]。

虽然如此,舆论却并未丧失信心。《时报》发文称,"风闻朝廷因振贝子之奏,将大改官制。比虽未奉明谕,然以近政而论,此举固在意中。且窥朝廷之意,将非如前者枝枝节节之为,而确

[1] 《振贝子请改官制详述》,《岭东日报》1905 年 12 月 27 日,第 1 张第 8 版。

[2] 上海图书馆编:《汪康年师友书札》(一),上海古籍出版社,1986,第 837 页。注:括号中为笔者所加。

[3] 《政务处暂不归并内阁》,《大公报》1906 年 1 月 5 日,第 1 张第 3 版。

[4] 《陈侍郎有辞出政务处之意》,《时报》1906 年 1 月 17 日,第 1 张第 3 版。

有整齐全局之想"，并提醒当政者"定制之初，虽未能一扫旧规，然统辖联属之间，必宜特参新制。如司法、行政之分立，中央、地方之相联。凡可为立宪之基而文明官制所必然者，皆宜先引其端"[1]。

1906 年 3 月，任满回国的驻法公使孙宝琦于奏对之际"历陈各国政治，并请速定立宪以慰天下臣民之望"[2]，又提出应仿照列国制度，扩充内阁权限，"将军机处、政务处请旨裁撤，一切军国重事、内政外交事宜均归内阁总辖，以划一事权而整齐政务"[3]。据悉，孙宝琦连日与政务处王大臣会商，"请先设考察政治馆于政务处，凡有通达东西各邦宪法人员及程度最高之留学生，由王大臣随时保奏，调充考察政治馆之议员。王大臣均以为然"[4]。作为驻外钦使，孙宝琦对时局有相当清醒的认识。1904 年，他就曾"上书政务处，请定立宪政体，广开议会，以振全国之精神，以新天下之耳目"，并致函端方，希望其能与张之洞"将立宪之意合疏上陈"[5]。但"枢府中多不赞成"[6]，最终石沉大海。任满回国之初，他又电称"非此（立宪）不足扶危局，恳早颁明谕，定为帝国立宪政体，慰天下人民之望"[7]。或许是时势使然，孙宝琦此次的主张得到军机大臣们的

---

[1]　《论改官制之要领》，《时报》1907 年 1 月 9 日，第 1 张第 1 版。

[2]　《孙钦使之奏对》，《大公报》1906 年 3 月 13 日，第 1 张第 3 版。

[3]　《拟裁军机处、政务处而集权于内阁》，《时报》1906 年 4 月 15 日，第 1 张第 3 版；《扩充内阁权限之提议》，《香港华字日报》1906 年 4 月 16 日，第 1 张第 3 版。

[4]　《政府预备立宪消息》，《时报》1906 年 4 月 10 日，第 1 张第 1 版。

[5]　《孙宝琦致端方函》（光绪卅年三月初七日），转引自张海林《端方与清末新政》，南京大学出版社，2007，第 195 页。

[6]　《使臣条陈立宪》，《大公报》1904 年 6 月 2 日，第 1 张第 2 版。

[7]　《孙星使请定为帝国立宪政体原电》，《申报》1905 年 10 月 9 日，第 1 张第 3 版。

认可，因而"枢眷甚好"[1]。

然而，孙宝琦变革政体、扩充内阁的建议一经提出，朝中随即引发关于重组中枢机构的争论，尤其对于政务处的变动意见不一。据媒体披露，方案大致有二：其一，拟"将内阁、军机处归并，改为内部"，"政务处改为上议院，另订设官章程，以作立宪之根据"[2]。其二，则如孙宝琦所请，"将军机、政务二处奏请归并内阁，仍用内阁名目。所有全国行政事宜，均归内阁统辖"[3]。两种方案虽然意见不同，但都旨在建设立宪政体。政务处在立宪政体中的去向，则或归并于内阁，或改设为议院，意见截然两分。

改政务处为议院的意见由来已久。1903 年 7、8 月间，新任驻法公使孙宝琦便奏称宜仿效外国议院，将政务处酌量变通[4]。而自《会议政务章程》出台后，外间更以为"政府有组织立宪之意，拟以政务处为上议院，以都察院为下议院，凡侍郎以上各大员皆令充当议员"[5]。仔细推敲，不难发现时人将形似西方议院的政务处简单类比为立宪政体下的立法机构，实际上是意欲沟通中外政体，使固有机构与宪政机构实现顺利对接，从而平稳地实现政体变更。但是，此举既忽略了政务处设立的本意与清代设官分职的主旨，又混淆了立宪政体的概念。在外人看来，对此消息不免"讪笑，以为驴

---

[1] 陈旭麓、顾廷龙、汪熙主编：《辛亥革命前后·盛宣怀档案资料选辑之一》，上海人民出版社，1979，第 25 页。

[2] 《改设内部、上议院之风说》，《时报》1906 年 6 月 20 日，第 1 张第 3 版；《改设上议院之风说》，《大公报》1906 年 6 月 23 日，第 1 张第 3 版。

[3] 《内阁将握行政之实权》，《香港华字日报》1906 年 7 月 3 日，第 1 张第 3 版。

[4] 《驻法国孙钦使宝琦条陈时政折》，《大公报》1904 年 2 月 23 日，第 1 张第 1 版。

[5] 《电报》，《时报》1905 年 4 月 2 日，第 1 张第 2 版；《组织立宪之传闻》，载《大公报》1905 年 4 月 11 日，第 1 张第 2 版。

非驴，马非马"[1]。

日人服部宇之吉在介绍清朝政治机构时，虽把政务处列入"议政机关"，却明确指出"此处所称之议政机关，乃对受天子之命议论政务之所给与之假定名称。其中有纯粹的顾问府，亦有行政机关等，在某种情况下亦可成为议政机关，其内容不一。虽定名为议政机关，但与外国之立法部等不可相比"[2]。服部宇之吉意识到清朝的衙署往往身兼议政与行政两任，无法与外国官制一一对应，强行比附，难免格格不入。而织田万从行政法的角度，"考察政务处开设之实情，其所主职权盖在审议新政之方针乎？或目为我往时所谓制度取调局之类，亦似无不可"[3]，显然不了解清朝设官分职中分权制衡的特点，因此对政务处的认识模糊不清。时人大多对此并不深究，而孙宝琦任满归来，于中西政体的差异应有较为深刻的认识，故其回国后对政务处的改设意见与此前截然相反。

值得注意的是，即便朝廷有意将政务处改为议院，此时亦纠葛较多，尤其是都察院同样具有改为议院的可能性。坊间早已传言，"政府议商拟将都察院改为议院，俾御史中之才干者充作议员"[4]。1906 年初，都察院各堂官奏请裁减科道员缺，立即引来一片反对之声。翰林院编修刘廷琛上折反对裁减科道，他认为："谨按会典，科道稽查各部院及各省事宜，曲折钩稽，周详妥备。现虽奉行故事，

---

[1]　《论国家于未立宪以前有可以行必宜行之要政》，《中外日报》1905 年 9 月 20 日，第 1 张第 1 版。

[2]　服部宇之吉：《清末北京志资料》，张宗平、吕永和译，吕永和、汤重南校，北京燕山出版社，1994，第 98 页。

[3]　织田万：《清国行政法》，李秀清、王沛点校，中国政法大学出版社，2003，第 206 页。

[4]　《都察院将改议院》，《申报》1905 年 8 月 14 日，第 1 张第 3 版。

早失其职，犹可想见祖宗立法精意，至为深远"，"比岁朝廷加意维新，盖以法之弊者不能不改弦更张，以适时变。浅识者不深维其意，往往藉变法之名，徇一隅之见。于各国要政之精神命脉未窥真际，而吾固有之良法美意，已渐坠坏于冥昧之中。深可惜也。"况且，"东西各国，幅员较我为狭，然欲宣达民隐，其议员率数百人。中国二十一行省，纵横数万里，仅恃此科道数十员具疏言事，耳目已恐难周，岂可复减省人数"[1]。在刘廷琛看来，主张裁减科道之人不识都察院设官之精神，于外国要政之精髓又未深悉，企图削足适履，变更祖制，因而大加反对。不过，刘廷琛显然未雨绸缪，提出"征诸各国官制，（都察院）亦实兼议法、立法两部之任"，明显留有以待。

　　相比之下，《时报》的论说则更进一步。《时报》称："都察院与议院，诚不可相提并论。第天下事有精神不同，而形式尚可比附者。存其形式，即可预为改易精神之地。今都察院之职，上以启沃君心，中以纠劾官邪，下以舒表民志。虽权力远非议院之比，而所为之事则与议院不甚相远"[2]。也就是说，都察院的设官立意虽然与议院不可相提并论，但形式和职能都与西方议院相似，将来改为议院亦属可行。

　　由此可见，朝廷一旦实行立宪官制，若将政务处改为议院，则都察院势难找到合适的位置；而以都察院改为议院，政务处仍可归并于"行政机关"之中。因此，在立宪改革的大势之下，出于自身得失考虑，台谏中人可能更倾向于后一种方案。

　　当然，将政务处归并于"行政机关"也并非水到渠成，尚有

---

[1]　《翰林院编修刘廷琛驳裁减科道折》，《时报》1906年4月2日，第1张第1版。

[2]　《论裁减科道之不宜》，《时报》1906年3月23日，第1张第1版。

两种取径。其一，如孙宝琦提出的"将军机、政务二处奏请归并内阁，仍用内阁名目。所有全国行政事宜，均归内阁统辖"[1]；其二，则是并入内部。考察政治大臣载泽"以为非立宪无以救国"，"极愿归后有所建白"[2]，其"自外洋回京之时，即面奏两宫，请将政务处、内阁归并改为内务部，为全国行政总机关"[3]。不久，又传闻其于召见之时面奏两宫，"将内阁、军机处归并为内务部，并请将吏部并入此部，总理全国机务。仿照日本内务省办法，简亲王总理，其余派重臣四人为内务大臣，另派协办内务大臣二人"[4]。具体详情虽然前后有所分别，载泽试图设立内务部的主张却基本确定。

需要指出的是，以载泽对各国的考察，应该深知内务部并非能"总理全国机务"[5]的行政机构，之所以如此措辞，其意应在避免军机大臣的反对。若以军机处并入内部，则立宪政体下内部与其他各部平行，各有专司，原有的军机大臣必定事权尽失，而政务处尚可改为议院；若以政务处并入，军机处仍有存在的空间，军机大臣依旧将有每日入对、具有"总理全国机务"的可能。据说，"直、鄂二宫保皆以政务处改为上议院极为合宜"[6]，而军机大臣意在"将内阁、政务处并为内部，以大学士领内部"，而"军机处仍照旧，吏

---

[1]　《内阁将握行政之实权》，《香港华字日报》1906 年 7 月 3 日，第 1 张第 3 版。

[2]　上海图书馆编：《汪康年师友书札》（一），第 837 页。

[3]　《立内部之近闻》，《大公报》1906 年 8 月 8 日，第 1 张第 3 版。

[4]　《归并内阁、军机处为内务省之传说》，《申报》1906 年 8 月 18 日，第 1 张第 3 版。

[5]　参见载泽：《考察政治日记》，岳麓书社，1986，第 597－600 页。

[6]　《政务处之将来》，《大公报》1906 年 8 月 27 日，第 1 张第 3 版。

部亦从缓更动"[1]。由此可见，立宪政体能否实现，关键在变更官制后军机处的去留，而政务处尚在议政机构与行政机构的两可之间，去向不定。

第二节 方案变动

1906 年 9 月 1 日，清廷宣布实行预备立宪，并决定从改定官制入手。随后，派载泽等人公同编纂新官制，又派庆亲王、孙家鼐、瞿鸿禨总司核定 [2]。在内官制的讨论中，责任内阁的成立与否成为各派政治势力角逐的关键所在 [3]，政务处的改设方案也一度随之变动。

考察政治大臣戴鸿慈和端方在回国之初即奏请立宪，并毫不讳言"中国今日欲加改革，其情势与日本当日正复相似"[4]，强调"非急采立宪制度，不足以图强"。折中提出，应"略仿责任内阁之制"，"以军机处归并内阁，而置总理大臣一人，兼充大学士"，"置左右副大臣各一人，兼充协办大学士"，"以求中央行政之统一也"。另"请改都察院为集议院"，"凡各省外县所陈利病得失，皆上达政

---

[1]《改革官制汇纪》，《时报》1906 年 8 月 26 日，第 1 张第 3 版。

[2] 朱寿朋：《光绪朝东华录》，中华书局，1958，第 5563-5565 页。

[3] 参见李细珠：《丙午官制改革与责任内阁制的命运：侧重清廷高层政治权力运作的探讨》，载中国社会科学院近代史研究所政治史研究室、河北师范大学历史文化学院编《晚清改革与社会变迁》上册，社会科学文献出版社，2009，第 115-132 页。

[4]《出使各国考察政治大臣戴鸿慈等奏请改定全国官制以为立宪预备折》，载故宫博物院明清档案部编《清末筹备立宪档案史料》上册，中华书局，1979，第 367-383 页。注：下引该折不另注。

府，以备采择而定从违，亦准建议条陈，兼通舆论情，而觇众见。至于财政之豫算，亦必属之"，待"将来程度日高，可由国会立法，自可与以立法之权，另行组织"，而政务处"似可仿日本之制改名枢密院"。此外，改礼部为典礼院，吏部待各部制度完备后再行裁撤，将原有各部归并为九部[1]，改大理寺为都裁判厅，增设会计审计院与行政裁判院等等。

戴、端此折出自梁启超之手笔[2]，意在合并旧内阁与军机处而组织责任内阁，改都察院为预备国会，以政务处为纯粹的顾问机构，退出行政部门的行列，并位置裁缺人员。三者的规制，多仿自日本不同时期的相关制度。如责任内阁"置左右副大臣各一人"，即略采日本明治二年"于太政大臣外，增设左右两大臣"之意；集议院之设，亦"考日本历设公议所、待诏局，皆使臣庶尽言，以为国会基础"；枢密院则"有类于各国之枢密顾问府"，与日本枢密院如出一辙[3]。

尽管如伊藤博文所说，"贵国数千年来为君主之国，主权在君而不在民，实与日本相同，似宜参用日本政体"[4]，但在将清朝固有机构对应立宪机构时，则难免不相凿枘，需要有所取舍。例如在集议院的模仿上，该折明显有所保留。一方面，日本帝国议

---

[1]　九部分别为内务部、财政部、外务部、军部、法部、学部、商部、交通部、殖务部。

[2]　参见夏晓虹：《梁启超代拟宪政折稿考》，载陈平原主编《现代中国》第11辑，北京大学出版社，2008；狭间直树：《清朝的立宪准备与梁启超的代作上奏》，载徐洪兴、小岛毅等主编《东亚的王权与政治思想》，复旦大学出版社，2009，第207-218页。

[3]　《日本行政官制》（一），《政治官报》第122号，1908年3月2日，第19页。

[4]　载泽：《考察政治日记》，第579页。

会为两院制，分贵族院与众议院，而集议院为一院制，其议员由宗室、世爵勋裔、七品以上京官和各省督抚及驻外公使保荐之人组成[1]。另一方面，据穗积八束介绍，日本"国会之权限仅在于决议立法与豫算二事，而不得干预行政。政府大臣之进退，则属于君主之大权，与英法诸邦议院政治大有所异"[2]。也就是说，日本君权具有独尊地位，并非三权分立。而集议院之权限仅在"觇众见"与"财政之预算"，至于其与行政之关系则避而不谈。较之日本国会，该折所提出的方案中君权比日本更加独尊。之所以如此设计，或觉得中国程度不及，"现在如遽行立宪制度，亦不足以举实"。

至于以政务处改枢密院，则是因其"系属新设，职权本未分明，然会议大政以待圣裁，本有类于各国之枢密顾问府，法良意美，允宜保存"，其人员"以原有大学士及各裁缺之大员特旨简任，十日一值，以备顾问，惟不入内阁，不受行政责成"。1906 年 9 月11 日《时报》就曾刊登所谓《拟定官制大纲》，其大体便是按照戴鸿慈与端方的方案所拟，其中即以政务处改枢密院，"为最高顾问之地，以原有大学士及各部裁缺之大员特旨简放"。

如前所述，都察院有改设为议院的可能性，戴鸿慈、端方即如此提议，袁世凯亦表示赞同[3]。袁世凯最初欲裁撤都察院，经人

---

[1] 《拟定官制大纲》，《时报》1906 年 9 月 11 日，第 1 张第 1 版。

[2] 穗积八束：《日本宪法说明书》，《政治官报》第 20 号，1907 年 11 月 14 日，第 22 页。

[3] 据胡思敬记，"五大臣归，至天津，世凯劳以酒，曰：'此行良苦，将何以报命？'皆愕然，莫会其意。世凯出疏稿示之，曰：'我筹之久矣，此宜可用。'遂上之。"见《大盗窃国记》，载沈云龙主编《近代中国史料丛刊》初编（445），文海出版社，1969，第 1351 页。

劝阻后，才同意将都察院纳入集议院中。据杨寿枬说，"袁项城议裁都察院，余力争曰：台谏之职，总司风宪，纠察官邪，实为汉唐以来之善制，似宜保存。泽公亦语项城，曰：台官弹劾不避权贵，我辈不宜轻。议乃止"[1]。亦有报道称："初时袁、端之意，主以都察院并入集议院，将其名目消灭。泽公则主张存留，谓各国政治家均谓都察院为中国专制政体中极有补救之一良法。今议院未成立，骤然废言官，必令行政者肆无忌惮。惟须设法改良其组织耳"[2]。更为重要的是，此前"袁宫保创议，凡宗室王公贝子将军等无行政之责任者，别设一勋贵院以置之，非奉旨派有差缺，不得干预行政事件。以此大触宗室王公之忌，怂恿小醇邸出与为难"[3]，故而"筹预防之策，议先设上议院，以皇室中之王公、贝子、贝勒等充当议员"[4]。

官制改革正式启动后，编纂官制王大臣"所会议者，大率皆本端午帅之原奏"[5]。但在关于政务处的意见上，情况似乎并非如此。《中外日报》专电称："新内阁已议定，设两副理大臣，将军机处及政务处一律并入，日内即将入奏"[6]。陶湘致盛宣怀密函中亦称："第一次编纂处议上时，系内阁、军机、政务大臣皆归并，改为总理一人，副理二人，并设资政、集贤两院"[7]。现收入《光绪朝朱批奏

---

[1]　杨寿枬：《觉花寮杂记》，载《云在山房类稿》第三册，文史哲出版社，1994，第 659–660 页。

[2]　《京师近信》，《时报》1906 年 10 月 20 日，第 1 张第 2 版。注:此条系后来追记。

[3]　《京师近信》，《时报》1906 年 10 月 7 日，第 1 张第 2 版。注:此条系后来追记。

[4]　《电报一》，《时报》1906 年 9 月 26 日，第 1 张第 2 版。注:此条系后来追记。

[5]　《京师近信》，《时报》1906 年 9 月 19 日，第 1 张第 2 版。

[6]　《专电》，《中外日报》1906 年 9 月 16 日，第 1 张第 2 版。

[7]　陈旭麓、顾廷龙、汪熙主编：《辛亥革命前后·盛宣怀档案资料选辑之一》，第 30 页。

折》中的《谨拟内阁官制初议草案》，即"以内阁、军机处、政务处改并"而组成新内阁[1]。可见，此草案为编纂官制王大臣最初时所拟议。其中，以政务处归并于内阁，而都察院改设集议院。此草案似曾拟为大纲，于9月18日编纂官制王大臣奏陈《厘定官制宗旨大略折》时一并进呈过。据恽毓鼎9月20日所记："议新政大臣奏陈改定官制大纲，留中不下，盖圣意犹欲审慎而后出也。"[2]《申报》9月27日对此大纲有所披露，"内阁，总理全国一切政务，如日本之内阁然。将军机处、政务处并入。设总理大臣一员，副总理大臣四员……集议院，如各国上议院。以都察院并入"[3]。《时报》随后亦称："议定改官制之折已于本月初二日由王大臣会衔递上，当时留中，至今尚未发出。"[4]

但是，以都察院改设集议院，立即招致反对之声。陆宝忠于9月15日为王宝田、李经野等人所上封事之事致函瞿鸿禨，希望瞿氏"造膝时，能为略伸其意"，并云："近日厘定官制，乃朝廷变法自强、实事求是之至意，预议诸臣，苟出以公心，酌古准今、和衷商榷，何尝不可推行。乃倡议者不学无术，又辅之以三五嗜进喜事少年，逞其私见，任意去留，几欲举祖宗成法扫除而更张之，以致人心愤怒，举国哗然"[5]。而王宝田等人之折即大力反对裁改都察

[1]　《谨拟内阁官制初议草案》，载中国第一历史档案馆编《光绪朝朱批奏折》第33辑，中华书局，1995，第57页。

[2]　恽毓鼎著、史晓风整理：《恽毓鼎澄斋日记》上册，浙江古籍出版社，2004，第324页。

[3]　《王大臣议定中央官制事宜》，《申报》1906年9月27日，第1张第3版。

[4]　《议定改官制折留中》，《时报》1906年10月2日，第1张第3版。

[5]　《陆宝忠致瞿鸿禨》，见《瞿鸿禨朋僚书牍选（上）》，载《近代史资料》编辑部编《近代史资料》，总108号，中国社会科学出版社，2004，第20页。

院，称："今之议者乃欲去都察院，未知考察诸臣果何所据，要其平日所为必有不堪告人者，故大惧诸御史之多言而发其奸也"[1]。陈田亦称，"改都察院为议院，只得议政，不得上封事，此尤蔽塞朝廷耳目之私意也"[2]。此外，又有"某大臣封奏，集议之员须另行选派，以符名实。诚恐御史等非尽合程度也"[3]。加之"庆邸亦深以不改动为然，恐言官因此疑忌或至鼓噪。两宫圣意亦欲保存衙门，故决议不提议。袁宫保召见时，亦奏明不改都察院"[4]。由此，都察院的裁改暂且搁置下来。

与此同时，政务处的去向也随之发生变化。据报道，"政务处拟改为集议院，为上议院之基础"，而"内阁即系以军机处及旧内阁两处合并而成"[5]。这一变化，一方面固然是由于保存都察院而引起的方案调整，另一方面则是考察政治馆此时已成为预备立宪的重要机构[6]，"拟改为法制调查局"，"亦隶于内阁"[7]，大有取政务处而代之之势。

以政务处改集议院，对集议院而言并无多大影响，当道诸公仍"以缩小其权力为宗旨，盖恐因此而张大民权也"[8]。然而，"恐

---

[1]　《内阁中书王宝田等条陈立宪更改官制之弊呈》，载故宫博物院明清档案部编《清末筹备立宪档案史料》上册，第159页。

[2]　中国第一历史档案馆编：《光绪朝朱批奏折》第22辑，第779页。

[3]　《集议院将重立》，《大公报》1906年9与29日，第1张第3版；《条陈议员不宜以御史改充》，《申报》1906年10月4日，第1张第3版。

[4]　《京师近信》，《时报》1906年10月20日，第1张第2版。注：此条系后来追记。

[5]　《京师近信》，《时报》1906年9月22日，第1张第2版。

[6]　《会议政治馆应办要政》，《时报》1906年8月27日，第1张第3版；《本馆接到王大臣会议政治馆三大要专电》，《申报》1906年9月11日，第1张第2版。

[7]　《京师近信》，《时报》1906年9月22日，第1张第2版。

[8]　《京师近信》，《时报》1906年10月4日，第1张第2版。

因此而张大民权"只不过是搪塞之词，在"君权不可侵损"的宗旨下[1]，其实际目的应是建立"无监督之责任内阁"。其间，集议院之名迭经更换，因"庆邸极不愿意议院二字，故不得已改为集贤院"[2]，嗣又屡经会议，"以资政院带集议之性质"[3]。揆诸《资政院官制草案》，第十四条称，"资政院所陈事件由总裁、副总裁咨送内阁，请旨施行。若内阁总理大臣以为不可行，须临本院或派员陈明己见，本院不得强政府施行"；第二十六条称，"资政院参议员如原有专折奏事之权，于本院现行开议之事，不得陈奏"[4]。资政院既然不能强制政府施行，则"无监督之责任内阁"昭然若揭。袁世凯如此一箭双雕的设计，既可"借此以保其后来"，又可防止资政院掣肘行政。故而铁良才有"如乃公（注：袁世凯）所谓立宪，实与立宪之本旨不合"等语[5]。

此时内官制的讨论已进入白热化，各大臣之间明争暗斗，"各树党援，互相挤排，台谏上书亦党同伐异"[6]。"铁（良）自揣总理必归庆邸，若自己要户部，则失副总理，若要副总理，则失户部。盖现下军机、兵权、财政握于一人之手，若实行改变，则自己止可得一而必失二，于是极力与庆、袁反对，实自计利害之心过胜

---

[1]　《余肇康致瞿鸿禨》，见《瞿鸿禨朋僚书牍选（上）》，载《近代史资料》编辑部编《近代史资料》，总 108 号，第 21 页。

[2]　《京师近信》，《时报》1906 年 10 月 8 日，第 1 张第 2 版。

[3]　《京师近信》，《时报》1906 年 10 月 12 日，第 1 张第 2 版。

[4]　《资政院官制草案》，载《宪政初纲》（《东方杂志》临时增刊），商务印书馆，1906，第 59—60 页。

[5]　陈旭麓、顾廷龙、汪熙主编：《辛亥革命前后·盛宣怀档案资料选辑之一》，第 28—29 页。

[6]　杨寿枏：《觉花寮杂记》，载《云在山房类稿》第三册，第 660 页。

耳"[1]。荣庆、铁良等人对成立责任内阁表示反对，又"授意陆宝忠运动许珏、文海、周克宽、刘汝骥、柯劭忞、王步瀛、张瑞荫、杜本崇、蔡金台等交章弹劾"[2]。

正如有学者所指出的，"御史刘汝骥、王步瀛、张瑞荫，翰林院侍读柯劭忞，吏部主事胡思敬，皆认为设立责任内阁会造成君主大权旁落、权臣窃弄政柄的恶果"[3]。如周克宽称："今议并军机、政务于内阁，而设三大臣以担全国之责成，官少事烦，恐虽才力兼人，亦未易愉快胜任"[4]。王步瀛称："若号为内阁总理，不过近支王公，或者不明无断，名实相违，似转不若现设军机三五臣工参酌办理之为得"[5]。

而"赵炳麟、蔡金台、石长信、王诚羲、史履晋等之反对马上设立责任内阁，却是另外一种情况"[6]。如御史蔡金台称："各国之臣权百倍于我，而绝无内重外重之弊者，则民选议院之效也。臣愚以为此时仿办，但可狭其范围，不可误其宗旨，但可暂以此权付之与民相近之士，断不可误以此权属之势莫与京之官"[7]。御史石长信

---

[1]　《京师近信》，《时报》1906 年 10 月 29 日，第 1 张第 2 版。注:此条系后来追记。

[2]　《京师近信》，《时报》1906 年 10 月 24 日，第 1 张第 2 版。注:此条系后来追记。

[3]　侯宜杰:《评清末官制改革中赵炳麟与袁世凯的争论》，《天津社会科学》1993 年第 1 期。

[4]　《翰林院侍读学士周克宽奏更改官制只各易新名实不如旧制折》，载故宫博物院明清档案部编《清末筹备立宪档案史料》上册，第 419—420 页。

[5]　《御史王步瀛奏新定官制多有未妥应饬认真厘定折》，载故宫博物院明清档案部编《清末筹备立宪档案史料》上册，第 427 页。

[6]　侯宜杰:《二十世纪初中国政治改革风潮：清末立宪运动史》，中国人民大学出版社，2009，第 63 页。

[7]　《御史蔡金台奏改革官制宜限制阁部督抚州县权限折》，载故宫博物院明清档案部编《清末筹备立宪档案史料》上册，第 412 页。

称:"今下议院未兴,国民程度不及,不能保荐即不能持其进退,而集重权于一人,幸公忠自矢,已不免专擅之嫌,倘私意偶蒙,恐流为僭窃之渐,征诸泰西,似有未协"[1]。御史王诚羲亦称:"各国政府责任虽重,而内无专擅之嫌,外无藩镇之祸者,恃有议院以持其后也。……假令各国并无议院之助,其设官必不尽如今日之制,断可知矣"[2]。史履晋更明确指出,议院为立法之地,而政府为行政、司法之地,议院可以监督政府,使政府有所顾忌,此为"宪法之精意"。"倘未立议院,先立内阁,举立法、司法、行政三权握于三数人,则政府之权愈尊,而民气不得伸","不但立宪各国无此成法,亦大失谕旨庶政公诸舆论之本意矣"[3]。

赵炳麟将《内阁官制草案》逐条批驳,强调"政府钳制议院,议院亦监督政府","固非一任政府操无上之权而莫之或问也"。"我国教育未兴,率有私党而无公党,原无政界思想,只以富贵相求","故在朝只有私党之营,在野决无政党之固,上下议院不克成立者以此,责任政府不能仿行者亦以此。若贸然为之,不揣其本,而齐其末,遽立此无监督之责任政府,恐患气之乘不在敌国外忧,而在邦域之内也"。此外,他进一步指出,官制局所拟定之行政法规草案,是"立法、行政直出一人"。且官制草案中"政府交集议院公议之法律草案,开阁议决之,以总理大臣为议长",是"自行交议,又自行议决,而自作议长,是总理大臣非特上对君主代负行政之全

---

[1] 《御史石长信奏请将政务处并入内阁其他官制勿大更张折》,载故宫博物院明清档案部编《清末筹备立宪档案史料》上册,第431页。

[2] 《御史王诚羲奏更改官制应分未立宪与既立宪两期次第推行折》,载故宫博物院明清档案部编《清末筹备立宪档案史料》上册,第451页。

[3] 《御史史履晋奏改革官制宜先州县后京师并先立议院后立内阁折》,载故宫博物院明清档案部编《清末筹备立宪档案史料》上册,第461页。

权，并下代议院兼操立法之实际，而集议院徒作赘疣"[1]。

显而易见，赵炳麟等人反对的，一方面是责任内阁权力过大，与清朝历来体制固不相符，另一方面则是作为议院基础的资政院尚不完备，无法发挥监督政府的作用。胡思敬就尖锐地提出，之所以成立资政院，乃"士气渐嚣，外省呈电沓至，欲以一院当舆论之冲，使政府得安行其政策。本固拒而云周谘，欲盖弥彰"[2]。孙宝瑄也认为："下议院之在国家，如人身中命门之火也！有此火之炽盛，则百骸润，脑力强；反是，则无生理。今变法而不知从事于此，纷纷厘定官制，更易名称，徒然也"[3]。压力四面袭来，"自都察院以至各部或上奏、或驳议，指斥倡议立宪之人，甚至谓编纂各员谋为不轨"，袁世凯如芒在背，"北洋旧人如唐君绍仪、梁君敦彦力劝项城出京，乃乘彰德大操，以钦派阅军为名，自京往彰德"[4]。

面对朝中针对官制草案的交相攻讦，载泽于 10 月 21 日特上《申明厘定官制要旨折》[5]，希望挽回局面，说服慈禧太后。折称："此次厘定官制，无非恪遵睿训，参酌旧章，但期收整齐画一之规，原非为扫除更张之计。言者不悟圣哲因时制宜之妙，而斤斤以变更

---

[1]　《御史赵炳麟奏新编官制权归内阁流弊太多折》，载故宫博物院明清档案部编《清末筹备立宪档案史料》上册，第 441-442 页。注：赵炳麟所称"集议院"，当时已改为"资政院"。

[2]　胡思敬：《丙午厘定官制刍议》，载沈云龙主编《近代中国史料丛刊》初编（445），文海出版社，1969，第 1447 页。

[3]　孙宝瑄：《忘山庐日记》下册，上海古籍出版社，1983，第 934 页。

[4]　张一麐：《古红梅阁笔记》，上海书店出版社，1998，第 45 页。

[5]　中国第一历史档案馆编：《光绪朝朱批奏折》第 33 辑，第 52 页。注：此折为杨寿枏所代拟，正式上奏时有较大删节。

祖制为疑"。"今总理大臣之设，不过正其名位，以副中外之具瞻。若夫国家大政出自亲裁，彼固不得而擅之也。部院大臣皆由特简，彼固不得而私之也。犹虑其权之太重也，则有集贤院以备咨询，有资政院以持公论，有都察院以任弹劾，有审计院以查滥费，有行政裁判院以待控诉。凡此五院，直隶朝廷，不为内阁所节制而转足以监督内阁"[1]。然而上意已变，慈禧非但不愿召见载泽，并告庆亲王："从前我看载泽甚好，不料此次出洋被人愚弄。"[2]

至 11 月 2 日，庆亲王奕劻等将内官制各草案进呈御览。其中，拟设总理大臣一人，左右副大臣各一人，设外务部、吏部、民政部、度支部等十一部，并"设集贤院以昭恩礼"，"改政务处为资政院，以彰公溥"，审计院、行政裁判院、大理院、军谘府等以次成立，都察院"原缺职掌与新拟部院官制参差重复者，当略加厘正，以归画一"[3]。

第三节　新瓶旧酒

有学者认为，对于奕劻等人进呈的官制改革方案，慈禧"害怕责任内阁成立后君权潜移，疑忌袁世凯权势过重，不同意设立，对奕劻等提出的改军机大臣为政务大臣的方案也仅接受了一半"[4]。然

[1] 《厘定官制密陈管见折》，见杨寿枏：《思冲斋文别钞》，载《云在山房类稿》第一册，第 144—147 页。

[2] 《泽公见疏之原因》，《大公报》1906 年 11 月 20 日，第 1 张第 3 版。

[3] 《阁部院官制节略清单》，载故宫博物院明清档案部编《清末筹备立宪档案史料》上册，第 469—471 页。

[4] 侯宜杰：《二十世纪初中国政治改革风潮：清末立宪运动史》，第 63 页。

而细读奕劻等人所上《厘定中央各衙门官制缮单进呈折》，则可发现该折实际蕴含两套方案：第一套是责任内阁，第二套是变通军机处。折称："若是者（责任内阁制），责成既已明定，积弊庶可廓清。宪政规模，实肇于此。如以议院甫有萌芽，骤难成立，所以监督行政者尚未完全，或改今日军机大臣为办理政务大臣，各部尚书均为参预政务大臣，大学士仍办内阁事务。虽名称略异，而规制则同。行政机关屹然已定，宪政官制确有始基矣。"[1] 言外之意，如果成立责任内阁，则设立资政院以为议院之预备，势在必行。而如果认为设资政院的条件尚不成熟，则亦可变通军机处，内阁仍旧，使"名称略异，而规制则同"。

消息灵通的报界似乎对这一言外之意了然于胸。《时报》于官制草案进呈的次日即刊出电报，称"编纂官制大臣十六日将议定官制具奏。内阁之名或改为政务处，设总理大臣一员，副总理大臣二员。初议之资政、行政裁判诸院一概作罢"[2]。几日后，该报又披露，"总司核定处于原议草案中颇有更改……内阁则拟用内阁及政务处两名，请旨候朱笔圈出用。将来不过将军机处换一名目而已。如圈出内阁，则总理一席即名为内阁总理大臣；圈出政务处，则名为总理政务处大臣"[3]。《中外日报》亦有专电，称"内阁总理大臣现又议改为政务大臣，其旧有之内阁则仍如故"[4]。

正如前引《时报》消息所揭示的，奕劻等人进呈的官制方案乃是总司核定大臣对原议草案进行修改的结果，而主其事者则为瞿鸿

---

[1] 《庆亲王奕劻等奏厘定中央各衙门官制缮单进呈折》，载故宫博物院明清档案部编《清末筹备立宪档案史料》上册，第 465 页。

[2] 《电报一》，《时报》1906 年 11 月 3 日，第 1 张第 2 版。

[3] 《京师近信》，《时报》1906 年 11 月 7 日，第 1 张第 2 版。

[4] 《专电》，《中外日报》1906 年 11 月 4 日，第 1 张第 2 版。

機。瞿鸿機对于将官制全盘更动一事并不赞成，所谓"敝不在法，而在行法之人"，"今日之当改者，自应因时变通，特宜循序渐进，不在一切纷更，顾力行何如耳"[1]。因此，在官制改革的讨论中，"善化朝夕持《会典》详核，稍事更动"[2]。另据报章披露，"反对官制，固疑荣、铁二人，然荣与铁无大机智。惟瞿则变化百出，善于操纵。彼第一以利用庆王，第二则操纵孙中堂。端午帅正在会议官制，忽然出督两江，亦彼运动使去，取敬远之主义，以孤袁宫保之势力。一面运动南城御史等，纷纷具折弹劾，极力阻挠改革官制。至以孙中堂为议官制之首，亦彼之策。盖彼最畏清议，而能外饰文明。以孙为傀儡，置于首要之地，万一改革派构难生事，即将责任推诿于孙，与己无关。其机敏如是，他人诚不可及云"[3]。

对于裁撤军机处，成立责任内阁，瞿鸿機亦表示反对。其在《复核官制说帖》中指出，军机处因雍正时军务机要而设，"相承至今不改，实以地依禁，每日承旨办事，无少稽留，一洗从前内阁之旧习"，且其"立法精密，实为前古所无。日本以内阁居首，亦采中制"。同时，"欧洲各国不名内阁，其以一员总理，则同我朝以军机处为行政总汇，其义亦未尝不同军机处"。他特别强调，

---

[1] 《复核官制说帖》，见周育民整理：《瞿鸿機奏稿选录》，载中国社会科学院近代史研究所近代史资料编辑部编《近代史资料》，总 83 号，中国社会科学出版社，1993，第 35 页。李振武曾对该说帖的上奏时间提出质疑，认为应在 11 月 6 日以后。（见李振武：《〈瞿鸿機复核官制说帖〉考略》，《广东社会科学》2007 年第 5 期。）但是，该说帖如果晚于 11 月 6 日（九月廿日），则无法说明其与草拟谕旨中的文字何以基本相同。下引该说帖不另注。

[2] 陈旭麓、顾廷龙、汪熙主编：《辛亥革命前后·盛宣怀档案资料选辑之一》，第 30 页。注：善化指瞿鸿機。

[3] 《反对改官制者瞿鸿機也》，《岭东日报》1906 年 12 月 19 日，第 1 张第 2 版；《京师近事之里面》，《时报》1906 年 11 月 24 日，第 1 张第 2 版。

军机处之印文"向称办理"，似意在反驳认为军机处"对于上则仅备顾问，对于下则未受责成"[1] 的看法。而设置总理大臣，瞿鸿禨则举乾隆朝故事，认为"总理政事之名，虽亲贤有所不敢居也"。但是，瞿氏并不敢公开反对改制。他本着上谕中"酌古准今，上稽本朝法度之精，旁参列邦规制之善"[2] 的宗旨，提出"近年奉旨设政务处矣，如以军机名称宜改，不若易为政务处，其办事大臣即名政务大臣，似为名正言顺。其余各部大臣本会合行政，即名参预政务大臣，亦与统称政府之义相切合"。如此，则"内阁一切职掌，仍从其旧，无庸移并。原拟五局，亦无庸设"。所以，《厘定中央各衙门官制缮单进呈折》中的第二套方案必然为瞿鸿禨之意[3]。

这一变通方案，新瓶装旧酒。立宪政体下的责任内阁，"凡循例无甚关于重要之件，即执定法以行之，或由行政上便宜处分，无所不可"。"各国现例，凡阁议，非有要事不开"；而军机处则仰承旨意，"一切例定事项，皆须一一入告"[4]。若仅将军机处改名为政

---

[1]《出使各国考察政治大臣戴鸿慈等奏请改定全国官制以为立宪预备折》，载故宫博物院明清档案部编《清末筹备立宪档案史料》上册，第368页。

[2] 中国第一历史档案馆编：《光绪宣统两朝上谕档》第32册，广西师范大学出版社，1996，第129页。

[3] 另，据刘厚生说，"我在长沙《瞿氏家谱》中，搜集材料后，而加以推测，似乎瞿鸿禨之说动那拉氏，另有一种微妙的措词。他大概这末说吧：责任内阁制度是立宪国一定不易之常规，是无可反对的。责任内阁成立之后，一切用人行政的大权，都由总理大臣，召集各部大臣开会决定，决定之后，再请谕旨宣布施行，此与军机处事前请旨的情形，完全不同。……大概保存军机处内阁，那几句扼要的上谕，完全是鸿禨的主张，并且是鸿禨的手笔。"（见刘厚生：《张謇传记》，上海书店出版社，1985，第138页。）张国淦也有此种说法。（见张国淦：《北洋军阀的起源》，载杜春和等编《北洋军阀史料选辑》上册，中国社会科学出版社，1981，第49页。）

[4]《问答纪录》，见《瞿鸿禨朋僚书牍选（上）》，载《近代史资料》编辑部编《近代史资料》总108号，第41页。

务处，各部大臣为参预政务大臣，所谓"会合行政"貌似"与统称政府之义相切合"，实则与原有规制并无二致，"仍以各部轮班值日，伺候召对，有事则会议"，故瞿鸿禨认为此举亦"名正言顺"。

瞿鸿禨之所以反对责任内阁，大致出于两方面的考虑。一方面是"扼定上稽成法、酌古准今、折衷至当数语"，其核心是旧有体制不应大变，君权必须独尊，民权不能扩张。与此相应，则军机处关系君权，不能裁撤，资政院关系民权，理当制约。无独有偶，御史张瑞荫此前就奏称："军机处虽为政府，其权属于君，若内阁则权属于臣，不过遇事请旨耳，视前明之内阁票拟何异。若谓大权仍不下移，其谁信之"，故建议"如必须事归内阁，则政务处可以归并，军机处自宜并存，以分其势。大致如宋之枢密主兵权，中书主内治，汉之丞相秉政，太尉典兵，事有攸分，权无偏重"[1]。此外，瞿鸿禨认为，"今中国官民程度俱有未及，议院未能遽立，地方未能自治，而先行立宪之官制，其势必多扞格"，故将资政院加以限定，仅在"博选通才，集思广益，为采舆论、通下情起见，裁缺之员亦不至尽置闲散"。可见，瞿氏所能接受的资政院，只是"采舆论、通下情"之地，与议院之宗旨泾渭分明，且需身兼集贤院之任，安置裁缺人员，不另设集贤院。

另一方面，瞿鸿禨深知，"内阁者，各部之总汇也，改各部不改内阁，犹以旧锅炉运新汽机，必无指臂相使之效"[2]。但总理大臣之位非己所有，而军机大臣既能"每日承旨办事"，且"有事无不

---

[1]　《御史张瑞荫奏军机处关系君权不可裁并折》，载故宫博物院明清档案部编：《清末筹备立宪档案史料》上册，第 430 页。

[2]　《章华致瞿鸿禨》，见《瞿鸿禨朋僚书牍选（下）》，载《近代史资料》编辑部编《近代史资料》总 109 号，中国社会科学出版社，2004，第 58 页。

总汇"[1]。所以，尽管袁世凯"实欲与瞿同为副总理"[2]，而瞿鸿禨仍旧提出仅将军机处改名，既不用设立总理大臣，又可保留其"每日承旨办事"之权力，作为一变相之内阁。张之洞所谓"默运挽回，功在社稷"[3]，应即指此。

需要指出的是，作为总司核定大臣之一，庆亲王奕劻对瞿鸿禨之修改内容，其实有相当程度的了解。丁士源曾向他言及，"由各部大臣会议所在即系内阁，与现时政务处会议相似"[4]。然庆王在外人看来"向来无可无不可，故一切均九公专主"[5]。据鹿传霖说，"邸无定见，初亦为人惑，近稍悟。至立宪不能遽行之意，则均同也"[6]。至于孙家鼐，其在官制讨论之初就曾表示"不以改官制为然，大意以为官之不职，择人可也，何必更动旧制"[7]，"在振百司之精神，不在新天下之耳目"[8]，且"多集干员在府中将官制草案逐条签驳"[9]。

---

[1] 参见傅宗懋：《清代军机处组织及职掌之研究》，嘉新水泥公司文化基金会，1967，第 492—500 页。

[2] 上海图书馆编：《汪康年师友书札》（一），第 951 页。

[3] 《张之洞致鹿传霖两电》，见《瞿鸿禨朋僚书牍选（上）》，载《近代史资料》编辑部编《近代史资料》总 108 号，第 33 页。

[4] 丁士源：《梅楞章京笔记》，载荣孟源、章伯锋主编《近代稗海》第一辑，四川人民出版社，1985，443 页。

[5] 陈旭麓、顾廷龙、汪熙主编：《辛亥革命前后·盛宣怀档案资料选辑之一》，第 30 页。注：九公为瞿鸿禨。

[6] 《丙午七月十七日京鹿尚书来电》，载《张之洞存来往电稿》，所藏档甲 182—441，转引自李细珠：《张之洞与清末新政研究》，上海书店出版社，2003，第 322 页。

[7] 《京师近信》，《时报》1906 年 9 月 10 日，第 1 张第 2 版。

[8] 《丙午九月初七、十三日京陈道来电》，载《张之洞存各处来电》第 81 函，所藏档甲 182—183，转引自李细珠：《张之洞与清末新政研究》，第 306 页。

[9] 《补录孙中堂签驳官制草案》，《时报》1906 年 11 月 13 日，第 1 张第 3 版。

官制草案进呈后，慈禧太后思量再三，最终完全接受了瞿鸿禨的建议，"军机处拟改为办理政务处，军机大臣拟改为办理政务大臣，内阁如旧制"，"资政院采群言拟设"[1]，并一度就此草拟了谕旨。草谕称："军机处为行政总汇，雍正年间本由内阁分设，取其近接内廷，每日入值承旨，办事较为密速，相承至今，尚无流弊，自毋庸复改内阁。其军机处一切规制，著照旧行，名曰办理政务处。办事大臣即授为办理政务大臣，至总理名目，仍候特旨简派，不为常例。其各部尚书，均著充参预政务大臣，轮班值日，听候召对。原设之政务处即行裁撤……其应行增设者，资政院为博采群言，审计院为查核经费，均著以次设立……原拟各部院等衙门职掌事宜及员司名缺，仍著各该堂官自行核议，悉心妥筹，会同政务大臣奏明办理。"[2]。也就是说，将军机处改名为办理政务处，而非归并内阁，军机大臣改为政务大臣，总理大臣不常设，同时裁撤原设之政务处，资政院等依次设立。

牵一发而动全身，这一变动，也带来不小的麻烦。旧的内阁不归并，则原草案中计划接收旧内阁事务的衙门势必作出相应的调整。此外，按草谕之意，以军机处改名为办理政务处，原设之政务处即行裁撤，则原本"以政务处改设"的资政院将成无本之木，进退失据，不免前后冲突。故而在正式颁布前，对草谕又进行了删改。

比较草谕与颁谕，可以发现两个方面的改动痕迹。第一，调整衙门班次与行文语序，增加遗漏的衙门。如在毋庸更改的衙门中，将銮仪卫调至内务府之前，在顺天府之后增加仓场衙门。将"除外

---

[1]　中国第一历史档案馆编：《光绪朝朱批奏折》第 33 辑，第 62-63 页。

[2]　中国第一历史档案馆编：《光绪朝朱批奏折》第 33 辑，第 54-55 页。注：着重号为笔者所加。

务部堂官员缺仍旧外，各部堂官均设尚书一员、侍郎二员，不分满汉”一句调至“理藩院著改为理藩部”之后。第二，删改自相矛盾之处，务求前后一致。如删去了“名曰办理政务处。办事大臣即授为办理政务大臣，至总理名目，仍候特旨简派，不为常例”与“原设之政务处即行裁撤”两句，将“会同政务大臣奏明办理”改为“会同军机大臣奏明办理”[1]。因此，在颁布的谕旨中，不仅未改变军机处原有的名目，亦不增设总理大臣，但仍增加各部尚书为参预政务大臣。

然而，此一删改的上谕，文气既欠通顺，内容也有相当大的疏漏。既然军机处不更名，则政务处自然依据官制草案改为资政院，那么谕旨中各部尚书充“参预政务大臣”又成无的放矢。这一纰漏，直到三天之后才被发现。或许为了照顾朝廷体面，军机大臣面奉谕旨，“政务处著改为会议政务处”[2]，既无改设因由，又无权限职能，实际上成为折衷妥协的替代品[3]。而迟至1908年7月方才订定院章的资政院，则不再提及由政务处改设的问题[4]。

---

[1]　中国第一历史档案馆编：《光绪宣统两朝上谕档》第 32 册，第 196-197 页。注：《清末筹备立宪档案史料》中所引该上谕，一处标点似可商榷，其标点为“军机处为行政总汇，本由内阁分设……尚无流弊，自毋庸复改。内阁军机处一切规制，著照旧行”。该谕后文又称，“其余宗人府、内阁、翰林院……均著毋庸更改”。如此，则同一上谕中对内阁的情况进行两次交代，似属不妥。故前一处标点可改为“军机处为行政总汇，本由内阁分设……尚无流弊，自毋庸复改内阁。军机处一切规制，著照旧行”。所谓“复改内阁”，意为军机处不须改归内阁，“复”字乃是针对前文“本由内阁分设”而言。

[2]　中国第一历史档案馆编：《光绪宣统两朝上谕档》第 32 册，第 209 页。

[3]　此变动历来都未深究，因此刘锦藻仍然认为资政院为政务处所改。（见刘锦藻：《清朝续文献通考》，浙江古籍出版社，2000，第 8763、8765 页。）

[4]　《资政院奏拟订资政院院章折（并单）》，《申报》1908 年 7 月 18 日，第 1 张第 3 版。

袁世凯对这一结果极为不满，"曾拟遵二十日谕旨，'体察情形，随时修改'之意，设法补救，大致欲合军机于政务处，以复阁议，附编制、统计两局于该处，以重事权。商诸育周、菊人两尚书，俱以从缓为宜，缘是暂不饶舌"[1]。大江东去，圣眷已衰。外界称，"虽袁督之权势声望与力图革新，亦无奈何"[2]。

改设之后，会议政务处"拟仿内阁会议办法，各部尚书每五日与军机大臣会议一次"[3]。其原有工作，经政府王大臣会议，"寻常交议折奏及日行公文均由政治馆办理"，"军机大臣、大学士、各部尚书均兼考查政治馆差使"[4]。由此可见，会议政务处除名称上的延续性外，与原有的政务处相比，其性质已大相径庭，"具有向责任内阁过渡的性质"[5]。至此，政务处完成了向会议政务处的改设，丙午内官制改革也随之草草收场。

结　语

围绕改设政务处所产生的争论与方案以及最后的选择，不难从中看出丙午内官制改革的复杂和曲折，亦可反映出清末朝野上下在政体改革问题上的观念差异与利益冲突。尤其是在西方宪政体制的

---

[1]　《复载泽函》，载骆宝善评点《骆宝善评点袁世凯函牍》，岳麓书社，2005，第171页。注：育周为载振，菊人为徐世昌。

[2]　《袁复请改内阁》，《盛京时报》1906年11月30日，第1张第2版。

[3]　《京师近事》，《时报》1906年11月28日，第1张第2版。

[4]　北京市档案馆编：《那桐日记（1890—1925）》下册，新华出版社，2006，第584页。

[5]　关晓红：《晚清学部研究》，第228页。

关照下，时人容易忽视清朝固有政治机构的设官本意，将中外不同政体中的相似机构进行简单类比，以致一旦改革深入，必定不相凿枘。此外，不同机构为在改革后保留位置，获得适合的发展空间，亦必造成改革的复杂与分歧。政务处的改设方向之所以在行政机构与立法机构之间摇摆不定，即有此种因素的影响。在预备立宪的名义下，各方的改革要求各有异同，互相冲突，最高统治者为平衡各方的政治诉求以及维护自身的权力，只能折中妥协，使得官制改革有名无实。政务处虽经改设成类似责任内阁的机构，在制度上规定了枢臣与部臣的"会合行政"，实则并未改变原有的中枢行政体制，反而造成新的叠床架屋[1]。同时，这一结果不仅未能平息各派的纷争，反而加深了各方的矛盾。"孝钦采鸿禨之议，仍用军机处制。世凯大失望，益衔鸿禨"[2]。随后而来的丁未政潮，即是丙午改制中政治斗争的延续[3]。

---

[1]　有消息称，"从前内外大小臣工所递封奏条陈均交政务处核议施行。顷因设立政治馆以来，一切折奏俱交该馆核办，而政务处遂无核议事权，颇有闲散废弛之像云"。(《政务处已成闲曹》，《盛京时报》1907 年 1 月 22 日，第 1 张第 2 版。)

[2]　汪诒年纂辑：《汪穰卿先生传记》，中华书局，2007，第 125 页。

[3]　参见周育民：《从官制改革到丁未政潮》，《江海学刊》1988 年第 4 期。

第七章　从吏部到内阁铨叙局：清季文官铨选机构变迁

吏部作为中国王朝管理官员的机构，历时悠久。早在汉成帝时置尚书分曹治事，即以"吏曹尚书典选举"，[1] 以后历代制度多有变更。[2] 在很长一段时间内，举士与举官混同，故而多用选举之名。自隋唐建立六部始，举士（选才取士）与举官（铨选官员）渐而分途。《文献通考》记："至唐，则以试士属之礼部，试吏属之吏部，于是科目之法，铨选之法，日新月异，不相为谋。"[3] 吏部开始班列六部之首，主掌铨选。《通典》记：唐朝五品以上官员由皇帝制授，六品以下官员，"文官属吏部，武官属兵部，谓之铨选"。[4] 虽然历

---

[1]　范晔：《后汉书》第 12 册，中华书局，1965，第 3597 页。

[2]　据奇秀考证，吏部最初创设于东汉献帝建安十六年（213）魏公曹操初建魏国时，撤销于清宣统三年（1911），历时 1698 年。奇秀：《中国古典行政管理研究》，山东大学出版社，1997，第 147 页。

[3]　马端临：《文献通考》卷三六，浙江古籍出版社，1988，第 5365 页。

[4]　杜佑：《通典》卷十五，中华书局，1984，第 84 页。这里的文官是和武官相对而言，表达的是一种职务性质，而非近代意义上相对于政务官而言的事务官。"文官"一词在我国古代早已存在，较早的出自司马迁《刘敬叔孙通列传》（《史记》第 8 册，中华书局，1982，第 2723 页）："功臣列侯诸将军军吏以次陈西方，东乡；文官丞相以下陈东方，西乡"。在这里，"文官"与"功臣列侯诸将军军吏"相对出现，（转下页）

代吏部职权不尽相同，作为选才用人总汇的地位则大体不变，可谓地位极崇，权力极重。以明代为例，吏部掌控着文官的铨选权，"文归吏部、武归兵部，而吏部职掌尤重"，[1] 与其他部院相比，其权力"视五部为特重"。[2]

　　清承明制，于天聪五年（1631）设六部，[3] 后官制屡有变动，至康熙朝已基本定制：吏部设尚书、左右侍郎，满、汉各1人，"掌满洲、蒙古、汉军、汉人文职选补、考课、封授、袭勋之政"。[4] 吏部下设四司，文选清吏司"掌官吏班秩，均平铨法"。[5] 有清一代，吏部是选才用人的总汇机构。"任官之法，文选吏部主之，武选兵部主之。"[6] 八旗武选曾隶属于吏部，至康熙三年（1664）改隶兵部。[7] 吏部主要通过部选的形式，掌握大批中下级文官的铨选权。文官的迁、转、改、除，"郎中、道以下，分双、单月循例迁选"。[8]

（接上页）表明了自己的特点。以后文官在中国典籍上出现的次数越来越频繁，如"其畋猎巡幸，则惟从官戎服带鞶革，文官不下缨，武官脱冠"（《晋书》第3册卷25志15舆服，中华书局，1974，第772页）；《肃宗本纪》（魏收：《魏书》第1册，中华书局，1974，第241页）："诏文武之官，从军二百日，文官优一级，武官优两级"；等等。在这些典籍中，"文官"与"武官"相对应出现，均指政府中的文职官员。

　　[1]　张廷玉等撰：《明史》卷七一，中华书局，1974，第1715页。

　　[2]　张廷玉等撰：《明史》卷七二，第1734页。

　　[3]　《清会典事例》（1）卷十九，中华书局，1991，第252页。

　　[4]　《大清五朝会典·康熙会典》卷三，线装书局，2006，第16页。

　　[5]　《清朝通典》卷二四，浙江古籍出版社，1988，第236页。

　　[6]　赵尔巽等撰：《清史稿》卷一一〇，中华书局，1977，第3205页。

　　[7]　"八旗武职选授处分之法，旧隶铨曹，康熙三年（1664）始改隶兵部"。《清朝文献通考》卷八一，浙江古籍出版社，1988，第5599页。

　　[8]　《清朝文献通考》卷八〇，第5595页。

自咸同以来，随着内忧外患日益加重，社会变动逐渐加剧，由吏部循资问历、按格以求的选拔人才难以适应新的形势。为应对时代变局，清廷选拔人才的标准有所改变，由以帖括词章为高下的科举选才，到取用办事能员，再到选用具备近代学识的专才。选才观念日益更新的同时，铨选制度也在不断进行着调适改革，在应对变局的过程中，原有规制渐被破坏，吏部的地位逐渐被边缘化，由位高权重的文官铨选中枢机构，沦为无足轻重的清水衙门，最终在新政官制改革中被裁撤。

关于清季吏部变迁的已有研究，或从督抚及其他部院用人权层面加以考究 [1]，或探讨铨选途径变迁对于机构变迁的影响 [2]。在此基础上，以吏部机构的变迁为主线，考察清季文官铨选制度的演变进程及成因，以期为近代中国的制度变迁与观念转移的关系研究提供实例。

第一节　晚清吏部地位逐渐下降

吏部为清廷文官铨选机构的枢纽，但并非唯一的权力机构。大

---

[1]　刘伟《晚清督抚政治——中央与地方关系研究》(湖北教育出版社，2003)考察了晚清督抚制度变迁及中央与地方关系的变化，其中涉及督抚用人权消长与清廷的关系。关晓红《晚清学部研究》(广东教育出版社，2000)有专章论及学部人事变动、人才类型、使用情况及与吏部的权限关系。

[2]　关学增《近代中国官员选任制度及其得失》(《史学月刊》1997年第3期)、鞠方安《试论清末选官制度的改革》(《北京社会科学》2000年第2期)考察了清季选官制度变革，涉及与吏部变迁的关系。张靖《晚清选官制度变革研究》(博士学位论文，中国政法大学，2005)对此也有所涉及。

体而言，皇权、吏部、其他部院及督抚等，均在文官铨选中发挥作用。其中，皇权占首要和主导地位。纪昀《历代职官表》记："我朝慎重名器，董正治官，首罢廷推之制，凡内外大员，皆由特简，即一命以上、由部按例注缺者，亦必经引见而后给凭赴职，用人行政，事事悉仰承睿断。乾纲独揽，柄不下移，信亿万祀所当永为法守也。"[1] 其他各部院司员用人在清初本无定例，各司官缺出，或题补或选补，"长官以意为进退。久之，员缺率由题补，而应升、应补、应选者多致沉滞"。至乾隆九年（1744）定各司题缺、选缺额数，历朝时有更益。[2] 以后各部用人多由吏部掣签分发，部院堂官对于本部院的用人权有限。嘉庆十五年（1810）上谕称："各部额设司员，以繁、简分别题、选，其选缺中班次甚多。"[3] 此外，督抚享有保举权及对某些官缺的题补权，在铨选中具有重要地位。督抚保举与三年一次的大计卓异并行，对人数及范围均有严格限制。文官题补缺主要为各省文官道府以下的要缺和繁缺。部院及督抚具有一定的用人权，无疑是对吏部掣签制的制约和补充。但题补权格于部章限制，对员缺补署的最终决定权在朝廷，部院及督抚的选才用人权有限。由吏部、各部院及督抚用人权力的规定可见，清代文官铨选体制是以皇权为首，吏部为枢纽，其他部院、督抚等多方参预、多元多轨的制衡机制，具有内外相维、大小相制的特点。

面对晚清大变局，既往文官铨选体制所选拔出的人才大多措置无方，应付乏力。清廷急需能员干吏，选才用人标准前后发生了很

---

[1]　纪昀等撰：《历代职官表》卷五，转引自潘星辉《明代文官铨选制度研究》，北京大学出版社，2005，第256页。

[2]　赵尔巽等撰：《清史稿》卷一一〇，第3206页。

[3]　《清会典事例》卷五二，第665页。

大变化，取才方式也不断更新。在这一过程中，既往铨法越来越难以适应新的形势，原本设计缜密的权力制衡机制开始发生变化，吏部作为文官铨选机构枢纽的地位受到越来越大的冲击。

一、取用能员与循资问历：咸同之际清廷取才的两难

咸同之际，内有太平军、捻军等此起彼伏，外临西方列强的武力侵略，清廷的统治受到严重威胁。以科举选拔为正途的文官铨选制度所出人才，承平之际尚可敷用，一旦遇到战事，则往往行事乖张，难以适用。为及时有效地处理各种急如星火的军情政务，清廷迫切需要各项办事能员佐理，既然现行铨选制度难以选拔有用之才，突破规制便成大势所趋。

能员干吏主要通过以下几种方式入仕。

其一，清廷谕令督抚不拘资格予以保举。咸丰初年，保举多未指明所保官阶，以后则明确规定，且保举官阶品秩较高。咸丰十一年（1861）三月，清廷发布上谕，令各督抚于所属各员保举堪胜道府者，出具切实考语，酌保数员，候旨简用。[1] 督抚常常超越定制加以保举，以后渐相沿成例。同治三年（1864）十月，闽浙总督左宗棠奏保兼署温处道、温州府知府周开锡，请将其开缺，以道员留于福建、浙江补用；署杭州府知府薛时雨，请补授杭州府知府；署嘉兴府事、补用知府、候补同知许瑶光，请以知府留于浙江补用。谕准。[2]

---

[1]　《咸丰同治两朝上谕档》第 11 册，广西师范大学出版社，1998，第 80−81 页。

[2]　左宗棠：《特保政绩卓著知府折》，载中国第一历史档案馆、《左宗棠全集》整理组编《左宗棠全集·奏稿 1》，岳麓书社，1987，第 537−538 页。

其二，督抚以要事所需为词的奏调。督抚往往借口军务、政务、局所事务等要需，任意奏调，并以差委需人，加以奏留，从而给予办事能员入仕的便利。同治三年（1864）六月，浙江巡抚左宗棠具奏，请将奏调来浙差委的候选知府顾菊生留浙，以道员补用。奉上谕允行。[1]

其三，战时之需突破铨法定制。由于战事频仍，常规铨法难以为继，督抚常因时因地制宜，变通铨法，补署员缺，不仅对文职题缺补署不拘定章，而且很大程度上对部选员缺的用人有着决定权。同治八年（1869）五月，左宗棠奏请遴员署理陕西庆阳府知府各缺，并请"敕下吏部，陕甘两省委署府厅州县各缺，暂准督抚臣遴才委用，勿拘以例法，庶于时局不无小补"。五月二十五日（1869年7月4日）奉上谕允准，并谕令以后陕、甘两省委员各缺，"着该督抚等斟酌情形，变通办理，总期有益地方，毋得滥行委用"。[2] 总之，不拘铨法，以是否得人为旨归。

此外，因咸同军兴，军功保举异军突起，成为各项保举的大宗，另有遵旨保举、劝捐保举等不一而足。以军功保举为首的各项保举，以各项人员劳绩的大小来决定保举规格的高低，在一定程度上起到了"酬有功"的作用，使得各项办事能员得以及时效用，从这个意义上说，保举具有"补铨法之不逮"的重要作用[3]。如李续宜以文童投军，随着军功累积，官职升迁捷速。咸丰四年（1854）十一月授从九品，以后几乎每年都有迁擢，五年（1855）七月擢知

---

[1]　左宗棠：《左宗棠全集·奏稿1》，第467-468页。

[2]　左宗棠：《遴员署理府州县办理赈垦抚辑事宜折》，载《左宗棠全集·奏稿4》，岳麓书社，1990，第110-111页。

[3]　赵尔巽等撰：《清史稿》卷一一〇，第3210页。

县，六年（1856）升同知，赏戴花翎，旋以知府升用，加道衔，七年（1857）七月以道员用，九年四月授湖北荆宜施道，六月加布政使衔，十年（1860）九月升安徽按察使，十一年（1861）正月擢安徽巡抚。李续宜从无功名的文童，不到七年，竟升至巡抚二品大员，升擢之速，令人咋舌。一般而言，进士出身人员从授职编修升至巡抚，非十几年难以成就。如骆秉章为道光十二年（1832）进士，次年授编修，至道光三十年（1850）才擢升湖南巡抚，用了将近 20 年。[1]

其四，通过捐纳异途获得升擢。为镇压太平天国等事，需要浩大的粮饷支撑，清廷无可筹措，遂于咸丰十一年（1861）十一月开筹饷事例，原定一年即止，后一再续限。[2] 同时放任各督抚、统兵大员开捐，皆照筹饷例核办。捐纳在施行过程中，各省为广招徕，出现了减价收捐的情况，而清廷为尽快筹集饷需，对捐班人员优予班次，超越了定制。捐纳使得一些久困场屋的办事能员借此入仕，相较于科班人员，督抚更乐于重用捐班中的办事能员。同治元年（1862）三月顺天府尹蒋琦龄上奏，将正途人员难以得到重用的原因，归结为"见识迂陋，举止生疏，面目可憎，语言无味"，而捐班人员则熟悉官场规则，"便佞桀黠"，"初登仕版，老吏不如，其未作奸"，督抚见其"当行能事"，所以加以重用，故而督抚"托于鼓舞捐输，力抑正途。又或托于一视同仁，唯贤是任，究其所谓贤

---

[1]　王锺翰点校：《清史列传》第 13 册，中华书局，1987，第 3860–3862 页。

[2]　关于筹饷事例条款，许大龄考据甚详，系按照道光七年酌增常例之条款，稍事变通。凡捐输章内新添之花样一概删除，其由贡监生捐自三班银数，则照酌增例减一成，并先后立分缺先、本班尽先、分缺间、不积班诸名目。铨法为五新一旧，轮班选用。参许大龄：《清代捐纳制度》，哈佛燕京学社，1950，第 60 页。

者，亦皆捐也"。[1] 蒋琦龄所言，虽有明显贬低捐班的用意，从其字里行间可以看出，一些捐班人员确有比一般正途出身者略胜一筹之处。在战事频繁的乱世，清廷更需要"当行能事"的官员来挽救危局。

既往吏部铨选按格拟注，凭签掣缺，常常拘于成例，难以选拔治乱世的人才。办事能员入仕突破规制，一方面一定程度上弥补了铨选机制运转不灵、选才不当的局限，使清廷不至出现无才任使的棘手情况，从而保障了军务政务的顺利开展。另一方面，办事能员破格入仕，极大地冲击了以吏部为枢纽的文官铨选体制。主要表现在以下四点：

首先，督抚奏保人员品级日高，人数日众，奏调人员调动频繁，范围广泛，并且常变通铨法补署员缺，在促使办事能员得以尽快取用的同时，极大地扩张了督抚的选才用人权。伴随着督抚选用人事权的扩张，吏部权力受到挤压。铨选权力渐有外重内轻的趋势，一定程度冲击了权力制衡机制。

其次，候补官员人数增多，仕途日杂。保举、捐纳成为入仕的捷径，大批人员借此涌入仕途。时人述及："军务兴，而保举多；差委繁，而劳绩多；捐例开，而捐纳多；于是弹冠结绶之徒于于而来，先后相望，无论苏浙素称繁富指省分发者争相趋赴，即黔滇边省素称瘠苦者，近来候补人员亦有拥挤之患。"[2] 无论是富裕省份还是贫瘠省份，都以候补人员过多为累。以江苏为例，同

---

[1] 蒋琦龄：《应诏上中兴十二策疏》，见王树敏、王延熙辑《皇清道咸同光奏议》卷一，载沈云龙主编《近代中国史料丛刊》第 1 辑第 331 册，文海出版社，1969，第 90 页。

[2] 《论课吏》，见何良栋辑《皇朝经世文四编》卷十四，载沈云龙主编《近代中国史料丛刊》第 1 辑第 761 册，文海出版社，1972，第 248 页。

治八年(1869)江苏巡抚丁日昌具奏,称捐纳和保举破格使江苏省候补人员大增:"军兴以来,捐纳四开,而又减价以招之;军功本易,而又积年以致之,其不能不冗者,势也。"按照定例,江苏道员外补的官缺不过二三员,府州县同通外补缺也不过数十余员。而候补道约有六七十人,候补同通州县约有一千余人。[1] 如此悬殊的员缺比例,反映了捐纳、保举过滥,以致仕途人满为患的严重情形。

再其次,加剧了正途与异途之间的员缺矛盾。清廷素来以科举正途为尚,科班出身人员得缺较易。办事能员入仕突破规制,在很大程度上改变了这一局面,开始出现压制正途的趋势。咸丰十一年(1861)八月,大学士祁寯藻陈言:"军兴十载,捐例频开,仕途流品较杂,虽其中可膺民社者甚多,而由科甲出身者,转形壅塞。"[2] 何炳棣统计了清代不同时期,地方官不同出身者所占的比例,1840年的1949位官员中,捐纳出身者仅占29.3%,科举出身的占了绝大部分,高达65.7%,而在1871年的1190个地方官员中,捐纳出身的占了51.2%,超过半数,科举出身者仅为43.8%。[3] 地方官员中捐纳出身与科举出身所占比重的一升一降,充分说明了咸同之际捐纳出身官员地位的上升,及其对科举正途出身官员的压制。保举人员同样对科举出身者的仕途有着很大影响,《清史稿》记:"捐纳外复有劳绩一途,捐纳有遇缺尽先花样,劳绩有无论题选咨留遇缺即补花样,而正途转相形见绌。甲榜到部,往往十余年不能补官,知县

[1] 丁日昌:《条陈力戒因循疏》,见王树敏、王延熙辑《皇清道咸同光奏议》卷二〇,载沈云龙主编《近代中国史料丛刊》第1辑第331册,第1075-1076页。

[2] 王锺翰点校:《清史列传》第12册,第3614页。

[3] 何炳棣(Pin-ti Ho),*The Ladder of Success in Imperial China : A Spects of Social Mobility (1368-1911)*(New York: Columbia University Press, 1962),p.49.

迟滞尤甚。"[1] 进士分部人员竟然十余年不能补官，正途出身者得官之难，由此可见一斑。

最后，冲击了现行铨法。由于文官的入仕与升迁，既往多循科甲功名与资历，各种升途均有一定的规制。军兴之际督抚的变通补署、各项保举以及捐纳等新花样，都对铨法造成了很大冲击。文职各项保举使得杂途出身者迅速提升，以致"冒滥相仍，交相奔竞"。[2] 对于各项被保举者，清廷优与补缺班次。如同治十一年（1872）吏部奏定，各部院郎中、员外郎、主事应题缺出，及选缺中应归留题缺，将劳绩保举无论题选咨留遇缺即补之员补用1人。[3] 保举班次的优厚，使各项保举人得缺较易。对于捐纳人员，清廷另立班次。早在康熙十三年（1674），知县可纳先用、即用班，后经御史奏停，但已对铨法造成了一定冲击。乾隆朝事例屡开，只是班次依然为寻常班次。至道光年间，清廷增加了插班间选、抽班间选、遇缺、遇缺前等名目。咸丰初年，清廷停遇缺、遇缺前等班次，新增分缺先、本班尽先前、不论班次遇缺选补等班。推广捐例后，又增保举捐入候补班、候补捐本班先用例。"花样繁多，至斯已极。"以后班次更加优越，同治三年（1864），清廷又增银捐新班、尽先、遇缺等项，"输银不过六成有奇，而选用之途，他途莫及"。同治八年（1869），吏部以银班遇缺占缺太多，改分班轮用，删不积班，于新班遇缺上，别设十成实银新班遇缺先一班，即所谓"大八成花样"。分缺先前、分缺间前、尽缺先前、新班遇缺及新班

---

[1] 赵尔巽等撰：《清史稿》卷一一〇，第 3212—3213 页。

[2] 宋晋：《请酌核保举章程以示限制疏》，见王树敏、王延熙辑《皇清道咸同光奏议》卷二二，载沈云龙主编《近代中国史料丛刊》第 1 辑第 331 册，第 1118—1119 页。

[3] 《清会典事例》卷五二，第 666 页。

遇缺先等统称为银捐，其中新班遇缺先班次最优，序补五缺一周，先用新班遇缺先 3 人，然后用新班遇缺及各项轮班班次 1 人。[1] 班次的优异，使捐纳出身者得缺较为便捷。

　　咸同军兴之际，清廷急需各项能员处理军情政务，而按部就班、循资问历的铨选制度难以提供合适人才，打破资历限制成为当务之急，办事能员入仕突破规制势所必然。根本而言，捐纳、保举与科举正途间对于官缺资源的争夺，反映了时代变局下不同人才间的竞争。由于捐纳、保举与科举正途取用人才的标准各异，借助于不同途径晋身的人员能力作用显然有别。需要指出的是，捐纳、保举与科举正途出身并非截然两分，不少科举出身者也以捐纳、保举入仕。[2] 正途不及杂途，从一个侧面反映出铨法定制失灵无效，权变过甚，又难免紊乱朝纲的尴尬。

二、重用专才与选取通才：光宣之交清廷用人的困境

　　时代巨变之下，清廷不仅仍然面对筹饷、施政的旧难题，还遇到举办各项新政事务而出现的新问题，诸如兴办新学、编练新军、创办实业等。甲午战后，败于日本蕞尔小国的耻辱加速了国人选才观念的转移，朝野上下逐渐意识到专才的重要性。由捐纳与保举所取用的能员干吏，难以适应以分科治事为特征的近代科层制需求，具备各类专业学识的人才逐渐为清廷所重视。伴随着选才取向的中西移位，选才标准开始崇尚中体西用、中西并重，清廷开始注重专

---

[1]　赵尔巽等撰：《清史稿》卷一一二，第 3241－3242 页。

[2]　如薛焕为道光二十四年（1844）举人，报捐知县，二十九年（1849）选授江苏金山县知县，咸丰三年（1853）又报捐知府，指省江苏。王锺翰点校：《清史列传》第 14 册，第 4190 页。

门人才的任用。

由于选才观念的转移和教育体制的转型，科目正途及行伍正途受到越来越大的冲击，学堂取士作为一种新的选拔人才途径，开始兴起。大量近代学堂的开办，分门别类培养了各项专门人才，清政府又为取用制定了优厚的奖励机制，同时派遣和鼓励游学，对于具有不同专业学识的游学生也优加取用。在很长一段时期内，学堂与科举并存，直至光绪三十一年（1905）科举制废除。学堂取士取代了科举取士，学堂奖励实官取代了科举入仕。取士与取官逐渐合流，为清季官制改革建立新的职官体系提供了重要人才资源。

值得注意的是，清廷对新式学堂毕业生及留学生奖励实官，实行了一套脱胎于科举的奖励办法，即比照科举入仕给予出身和官职奖励，由学部掌控学生的核实给奖，而由吏部来分发。吏部对专才分发并未制定专门政策，而是依然沿袭传统，按照班次，凭掣制签。此举对专才取用不利，主要有两方面的影响：

首先，造成所用非所学的情况。光绪三十四年（1908）廷试游学毕业生分部，学部为此咨文吏部，建议按照所学分发，"钱应清习法政科，专攻公债银行货币外国贸易，陈威习法政科专攻财政学，均堪分度支部；熊崇志习文科，专攻教育史学校管理法，堪分学部；黎迈习工科，专攻应用化学及制革，堪分陆军部"。[1] 由学部专门咨文吏部，建议何人该分何部，这一方面反映了选才观念的转移，开始注意到专门人才的任用不同于以往，要用以所学，另一方面也显示吏部的分发存在严重问题，不能将专门人才分发到合适的职位上。对于专才如何任用，吏部始终未拿出合理有效的方法，

---

[1]《游学毕业生分部》，《申报》1908 年 6 月 10 日，第 1 张第 4 至 5 版，"京师近信"。

所用非所学的情况一直延续。至宣统二年（1910 年）八月，学部因吏部掣签易致"专门人才往往用非所学"，奏请不由掣签，游学生考竣照章授职，计划于分部之前饬令游学生各具愿书，"自问长于何科，声明愿分何部，派由各公正大员详细审查，如无情弊即可允准，毋庸拘守掣签旧例"。[1] 游学生分部不由吏部掣签，而是按照各人的特长分别取用，这无疑是对铨选法则的突破，如果落实，自然可以保障专才任用的适当。

其次，大量专才难以获得实缺。此时铨选途径出现了多途并进、新旧杂糅的复杂态势，仕途壅滞不堪。学生奖励实官只是众多铨选途径中的一种，仍然要按照班次来挨次选补，如果仅凭吏部的掣签，可以说是得缺机会渺茫，由此出现了大量专才一时难以得缺的情况。宣统元年十一月初六日（1909 年 12 月 18 日）学部在一篇奏折中，概括了当时游学生的授职得缺情况，游学生毕业授职"大半咸集都下，授职知县者亦多呈请留京供差，不愿就外"。[2] 游学生愿意留在京城，自然是考虑了相比于在外而言，在京机会较多，即使不能得缺，也能较容易的谋到差使。与学堂毕业生相比，游学毕业生授职奖励更为优厚，而后者竟然也难以得缺，专才取用之难由此可见一斑。

在新的形势下，吏部对于专才的任用仍旧沿袭一般传统办法，较少变革，致使专才取用缺乏系统有效的制度保障，为此，官制改革中其他部院及督抚选用专才往往不拘一格。

---

[1] 《留学生授职有不掣签之耗》，《大公报》1910 年 9 月 13 日，第 1 张第 5 版，"要闻"。

[2] 《学部议复赵熙奏试学入官宜名实相符折》，中国国家第一历史档案馆藏，会议政务处全宗，552 第 610 卷。

　　清季官制改革导致吏部地位的进一步下降。光绪二十七年（1901）六月改总理衙门为外务部，"班列六部之前"[1]，拉开了内官改制的序幕。"班次曩居六部之上"的吏部，至此"班位稍爽"。[2]此后部院陆续新设或改设，到1906年内官全面改制，运行千余年的六部架构彻底改变，新的职官体系具有分工细化、权责明确的特点。与内官改制相应，外官改制也提上日程。光绪三十三年五月二十七日（1907年7月7日），总司核定官制大臣、孙家鼐将新定直省官制正式上奏。同日清廷发布上谕，命各直省官制改革，"著由东三省先行开办"，直隶、江苏两省由于"风气渐开，亦应择地先为试办"，其余各省由该督抚体察情形，"分年分地请旨办理，限十五年一律通行"。[3]由于外官制改革牵涉督抚权益，各省大多相互瞻徇，动作缓慢，整体进度相当迟缓。

　　官制改革不断推进，职官体系发生重大变化，新设或改设的部院及各直省先后设立了分工细化的机构，职司各有专门，需要大量的专业人才。而此时吏部对于专门人才的取用没有提供系统的制度化渠道和保障。为及时选拔所需专才，各部院及各直省选才用人突破吏部束缚，不循旧制，改用新途，在很大程度上改变了旧有铨选规则。所用方式主要有以下几种：

　　其一，停分发。官制改革前，各部院用人多由吏部分发，吏部后来奏称，"查向来各部院衙门司员、笔帖式等官，除特旨指定部分人员外，其余均由臣部掣签分发"。从外务部设立以来，吏部

---

　　[1]　朱寿朋编，张静庐等校点：《光绪朝东华录》（4），中华书局，1958，第4685页。

　　[2]　赵尔巽等撰：《清史稿》卷一二一，第1758页。

　　[3]　中国第一历史档案馆编：《光绪宣统两朝上谕档》第33册，广西师范大学出版社，1996，第91页。

分发各部院的规则逐渐停止。"惟外务部建部后，虽亦用郎中、员外郎、主事、司务等项名目，因其承总理衙门之旧，与军机章京一例，从无分发之说。商部继之，先亦由各衙门司员内保送考试，而其后一皆改为奏调。"[1] 各部院用人讲求专门，不由吏部签分，各项选班无形中停止，候补人员越积越多，到光绪三十二年（1906）十月间，京官候补郎中、员外主事人数尚多，而各部"已无可轮选"。[2]

仕途壅滞的局面在光绪初年就已经凸显，至清季更加不堪，各省督抚纷纷奏停分发，尤其是捐纳、劳绩人员。光绪三十三年（1907），奏请停止分发的省份已有河南、云南、贵州、山东、安徽，江苏则奏请停发道员一项。[3] 以后奏请停分发的省份更多，且人员范围有所扩大，不仅限于捐纳、劳绩人员。宣统元年初（1909），闽督松寿奏闽省仕途拥挤，"以后正途盐务人员拟请停止分发二年"，奉旨交吏部议复。[4] 奏停范围的扩大无疑反映了仕途壅滞局面的进一步加剧。请停分发既是督抚及部院应对仕途拥挤的无奈之举，也表明吏部铨选办法日益失去效用。此举进一步削弱了吏部权力，为专才的及时取用提供了便利。

其二，奏调专才。为办理学务、警务、商务等各项要政，在外官改制前后，各省纷纷设立新的局所，需要调用各类专业人才，奏调的范围比以前广，尤其是喜欢调用各类游学生及新式学堂毕业生。光绪三十一年（1905）初，四川总督锡良电致外务部，办川

---

[1] 《吏部奏请推广部属签分办法折》，《北洋官报》2002 册，1909 年 3 月 3 日。

[2] 《吏部对于各部司员之办法》，《申报》1906 年 12 月 7 日，第 1 张第 3 版。

[3] 《吏部议复安徽暂停分发一年由》，中国国家第一历史档案馆藏，会议政务处全宗，552 第 55 卷。

[4] 《闽督奏停分发》，《申报》1909 年 2 月 25 日，第 1 张第 3 版。

汉铁路拟概用华人，"即请驻日、英、德、法等国大臣于留学生中挑选铁路毕业生咨送到川，以备任使"。[1] 并有督抚与部院争相调取学生之事。光绪三十二年（1906）八月，黑龙江将军奏调仕学馆毕业学员 5 名，"内有周、史二君为学部留用，该省将军昨有电来催"。吉林省也奏调 2 员，已立有五年合同，"内徐君一员又为学部调去，故吉省亦来电催问"。[2]

各部院十分注重根据职掌的需要，取用专才。如学部主掌学务，所调人员多与学务相关。学部有专为留学生设置的官缺，翻译博士 12 缺，秩正七品，"此项官专以留学外洋卒业生考充"。[3] 光绪三十二年（1906）初，学部调两湖自强学堂优等学生若干名，[4] 不久又咨文各省，请各省督抚将"品学兼优、精通中西学问者"酌保数人，送部奏请录用。[5] 第二次考试游学生后，学部拟奏留 5 员作为本部顾问官，"不日即行入奏"。[6] 关晓红《晚清学部研究》将学部职官的来源渠道分为 6 类，有关调用的有 2 类，分别是由京内其他各衙门旧员中调用；由留学毕业生中挑选调用，或由留学生参加廷试后授职录用。[7]

其三，破格补署。各部院任用专才极为优渥，所奏调的各项

---

[1] 《川督电调铁路毕业生》，《申报》1905 年 5 月 24 日，第 1 张第 2 版。

[2] 《吉黑两省电调学员》，《申报》1906 年 10 月 19 日，第 1 张第 3 版。

[3] 《学部设官纪要》，《申报》1905 年 12 月 26 日，第 1 张第 4 版。

[4] 《学部调两湖自强优等学生》，《申报》1906 年 5 月 11 日，第 1 张第 3 版。

[5] 《学部注意学务人才》，《北洋官报》1006 册，1906 年 5 月 14 日。

[6] 《学部奏留人才》，《大公报》1906 年 11 月 4 日，第 1 张第 2 版，"要闻"。

[7] 其他 4 类依次是由学部主官或各督抚、军机大臣从各省学务处及各级新式学堂管理人员中引荐，奏准后咨送吏部验放；将各地高等学堂毕业生已获奖励进士、举人出身者直接分入学部任职；从举、贡中考试甄别，择优录取；吏部将各部裁缺人员改分、改用或报捐人员签分到学部。关晓红：《晚清学部研究》，第 205－206 页。

专才，往往不久即加以奏留，或派在相当品级上行走，或补署实缺。以商部为例，光绪三十一年（1905）初，商部奏保之前调回的 4 名留学生，原以保举章程过优，拟保为七品小京堂，业经定议。而外务部"来之力争，云若不照章从优保奖，恐失在外留学生诸生之望"，商部无法，"始允以主事开保"，[1] 而优保为从六品。此举一方面反映了各部院对于专业人才取用的重视，另一方面也反映取用专才尚无定章可循，补署随意，且较为优厚。在第一次考试游学生之前，商部奏请，以进士馆教习 4 名充本部学习主事，奉旨交吏部、学务处议奏。后经议复，按出洋留学生章程，必须考试后再为授职。得知此消息后，4 人"力辞不赴"，学务大臣不得已，"勉强罢试，并声明以后不得援以为例"。[2] 商部此举引起御史奏参，请以后留学生归国录用不得如商部，仅调回留部学习，不数月即奏请授以优职，"诚恐开幸进之门"。以后遇有东、西各国留学毕业生，必须领有高等学堂或专门科学卒业文凭者，归国后仍须考试是否优于何学，才准带领引见，听候录用，不得援上次之例。[3] 御史的奏参难以扭转部院用人的风气，其他新设各部院用人也大率如此，以办理新政为名纷纷奏调人员，"试署数月即行奏补实缺"。[4]

督抚在专才取用方面也往往超越定制。对于各项题缺，督抚补署时往往借词为地择人，补署不拘例章。吏部虽据例章议驳，

---

[1]　《开保留学生纪闻》，《大公报》1905 年 4 月 10 日，第 1 张第 1 版，"时事要闻"。

[2]　《进士教员到部》，《大公报》1905 年 5 月 20 日，第 1 张第 1 版，"时事要闻"。

[3]　《严定学堂出身》，《大公报》1905 年 6 月 4 日，第 1 张第 1 版，"时事要闻"。

[4]　《议订各署调员补缺章程》，《大公报》1908 年 2 月 23 日，第 1 张第 2 版，"时事要闻"。

督抚还一再奏请，而且往往奉旨允准。督抚还请将原为简缺归部选者，或变通补署，或改为要缺，归外题补。宣统元年（1909）七月，广西巡抚张鸣歧奏称，知府 9 缺，知县 22 缺，"昔属中简，今皆繁要"，请分别酌改为题调、题补要缺。[1] 此举无疑侵夺了吏部的权限。至于新设各缺，一般均归外补。新设员缺由督抚酌补，早在咸同之际就已出现，以后又为各省督抚将军所援引，逐渐成为惯例。新政时期，各新设员缺，督抚常先行奏请外补。除提学使设立之初即由学部奏保外，其余交涉使、巡警道、劝业道等新设员缺，督抚一般先行奏请遴员试署。胡思敬记："近岁督抚不守旧制，每道府缺出，随折保荐一员，旨不［下］即除授之，朝士相顾错愕，莫知何许人。一省肇端，各督抚援例而至，此朝廷失权之渐。"[2]

随着官制改革的推进，职官体系的职能分工更加细化，原有人才不能适应新的形式，铨选制度也不能应变化的时局。面对急剧变化的时势，吏部提不出有效的应对方案，从而导致其他部院及各直省选才用人无章可循。为迅速取用专门人才办理新政事务，各部院堂官及直省督抚只得便宜行事。清季各部院及督抚的选才用人打破旧规，具有一定积极意义，使其能在短时间内聚集各类不同专业学识的人才，有助于各项新政政务的顺利开展，也使得专门人才可以破格使用。同时，奏调及违例奏补频繁，导致选才用人大都不循旧制，严重冲击了吏部用人总汇机构的地位。吏部权力式微，作为官制核心内容的权力制衡机制整体性破裂，清廷苦心造就的内外相

---

[1]　张鸣歧：《抚部院具奏请将选缺各府州县分别改为题补要缺折》，《广西官报》第 38 期，1909 年 10 月 24 日。

[2]　胡思敬：《国闻备乘》卷二，重庆出版社，1998，第 145 页。

维，大小相制，已然演变成内外纷争，彼此逞强。

三、多途并进，新旧杂糅："多"才背后的仕途纷扰

清廷虽然确立了选才标准中体西用，中西并重，实施起来却遇到重重困难，培才与抢才很难归一。各级部门因主官的意识、地理位置及新政展开程度的差异，对新旧人才的取用也各不相同，"新政开始至科举立停前，政府选材用人多偏向新学，此后似乎相反。直至清亡，尽管新旧并途，考试繁多，但除陆军部、外务部、法部、邮传部及一些有特殊需要的趋新行业，能较多吸纳留学毕业生外，政府的用人方针不仅明显偏向旧学出身者，而且一脉相承，变化甚微"。[1] 在此背景下，加上为时较短，新式人才一般较少能做到高级官员。据李细珠统计，清末新政时期 118 名督抚中，新式学生只有 6 名，旧学出身的仍占多数，其中进士 54 名，举人 16 人，贡生 12 人，荫生 7 人，监生 10 人，生员 6 人，文童 3 人，行伍 2 人，不明 2 人。而此前的 40 年间（1860—1900 年），总督由正途出身者占 78.3%，巡抚为 77.1%。新政时期督抚出身旧学者比重有所下降，新式学生跻身督抚之列，"这在某种意义上可以说预示着清政府用人行政的新方向"[2]，但新式学生在官员中的数量结构还无法同旧学出身者相比。取用人才标准不一，反映出清廷选才观念转移在实践层面存在摇摆与犹疑的矛盾，这也是导致清季仕途芜杂的重要原因之一。

---

[1]　关晓红：《殊途能否同归：立停科举后的考试与选材》，《"中央研究院"近代史研究所集刊》第 59 期，2008。

[2]　李细珠：《清末新政时期地方督抚的群体结构与人事变迁》，载中国社会科学院近代史研究所编《中国社会科学院近代史研究所青年学术论坛 2005 年卷》，社会科学文献出版社，2006，第 158 页。

晚清新政时期，保举积重难返，捐纳虽一再谕令停止，仍以捐票移奖、报效、报捐学堂经费、赈灾经费等形式而存在，由保举、捐纳晋身仕途者依然庞杂；科举取士虽然停止，举贡、生员考职、优拔贡朝考等继续纷纷扰扰，终清不止，由科举正途而晋身者依然众多；且学堂逐渐普及，由学堂毕业获实官奖励者每年大幅度增加，还有留学生考试授职等形式。如果说咸同时期是异途与正途相竞的话，清末则形成多途并进、新旧杂糅的复杂态势。

宣统二年（1910），留学生廷试、优拔朝考、举贡考职及各学堂卒业等各项考试纷至沓来。各项考试频繁，宦途上人满为患，"宦海之中将骤增数千，无论内官、外官现皆异常拥挤，殊觉难以安置"。有军机建议，待各项考试毕事后，由学部再考一次，"其内官中之有才者分别予以要差，外官中之有才者咨送各督抚录用"，并闻各军机亦赞成。[1] 官多无缺可补，再考仅为差事。清廷此时认识到"自本朝取士以来，人才未有盛于今日者，亦未有杂于今日者"，打算廷试留学生授职后，即将其发往边疆及沿江海通商大埠，饬各督抚酌其所学，量才器使；若举贡会考取中一、二等者，以多数留京内用，至考取的优拔，则专以知县分发。[2]

宣统二年七月二十六日（1910 年 8 月 30 日），御史叶芾棠奏陈官多流杂，"自捐纳既停以来，捐票之移奖、举人之截取、举贡之保送，优拔贡之朝考，廪增附之考职，举贡之就职，留学生学堂毕业之奖励，岁入仕途者不下数千人。此外如各局所、学堂办事人员莫不皆有保举，以致各部、各省人浮于事，几数百倍"，"直隶州州同、盐库大使、盐按、经历等官每省不过十余。缺或数缺，或一二

---

[1]　《欲做官者终不离考试》，《申报》1910 年 4 月 11 日，第 1 张第 5 版。

[2]　《政府考用人才之方针》，《盛京时报》1910 年 5 月 12 日，第 2 版。

缺，而候补者至数百人"。请饬下政务处，详议何项停止。[1]

经政务处议复，以捐票移奖已议定截至次年二月永远停止，毋庸再议。举人截取、举贡保送等"诸途并进，为数诚不免过多"，但拔贡朝考自此后，即行截止，举贡保送、生员考职、优贡朝考"本限三次停止，现均已考试两次"。留学生廷试录用章程经学部会同宪政编查馆奏明，钦遵在案；内地学堂毕业奖励系按照毕业分数给奖，并未溢于定章之外；保举办学人员已由政务处严加限制，各局所保举冒滥"诚所不免，惟当严核虚实"。政务处以文官考试章程、任用章程即将实行，"不特移奖势在必停之列，即无论何项官吏，亦必有相当之试验，以为量才录用之途"，所以该御史所奏著"毋庸置议"。[2]

政务处的议复实际上没有解决任何现实问题，只是将仕途澄清的希望寄托在文官考试任用制度的即将实行上。仕途壅滞日甚一日，据时人统计，宣统二年（1910）各省高等毕业生奖给官阶，加以举贡等考职，一年所出之京、外各官"几及万员"，"实从来未有"。涌入仕途人员激增，八月间，吏部验看分发之人竟多至一千四百余员，举贡就职之按经历、盐经历、州判三项计一千零数十人，"实为开国以来所创闻"。[3]清廷虽格外采取了一些权宜措施，如变通廷试录用办法等，对于因各项候补人员畸形膨胀而拥塞不堪的仕途而言，不过是杯水车薪，无济于事。

---

[1]《御史叶芾棠奏官多流杂有害治安请量予停止折》，《四川官报》第31册，1910年12月。

[2]《会议政务处议复御史叶芾棠奏官多流杂有害治安请量予停止折》，《湖北官报》第149册，1910年1月12日。

[3]《仕途新进之拥挤》，《盛京时报》1910年9月20日，第2版。

　　多途并进，新旧杂糅，是清季仕途壅滞的重要原因。宣统二年（1910），赵炳麟在一篇奏折中，指陈清季仕途由简入繁，由正途、异途之别到旧途与新径之分的过程："我朝入官之途，向以科举、捐纳为大宗，次则保举、任子。近年以来，朝廷以科举之取士苟简也，于是罢科举；以捐纳之进身丛杂也，于是停捐纳，宜若可以得真才收实效。顾官吏反什佰闲冗于前，且十羊九牧事较昔日尤为散漫者，此何故哉？盖科举虽罢，而学堂毕业，立授实官，举贡考职，大逾常额；捐纳虽停，而旧捐移奖，叠出不穷，市侩居奇，竟同贸易；兼之勋臣后裔，不问贤否，悉予官阶；新署人员，但有渊源，虚衔奏调。名器亵滥，至今已极。"[1] 面对前所未有的庞杂仕途，吏部束手无策，原有的文官铨选机制已经难以维系。

　　吏部地位的下降，反映了人才需求变动对于制度变迁的影响。从咸同之际办理军情政务急需能员，到光宣之交官制变革唯好专才，以吏部为枢纽的文官铨选体制难以应对，部院和督抚逾制变通，各行其是，权力制衡机制被打破，铨选途径日益芜杂，既往铨法难以继续实行，被边缘化的吏部地位岌岌可危。心有不甘的吏部官员采取各种措施，试图挽救自己的命运。

第二节　吏部挽回颓势的努力

　　为适应新的时代变局，摆脱逐步被边缘化的不利处境，针对部院及督抚用人突破定制、仕途壅滞、铨法难行等问题，吏部先后采

---

[1]　《御史赵炳麟奏仕途滥杂请饬请详议官规折》，《四川官报》第 20 册，1910年 9 月。

取了一系列举措，试图挽回失去的权势，重新确立威权。

一、限制部院及督抚用人逾制

针对各部院选才选才用人枉顾定制，吏部制定了种种措施，试图借此将选用人事权收归部管。

其一，限制奏调、奏补。光绪三十二年底，因各部院调补人员"多不合例"，有七品外官而补五品京官者，有捐双月未交免保之员而迳行奏补者，并不咨吏部存案查核。吏部奏请，无论新旧各部员缺，皆须先咨行吏部查核复准后，才能奏请补授。[1] 同时，吏部咨行各部院，"速将所调人员出身律造册咨复，以备在案，并请于年前全行送齐，籍免贻误"，[2] 试图从程序上遏制调补人员不合例的情况。吏部的查核起到了一定作用，光绪三十三年（1907）三月间，吏部查出民政部外城分厅知事陈友璋冒称道员，当即奏请将其开缺，交部议处。十二日（1907 年 4 月 24 日）奉上谕："嗣后各衙门调员补署各缺，均著先行咨明吏部查核办理。"[3] 以后吏部不断申明定章，光绪三十三年（1907）四月，吏部以各署调员往往延不报部，以致遇有事故无凭考查，咨行各衙门遵照三月十二日谕旨，以后无论调员及补署各缺，"应将详细履历先行咨部，以便按照存案，用备调查"。[4]

不过，在部院用人讲求专门以及选才用人不循常规的情势下，咨部考核不过是一纸具文，难以真正起到澄清仕途的作用。光绪三十三年十一月十七日（1907 年 12 月 21 日），御史李浚具奏，称

---

[1] 《吏部对于各部调员之办法》，《申报》1907 年 1 月 16 日，第 1 张第 3 至 4 版。

[2] 《吏部咨查调用履历》，《大公报》1907 年 1 月 16 日，第 1 张第 2 版，"时事"。

[3] 中国第一历史档案馆编：《光绪宣统两朝上谕档》第 33 册，第 36 页。

[4] 《咨请调员先行报部》，《大公报》1907 年 5 月 19 日，第 1 张第 2 版，"时事"。

法部新设各审判厅所调官员"流品不齐，非门生故旧，即凭情请托"，请饬下法部，以后调用人员恪遵吏部章程，先行咨部查核，补缺时更应咨由吏部详核履历出身，方准调补。[1]

对于各部院补署员缺过快的情况，清廷也感到严重，要加以限制。光绪三十四年（1908）初，清廷规定，以后调用实缺官员，到该衙门作为署缺，"俟一年后准其奏补"；所调京、外候补者，到该衙门以对品官职，"作为候补，二年期满，与旧班人员二缺后酌补新班一缺"。[2] 但限制难以奏效，各部院奏调人员，常常试署三个月后即行奏补。同年五月，清廷以"查从前各款非数十年不易补授，近来破格用人，恐仕途因之愈乱"，饬吏部严定各衙门奏调人员章程。[3] 以后，清廷又一再发布上谕，严格用人。因邮传部陈璧参案，于宣统元年正月十七日（1909 年 2 月 7 日）发布上谕：近来京外各衙门于举办要政、奏调人员及请加经费，往往未能综核名实，"近年新设衙门、新建省分往往多坐此弊，冒滥虚靡，实为恶习"，饬令各部院堂官及各省督抚，以后奏调、咨调各员，均由吏部切实考核官阶履历相符，再准发往。[4]

对于督抚任意调用人员，吏部也严加限制。因各省奏调人员的奏案层见叠出，而一经奏调即无不合，派差署缺，任意而为，光绪三十四年（1908）九月，吏部尚书陆润庠要求严格奏调人员程序，规定以后各省奏调，必须于三个月后奏报一次，"并注明考语，以

---

[1]　《李侍御奏请慎用审判人员》，《申报》1907 年 12 月 30 日，第 1 张第 4 版，"紧要新闻"。

[2]　《议订各署调员补缺章程》，《大公报》1908 年 2 月 23 日，第 1 张第 2 版，"时事"。

[3]　《限制调用司员》，《大公报》1908 年 6 月 4 日，第 1 张第 2 版，"要闻"。

[4]　中国第一历史档案馆编：《光绪宣统两朝上谕档》第 35 册，第 22-23 页。

定优劣"。[1] 至宣统元年（1909）九月间，吏部厘定调员考试章程，通饬各省，以后各项人员无论奏调、咨调，"均须按照新章先行考试而后录用，并由该督抚等出具切实考语，咨行吏部存案，如有瞻徇情面等弊，一经有人参劾，即惟该督抚是问"。[2]

宣统元年二月十二日（1909 年 3 月 3 日），吏部具奏考核调员办法，指出奏调"始于外省军务、河工数大端"，虽经严定限制，却收效甚微。"嗣以时艰日亟，各督抚每有陈请，朝廷常不惜曲予允从，俾收指臂之效。甚者且奏宽一切文法，因之臣部原定限制，亦有不可尽行者。"在京衙门本无调用人员的例章，"自各部院同时并建，需才过多，势不能不仿照外省权宜集事"，"惟其一经奏咨，便为合格，与臣部分发之制迥殊，故臣部亦遂无处过问"。吏部认为，奏调"固矫旧制之失，俱专藉奏调，亦嫌偏重"。因"近年京外破格用人已成惯例，若概绳以从前旧法，断难悉合"，只好变通旧制，制定各项规定。主要有：

（1）统一奏调名目。以后无论官阶大小，非经奏明，不得作为到部、到省人员，不得再有咨调、札调名目，仅供差遣无关署补者不在此限。

（2）限制京官和外官的奏调、奏补。京官拟补各缺，照例先由该衙门咨行吏部查核，待核复相符，再由该衙门带领引见验看，班次未符者，即随时据实奏闻；外省奏调及奏留之员，如系奉旨照准者，由吏部钦遵知照。请饬下各督抚，将是否合例之处先于原折内一律声明，如未经声明，经吏部查有不合例事故，虽奉旨允准之案，仍由吏部照例奏请更正。

---

[1] 《奏调人员须加考语报部》，《甘肃官报》第 48 册，光绪戊申九月（1908）。

[2] 《调员考试将见实行》，《大公报》1909 月 10 月 26 日，第 1 张第 3 版，"要闻"。

（3）具体规定内外改官。以后外官调京，应照满洲道府等官内用定例，京官调外，应照各项京员改外新章，分别实缺、候补，由吏部核定官阶班次，随时知照。京官调补外官，外官调补京官，所有原官升阶等项应即撤销，原为实缺者，一律开去底缺。如仅调办各项差务者，不在此限，但不得借署额缺及委任地方。

（4）对一人由多方互调者做出限定。甫经调部、调省之员，或又有他部、他省纷纷请调者，应专就先到之部、之省恪其职守，以凭实验所长。续调之案即由吏部奏明，概予撤销，不准复行发往。

（5）严格限定丁忧及革职调用人员。不准调用丁忧人员，已调各员不准再行委署各缺；革职人员分别情节轻重，由吏部核明另行具奏，请旨定夺；原有永不叙用字样者，概请毋庸置议。[1]

定章颁布后，政务处、宪政编查馆与吏部咨行各督抚及京内外各部院衙门，令将现已奏调人员的详细履历并捐照文凭等项一并送部考核，并由政务处会勘一次，"以清仕途"。[2]

此后，吏部陆续制定政策，不断细化各项限制。宣统元年（1909）初，吏部以近年来外省候补道府以至州县纷纷营谋调部，各部也任意奏留补用，核议外官内用办法，运司道员奉旨内用及候补道之调部者，"均以各部郎中用"，候补知府用员外郎，"其余以次递降"。[3]宣统二年（1910）初，吏、度两部会奏，以后外官调部，除严格核实外，应照所调官缺，补缴捐升实银三成上兑，"如延不缴纳，无论奏留或免补缺，均予奏驳"。[4]

---

[1]　《吏部抄咨具奏考核调员办法折奉旨由》，中国国家第一历史档案馆藏，会议政务处全宗，552 第 387 卷。

[2]　《京师近事》，《申报》1909 年 5 月 22 日，第 1 张第 5 版。

[3]　《吏部核议外官内用办法》，《吉林官报》第 20 期，1909 年 8 月 16 日。

[4]　《专电·电一》，《申报》1910 年 4 月 18 日，第 1 张第 3 版，"专电"。

尽管出台了上述限制措施，各部院及督抚依然故我，奏调人员常常突破规制，难以限制。光绪三十四年底（1908），御史俾寿奏称："现在各省督抚各部院衙门藉办新政，纷纷奏调，假破格用人之名，越级委署，启仕途争竞之习，莫此为甚。"[1] 直到清朝行将灭亡时，清廷依在为此事筹划。宣统三年（1911）八月，因旧吏部发现参案，内阁会议，"以近来京外各衙门奏保新进人员难得不坐此弊，拟即通饬各部院及各督抚，查明自宣统乙酉所有奏调各员等详细履历，均须造册送阁，以便查核"。[2] 规定未及实行，大清王朝已经一朝覆亡。

其二，限制补署。为疏通各项选班，吏部逐步限制各部院补署员缺。光绪三十二年（1907）年底，御史贵秀具奏，新设各部"流品太杂，大局深为可虑"，请饬严加甄别，分别去留。[3] 不久吏部厘定新章，将改设、添设各衙门除、选、咨、留名目一律改为题缺，由各该堂官各在本衙门分别奏补，以一缺按照官阶、班次，酌量才具，拟定正陪；以一缺拣资俸较深暨劳绩保举的官员，分班轮补，均先咨吏部查核，咨复后再行带引，请旨补用。所有奏调人员，一律将详细履历咨明吏部立案，补缺时先期行文查核，除声明实系才具出众、职事必需的官员由各该堂官酌量奏补外，其余均以品秩相当者拟补。[4] 吏部希望借此掌控各部院选才用人权，进而建立起新的铨选规则。

---

[1] 《京师近事》，《申报》1908 年 12 月 27 日，第 2 张第 2 版。

[2] 《阁老慎重奏调人员》，《大公报》1911 年 10 月 13 日，第 1 张第 3 版，"要闻"。

[3] 《电四》，《申报》1907 年 5 月 11 日，第 1 张第 3 版，"专电"。

[4] 《学部附奏本部司厅员缺俟补齐后再按照吏部新章酌拟升补片》，《学部官报》，第 19 期，光绪三十三年（1907）。

　　吏部定章甫经颁布，即遭到各部院的强烈反对，学部尚书荣庆以"教育至重，人才至难，年劳、资格所以为经久之法，而非所以为创始之图云"。其明确指年劳、资格等经久之法，不合于教育创始之图，对此"左右堂咸表同情"。[1] 光绪三十三年（1907）三月，学部奏称，自设立以来，奏设各缺多未补齐，请援照新设各衙门成案，所有各司厅员缺暂时不分轮酌班次，不限年劳资格，变通奏补，待新设各缺补齐后，再行按照吏部新章拟定正陪，另外并酌拟升补详章，奏明办理。奉旨依议。[2]

　　不久，法部也奏请"补员缺不分题酌通补，俟足额后再照吏部奏定新章办理"。[3] 后法部又称，该部缺分不分满汉，吏部所拟章程窒碍难行，以致"满汉未能适平，若以后日视此次为满汉底缺，其势转多迁就"，自行拟定法部司员补缺轮次。吏部于光绪三十三年八月初四日（1907年9月11日）议复，称法部所拟变通司员补缺，"与奏定新章尚无窒碍"，酌加改定，加入裁缺及各项不积缺人员班次。以郎中、员外郎补缺轮次为例，共分32缺，单数为酌题缺，由堂官酌量题补，满、汉并用，如酌补满员，正陪均用满员；酌补汉员，正陪均用汉员；双数为序补缺，无论出缺为满为汉，统加序补，即满员到班则用满员，汉员到班则用汉员。[4]

────────────

[1]　《荣尚书不拘资格》，《大公报》1907年5月21日，第1张第3版，"要闻"。

[2]　《学部附奏本部司厅员缺俟补齐后再按照吏部新章酌拟升补片》，《学部官报》第19期，光绪三十三年（1907）。

[3]　《电一》，《申报》1907年6月7日，第1张第3版，"专电"。

[4]　第2缺，用满资深；第4缺，裁缺满资深；第6缺，汉劳绩；第8缺，裁缺汉劳绩；第10缺，汉员资深；第12缺，裁缺汉劳绩；第14缺，满劳绩；第16缺，裁缺满劳绩；……周而复始，至32缺。《吏部酌拟法部变通司员补缺由》，中国国家第一历史档案馆藏，会议政务处全宗，552第20卷。

各部补署员缺常不拘例章，以法部为例，法部司员补缺虽有定章，却不遵守，补署员缺由堂官酌题的居多。光绪三十三年十一月十七日（1907 年 12 月 21 日），法部奏编置司郎中缺出，上次序补满资深，此次序补照定章应补汉劳绩，如劳绩无人，应用汉资深。法部以劳绩及汉资深人员都"不甚相宜"，请以举叙司郎中、热河办事司员鲍琪豹调补；所遗举叙司郎中，以其次资深的员外郎徐孝丰升补。并声明，以后除例应按班请补的官缺仍照奏定章程核办外，如果实在因为事择人、应行变通的地方，请准照此次办法，随时陈奏。吏部于光绪三十三年十二月初六日（1908 年 1 月 9 日）上奏，请申明限制，"此次该部奏补各缺自系为慎重员缺起见"，但此端一开，"不惟嗣后吏部部查核无可依据，将今日为缺择人者，日后即可为人择缺"。请饬下法部，以后遇有缺出，不得任意选补，仍旧遵照奏定章程办理。[1]

法部以外，其他各部也大率如此，以致吏部人云："今之各部用人，名为为缺择人，实则为人择缺。"[2] 吏部酌改选班，并未真正起到收归部权的作用。各部院用人自为风气，吏部对之逐渐失去控制。

其三，试图重行签发之制。为挽回权力，疏通仕途，吏部先后两次请分发各部院。光绪三十二年（1906）十月，吏部第一次试图签分新设部院，奏请以后分部人员除外务部、学部、邮传部毋庸分发外，其余新设各部与旧部一律掣签分发。除向来应行分发人员，有特旨分部、荫生录用分部、两陵调京分部人员等外，加上近日盛京裁缺暨各衙门新裁应行改掣人员，还有劳绩保举及捐纳未经分部

---

[1]　《吏部奏申明法部补缺章程折》，中国国家第一历史档案馆藏，会议政务处全宗，552 第 103 卷。

[2]　《拟请照章选补人员》，《大公报》1908 年 1 月 17 日，第 1 张第 2 版，"要闻"。

人员。为适应各部用人讲求专门的形势，吏部拟令各该员到部后，由各部堂官令其先入各馆各堂肄习专门之学，按学习期满年限，及格者由各部堂官奏留补用，不及格者或再学习、酌量奏留，或经咨回办理。奉旨允准。[1] 吏部此举，含有欲将签分人员纳入专门人才范畴的寓意。

由于分发人员多为旧途出身，没有专门学识，各部院往往以用人专门为由加以抵制，吏部的良苦用心遭到各部院的抵制，难以实现。定章甫经颁布，十月二十三日（1906 年 12 月 8 日），农工商部上奏，请调用人员仍照成案办理，认为"吏部所议自系疏通铨政起见"，但以创办伊始，需用专门人才，"伏思办理新政首贵得人，是以臣部开办之时，一切用人行政均请援照外务部成规办理，冀收实效而得真才"。如果接受吏部签分人员，"必致人浮于事，冗散日多"。而实业学堂系招考学生，并非为本部司员而设。现在调用人员"大抵皆专门毕业之士，学成致用，毋庸另设学堂，是吏部所议学习一层，亦与臣部情形未合"。科举已罢，捐纳已停，"铨政自日渐疏通，不致如从前壅滞"，而新学人员需地安置，"此后学堂人才日众，亦宜酌留余地，为多士进身之阶。如果此项分部人员学有专长，臣部仍可随时调用，以资鼓励，庶于部务、人才两有裨益"。请仍照奏定成案，由农工商部慎选调用，不由吏部掣签分发；以后选用司员仍于查明该员实能胜任之后，"即行奏明调用"。[2] 奉旨：著照所请，吏部知道。[3]

---

[1] 《照旧奏调人员》，《大公报》1906 年 12 月 4 日，第 1 张第 2 版，"要闻"。

[2] 《农工商部奏调用人员请仍照成案办理折》，中国国家第一历史档案馆藏，农工商部档案全宗，490，20-1 第 3 卷。

[3] 中国第一历史档案馆编：《光绪宣统两朝上谕档》第 32 册，第 232 页。

不久，学部也奏称：吏部奏签分司员与本部定章程不符，以学部"为全国学务总机关，所有司员非深明学务者不可，是以仍拟照旧办理"。[1] 光绪三十三年（1907）七月，邮传部堂官于召见时"历陈人才难得"，吏部签分人员恐难胜任，业经奏免，本部调用各司人员，均请以留学生确有专门学业者酌量器使，"请毋限以资格"。邮传部所请得到清廷支持，"两宫业经允准，惟嘱须慎重延致，不可轻率用人"。[2]

各部院的抵制，使得吏部第一次分发努力未能如愿。以学部为例，学部从建立之初到光绪三十四年（1905—1908 年），只有廷试授职录用 3 人，"未见吏部签分者"。[3] 吏部后来也奏称，光绪三十二年（1906）十月间奏准将新旧衙门但经设有学馆、学堂者，均准一律发往，随同学习，"嗣据民政部、农工商部先后复奏，未能遵办。因之其余新设衙门，亦均未遑至议"。[4]

各部院无轮可选，使得原本已经拥挤不堪的仕途更加壅滞。光绪三十三年（1907）十月间，吏部调查候补、候选各项官，已经"不下十余万员"，外省纷纷奏免分发，京部也请免掣签，"先则一部两部，近则纷纷援案奏免，是此项人数终无位置之所"。[5]

从根本上讲，各部院抵制吏部分发是用人讲求专门与循资历之争。各新设部院因分工的不同，需用各项专业人员，而吏部分发人员只讲求资历，不问学识专长，遭到各部抵制也在情理之中。

---

[1]　《学部封奏留中》，《大公报》1906 年 12 月 19 日，第 1 张第 2 版，"要闻"。

[2]　《面谕慎重调用留学生》，《大公报》1907 年 8 月 27 日，第 1 张第 3 版，"要闻"。

[3]　关晓红：《晚清学部研究》，第 207 页。

[4]　《吏部奏请推广部属签分办法折》，《北洋官报》2002 册，1909 年 3 月 8 日。

[5]　《候补候选人员之拥挤》，《大公报》1907 年 11 月 17 日。

光绪三十四年（1908）四月，御史徐定超指陈用人崇专门与尚资格的矛盾："说者谓新设各署须用专门人员，然则陆军、度支各署须专门者较农、邮等部尤甚，安得如许人才而用之。新署所调各员，稍具普通学识即诧为奇才，旧署谨饬安分之士往往不与，吏部签分又不之及，皓首沉沦，莫此为甚。固不可以资格而困贤才，亦不可以贤才而废资格。应将官缺规制酌改，由吏部主持。"在他看来，官员的才能与资历不可偏废，体制的旧制与新规也要兼顾，主张无论旧学、新学，"应由吏部各就所长，统计额缺，酌量分授"。[1]

至宣统元年（1909）初，吏部再次请分发各部院。宣统元年二月十二日（1909 年 3 月 3 日），吏部奏请推广部属签分办法，请以后寻常分发，除外务部仍不用配签外，其余无论满、汉异途出身人员准添配民政部、农工商部、邮传部等签，正途出身人员再添配学部一签，大理院衙门无论何项出身，均一律掣签，即按照该院所设阶品及举贡改用的办法，按品改用笔帖式、司务二项，就已设各级录事、书记等官衙门分别发往，照大理院改用司员的办法一律办理。[2] 著依议。[3] 与上次有所不同，吏部此次请分发不仅有所注重专门学识，诸如以正途出身人员分学部，同时还为适应官制改革职位的变化而略加变通。

吏部此次请分发各部取得了一定效果，以学部为例，宣统元年（1909）签分到部的有 52 人，以后逐渐增多，宣统二年（1910 年）

---

[1]　《御史徐定超奏请划一部院规制折》，《广西官报》第 26 期，1908 年 7 月 13 日。

[2]　《吏部奏请推广部属签分办法折》，《北洋官报》2002 册，1909 年 3 月 8 日。

[3]　佚名辑：《宣统政纪》卷 8，载沈云龙主编《近代中国史料丛刊》第 3 辑第179-180 册，文海出版社，1989，第 143 页。

有 81 人，宣统三年（1911）有 93 人。[1] 分发人员与人数众多的庞杂候补官员队伍相比，仍是九牛一毛，难以根本解决问题。吏部对部院选才用人权的限制因而难以奏效。以后虽有言官请复吏部权力，如宣统二年（1910）御史胡思敬奏请厘定新设各官任用章程，称"部院行走人员由吏部掣签分发，此天下之至公，无可议也"。请各部院司员悉遵旧制，归吏部签分，补缺并归吏部核准，带领引见；前调各员令堂官仔细甄别，冒滥者加以罢黜。外务部除签分外，准许其如章京例，数年考录毕业生一次，"奏入不报"。[2] 只是此时吏部已处于待裁的境地，自身难保，遑论收归部权了。

新政时期官制改革的各部院添设或改设，为时代巨变下政府机构日益专职化的体现，办事不同，用人有别，需要各类专业人才，而吏部以资历为衡的签分人员，显然不相适应。各部院抵制吏部分发，不是简单的权力之争，反映了签分成法与专职化机构对专业人才需求的不相适应。

与部院用人自成风气相类似，清季各省督抚选才用人不循常规，对于员缺补署权力较大，吏部想稍加更改却难以实现。各省道、府缺出，向来是内选一次留补二次，光绪三十三年七月（1907 年 8 月），吏部尚书陆润庠以道员为给事中升阶，知府为御史、郎中等升阶，"人多缺少，颇为壅滞"，咨照各省大府，以后道员、知府两项部选之缺，无论何项缺出，统归内选一次，外补一次。[3] 但章程颁布后，未见各省响应。至于新出要缺，督抚多

---

[1] 《关于学部官员升迁调补的文件》，中国第一历史档案馆藏，学部档案全宗，职官类第 138 号。转引自关晓红：《晚清学部研究》，第 207-208 页。

[2] 刘锦藻编：《清朝续文献通考》卷一一五，浙江古籍出版社，1988，第 8747-8748 页。

[3] 《吏部议定内选外补办法》，《申报》1907 年 8 月 14 日，第 3 版，"紧要新闻"。

以需用专门为由，奏请外补。光绪三十四年（1908）八月，吏部尚书陆润庠慨叹："部中虽有铨选之名，而无其实"，拟即再行申明旧章，"以保本部之权而杜流弊"。[1] 因各省官缺多由各督抚保员试署，再请将其补授，光绪三十四年底，吏部尚书陆润庠明确表示反对，"拟均由部选员补授，以图规复旧制"。[2] 吏部稍示限制，各直省督抚即群起反对。宣统元年（1909）初，各省以用人一事为吏部所限制，"纷纷奏请不拘例，变通办理"。吏部尚书陆润庠拟除各边疆道府州县各要缺准督抚保员开单请简外，"其余一律不准由督抚奏保，以示限制"。[3] 可是吏部威权不再，内轻外重的局面已然形成，吏部对于督抚用人的不拘例章，只能望洋兴叹，与督抚争夺选才用人权的控制，最终以失败而告终。至宣统三年（1911）初，吏部正拟裁撤，吏部会议改革旧制，"统计各省各项选缺，应留若干缺，其余概归外省拣补"。[4] 既然难以改变现状，只有承认既成事实。

二、调整铨法

长期铨选官员，吏部形成了种类繁多、条文琐细的则例，这些则例对于吏部铨选的正常进行起到了重要作用。而时局变迁，各种则例难以适用，有逐渐破除之势。向例，凡送部引见人员吏部带领引见后，必须召见后方予升阶，光绪二十八年（1902）年底，夏曾佑不经引见即授以官职，时人评论道："夏穗卿大令曾佑名满东南，

---

[1]　《限制要缺外补》，《大公报》1908 年 9 月 17 日，第 1 张第 2 版，"要闻"。

[2]　《陆尚书反对新官制》，《大公报》1908 年 1 月 26 日，第 1 张第 2 版，"要闻"。

[3]　《限制外官保案》，《盛京时报》1909 年 3 月 26 日，第 2 版。

[4]　《吏部会议改革旧制》，《盛京时报》1911 年 3 月 9 日，第 2 版。

此次不经引见，即赏以直隶州知州补用，真异数也。"[1]

对于各项显然不适用的则例，吏部逐步加以删改。光绪二十九年（1903）初，吏部奉旨删减则例，奏准变通尤为不便者17条：保案宜随时核议；明保人员办理宜稍宽其格；月选截缺日期宜略为移前；捐纳注册宜严扣呈验执照；京堂开列班次亟需厘定；京员回避宜定简明章程；外官丁忧起服满应补人员选班，拟请量予疏通；知县告近、起服及终养开列亲老事毕两项人员，宜统归应补班；知县佐杂接连请补缺，宜分别准驳；卓异人员拟请即行升用，等等。[2]奏请变通的则例涉及保案办理、选补规则及班次调整。这么多亟待调整的规则和班次，表明以往很多规则确已难以施行，铨法壅滞。

为应对官制改革后部院直省用人不拘定章，仕途芜杂，粥少僧多，分发艰难的情况，吏部或删改旧则例，或制定新则例。

其一，酌改班次。光绪二十九年十一月初三日（1903 年 12 月21 日），因御史汪凤池奏，吏部议改明保班次，将明保班次降低，如果明保特旨即用人员与截取同时到班，先尽截取人员用，过后再用特旨即用人员。改变了明保人员统压各班的情形。[3]

其二，改章部院选缺。光绪三十一年（1905）初，吏部奏准，都察院六科笔帖式以后遇有缺出，即由该院学习人员内拔补，自行带领引见，不用归部铨选。[4]

---

[1]《时事要闻》，《大公报》1902 年 11 月 30 日，第 1 张第 2 版，"时事要闻"。

[2]《吏部奏为修例需时先择其尤为不便者请旨变通》，中国第一历史档案馆藏，吏部档案全宗，官制类，第 3 卷。

[3]《吏部议复明保折》，《湖南官报》第 585 号，光绪三十年（1904）。

[4]《选缺改章》，《湖南官报》第 940 号，1905 年 3 月 14 日。

其三，修订月选分发则例。光绪三十二年（1906）十月，吏部议定月选新章，规定每月选缺除正途出身外，捐纳、劳绩人员一律于月选时当堂考试，以"严方检冒顶替之旧弊"。[1]并请将分发人员，先由吏部考试一次，"如果于政治确有心得，方准分发到省，倘才具平庸不谙治理，一概不准分发，并不得以班次先后藉口"。[2]

其四，改订推升官员例章。光绪三十三年（1907）十月，吏部奏准推升官员定例，"调取者不论何项出身，必须引见"，掣签得缺后，行文各督抚，严饬该员将任内之事交代清楚，出具考语，赴部引见。待接到调取部文后，限六个月令该员交代清楚，再限三个月，并准扣除到京程限，倘逾限三月以外，吏部即行奏明开缺。[3]

其五，酌改汉军人员回避章程。光绪三十四年九月二十八日（1908年11月22日），吏部奏准变通满蒙汉军外任告近规则，准许汉军分发各员在京免避法部，外省免避顺、直，[4]等等。

三、停止部选

由于积习甚重，吏部的种种改革一时之间难以奏效。更为重要的是，部院及各省用人自为风气，部选难以为继，而数量庞大的候选、候补官员还在与日俱增，吏部束手无策。光绪三十三年（1907）十月，吏部调查候补、候选各项官员众多，而外省纷纷奏免分发，部院请免掣签，"是此项人数终无位置之所，非大加变通

---

[1]《吏部月选新章》，《大公报》1906年12月4日，第2版，"要闻"。

[2]《吏部注意分发人员》，《北洋官报》1209册，1906年12月4日。

[3]《吏部奏准推升官员定例》，《申报》1907年12月1日，第1张第5版。

[4]《吏部奏变通满蒙汉军外任告近片》，《盛京时报》1908年11月19日，第2版。

不可，故日来正筹议办法出奏"。[1]

由于吏部的铨选枢纽地位已然丧失，只好停止部选，以冀疏通仕途。光绪三十三年（1907）十月间，清廷议定停止部选，将所有吏部档存候选及应分发各省人员"概行停止"，并拟定停选后办法，以后无论有何花样及应选、应发到班与否，年在40岁以下者，均送各省令入法政学堂肄业，至欲分何省，悉听其便，毕业即作为该省候补人员，尽先前补用；未入学堂者，无论有何花样，一概不得请补。[2] 这些举措反映了官员的专业化已是大势所趋。一时间吏部停选大有即刻施行之势，有传闻称定于十一月初一日（1907年12月5日）"决计实行"。[3] 并有传闻吏部议停选办法，年在60岁以上、不愿分发者，"准报明酌给虚衔封典"；由部考验不堪造就者，"勒令休止"；可造就者，"咨送各省学习法政一年，再行考试，优等差委，最优等尽先补署"。[4] 种种揣测之词，后经证实，"此议实未决议，举行与否尚难预定"。[5]

光绪三十四年五月十五日（1908年6月13日），清廷发布上谕，停选州县，明确表达了对既往铨法的否定，"吏部职司铨选，自例章繁密，仅以班次资格为定衡，大失量能授官之本意"。此言表面看来是对吏部铨选的不满，实质上是对既往取官注重班次、资格标准的摒弃。"迩来保举捐纳冗滥甚多，治理民情多未明达。检查法律，亦不能通解。即系正途出身，于吏治亦尚乏体验。岂能措

[1] 《候补候选人员之拥挤》，《大公报》1907年11月17日，第2版，"要闻"。

[2] 《会议整顿官常之办法》，《盛京时报》1907年12月1日，第2版。

[3] 《吏部停选之近闻》，《大公报》1907年11月24日，第2版，"要闻"。

[4] 《电一》，《申报》1905年12月3日，第3版，"专电"。

[5] 《停选问题实未决定》，载《大公报》1908年1月3日，第2版，"要闻"。

置裕如？"以后州、县两途，部选旧例三个月后即行停止，由吏部会同军机大臣妥拟章程，各班候选州县应选州县依次分发各省，作为改选班；酌量删减、归并外省各项候补班次轮次。改选人员到省后，由督抚率同三司，量其才性，试以吏事，或派入法政学堂分门肄业，并须勤加考察，"如有糊涂谬劣，或不通文理，或沾染嗜好，或年力就衰等情，均即咨回原籍，扣除本班"。应补人员由各督抚认真甄核，"不得瞻徇偏执，敷衍迁就"。清廷希望通过此举，使得亲民之官，"历经试验，娴习治理。一洗阘茸幸滥之习"。[1]

关于停止州县部选的原因，时人认为是袁世凯所推动，其主张停选的理由是"因候选人员在京候选，一旦选往某省，而某省之风俗舆情一时断难熟悉，如停铨选，分归各省候补，由督抚甄别该员，或于某省人地情形及政治上之利弊皆能了然，故决定停选"。会议政务处各王大臣"亦以为然，故见之实行"。[2]分发人员不熟悉当地舆情固属部选的弊病之一，但以之作为停选的原因则为皮相之谈。

州县停选引起官场骚动，留京州县官员"大为恐慌，议公呈陆尚书请设法转圜"。[3]不久，在京候选州县特联名公举代表恩溥，于十一日（1908年7月9日）赴都察院"呈请该院总宪代奏，收回停选成命"。[4]清廷内部也有不同意见，"某尚书颇不以改选为然。以为铨选为用人主要，其权操之中央，铨法如何，本可改良，岂可因选之弊即行停止而授权外省"。[5]御史李灼华等人"先后奏陈封章，均

---

[1] 中国第一历史档案馆编：《光绪宣统两朝上谕档》第34册，第116-117页。

[2] 《吏部停选原因再志》，《盛京时报》1908年7月5日，第2版。

[3] 《电三》，《申报》1908年7月5日，第1张第5版，"专电"。

[4] 《州县停选展限纪详》，《申报》1908年7月18日，第1张第5版。

[5] 《吏部停选问题》，《盛京时报》1908年6月20日，第2版。

请从缓实行"。[1] 不过清廷意旨已决，停选州县碍难变通，都察院对收回成命的呈请"概不代递"，[2] 御史所上奏折均留中不发。

候选人员过多是州县停选的主要原因，至光绪三十四年（1908）六月间，候选州县应行分发外省者"多至数万人"。[3] 吏部调查现任候选州县，各直省知州分为二部，分别有 500 员和 750 员，知县则共 35556 员，平均计算分发各直省改选州县人员，"每省约有一千七八百员之多，处置极难"。[4] 吏部拟将其分发察哈尔、热河、绥远城、乌里雅苏台及青海、西藏等边远省份设法位置，边缺困苦，"但闻选班中之不愿往者十人而九"。[5]

除了候选州县员数太多外，吏部停选州县也有现实的考虑。清季外官改制期间，地方自治随之推行，州县官的角色发生变化，其职责不光是传统的刑名钱谷，还涉及农、工、商、学、法及地方自治等诸多方面。州县官也由原来只对朝廷负责，受上官约束，同时必须向绅民负责，受谘议局及城乡自治会的监督。由吏部铨选掣签，难以找到人地两宜的官员，故而停选州县是大势所趋。

基于类似考虑，吏部逐渐停选其他官缺。宣统元年闰二月二十七日（1909 年 4 月 17 日），吏部拟定筹备事宜单，计划于光绪三十四年（第一年）停选州县奏定改选章程通行双单月轮次表，宣统元年（第二年）酌改外补州县班次轮次，拟订暂行章程，宣统二年（第三年）拟定停选佐杂章程，停选教职章程。[6] 不久，吏部尚

---

[1]　《御史谏阻停选》，《大公报》1908 年 6 月 24 日，第 2 版，"要闻"。

[2]　《停选州县碍难变通》，《甘肃官报》第 60 册，光绪戊申（1908）。

[3]　《疏通候选人员》，《大公报》1908 年 7 月 17 日，第 2 版，"要闻"。

[4]　《停选州县问题》，《陕西官报》第 11 期，1908 年 9 月。

[5]　《候选州县之畏途》，《大公报》1908 年 7 月 19 日，第 2 版，"要闻"。

[6]　《吏部奏妥拟筹备事宜折》，《学部官报》第 88 期，1909 年 5 月 29 日。

书陆润庠"以各省盐官缺额为数无多，而现在候补人员已过四倍以上"，议停选盐官。[1] 在逐渐停止部选之时，吏部议外补人员办法，以外补班次"虽与停选、改选，另是一事，亦应速拟办法实行"，咨行各省，商定外补各项班次办法。[2] 此时吏部已处于待裁地位，号令难行，未见各省回应。

随后，吏部按照筹备事宜单陆续停止其他选缺。因科举已停多年，善后问题（举贡考试等）逐步得到解决，学部的地方学务章程也已颁布，学堂教员按新章遴选就职，教职成为有职无事的闲职。宣统二年（1910）初，吏部拟定停选教职，以后各省教职缺出，"即行扣留，不再选补，以便渐次裁尽"。[3] 并筹议停选佐杂办法，宣统二年（1910）五月，清廷通饬各省于本年增设佐治员，所有佐贰杂职截至年终一律停选。[4]

吏部停选虽系无奈之举，总还是主动改革，显示吏部试图适应新形势的努力，只是为时已晚，掣肘太多，种种措施难以奏效。而且，停选等于自我否定，随着停选逐步推行，吏部威权丧失殆尽，铨选枢纽的地位荡然无存。宣统二年（1910）御史胡思敬奏称，"我朝鉴前明之失，裁割吏部之权，还之君主，三百年来遂无倒持之患。乃前明总之一部者，今复散而分之数部，转使政出多门，为害滋甚浸。而司法独立，提法使移归法部，财政独立，布政使移归度支部。如是则党附攀援，百僚济济，尽成私室家臣，天子孤立于上，环顾内外，无一亲信可恃之人，言念及此，谁不寒心。不第此

---

[1] 《吏部停选盐官》，《大公报》1909 年 4 月 23 日，第 2 版，"要闻"。

[2] 《饬议外补人员办法》，《北洋官报》2107 册，1909 年 6 月 21 日。

[3] 《教职确有停选之耗》，《大公报》1910 年 5 月 1 日，第 2 版，"要闻"。

[4] 《佐杂停选之近耗》，《大公报》1910 年 6 月 21 日，第 2 版，"时事"。

也，彼度支、提学、提法三司，巡警、劝业两道，既各树一帜，内倚部臣为援，无论崇卑，不相统辖，一省之中，已成华离破碎之象，上之则督抚号令不行，下之则州县疲于奔项。"[1] 此言道出清季吏部权丧，即皇权式微的事实，乾纲独断变成"政出多门"。吏部自我否定之后，裁撤吏部顺理成章地便提上议事日程。

第三节　吏部裁撤

早在考察政治大臣归国酝酿官制改革之时，就提出裁撤吏部的主张。端方、戴鸿慈等奏请改定官制以为立宪预备，其中即请改革各部院，裁撤吏部。端方等首先承认"吏部为六官之长，体制本崇，职在进退群僚，责任亦重"。可是以西方各国用人规章相比较，"惟各国选除官吏皆归本部长官，故各部皆有试验惩戒之司，各由本部考试拔用，即各由本部惩戒免除，知之既明，试之尤悉，是以易于得人。今吏部铨除多用抽签成法，此制之弊已数百年。新设之外、商、学、警四部一切司员皆由荐辟，即不啻专救此弊"，请待各部成立制度完备后，再将吏部裁撤，其所管恩赏封爵诸典，"将来可归内阁管理"。[2] 这些意见在随后的官制改革讨论中引起极大重视。

官制改革拉开序幕后，讨论中不断提及裁撤吏部的问题。光绪三十二年七月十三日（1906 年 9 月 1 日），清廷会议官制改革办法，筹议"并内阁、政务处、军机处、吏部为内政部"，各省设税务、

---

[1]　刘锦藻编：《清朝续文献通考》卷一一五，第 8748 页。

[2]　端方：《请改定官制以为立宪预备折》，见《端忠敏公奏稿》卷 6，载沈云龙主编《近代中国史料丛刊》第 10 辑第 94 册，文海出版社，1967，第 738-739 页。

财政、警察，裁判司，裁各道同通佐杂，设分督，用乡官，"改县为五品，各归外补，裁部选旧制"，并将此议电商各督抚议复请旨。[1] 至八月初，会议宪政王大臣传知吏部，调查在部候选大小官员名次、数目及各员履历，"以备查核，分别统归外补"。时人猜测此举用意，"盖因吏部业已议裁，故铨选各事亟须另筹办法也"。[2] 此时吏部大有覆顶之势，传闻此次王大臣与袁世凯、端方会同议定中央官制，"俟各省简派大员晋京商妥，即当颁发明文"，设内政部，"管理内政事宜，以吏部并入"。[3]

吏部裁撤的传闻并未落实，主要是因为当时各部院还未完全建立，内阁也未设立，新的职官体系尚未形成；而且吏部裁撤必然牵动各方利益，是以一时难以着手。

一年以后，光绪三十三年（1907）九月，裁撤吏部之事又经提起，"吏部裁撤之说传闻已久，兹闻政府日前会议，已拟决计实行"。[4] 十月间，清廷决议裁撤吏部，已有令吏部办理交接的消息，"将验放人员移归内阁办理，且预备立宪将来升迁选调等名目均须改为会推、选举"，由军机处行文吏部，令将候选官册赶紧造送，并将部中一切应办事宜一律缮单开明，"以便斟酌缮单奏闻"。[5]

裁撤吏部，是由军机王大臣"面奉密旨，饬议实行"，军机王大臣具复，此事当由内阁会议政务处用密函分咨各部院及资政院，"择期集议"。提议主裁者为军机大臣、外务部尚书袁世凯，袁氏主张建立责任内阁，吏部成为其组阁的一个症结，袁世凯"建议拟将

---

[1] 《本馆接到王大臣会议改官制专电》，《申报》1906 年 9 月 4 日，第 1 张第 2 版。

[2] 《本馆接会议改定内外官制专电》，《申报》1906 年 9 月 24 日，第 1 张第 4 版。

[3] 《王大臣议定中央官制事宜》，《申报》1906 年 9 月 27 日，第 1 张第 3 版。

[4] 《吏部司员之惶恐》，《大公报》1907 年 10 月 17 日，第 2 版，"时事"。

[5] 《吏部裁并内阁续志》，《申报》1907 年 11 月 27 日，第 1 张第 5 版，"紧要新闻"。

吏部裁撤，并入内阁，另设庸勋司于内阁，专司文职官员升迁降调各事，与吏部性质相同"，后经政务处拟从缓议。[1] 时人对裁撤吏部的原因多加猜测，或言因吏部有公款十数万，政府欲令提出充办新政各用，而该部不允，"触致某某大臣之怒，即有奏请裁撤归并内阁之密奏。如吏部此时仍将公款缴出，则政府尚可为之挽回云"。[2] 若以裁吏部仅仅归结于争公款，未免失之肤浅。

裁撤吏部终难以成事，首先是因为清廷内部意见分歧，军机大臣对此意见不一，"因鹿传霖、陆润庠、荣庆极力反对，张、袁无可如何，拟作罢论"。[3] 此外，裁撤吏部的提议引起各方反对。张一麐记，"官制中议裁吏、礼二部，尤中当道之忌，自都察院以至各部或上奏、或驳议，指斥倡议立宪之人，甚至谓编纂各员谋为不轨"。[4] 反应强烈，可见一斑。原定于十月二十二日（1907 年 11 月27 日）举行的朗润园会议，因庆亲王奕劻没到，"故各大臣所议办法均未与庆邸接洽，须俟下届再行提议"。[5] 此事又从缓议。

其次，各项候补人员过多，是吏部裁撤从缓的重要原因。吏部裁撤提出时，尚书陆润庠闻此消息，颇费踌躇，以"现查吏部各班候选者共约三十余万人，除去未注册者，仍实有十余万人，以此分发各省，平均摊派每省约八、九千人，再以死亡折算，亦有七、八千人，一省之中骤添此许多候补人员，将何以令谋生计？须当妥议良法，代筹出路，庶于大局无害"。[6] 度支部通查，未经核准人

---

[1] 《决定不裁吏部》，《盛京时报》1909 年 3 月 25 日，第 2 版。

[2] 《议裁吏部之原因》，《申报》1907 年 11 月 28 日，第 1 张第 5 版，"紧要新闻"。

[3] 《专电·电二》，《申报》1907 年 11 月 27 日，第 1 张第 5 版。

[4] 张一麐：《古红梅阁笔记》，上海书店出版社，1998，第 45 页。

[5] 《议裁吏部近闻》，《申报》1907 年 12 月 6 日，第 1 张第 5 版，"紧要新闻"。

[6] 《陆尚书对于裁撤吏部之意见》，《申报》1907 年 11 月 24 日，第 1 张第 5 版。

员尚有二十余万，咨行吏部请设法展缓。吏部又因候选人员已未注册及死亡者尚未查有实数，照复碍难停选。吏部一面酌定期限，催令各员未经注册者赶紧注册，度支部亦酌限催令核准，"总须俟注册核准两事办理清楚，然后始能议及裁撤"。[1]

再次，官制改革尚未完全，内外官制均未建立齐备，也使得吏部难以骤裁。十月底，吏部尚书陆润庠向会议政务处提议，"谓吏部固不能容于立宪时代，但刻下选举乡会各省尚未组织，上下议院亦未成立，若骤裁吏部，则官场益无秩序，故宜于内阁完全、宪法大行之时代再行裁撤"。[2] 连身为尚书的陆润庠也已意识到，吏部"不能容于立宪时代"，则裁撤不过是时间问题。

光绪三十三年（1907），裁撤吏部之议遂寝，结果仅"枢府某大老拟明春将该部大加改良，另订新章，并有改文部之消息"。[3] 以后，关于吏部裁撤的消息屡屡见诸报章。光绪三十四年初（1908），吏部又有归并之说，传闻由军机大臣张之洞提议，"现在资政院办理已有头绪，所有吏部事务尽可归并内阁办理，所余之款以补改行新官制之用"。而世续、鹿传霖两军机不甚赞成，"尚未决议"。[4] 此说后经证实属谣传，"政府对于此事并未提议，其施行之期尚难逆料"。[5]

光绪三十四年（1908）七月，清廷在会议新官制时提出另建内阁，"并将吏部归并"，再次提出裁撤吏部。[6] 但清廷内部依然意见

---

[1]《议裁吏部近闻》，《申报》1907 年 12 月 6 日，第 1 张第 5 版，"紧要新闻"。

[2]《吏部从缓裁撤》，《盛京时报》1907 年 12 月 5 日，第 2 版。

[3]《吏部有改文部之消息》，《大公报》1908 年 1 月 8 日，第 2 版，"要闻"。

[4]《吏部又有归并之说》，《大公报》1908 年 5 月 31 日，第 2 版，"要闻"。

[5]《吏部未能裁撤》，《大公报》1908 年 6 月 15 日，第 2 版，"要闻"。

[6]《新建内阁之述闻》，《大公报》1908 年 8 月 27 日，第 2 版，"要闻"。

不一，"惟某邸不甚以为然"。[1] 后宪政编查馆会议决议"俟京外官制议定，再行裁撤吏部"。[2] 光绪三十四年十月初七日（1908 年 10月 31 日），两宫召见军机时，面谕召开会议讨论归并吏部、改建新内阁办法。[3] 此时吏部虽未裁撤，权力已失。吏部尚书陆润庠慨叹："本部虽未裁撤，而奄奄一息，仅存形势，各部院缺分竟一律自行奏补，吏部仅司其册籍。而外省督抚于增设各缺亦纷纷效尤，奏留外补，三年内吏部必致无事可办"。[4] 宣统元年（1909）初，吏部裁撤事再经提及，因"枢臣多不赞成，即摄政王亦不以为然"[5]，暂时作罢。

　　吏部为了挽回被裁的命运，多方努力。宣统元年闰二月二十七日（1909 年 4 月 17 日），吏部奏陈筹备宪政事宜，极力标榜自己地位的重要及历史久远，"查吏部一职，仿自周官之置冢宰，其时公孤论道，略如顾问之长，而冢宰统摄百官，隐负总理内阁之责。自汉置丞相，职任始殊。魏晋以后，增定六曹，吏曹遂同为行政之一部，二千年来未之有改"。对于吏部建制不合西例的意见，吏部反驳到，中外情形不同，"顾外国先有民会而后官长为之代表，故吏部不必有。中国先有官治而后民族蒙其保护，故吏部不可无"。吏部在皇朝政体中具有无可替代的作用，"我国家内建十一部，外建二十二省，额设经制员缺不可胜数，而得以大小相维、指臂相联者，无他，由吏部为之综核耳"。即使在立宪时代，吏部仍然不可或缺，"数年之后，宪政诸事粗具规模，而合格之官吏未必遂能多得，则异时以

[1]《电二》，《申报》1908 年 9 月 20 日，第 1 张第 5 版，"专电"。

[2]《电三》，《申报》1908 年 9 月 30 日，第 1 张第 5 版，"专电"。

[3]《归并吏部改建新内阁》，《盛京时报》1908 年 11 月 10 日，第 2 版。

[4]《吏部尚书之感慨》，《甘肃官报》第 41 册，光绪戊申八月（1908）。

[5]《决定不裁吏部》，《盛京时报》1909 年 3 月 25 日，第 2 版。

政府当议院之冲，仍必以吏部承政府之后，而后黜陟之权不为所制，此办法之所宜预筹者也"。吏部承认司法官、警察官等专官别具一格，"至于法学、警业等项，现虽各有专官，不难自为考成"，同时指出，其他众多官员仍需总核机构，"而旧有诸司及道府厅以下各官，权限尚无一定，则用舍举劾之事，仍不能不操之督抚，而督抚亦仍不能不本之部章，是改弦更张之中，仍不可无总汇画一之制"。吏部并要求参与制定各项官制及章程，"应请旨将京外官制及文官考试、任用各章程均由臣部会商宪政编查馆会议政务处公同核议，以为入手之基，而其余各事亦即比附馆章，次第筹备"，试图通过参与制定规则来抬高自身的地位，延缓被裁的日期。[1]

吏部奏复筹备宪政事宜，本意是为保地位不失，其奏"原多不合"，都察院各御史察核内容"多有强词夺理之处，贻人笑柄"。但某尚书评论此折甚为得意，"谓可保吏部十年不裁"。[2] 可是这并未能挽回吏部被裁撤的命运，"折上后，摄政王与枢臣叠次酌议，闻仍有俟建新内阁后裁撤吏部，并于内阁内添设庸勋一司，管理文职事务"。[3] 清廷内部对此仍有不同声音，裁撤吏部之议纷传，吏部陆尚书"深为疑惧"，曾请于某相国。某相国云："我在军机一日，断无裁去吏部之事，请君勿疑"。[4] 军机大臣意见不一，导致裁撤吏部难以决议。宣统元年（1909）六月，宪政编查馆草定内官制大纲，"所有吏部、礼部、步军统领衙门均未列入"[5]。至于吏部是否裁留、归并，"因政府诸公各存意见，虽提议多次，尚未

---

[1] 《吏部奏妥拟筹备事宜折》，《学部官报》第 88 期，1909 年 5 月 29 日。

[2] 《吏部能保不裁乎》，《大公报》1909 年 5 月 4 日，第 2 版，"要闻"。

[3] 《吏部仍须裁撤》，《大公报》1909 年 5 月 7 日，第 2 版，"要闻"。

[4] 《某相国为吏部保障》，《大公报》1909 年 5 月 31 日，第 2 版，"要闻"。

[5] 《京师近闻》，《申报》1909 年 8 月 3 日，第 1 张第 5 版。

决定"。[1]

处境微妙而且尴尬的吏部为摆脱困境想尽办法。七月间，吏部以本年本部筹备事宜以厘定京师官制及编订文官考试任用章程草案最关紧要，咨文宪政编查馆、会议政务处，"速行会同详细核议，以免贻误"。[2] 想借机拖延裁撤的时间，可是希望落空，不久为宪政编查馆议驳，"将该任用、惩戒两项章程均归宪政馆创定"。[3]

此时官制改革进展缓慢，新内阁一时"尚不易办到"，清廷以吏部"奉行故事，事简官多"，拟即暂改为审官东院，除去一切无关紧要的成例，只置堂官 1 人，不设左右堂，不用丞参、郎中、员外、主事等名目，只留一司，"以备考查要紧条例案件"。吏部被裁人员或分发别部，或改用外官。[4] 至十一月间，政府王大臣在军机处提议设立新内阁事宜，传闻裁撤吏部"决定于明年实行"。[5] 而至宣统二年（1910）初，吏部是否裁撤依然没有定论，清廷"以现在核订新内官制，吏部暂缓裁并，所有铨选之权，仍应由该部掌管"，饬下该部，参照任用官吏新章，另行核订毕业人员铨选新例。[6] 吏部又有苟延之势。

宣统二年（1910）三月，侍郎吴郁生入军机，军机大臣的变动直接关系到吏部的去留。吴郁生极力主张裁撤吏部，"并讲明其理由，昨闻已由摄政王面谕各大臣，当照所议办理，以符立宪国之制

---

[1] 《裁留吏部之难决》，《大公报》1909 年 8 月 10，第 2 版，"要闻"。

[2] 《吏部咨议筹备事件》，《大公报》1909 年 9 月 9 日，第 2 版，"要闻"。

[3] 《吏部议争权限》，《申报》1910 年 1 月 28 日，第 1 张第 5 版。

[4] 《吏部拟改为审官东院》，《盛京时报》1909 年 9 月 22 日，第 2 版。

[5] 《吏部果将裁撤耶》，《大公报》1910 年 1 月 6 日，第 2 版，"要闻"。

[6] 《议改订铨选新章》，《大公报》1910 年 3 月 19 日，第 2 版，"要闻"。

度，故吏部之归并，其问题现已解决"。[1] 同时，清廷开始筹议吏部被裁人员位置，将该部候选佐杂人数"一律改为八品小京官发交各部，甄别录用"。[2] 四月，《行政纲目》发布，并无吏部。新内阁由制诰、庸勋、统计、编辑、印刷五局组织而成，"庸勋一局属于吏部职掌，拟将该部归并入内阁，专司黜陟赏罚注册之事，所有该部以前旧章，均经大加更改，凡关于黜陟赏罚之事，只有注册之责，并无准驳之权"。[3] 清廷此举旨在对吏部裁撤后权责的归属作出制度安排。

事已至此，吏部虽未明言裁撤，已处于待裁边缘，吏部"已将议处则例及京内外各官注册案卷等饬司清理，预备移交"[4]，也不再签发人员，"嗣后举贡朝考及各项学生廷试应分部者，均有暂不签发二部之消息"。[5] 因为文官考试章程正在拟定过程中，有传闻裁撤吏部将于文官考试专章奏请后，即行发表年限，一并归并内阁。[6]

正值吏部地位飘摇之时，出现了吏部贿卖黄祖诒改选班知县的丑闻，[7] 在社会舆论的强大压力下，情势急转直下。各军机大臣原本对于

---

[1]　《归并吏部之决议》，《盛京时报》1910 年 5 月 1 日，第 2 版。

[2]　《安置候选佐杂之办法》，《大公报》1910 年 4 月 28 日，第 2 版，"要闻"。

[3]　《吏部归并内阁之组织》，《申报》1910 年 5 月 19 日，第 1 张第 4 版。

[4]　《电三》，《申报》1910 年 6 月 7 日，第 1 张第 4 版，"专电"。

[5]　《吏礼二部裁汰之先声》，《大公报》1910 年 6 月 11 日，第 5 版，"时事"。

[6]　《奏颁三项专章之确期》，《大公报》1910 年 6 月 14 日，第 2 版，"要闻"。

[7]　黄祖诒，原为湖南试用巡检黄启捷，他"勾通金店，转托书吏关说吏部司员，贿买难荫知县"，冒名承袭（刘锦藻编：《清朝续文献通考》卷 28 职役考 2，第 533 页）。此案看似简单，背后却反映了清廷的官场争斗，如许指严所记：吏部鬻官，盖时时有之。惟庆邸时，则定价招徕，明目张胆，较为显著耳。初，庆邸贿赂公行，外省官吏，几无不以贿得官者。言官哗然，朝旨终不问。杨翠喜案出，御史江春霖奏疏，反得罢官，言路益愤。谏台会议，以"擒王"机会未至，翦羽翼易。（转下页）

吏部"主保存者半，主裁撤者半，以故久未核定"，自受贿卖缺事发，"各枢老皆滋不悦"，一些原来主张保留吏部的军机大臣开始改弦更张。庆亲王奕劻提及此事，"谓吏部积弊太深，本拟大加整顿，今竟有此贿卖官缺之事，应勿庸再筹整顿，即宜专议裁并办法，闻世相亦甚以为然"。[1] 故至六月初（1910 年 7 月），清廷就吏部去留问题达成一致意见，"各枢臣对于此问题均以裁并为正当之办法"。[2]

　　就在吏部行将裁撤之际，波澜又起。六月中旬，有某军机大臣提议暂缓裁撤，"以现在官制更易，钦定处分则例多有引用不能妥洽之处，应由宪政编查馆会同吏部参改修订，此时未便遽裁吏部"。又有某军机大臣"由病中函致庆邸，极言裁撤吏部之种种阻碍"。[3] 时人对此进行驳斥，"异哉某相所主张缓裁吏部之理由也。夫新官制颁布以后，所伴于官制之各规章如惩戒、处分章程等诚不能不次第更张，然此后官吏之惩处当悉由该主务长官裁夺，与旧有吏部主持者迥不相同。吏部中人于此项规章，既非所素习，尚安用彼为参订？且前此所以待吏部参订者非他事，本为吏部所职掌，则订核自

（接上页）或乃曰，"今吏部员曹，悉系庆党，平时为其经商卖力者，不知凡几！以予所得凿凿有证者，某事、某官，咸可指数，不如从此处着手！官小力薄，纵庆欲回护，然物议如此，彼必不能以一手掩尽天下耳目。揆之救大不救小之例，亦当易于得力。苟有动机，吾辈徐图进行，为得寸进尺计。此法殊占便宜！"佥曰："诺。"疏上，而吏部郎官王宪章者拿问矣。王宪章某曹郎中，庆邸走狗也，每岁鬻州县者百计，以十分之五呈庆，而自取其二，余则同侪分润焉。行之有年，至此破裂。急求救于庆邸，庆邸报之曰："牺牲子之一身，以保吾名誉。吾官尔子孙，令尔含笑于九泉可也！"王遂正法于京市。《吏部鬻官案》，载许指严著、孙顺霖点注《十叶野闻》，河南大学出版社，1991，第 321—322 页。

[1]　《决定裁撤吏部之预闻》，《盛京时报》1910 年 7 月 9 日，第 2 版。

[2]　《决定裁撤吏部之预闻》，《大公报》1910 年 7 月 6 日，第 2 版，"要闻"。

[3]　《吏部之回光返照》，《申报》1910 年 7 月 25 日，第 1 张第 5 版。

不能不由部主持。今而后吏部当裁矣，后此之执行责非在彼，更何劳彼之参订为耶？"[1] 反对以参订相关章程为由缓裁吏部。

吏部中人，表现各异，有的知道挽回无望，转而另谋位置。吏部司员屡请尚书李殿林妥筹善后办法，李尚书面谕："必将本部人员妥为安置，其最能耐劳者则并入内阁，其次者可分发别部，再其次者则以相当之官阶外简，或分发各省"。种种善后之法，"吏部各官闻之甚为欣慰"。[2] 也有司员纷纷"运动堂官，设法挽回"，而吏部堂官意见不尽一致，李尚书"因该部贿卖官缺一事，通国皆知，常怀退志，因有欲去之心，故于吏部之存亡不甚介意"，而侍郎于式枚"与李之意见相反，现正极力主张挽回"。[3] 吏部人员离心离德，加速了被裁的进程。

七月初，摄政王主张裁撤吏部，交谕枢臣，修订内外官制及文官三项章程，以后除调查成例外，"勿庸假手吏部，尽可由宪政编查馆、军机政务处两处会同核订，以便实行"。[4] 八月初，由于一向主张缓裁吏部的两军机世续和鹿传霖"一失大权，一在久假，前日之阻碍近已消除，闻枢廷不日即可解决此问题"。[5] 而吏部因黄祖贿案牵连多人，"百弊尽发"，摄政王"大不满意"，曾谕枢臣曰，"吏部如此作弊，不如裁撤"。枢臣奉谕后，业已会议数次，决将吏部裁撤。[6] 九月十六日（1910 年 10 月 18 日），宪政编查馆会议，

---

[1] 《时评·异哉某相国所主张缓裁吏部之理由》，《申报》1910 年 7 月 26 日，第 1 张第 3 版。

[2] 《吏礼两部裁并之近耗》，《盛京时报》1910 年 7 月 9 日，第 2 版。

[3] 《吏部近日之现象》，《大公报》1910 年 8 月 10 日，第 2 版，"要闻"。

[4] 《新官制勿庸吏部干预》，《大公报》1910 年 8 月 12 日，第 2 版，"要闻"。

[5] 《吏礼两部失所恃矣》，《大公报》1910 年 8 月 25 日，第 2 版，"要闻"。

[6] 《吏礼两部决于明年裁并》，《申报》1910 年 9 月 9 日，第 1 张第 4 版。

决定裁撤吏部于次年奏请实行。[1] 十月初，吏、礼两部尚书奉监国面谕，"饬速与政务处王大臣筹措吏、礼部两部裁撤之办法，无论如何窒碍，至迟不得逾宣统三年，以符立宪国制度"。[2]

因新内阁难产，吏部似乎又有苟延之机。十月，清廷正议编订新内阁办法，"一时尚无头绪"，吏、礼两部堂官在吏部临时会议，研究该两部对于新内阁的关系及裁并后安置办法，"并无相当解决之宗旨而散"。[3] 因吏、礼两部裁撤须待新内阁制开办之后，"故外间多谓该两部尚得有一年之苟延"。[4] 吏部各堂及司员又纷纷运动，希图做最后挽回。吏部尚书李殿林、侍郎于式枚、吴郁生等反对设立新内阁、裁吏部，"拟合力向政府争向"。[5]

十一月间，宪政编查馆各馆员也出现分歧。馆员中多主张将吏、礼两部即行裁并者，而某馆员"特反对此议"，以吏部"掌全国铨选重任，资劳之说现虽不合时议，然苟并此而无之，恐贪缘奔竞之风从此将大张其焰"。[6]《申报》时评对其持论大加讥评，认为"其言似矣"，但现在有吏部，仕途依然难以澄清，外国无吏部，吏治却整肃，"其礼教、吏治果不可问耶？""馆员欲保存两部，则直言保存耳"，礼教与铨政"正两部应裁撤之左证耳"。内阁成立，新官制颁布，吏部"当然废弃，而不适用，已无丝毫之疑义"。[7]

清廷内部意见依然分歧，政务处王大臣连日与资政院议员协

---

[1]《裁并吏部近日之议决》，《大公报》1910 年 10 月 24 日，第 2 版，"要闻"。

[2]《吏礼两部之生命》，《大公报》1910 年 11 月 9 日，第 2 版，"要闻"。

[3]《吏礼二部亦开会议》，《申报》1910 年 11 月 12 日，第 1 张第 4 版。

[4]《吏礼两部尚有一年存在》，《大公报》1910 年 11 月 14 日，第 2 版，"要闻"。

[5]《京师近事》，《申报》1910 年 11 月 18 日，第 1 张第 6 版。

[6]《裁撤吏礼两部又有争论》，《申报》1910 年 12 月 16 日，第 1 张第 5 版。

[7]《时评》，《申报》1910 年 12 月 17 日，第 1 张第 6 版。

商，以庆亲王奕劻为首，其他大员附和，"皆主张缓裁"吏部、礼部、翰林院及步军统领衙门。时人认为"庆邸确系受铨部人员之奔竞夤缘（详情未便宣布）"。资政院议员"初时亦力主张即裁不关宪政之各衙门，近因受政府大臣之笼络，绝不鼓吹此事"；而吏、礼两部及翰林院中"朋旧最多，群皆婉求议员等缓颁，作为运动他衙门地步"。[1] 清廷内部意见不一，再度延缓了吏部裁撤的时间。

宣统三年（1911）初，新内官制即将颁布施行，而吏部依然难以裁撤。吏、礼两部及其他待裁各署拼力争取，"各枢臣权贵复从而袒护"。[2] 直省督抚也有请缓裁吏部的，如云贵总督李经羲电致枢垣，认为设立新内阁后即将吏部裁撤，所有官员序补等事属之内阁，"诚为揭要办法"。但官员过多，加以内阁初设，"恐难接洽"，请将吏部暂缓裁撤，待内阁设立一年之后，再行裁撤。在新内阁已设立、吏部未裁的一年中，先将尚书、侍郎裁撤，暂留丞参，归属于内阁，"庶事体较易接洽，而于新政亦无妨碍"。奉旨：着该衙门知道。[3]

吏部试图以延长学治馆法政班学习年限的办法，来延缓裁撤。宣统三年正月二十一日（1911 年 2 月 19 日），吏部奏请将学治馆法政班援照学部奏改法政别科章程办理，延长学期，以一年为限。[4] 二月二十四日，经学部奏复，应延长学期两年，方准作为别科毕业，奉旨依议。[5] 时人评论："故呈请入学者更形踊跃，而吏部阴谋

---

[1] 《旧衙门缓裁之原因》，《盛京时报》1910 年 12 月 17 日，第 2 版。

[2] 《新内官制之层层阻碍》，《申报》1911 年 2 月 10 日，第 1 张第 4 版。

[3] 《滇督主张缓裁吏部原电》，《申报》1911 年 3 月 11 日，第 1 张第 5-6 版。

[4] 《吏部奏学治馆法政班延长学期援照学部奏改法政别科章程办理折》，《广西官报》第 104 期，1911 年 3 月 26 日。

[5] 《学部附奏吏部学治馆改作别科应再展长两年毕业片》，《广东教育官报》第 3 期，第 13 号，宣统三年四月（1911）。

保存消息亦于此可以推其大凡"。[1] 此外，吏部还借口责任内阁组织未妥，文官考试尚未举行，及"其他未尽事宜纷繁，恐难办理就绪"，企图拖延裁撤的进程。[2]

　　然而，吏部的种种努力终归化为泡影，裁撤终成定局。三月初二日（1911 年 3 月 31 日），政务处会议阁制问题，意见已趋一致，"各大老对于暂留吏部一事大为反对，是日赞成缓裁该部者只一人，其余诸巨老均主持于内阁成立日，即将该部实行裁汰，俾免种种牵碍"。[3] 四月初，上谕颁布内官制谕旨，虽未明定裁留吏部，但裁撤吏部已成定局。十一日（1911 年 5 月 9 日）各大臣会议时，"以该两部均与行政不无关涉，断难牵强仍留，故已多数主持裁撤"。[4] 随之吏、礼两部奉谕，限期四个月将档案汇齐送交内阁，即行裁撤。[5]

　　此时，关于吏部被裁后权责安排的消息纷传。有传闻计划将吏部"改为高等行政裁判所"。[6] 又传除将应划归内阁事宜外，"如查议官员处分及核议官员奖案、议叙等事仍归该衙门管理，改为行政裁判院，至该院所掌事宜及一切细则章程，尚未妥订"。[7] 还有改为吏治局或叙官局之说，归并内阁，设局长 1 人，另设劝惩局，接管考功司所办之事。[8] 种种传闻反映了吏部被裁撤后归属的不确定性。

　　四月初十日（1911 年 5 月 8 日），清廷发布上谕，裁撤旧设内

[1] 《吏部果可幸存耶》，《申报》1911 年 4 月 14 日，第 1 张第 4 版，"要闻一"。

[2] 《吏部今年之难裁》，《盛京时报》1911 年 3 月 4 日，第 2 版。

[3] 《吏部毫无保存之望》，《大公报》1911 年 4 月 3 日，第 5 版，"时事"。

[4] 《吏礼两部去留问题》，《大公报》1911 年 5 月 12 日，第 2 版，"要闻"。

[5] 《专电·电六》，《申报》1911 年 5 月 14 日，第 1 张第 4 版。

[6] 《吏部之将来》，《大公报》1911 年 5 月 9 日，第 5 版，"时事"。

[7] 《吏礼部将来之改革》，《盛京时报》1911 年 5 月 18 日，第 2 版。

[8] 《吏部之将来》，《盛京时报》1911 年 5 月 26 日，第 2 版。

阁、军机处、会议政务处，设立新内阁。新内阁成立后，对接收吏部持审慎态度，因吏部所管事务头绪太繁，"一旦遽由内阁派人接收，必致茫无把握"，总理大臣因而异常慎重，"拟俟六、七月间奏请钦派大员接收该部事务"。[1] 经过议定，吏部归并入内阁，"其文选、考功司改为庸勋、叙官二局，属于阁丞之下"，总协理大臣以侍郎宝铭为阁丞。[2]

宣统三年五月二十七日（1911 年 6 月 23 日）上谕，颁布内阁属官制及内阁法院制，设立内阁承宣厅和制诰、叙官、统计、印铸各局及内阁法制院，宪政编查馆、吏部等衙门著一并裁撤，应并入内阁办理者统即分别接管。[3] 在中国延续了上千年的吏部终于走到历史的尽头，"吏部"名目从此不再出现，退出了历史舞台。

第四节　内阁叙官局初步运作

裁撤吏部上谕颁布后，内阁随即拟定，钦派帮办大臣侍郎达寿会同叙官局正局长宝铭、副局长张楷、制造局局长杨寿枢、裕隆等，于六月初一日（1911 年 6 月 26 日）前往吏部接收公务档册，以一个月为限。[4] 并通电各省督抚及边防大臣，"现奉明谕吏部实行裁并，即自今日始，已无吏部名目，所有一切关于该部事件，无庸再达该部，应即钦遵谕旨，直接咨报本阁叙官局，以免延误而符定章"。[5]

---

[1] 《内阁接受吏部事》，《申报》1911 年 6 月 2 日，第 1 张第 5 版，"要闻一"。

[2] 《吏部归入内阁》，《申报》1911 年 6 月 19 日，第 1 张第 6 版，"要闻一"。

[3] 中国第一历史档案馆编：《光绪宣统两朝上谕档》第 37 册，第 141 页。

[4] 《接受吏部事宜之限期》，《大公报》1911 年 6 月 27 日，第 5 版，"时事"。

[5] 《宣告吏部裁撤之接代》，《大公报》1911 年 6 月 28 日，第 2 版，"要闻"。

随之宝铭、张楷两局长奉总理大臣面谕，暂在吏部旧署办事，督率吏部旧员办理交代。为安抚吏部被裁人员，"诚恐有不明时势者于应行交代各事蒙混阻梗"，总理大臣片交侍郎达寿，被裁人员日后均有相当安置，对于办事不得力者，"应即随时体察，指名严参"。[1]先将被裁人员中"学识优长者"调入内阁叙官局，计有60多员。[2]并分别出身，凡捐班及从前科举人员"皆须入法政学堂肄业三年后方可分别录用"，学堂出身者免入堂补习。[3]后因吏部被裁人员甚多，总理大臣饬由叙官局正副局长开单呈阁，"严密考察，分别去留"，续留人员200人左右，"一时裁员闻之，无不极力运动，冀达其留局之目的"。[4]至六月中旬，接收吏部的工作基本完成。[5]

内阁叙官局从五月底设立，至清朝覆亡，仅仅存在3个月左右时间，可谓昙花一现，但在其短暂存在期间办理的事情却不少。叙官局的职权，主要是"掌内外简任、奏任各官履历稽核存储事件，内外简任各官开单请简事件，内外奏任各官资格审查事件等事"。[6]由章程条文的规定可以看出，与吏部相比，内阁叙官局的职权已经大为缩小。宣统三年（1911）六月初，内阁拟订叙官局暂行章程十条，（一）京官满、汉一律酌补；（二）停京、外官铨选；（三）酌变州县以上各官；（四）佐杂一律酌补；（五）陵寝各缺并归内务府办

[1]　《叙官局与吏部之交代》，《大公报》1911年6月30日，第5版，"时事"。

[2]　《吏部人员之出路》，《大公报》1911年5月14日，第5版，"时事"。

[3]　《学堂出身者免入法政学堂》，《大公报》1911年7月4日，第2版，"要闻"。

[4]　《吏部续留二百员左右》，《大公报》1911年7月10日，第2版，"要闻"。

[5]　《督院张准内阁咨本阁具奏接收吏部旧管事件酌量划分归并一折奉旨依议缘由分行查照文（附件）》，《两广官报》第10期，1911年8月13日。

[6]　内阁印铸局编：《宣统三年冬季职官录》，载沈云龙主编《近代中国史料丛刊》第1编第290册，文海出版社，1968，第179页。

理；（六）丁忧起复并办；（七）丁粮划一并办；（八）命盗案汇奏；（九）学治馆暂归学部管办；（十）封典荫袭划一并办。[1] 暂行章程的制定，使叙官局的权限得以划定，并明确大致施政方针。叙官局所办之事主要有以下几类：

第一，继续吏部筹备事宜所列相关程序，推行停选。六月初，叙官局局长宝铭提议，在接收吏部后，即将部选道府及佐贰各职一律停选，"其应升迁调转人员无可缓图者，暂照州县例，统归外省酌补"。[2] 闰六月十三日（1911 年 8 月 7 日），内阁奏拟京、外各官停选办法，制定了善后措施。[3] 因新官制暨文官任用章程目前尚未颁布，所有举贡及捐纳停选人员，"若一律准其分发，或就职改用，非但各省拥挤，且难保无滥竽之嫌"，为此，对于举贡及捐纳分发人员做出限制，定于本年九、十月间先行考试一次，"优等照旧章分省补用，中等准其投效新疆、西藏各边地"。[4] 对于各项裁缺人员，如裁缺内阁中书 [5]、裁缺实缺郎中 [6] 等，分别规定改用办法。官制改革后，原来一些规定已不再适用，内阁叙官局加以酌改。如改定荫生任官办法，由内阁于七月十三日（1911 年 9 月 5 日）奏定，

---

[1] 《内阁拟订叙官局暂行章程十条》，《申报》1911 年 7 月 8 日，第 1 张第 4 版，"要闻一"。

[2] 《吏部裁撤后之忙碌》，《申报》1911 年 7 月 3 日，第 1 张第 4 版。

[3] 《内阁奏酌拟京外各官停选办法折（并单）》，《浙江官报》第 40 期，第 117 号，1911 年 8 月 28 日。

[4] 《电六》，《申报》1911 年 8 月 20 日，第 1 张第 4 版，"专电"。

[5] "截取内阁中书人员，实缺内以主事用，外以同知用；候补内以小京官用，三年期满改主事，外以同知试用。"《申报》1911 年 7 月 27 日，第 1 张第 4 版，"专电"。

[6] 《又奏裁缺实缺郎中等官升阶分别改用片》，《浙江官报》第 39 期，第 116 号，1911 年 8 月 23 日。

汉从二品比照汉正二品，以主事、都察院经历、京府通判掣用；汉正三品专以各部七品小京官用；汉从三品以各部七品小京官、銮舆卫经历、京府经历掣用。[1] 因教职停选，又制定了俸满教职截取办法 [2] 及候选教职准改官阶 [3] 等规则。

第二，制定新铨选规则，试图构建新的铨法。六月二十五日（1911 年 7 月 20 日），内阁奏选班停止，变通分发人员验看办法，规定分发人员于每月初一带相片赴阁验看。因学治馆归并学部，内阁奏请将所有分发人员应行考试者暂免考试，到省后由该督抚查照宪政编查馆奏定章程办理。[4] 同日又奏准，将所有外补各官初任、候补、试用及河工人员补缺、试署、试俸名目一律化除。[5] 八月二十三日（1911 年 10 月 14 日），内阁奏请以后所有奉旨录用人员，无论即用或选用，均准其随时呈请分发，以原班分省补用，降革起用别职及因有劳绩保举、奉特旨赏给官阶者，仍应照章一体补交班次银两。[6]

---

[1] 《内阁又奏汉从二品正从三品各荫生分别改用片》，《内阁官报》第 14 号，1911 年 9 月 6 日。

[2] 《内阁奏变通教职俸满引见办法片》，将其比照拣选举人一、二等应得官阶，著以知县、直隶同盐库大使掣用，仍随时准其呈请分发，卓异教职举人出身者截取到阁，亦拟照此办理。宣统三年七月十三日，《内阁官报》第 14 号，1911 年 9 月 6 日。

[3] 《内阁奏酌拟捐纳候选教职各员准改官阶等片》，宣统三年八月二十三日，《内阁官报》第 58 号，1911 年 10 月 20 日。

[4] 《内阁奏选班停止分发人员验看量予变通并分发人员暂免考试暨外补各员缺试署试俸一律化除等折片》，《四川官报》第 54 号，1911 年 11 月。

[5] 《又奏外补各员试署试俸一律化除片》，《浙江官报》第 38 期，第 115 号，1911 年 8 月 19 日。

[6] 《内阁奏酌拟特职录用人员准其随时呈请分发等片》，《内阁官报》第 58 号，1911 年 10 月 20 日。

第三，对京官补署做出限定，承认各部院的选才用人权。吏部后期对其他部院选才用人已有鞭长莫及之叹，叙官局成立之初，即在暂行章程中规定，停京官铨选，京官满、汉一律酌补。此举等于是承认其他部院掌握选才用人权的既定事实。叙官局在处理善后时，需分发人员到各部，但各部院对内阁分发人员常以需用专才为名不愿接纳。六月底，陆军部咨叙官局，"以本部官制已经改定，所有各项人员均由军学毕业者方能位置，嗣后凡遇分发时，如该员非具有军学资格，不用分发本部，以免种种不便"。[1] 叙官局对部院选才用人几无置喙的余地。闰六月初一日（1911 年 7 月 26 日），御史陈善同奏请规复京官酌、序并行之例，认为酌补、序补各有好处，"有资序之法以待中才，并开酌补之例以待奇士，才劳各视其人，叙、擢两不相病，用人之法莫善于此"。若京官一律酌补，"使在纪纲肃清之时，自足以兴贤选能"，而在今日行之，实有"利不胜弊者"。因各部院人员多者七八百，少亦百数十。进身之途既杂，督责之令不严，堂官难以尽人取其才具而酌量之。"必将因此益长奔竞之风，启营植之渐"，建议仍酌、序并行，"所有京官遇有缺出，仍旧一酌一序，分别升补，上智既广甄拔之路，而中人亦有自效之途"。[2] 但此时由部院酌补员缺已成事实，折上未见回应。因文官考试章程颁布在即，内阁规定，京官无论满、汉一律酌补，分为三级，不分内外，一至四品简任，五至七品奏任，八、九品委任。[3] 因新官制中各部院额设员缺过少，各部院大臣力争，后经内

---

[1] 《陆军部咨拒分发员》，《大公报》1911 年 7 月 19 日，第 5 版，"时事"。

[2] 《御史陈善同奏内阁初立宜剔群弊敬陈管见六端请饬核议折》，《浙江官报》第 37 期，第 114 号，1911 年 8 月 14 日。

[3] 《筹议外官停选办法》，《吉林官报》第 13 期，第 90 册，时事类，宣统三年（1911）。

阁拟定变通办法，将候补人员不得过实缺之半，改为候补员数得照实缺员额规定，"各大臣已均认可"。[1]

第四，干预各省督抚用人权。内阁于六月通行各省，以后无论何项要政，"概不得收用投效人员，至现在各该差缺有无投效之员派充、派署，应即查明咨报，以备核办"。[2]并对各省补署员缺做出限制。自停选以来，各省缺分均由督抚暂行随时酌补，"是各督抚对于补缺权限益形扩充"。某督曾电致法制院，以酌补新章与各督抚调剂地方行政办法极为合宜，请附入新外官制作为定章。而总理大臣对此"颇不谓然"，以此项章程虽便于督抚，然流弊极多，不过为权宜之计，俟新官制颁布，仍须取消，该督所请应毋庸议。[3]闰六月二十五日（1911 年 8 月 19 日），内阁奏定限制各省补署官缺，以近来各省奏补、咨补官缺，"核其出缺日期，竟有二三年前者。悬缺不补，漫无限制"，严格各省补署员缺期限，请以后缺出均令遵照题缺定限，远省限 90 日，次远省 70 日，近省 50 日，一律拣选升调补授。"如有违限，照例分别议处。一经补缺，即行饬赴本任，并将到任日期，随时咨报查核，不准轻易调署"。除本任官暂时离任，应令委员代理外，有实系因公不能到任及缘事撤任，必须择人地相宜者委令署理，如不得力，即时撤委，果能留心地方公事，始终勤奋，亦不必限定一年期满，遽行更调。[4]内阁限制补署员缺期限的措施，一定程度上约束了督抚用人的随意性。内阁叙官局还拟定了各省考试任用章程，将考试任用办法分为有职、无职，有职人员无论在京在

[1]　《新官制变通候补办法》，《大公报》1911 年 9 月 4 日，第 4 版，"时事"。

[2]　《通饬停止投效人员》，《大公报》1911 年 7 月 19 日，第 5 版，"时事"。

[3]　《酌补新章不能久存》，《大公报》1911 年 8 月 23 日，第 5 版，"时事"。

[4]　《内阁奏各省补署官缺酌定限制折》，《内阁官报》第 2 号，1911 年 8 月 25 日。

外候补，概须甄别一次，分上、中、下三等，上等留该省候补，中等暂行回籍听候差传，下等咨令回籍，听其另营生业；原有实缺人员暂免考试，俟升迁调补之时，再行另案办理。无职人员，如中学以上毕业生及举贡等则每年分科考试一次，取额约得与考人数十分之一，未取者准次年仍与考一次。[1] 七月十五日（1911 年 9 月 7 日），内阁规定各省请补府治首县各缺分别办法，[2] 不久，对州县以上、佐贰以下各员补缺也做出规定[3]。因文官任用章程即将颁布，内阁通行各省督抚，先行停止吏员考职。[4]

　　第五，制定保奖新章。宣统三年七月十三日（1911 年 9 月 5日），内阁奏定保奖暂行章程，以"查东西各国任用必先考试，本无保举实官一途"，清制也"从无幸进之门"，自咸丰后，军务兴而保举多，"始则仅就战功而列保，继则每举一事无不以保举为策励之具，迁流既极，遂至于今，历经各臣工之条奏，部章之限制，从未能稍遏其流"。任用章程尚未颁布，若即概行停止，"恐积习相沿，一时难以廓清"，特制定章程 8 条，分别为劳绩领照未便漫无限制，议叙之案应概令开单奏保，咨送履历时宜随案咨送底官执照，旧案扣验捐照宜酌定限期，新案旧案办理宜划一，保案不必过

---

　　[1]《淘汰京外各官之又一说》，《申报》1911 年 9 月 13 日，第 1 张第 5 版，"要闻一"。

　　[2]《又奏各省请补府治首县各缺分别办法片》，《内阁官报》第 15 号，1911 年9 月 7 日。

　　[3]《督院张准内阁咨本阁酌定嗣后州县以上佐贰以下各员补缺于准补后先行电知便即悬牌以杜招摇缘由行东布政司遵办文》，《两广官报》第 21 期，1911 年 10月 29 日。

　　[4]《内阁官报公布内阁通行各省督抚文官任用章程将次颁布吏员考职应先行停止缘由文》，《两广官报》第 18 期，1911 年 10 月 8 日。

分等次，例保之案免其咨送立案衔名，保举班次宜酌定办法以归划一等。[1]

　　由此可见，内阁叙官局在短短几个月内制定了一系列措施，力图担负起被裁吏部的职责，在承认既有权力分割的基础上，重新树立起铨选总汇机构的权威。但时不我待，清廷迅速覆灭，内阁叙官局短命而终，重建威权的努力化为泡影。如《清史稿》所议："宣统三年，裁吏部，设铨叙局，虽有刷新政治之机，而一代铨政，终不复能廓清也。"[2] 清季吏部作为铨选总汇机构不能守成也难以趋新的历程，恰是整个大清王朝进退失据的缩影。

---

[1]　《又奏酌拟保奖暂行章程折（附章程）》，载《内阁官报》第 15 号，1911 年 9 月 7 日。

[2]　赵尔巽等撰：《清史稿》卷一一〇，第 3215-3216 页。

第八章 传统与西化之间民国旧知识人的法律观

——以《清史稿·刑法志》编纂为中心的考察

民初的"旧知识人",主要指对西学的全盘接受持谨慎态度而偏向于维护传统文化的文人学者,有研究者称为"学界老辈"。其实"旧"与"新"本无绝对,只是比较言之,这批"旧知识人"相对"五四"以后激进西化的知识分子而言是"旧",而相对前清同光之际固守旧学的士大夫而言,则不失为"新"。清末民初,中国的制度与知识体系开始整体转型,学术上也"唯新是求",凡对传统文化抱有维护乃至同情者,一律被斥为"老旧","所谓老师宿儒,大都被打入顽固保守之列,甚至等同于前清遗老。"[1] 实则被斥为"老旧"者,并非泥古不化,身处晚清历千年未有之大变局的环境中,其思想本身往往已在自觉不自觉中发生了较大变化,只是相对于激进者来说,显得"落伍"而已。选取进入被视为"遗老"集散地的清史馆参与编修《清史稿》的几位"旧知识人"为考察对象,着重探寻其在《清史稿·刑法志》编纂过程中所体现的对传统法律的态度及西方法律的认知,有助于纠正既往研究对其身份地位认识的偏差,进而体察此类人在"新社会"之中"从新"与"仍

---

[1]　桑兵:《民国学界的老辈》,《历史研究》2005 年第 6 期。

旧"的平衡协调。[1]

第一节　机构性质与编纂人员身份

在对《清史稿·刑法志》的具体内容进行考察之前，有必要对其编纂机构及编纂人员的身份作一扼要分析，因为《清史稿》后来出现诸多问题以致被查禁，有主客观两方面的因素。客观上时局动荡，经费不济，人员更替，史稿确有大量错漏；主观上则涉及新旧两派之争，与清史馆的性质及编纂人员的身份定位牵扯甚深。而对编纂机构的性质及编纂人员身份认识的偏差，直接影响到对《清史稿·刑法志》的内容及其法律思想的判断。

袁世凯于 1913 年 10 月当上正式大总统后，由于其自身仕宦经历及政治理念的原因，常感"共和"政体掣肘太多，与革命党人的矛盾逐渐加剧，于是开始采取打压新党拉拢旧人的措施，如对政府机构进行改组和调整，设置参政院等。由于部分较有名望的前清旧官僚及文人碍于传统的"忠君"观念，不愿在新政府做官，以免有

---

[1]　从《清史稿·刑法志》的编纂角度考察民初文化知识界对中国传统法律和西方法律的认知及取舍态度，在《传统与西化的取舍：民国旧知识人的法律观——以〈清史稿·刑法志〉编纂为中心的考察》(《政法学刊》2012 年第 4 期) 刊出前尚未见有专论。随即有李典蓉的《〈清史稿·刑法志〉史源问题探析》一文在《清史研究》2012 年第 4 期发表。该文主要探讨《清史稿·刑法志》已刊和未刊几种版本的史料来源及优劣取舍，论述角度和出发点与本章类似，但立论主旨有所不同。此外，庄吉发的《清史馆与清史稿：清史馆未刊纪志表传稿本的纂修及其史料价值》(《学术季刊》[台北]，第 23 卷，第 2 期，2005)，从整体上对清史馆未刊稿本进行研究和评述，对《清史稿·刑法志》部分则甚少涉及。

"贰臣"之嫌，袁世凯于是又设置一些行政色彩相对较淡的文化机构，以图使这部分人能够在新政府与旧王朝的取舍上找到一个可以安身立命的借口。因此，清史馆、国史馆、礼制馆、国学馆等文化机构便应运而生，其中尤以清史馆的设置在当时影响最大。

作为一个以修前朝史为目的的文化机构，清史馆的性质定位较为模糊，清史馆与民国政府的隶属关系究竟如何？清史馆长一职算不算民国政府的官？北京民国政府始终没有明确的说辞，这实际上是袁世凯有意为之，故意模糊其官方性质，淡化其政治色彩，以便达到笼络"通儒"和"旧臣"的目的。后来担任清史馆馆长的赵尔巽即为自己辩称道："修史与服官不同，聘书非命令可比。"[1] 这也是袁世凯所想要的效果。不过，真正的遗老们却不这样认为，如刘廷琛就曾对赵尔巽直言："大清皇帝尚居深宫，何忍即为修史？"[2] 在他看来，清朝仍在，便修清史，实在是大逆不道，因而坚决不肯入馆。[3]

如此一来，袁世凯设置清史馆的初衷虽然是网罗不肯直接在民国政府为官的前清"旧臣"和"通儒"，但真正能称为"遗老"且名气较大的，其实大多并未入馆，如陆润庠、周馥、刘廷琛、于式枚、劳乃宣等。清史馆开馆后，也确有"遗老"入馆，如顾瑗、郭曾炘、袁励准、宝熙等，不过数量很少，他们与逊清皇室的联系较多，入馆目的只是为了领得一份薪水，对修史缺乏热情，且后来基本退出。大多数入馆者属于"旧式文人"性质，如缪荃孙、张尔

---

[1]   徐一士：《〈清史稿〉与赵尔巽》，《逸经》第 2 期，1936。

[2]   徐一士：《〈清史稿〉与赵尔巽》，《逸经》第 2 期，1936。

[3]   关于清史馆初设时入馆人员心态的考察，可参见伏传伟：《新朝与旧主的抉择——清史馆设置缘起与赵尔巽的就任》，《学术研究》2006 年第 5 期。

田、姚永朴、姚永概等。这部分人有些是前清官员，入民国后基本不参与政事，凭其才学从事文化活动，有些则从未参与过政事，是传统士绅的代表。这两类人，成为清史馆编纂的主力人员。还有一些入馆者是民国政府官员兼职，如王式通、吴廷燮等。他们有些在前清为官，但官衔一般不高，入民国后继续仕途，对前朝没有留恋之情，更和"遗老"一词毫不相干。所以，后人批评清史馆为"遗老"集散地，揆诸实情，大可商榷。

清代朴学大盛，由经入史，编纂清史，非深谙旧学者难以胜任。所以赵尔巽选人入馆时订有一条标准："非前清翰林不可"。这一标准后来虽未执行，但一直注重所选之人的旧学根基是否深厚。以仿正史形式修清史而论，这样做无可厚非，只是在民初一切求新求变的氛围中，自然而然成为落后与保守的表征，也授予后来新派人士攻击的口实。"五四"以后成为文化界主流的新式学人此时刚刚崭露头角，虽然陆续进入大学等机构，占据教育界要津，如太炎门生在北京大学排挤桐城派取而代之，可是一方面立足未稳，声望不够，又多有革命党的背景，另一方面不为老辈所看重，所以几乎无人被延纳入馆。随着时间的推移，当其成为文教界话语权的掌握者后，理所当然地视清史馆为老旧学人的集散地，并笼统地将参与者斥为"遗老"，其观点一直影响着后人的评判。

综上所述，清史馆其实很少引入忠于清室最保守的"遗老"，当然也不会延揽道不同不相为谋的新学之士，绝大多数入馆者的身份定位，大致为精通旧学且对新旧朝的更替无特别取舍之人。他们当中大多数肯定不是敌视新朝的遗老，至多是在与"新社会"格格不入的"遗民"乃至精神上不愿趋新的"文化遗民"之间徘徊。精通旧学不代表老朽落后，与吸纳新知并无本质上的矛盾，往往一人可兼而有之。新学后辈们一味鼓吹西学而排斥旧学者，大多属于西学不精且旧学亦不通，即陈寅恪所谓"半通不通，而又矜心作气者"[1]。然而，由于袁世凯设置清史馆的动机可议，令新党侧目，所以清史馆开办伊始，新派人士就对清史馆编纂清史的态度和立场有所怀疑，如《申报》所称："新党中人恐该馆撰革命史必多偏袒，且将表明袁总统之大权非于革命后由国民公决予之，乃得诸清帝之禅让。"[2] 这种政治上的质疑事出有因，后来扩大到文化学术方面，一直持续到清史馆闭馆，乃至南京国民政府建立后最终查封《清史稿》。

第二节 《清史稿·刑法志》的编纂人员及编纂过程

清史馆开馆前后历时十四年（1914—1928），自袁世凯 1916 年去世到北洋政府垮台的十二年，是中国近代以来政局最为混乱的时期，所以清史馆绝大部分时间是在政局动荡中度过的。作为民国政府的文化机构，其人员组成、日常管理、经费划拨等，均与政局密切相关。在动荡的时局中，清史馆数度闭馆，经费无着，人员流散的情况特别严重，由开馆初期的百数十人到有时只剩数人，后期史稿刊印之时，总纂、纂修、协修合计总共也只有十四人。政局动荡的客观因素导致人员流散，对史稿编纂的影响巨大。主要体现在两个方面：一、时局不稳，经费不济，馆员大多自谋生路，无心纂稿，有名无实者居多。二、前期所纂稿件，纂稿之人退出后，没有修改

[1]   吴宓著，吴学昭整理：《吴宓日记》第 2 册，生活·读书·新知三联书店，1998，第 66 页。

[2]   《北京电》，《申报》1914 年 6 月 20 日，第 1 张第 2 版。

润色，内容较为粗疏，后来顶替者在编纂体例、内容取舍上意见不一，很多稿件被弃之不用。因此，最后成书的《清史稿》，其内容不能反映清史馆初设时入馆者的观点，也不能反应纂稿而未刊印者的观点。所以考察清史馆前后人员组成的变化，对认识《清史稿》的成稿过程及各部分编纂得失的缘由甚为重要，《清史稿·刑法志》的编纂也是如此。

清史馆成立不久，经过对体裁、体例等全盘问题的讨论后，即分工进行编纂。据《新闻报》记载，负责《刑法志》编纂的共有四人，即王式通、张尔田、李景濂、徐鸿宝。[1] 王式通为纂修，张尔田、李景濂、徐鸿宝三人为协修。

王式通（1864—1931），字书衡，山西汾阳人。光绪二十四（1898）年进士，后长期任职刑部，历任刑部山东司主事、安徽司员外郎、大理院推事、大理院少卿等职。清末曾赴日本考察，兼在法政大学留学，学习西方法律制度。受日本新式法律影响，引为参照，王式通认为，《大清律例》律令繁多，建议依照西律改定新律，所以清末变法修律时，成为修律大臣沈家本的得力助手，后来沈家本上呈奏章就有不少出自王式通之手。1907 年，《大清新刑律》草案初成，内中废除各种酷刑、禁止男子纳妾等条目，均有王式通的建议。沈家本在修律过程中还重视法律人才的培养，并建立了法律学堂，王式通被推荐任命为法律学堂提调。民国建立后，他对前朝并无留念之情，历任司法部次长、总统府内史、政事堂机要局长、全国水利局副总裁等，均居高位。清史馆成立时，馆长赵尔巽聘请王式通为纂修，负责《刑法志》的编纂工作，有顾及其官方背景的一面，不过更多的是看重其学业专长。袁世凯任内，王式通的作为

---

[1] 《清史全书之内容》，《新闻报》1916 年 4 月 6 日，第 2 张第 1 版。

颇受后人诟病，如兼任约法会议及政治会议秘书长，参与起草《袁记约法》，甚至还担任为袁世凯称帝做准备的"大典筹备处"撰述科主任，被时人嘲讽有"臣癖"。袁世凯死后，王式通逐渐淡出政坛，多从事文化事业，如帮助徐世昌编撰《清儒学案》，参与编录《续修四库全书》等。

张尔田（1874—1945），又名采田，浙江杭州人，清末曾任刑部主事、江苏试用知府等职。民国时不参与政事，专心学术研究。清史馆开馆后，被赵尔巽聘为协修，后因办事得力，升为纂修。1916 年，由于个人家庭原因及时局影响而离馆，后返回，1923 年又离馆。在馆期间，张尔田主要负责《刑法志》《地理志》《乐志》《后妃传》的编纂工作，做事认真负责，纂述较多。最后成《刑法志》一卷、《乐志》八卷、《地理志》江苏一卷及《后妃传》等。张尔田学术上承家学，擅长文史，词画俱佳，其《史微》一书最能代表其史学水准，被认为既继承了浙东史学的精髓又有较大突破，甚至提出了一些在传统士人看来不啻为"离经叛道"的观点，如认为道家是中国传统文化"六艺"之祖，儒家实为汇总归纳而已，"是故由前而观，六艺皆王者之史，根据于道家；由后而观，六艺为孔氏之经，折衷于儒家。"[1] 也正由于此，使得张氏之学显得不古不今、不新不旧，学界对其评价也是见仁见智，如沈曾植"颇称之"，日本学者内藤湖南为之"倾倒"，而王国维却认为"中多无根之谈"[2]。用张氏自己的话来形容此书："不为竺古者所喜，而为蔑圣者所诽。"[3] 以今日观点来看，张尔田这种不新不旧的史学，可以说是

---

[1]　张尔田：《史微·内篇·原史》，上海书店出版社，2010，第 2 页。

[2]　严寿澂：《史微要旨表诠》，载张尔田《史微》，第 1 页。

[3]　张尔田：《史微》，载周谷城编《民国丛书》第五编第 60 册，上海书店出版社，1989，正文前页题赠语。

既继承旧学的精华有所创新，又不一味趋新逐流。

李景濂（1869—1939），字佑周，直隶邯郸人。光绪三十年（1904）进士，由于排名末尾，被戏称为"科举最后一人最后人"。历任内阁中书、学部总务司案牍科主事、直隶大学堂汉文教席、北京法政专门学堂国文教员、直隶高等学堂汉文教务长、直隶文学馆副馆长等职。民国后，曾于1913、1916、1922年三任国会众议院议员，与政界多有交往。其间辗转任教于北京大学、北京女子师范学校等处。李景濂为晚清桐城派大儒、京师大学堂总教习吴汝纶的学生，可谓桐城后学。吴汝纶晚年对西学甚有热情，对李景濂等弟子有较大影响。所以，李景濂在民国时期无论从政治立场还是学问取向上来说，与传统旧人、旧学都有较大区别。任清史馆协修时，除参与《刑法志》的编纂，还担任了部分列传的编纂工作，但在撰《吴汝纶传》时，可能是由于师生情谊，着墨甚多，被指拖拉冗长，史馆以其为反面典型印发示众。李景濂觉得受辱，愤而告退，结束了在清史馆的编纂工作，其参与《清史稿·刑法志》的编纂也就此终止。

徐鸿宝（1881—1971），字森玉，浙江金华人。光绪二十六年（1900）考入山西大学堂，专攻化学。后结识宝熙，逐渐成为版本、目录、金石学家。1924年11月，参与清室善后委员会工作，任故宫博物院古物馆馆长。后来曾参与以编录"续四库全书"为目的的"东方文化事业总委员会"，并任图书部主任。后任北京大学图书馆馆长、京师图书馆主任、北京图书馆采访部主任、中央博物院理事、故宫博物院古物馆馆长等。1937年日本发动全面侵华战争后，徐鸿宝参加主持故宫文物南运工作，对故宫文物保护多有贡献。1949年后，曾任上海博物馆馆长、文史馆副馆长等职。《新闻报》1914年8月22日关于清史馆具体分工的报道中，记载其参与职官志、食货志、河渠志、刑法志、兵志、艺文志、诸王传、儒林传、文苑传、卓行传等多达十几种志传的编纂工作，其职位为"校勘兼协修"，可能主要负责校对工作，查诸史料，并没有专门的《刑法志》纂稿。

以上四人为当时《新闻报》所载清史馆开馆初期《刑法志》原定编纂人员，后由于时局动荡，清史馆人员组成发生很大变化，负责《刑法志》编纂的也有变动。王式通原为《刑法志》的主要负责人，清史馆开馆初期忙于政务，无暇纂稿，后来直接退出就再未入馆，朱师辙说"稽诸功课簿，亦未见交稿。"后由张尔田接替其职位。[1] 徐鸿宝不是具体纂稿之人，所以朱师辙未将其计算在内。李景濂由于《吴汝纶传》事件退出清史馆。最后参与编纂《刑法志》的人员甚少，只有张尔田断断续续时有纂稿。今日所见《清史稿·刑法志》的编纂者实为许受衡。但《清史稿》职员名单中未列其名，原因为许受衡不是清史馆正式编纂人员，《清史稿·刑法志》之所以用许稿是因为《清史稿》刊印之时，馆中主事者认为《刑法志》现有稿件质量不佳，难以取用，所以清史馆向许受衡购买其私人纂述，排版编印。朱师辙《清史述闻》明确记载："后馆中购许受衡稿，以其稿尚简明，而馆中既缺，遂用之。"[2] 清史馆开馆十余年，最后刊印之时竟然无稿可用，诚为可叹。内中缘由，虽有人事之弊，更多的是时势使然。

许受衡（？—1929），字玑楼，江西龙南人，光绪二十一年（1895）进士。查相关史料可知，许受衡中进士后一直在刑部任职，清末大理寺改大理院后，许受衡曾任大理院刑科推丞，后任总检察

---

[1] 朱师辙：《清史述闻》，生活·读书·新知三联书店，1957，第 57 页。

[2] 朱师辙：《清史述闻》，第 61 页。

厅厅丞等职。又曾与王式通同为京师法律学堂提调，在清末修律过程中协助沈家本，参与过《大清现行刑律》的起草工作。民国后曾任直隶高等检察厅长、广西高等审判厅长、河南高等审判厅长、江苏高等检察厅长等职。可见，许受衡精通律法，从清末至民国一直担任与法律有关的职官，有丰富的法律实践经验，这也让其对中西法律有了切身体验。

实际上，曾参与或列名参与《刑法志》编纂工作的尚不止以上五人，据近年台北故宫博物院整理出版的《清史馆未刊纪志表传稿本专辑——志》[1]，《刑法志》共有三种未刊本，作者分别是张尔田、李景濂、袁励准。张、李二人开馆之时即名列其中，袁励准也是开馆初期的正式馆员，朱师辙《清史述闻》记其"任列传，全未用"[2]；《新闻报》1916年4月6日称其负责编纂《食货志》。[3] 实则从未刊稿内容来看，袁励准尚有《刑法志》稿数卷，约一万六千余字。由于馆中人员不断变化，编纂分工有所调整，后述者记忆出现偏差。

袁励准（1876—1935），字珏生，江苏常州人，光绪二十四年（1898）进士，著名书法家，祖父辈均为清朝高官。历任翰林院编修、国史馆协修、实录馆纂修等职。宣统时，为南书房行走、侍讲学士，是清帝溥仪的老师。清史馆开馆后被赵尔巽聘为纂修，曾与王桐龄一起合写过一篇《上纂修清史管见书》，对清史编纂的体裁、体例提出意见。阅其文，开篇即盛赞清末所谓"禅让"之举："朝廷

---

[1]　冯明珠主编：《清史馆未刊纪志表传稿本专辑——志》，沉香亭企业社出版，2009。

[2]　朱师辙：《清史述闻》，第57页。

[3]　《清史全书之内容》，《新闻报》1916年4月6日，第2张第1版。

谦让之德历久尔弥彰，国民崇拜之心有加而无已，此真亘古所希有者矣！"[1] 思想立场明显偏于清室，而且实际行动也表明袁励准是个标准的遗老，清末帝溥仪退位后仍居皇宫，袁励准长期在逊清皇室供职，侍奉溥仪，所谓"进奉文字，不懈益勤"[2]，是典型的"遗老"所为。

就目前资料所见，前后实际参与或列名参与《清史稿·刑法志》编纂的人员共有六人，即：王式通、张尔田、李景濂、徐鸿宝、许受衡、袁励准。从政治立场看，袁励准确属"遗老"，其他五人均不是，而六人的学业专长大部分均与法律相关，有些还精通律法。可见，清史馆选人的标准不是看其政治立场，而是注重其真才实学。从《清史稿·刑法志》编纂人员的组成即不难看出，所谓"遗老"修史之说难以成立。

清史馆的编纂工作大致分为三期，即1914年开馆到1916年袁世凯去世为第一期；袁世凯去世到1926年底为第二期；1927年初筹备刊印史稿到1928年6月闭馆为第三期。

第一期经费充足，人员相对固定，纂稿较多，成绩较大。朱师辙说："清史初开馆，经费尚充，故自三年夏至五年春，纂稿尚多"。[3] 但《清史稿·刑法志》的编纂这一时期并未取得理想成绩。负责《刑法志》编纂的王式通、张尔田、李景濂、徐鸿宝四人，王式通忙于政务，没有纂稿，徐鸿宝负责校对，没有纂稿，张尔田、李景濂分别纂有《刑法志》稿数卷，后者即今台北故宫博物院所刊

---

[1]　朱师辙：《清史述闻》，第224页。

[2]　卞孝萱、唐文权编：《辛亥人物碑传集》，团结出版社，1991，第742页。

[3]　朱师辙：《清史述闻》，第75页。

稿本。由于各人各自为政，"稿之能用与否无人过问"[1]，这一时期《刑法志》编纂可以说是漫无头绪。

袁世凯去世后，时局陷入混乱，清史馆得到的政府拨款越来越少。由于经费不济，人员流散严重，这种状况持续近十年时间，编纂工作时断时续，所纂稿件积累较慢。《刑法志》的编纂在这一时期也几乎陷入停滞，王式通早已离馆，张尔田也于1916年离馆，后虽然返回，却主要负责列传及地理志的编纂。李景濂因《吴汝纶传》事件自行告退，也就中止了《刑法志》的编纂。至此，再无专人负责《刑法志》的编纂。台北故宫博物院所刊《刑法志》稿本有袁励准稿数册，袁励准在袁世凯去世后也与宝熙等陆续离馆，专门在逊清皇室侍奉溥仪，《清史馆职名》记其在1920年以前归于"名誉纂修"，所以此稿当作于第一期或第二期前段。

第三期为史稿付印时期。馆长赵尔巽病重，想在有生之年看到史稿出版，且国民革命军北伐日亟，恐史稿毁于战火，所以决定仓促付印。但此时很多稿件内容尚较粗疏，并未定稿，以《刑法志》为例，袁励准在1920年前离馆后，已无专人负责纂修。而《刑法志》最后所刊稿本实为许受衡所纂。据朱师辙《清史述闻》所载："后由张采田纂修只成一卷，今史稿中则又另一人重纂，非本来面目矣。"[2]

对照台北故宫博物院所印《刑法志》稿，《清史稿》刊印之时，馆中所存《刑法志》稿本有张尔田稿一卷、中途退出的李景濂未完稿一卷以及袁励准稿数卷。但馆中认为张尔田、李景濂、袁励准等人的文稿均未到达刊刻的程度，所以"李、张之稿皆未用，后用

---

[1]　朱师辙：《清史述闻》，第60页。

[2]　朱师辙：《清史述闻》，第57页。

许受衡稿"[1]。"刑法为王君式通等分辑，后用许君受衡稿。"[2] 其时局势混乱，馆员在家或在外地纂稿的情况较为普遍。如清史馆总纂缪荃孙，就长期居住在上海，其所负责史稿大多为在上海完成，一年中仅偶尔北上数次。许受衡的情况有所不同，民初他一直在政府任职，不但《清史稿》刊印时所附职员表中无其名，当时相关报纸关于清史馆职员名单的报道，亦均未提及许受衡其人，而朱师辙称馆中"购"其稿，说明许受衡并不是清史馆员，也未领过清史馆的薪水，所撰《刑法志》是由清史馆出资"购"得，原因当然是没有可用的成稿，不得不外购充数。

《刑法志》的编纂让人不尽满意，主要是由于时局动荡造成的，其他纪志表传的编纂也都存在类似问题。由此可以判断，仓促付印的《清史稿》，就其内容而言，不能反映清史馆十四年工作的全部，更不能体现所有参与编纂者的智识水准和政治倾向。现刊《清史稿》中的纪、志、表、传，只是反映了部分编纂者的思想与立场，要整体把握这一群体的思想状态，应考察其全部所纂稿件，进行综合考量。

第三节　稿本所见编纂者的法律观

后人对《清史稿》负面评价甚多，指为"遗老"修史，立场反动，观点落后，实则《清史稿》并非是"遗老"们为前朝唱挽歌，编纂者大多不是泥古不化的迂儒，有些对西学还颇有了解。

---

[1]　朱师辙：《清史述闻》，第 36 页。

[2]　朱师辙：《清史述闻》，第 89 页。

在开馆之初讨论修史的具体办法时，馆长赵尔巽指出："大清一朝，兵、刑、食货、外交、交通等事均视前代大有变更，不能尽沿前史之例，凡兹办法，俱待讲求。"[1] 不难看出，主其事的赵尔巽已经意识到清代所经历的特殊变化，特别是清末，各种官规制度、法律典章等均出现质的变化，编修清史和以往易代修史大有不同，这在《刑法志》的编纂及后来的选用中体现较为明显。

作为定稿刊印的是许受衡的《刑法志》稿。虽然许受衡本来不是清史馆成员，但以柯劭忞代馆长为首的清史馆同仁，最后认购刊印，至少表明他们认可其稿，觉得可以反映清史馆的修史标准和要求。《清史稿·刑法志》见于《清史稿》卷一百四十二、一百四十三、一百四十四，分别对应志一百十七、一百十八、一百十九，约一万九千余字。《明史·刑法志》也是三卷，篇幅较《清史稿·刑法志》为多，大约三万二千余字。朱师辙谓选用许受衡稿，主要是"以其稿尚简明"，确系一大缘由。

志一百十七主要叙述有清一代刑制沿革概况，后半部分详细罗列了清末修律时颁布的《大清现行刑律》及《大清新刑律》的具体篇目，将《大清新刑律》的总则十七章与分则三十六章的篇目全部详细刊列，此外还述及法典编纂过程中法理派与礼教派之间关于旧伦理规则是否入律的争议。志一百十八详细介绍了清末修律时对于刑法处罚形式的具体改革，引用了沈家本奏疏的大量内容，以说明减轻旧有酷刑的合理性，即删除凌迟、枭首、戮尸三种极刑的处罚方式。志一百十九叙述司法制度，较大篇幅介绍鸦片战后清朝独立司法权的丧失。从篇幅上看，涉及清末刑制改革的部分约七千余

---

[1] 《清史馆馆长赵尔巽呈报开馆日期文并批令》，《政府公报》第 837 号，1914 年 9 月 3 日。

字，占整个《清史稿·刑法志》的三分之一强，可见撰稿者对清末刑制改革的重视。许稿对于清代法律的沿革变化，特别是清末的刑制改革，少有评价式的长篇大论。不过，如果深入考察其材料选用的标准及取舍倾向，不难发展其间蕴含了编者的思想立场，而这种立场倾向正好反映了其对清末法制变革的认同及对西方法律的借鉴态度。

《清史稿·刑法志》对清末变法修律时影响最大的事件——"礼法之争"着墨较多。所谓"礼法之争"，是指清末变法修律过程中，以张之洞、劳乃宣为代表的"礼教派"与以修订法律大臣沈家本为代表的"法理派"围绕《大清新刑律》等新式法典的修订而产生的争论，关键是儒家处理伦常关系的一些原则是否有必要继续保留于新式法典中。沈家本等人基于对清朝所面临的社会危机及对西方国家政治法律制度的认识理解，主张大力引进近代法律理论与制度，因而被称为"法理派"。而以曾任湖广总督、后任军机大臣的张之洞、江苏提学使劳乃宣为代表，包括各省督抚在内的部分上层官僚、贵族，认为修订新律应"浑道德法律为一"[1]，尤不应偏离中国数千年相传的"礼教民情"，故而被称作"礼教派"。两派所争看似集中于一些具体的条目之中，如"干名犯义"、"存留养亲"、"无夫奸"及"亲属相奸"、"子孙违反教令"、子孙能否对尊长行使正当防卫权等问题，其实是两种文化的碰撞与融合。许稿没有表达明确的倾向，从前后行文看，对完全舍弃传统礼教持保留态度。

《清史稿·刑法志》较多征引了沈家本关于改革酷刑的奏疏，

---

[1]　赵尔巽等编撰:《清史稿》卷一百四十二，志一百十七，《刑法志一》，中华书局，1976，第 4191 页。

并且给予高度评价，许为"中外称颂焉"[1]。中国传统的法律制度，刑罚甚为发达，特别是宋代以来，受朱熹理学"礼字，法字，实理字"的影响，刑罚趋于严苛，酷刑重于隋唐，明清时期尤甚。这与近代西方的法理取向相违背，所以法理派提出废除酷刑，以便进一步学习借鉴西方法律。《清史稿·刑法志》对此基本持赞成的态度，显示废除严刑峻法已是大势所趋，许受衡作为清末和民初的司法官员，对中外法律趋向的认识自然会反映在所撰史稿中。

《清史稿·刑法志》还论及清末的司法改革。按照法理派的观点，之所以要尽量废除传统法律制度而向西方法律制度靠拢，一个重要的目的是有利于收回治外法权。鸦片战争以来，欧美列强侵夺中国的司法独立权，主要理由就是中国司法制度弊病太多，野蛮而不人道。对此礼教派予以反驳，认为收回治外法权，主要还是靠国力的增强。许稿的立场显然倾向于礼教派，认为："夫外交视国势之强弱，权利既失，岂口舌所能争。"[2]从后来北洋政府、南京国民政府关于收回治外法权的交涉来看，礼教派的"实力说"与许受衡的"国势之强弱"说似乎不无道理。否则，完全改从西洋，一则可能不无窒碍难行之处，二则未必能够提供收回治外法权的支撑。

刊行的许受衡稿之外，《清史稿·刑法志》还有袁励准、张尔田及李景濂三种未刊稿。台北故宫博物院整理出版的《清史馆未刊纪志表传稿本专辑·志》丛书中收录了较为完整的影印手稿。据庄吉发《清史馆与清史稿：清史馆未刊纪志表传稿本的纂修及其史料

---

[1]　赵尔巽等编撰：《清史稿》卷一百四十三，志一百十八，《刑法志二》，第4201页。

[2]　赵尔巽等编撰：《清史稿》卷一百四十四，志一百十九，《刑法志三》，第4217页。

价值》一文，[1] 已刊《清史稿·刑法志》3 卷，未刊《刑法志》稿有
93 卷，对照台北故宫博物院所刊印稿本，似无此数量，庄氏所言
93 卷应该包含前清国史馆等相关机构所存稿本，或是影印本没有收
录完整。影印本《刑法志》在志书类第十五册，共九小册，按先后
顺序分别为袁励准 7 册、张尔田 1 册和李景濂 1 册。

　　袁励准的 7 册《刑法志》稿，共约一万六千余字。开篇言《大
清律例》沿袭《大明律》，然后介绍《大清律例》的具体内容，"开
宗明义，首列五刑"[2]，并分述清代"五刑"与前朝的不同之处；接
着介绍清末"五刑"改革，指出舆论对"五刑"调整有不同看法；
最后追述"五刑"的渊源流变，认为五刑改革既要吸取他国之长，
也要保留本国特色，"尝考外国刑法，有与中律符合者，有与中律
歧义者，虽各因土俗不能强同，要可取为对镜之资。"[3] 并罗列了
英、美、德、法、俄、日各国刑法概况，如"英国之刑分轻、重、
小三项""俄国之刑分轻重二项""日本刑法有现行、改正两种"
等 [4]。可见，袁励准在传统法律与西方法律的取舍上采取折衷态度，
以传统成法为本，同时参考取鉴国外法律。

　　由于对外国刑法的本质缺乏深入了解，袁励准在比较中外刑法
时难免会出现牵强之处，如将西洋的"剥夺公权"与"中律之革职

---

[1]　庄吉发：《清史馆与清史稿：清史馆未刊纪志表传稿本的纂修及其史料价
值》，《学术季刊》（台北），第 23 卷，第 2 期，2005。

[2]　袁励准：《刑法志稿》，载冯明珠主编《清史馆未刊纪志表传稿本专辑·志》，
第 7358 页。

[3]　袁励准：《刑法志稿》，载冯明珠主编《清史馆未刊纪志表传稿本专辑·志》，
第 7376—7377 页。

[4]　袁励准：《刑法志稿》，载冯明珠主编《清史馆未刊纪志表传稿本专辑·志》，
第 7377—7379 页。

除名"相提并论，[1] 而西法之剥夺公权与中国的革职除名可以说是截然不同之事。总体而言，袁励准在学习西法方面还是倾向于保守，"我之不能为彼，亦犹彼之不能为我。"[2] 再如关于死刑处罚的方式，其认为斩刑不可废除，"近有死罪止用绞刑之议，将来斩刑亦在所废矣。数千年之成法，不数岁而划削殆尽。可胜慨哉！可胜慨哉！"[3] 废除斩刑的主张在清末修律时提出，至1910年在《大清新刑律》中明确写入，只是后来随着清王朝的覆灭未来得及实施。袁氏连声慨叹，可见其对清末修律所持观点与入民国后的政治立场一脉相承。

　　袁励准《刑法志》稿第三册到第七册的内容乏善可陈，作为一代志书而言，史料选用明显缺少剪裁。第三册为"人命"，内容甚多，约20页，详细论述如何区分死刑的"情实"与"缓刑"。第四册为"职官"和"服制"，分别论述官员犯罪处罚情形及亲属间相犯律条的适用规则，认为清中后期对官员犯罪处罚太轻，"道光以至咸同愈多宽纵，官犯名为情实，而勾决十无二三，以至官吏无所忌惮，法纪荡然，酿成今日之祸。"[4] 所谓"今日之祸"，当指清朝覆灭，吏治败坏的确是清亡的要因，而吏治腐败源于对官吏的放纵，如此痛心疾首，却不仅仅是怨恨前清的官箴。第五册和第六

---

[1]　袁励准：《刑法志稿》，载冯明珠主编《清史馆未刊纪志表传稿本专辑·志》，第7381页。

[2]　袁励准：《刑法志稿》，载冯明珠主编《清史馆未刊纪志表传稿本专辑·志》，第7382页。

[3]　袁励准：《刑法志稿》，载冯明珠主编《清史馆未刊纪志表传稿本专辑·志》，第7410页。

[4]　袁励准：《刑法志稿》，载冯明珠主编《清史馆未刊纪志表传稿本专辑·志》，第7413页。

册全讲"服制"的各种具体情形，第七册介绍了清代的"秋审"制度。

作为"遗老"，袁励准在编纂清史过程中自然会流露出对清朝覆灭的心有不甘；其眼光学识对世界大势有一定了解，但专业知识如外国刑法等，认识明显不足，且不愿深入考察。这些都影响到《刑法志》的撰述。

台北故宫博物院影印的张尔田《刑法志》稿，未经抄录，仍为手稿。第八册封面有"张采田""刑法志稿第一卷""请先付钞""七十九页"等字样，[1] 内中还有一页封面，书"各种副稿"字样，稍显混乱。文稿正文用纸为九列竖行本稿纸，每页同样有"清史馆"三字。全册共 158 页，粗略统计，大约四万字左右。

开篇从考察中国古代"五刑"起始，然后详述《大清律例》中具体条目的历史沿革，如"服制""八议"等的渊源流变，约占一半篇幅。后一半转为叙述清末变法修律事，原文照录修律诏书。张稿的特点是平铺直叙，甚少发议论，大段罗列所据材料，如张之洞的奏折、劳乃宣的说帖，几乎一字不落地录入稿中，还大篇幅引用劳乃宣给宪政编查馆的书信，就所有当时争议的问题一一陈述。张尔田精于史学，深悉孔子所谓"述而不作"之道，较少抒发一己之见，可以理解，但于典志中大段罗列史料，不加剪裁，显然不合纂修正史的体例要求。其《刑法志》篇幅甚为冗长，很可能是先行编缀材料，待日后剪裁。以资料长编入手，原为修史良法，可惜时势动荡，未及提炼，最终沦为半成品。通观底稿，从所述事实可以看出，在废除酷刑的问题上张尔田的看法与许受衡一致，认为传统刑

---

[1] 张尔田:《刑法志稿》，载冯明珠主编《清史馆未刊纪志表传稿本专辑·志》，第 7479 页。

律处罚太重，应当改革。而在礼法之争的问题上，则明显持保留态度，认为"礼教"是否完全从新法中退出，应当慎重考虑。

至于李景濂的《刑法志》稿，仅有一册，封面有"李景濂""刑志一副本"字样，全稿约两万字，篇幅与最后刊印的许受衡《刑法志》稿相当。

李稿开篇同样讲"五刑"，所谓"圣人因天秩制五礼，因天讨作五刑，刑之设，久矣。"[1] 接着，从皋陶开始一直到清末的变法修律，简述历代刑法修订概况。这部分文字叙述和传统《刑法志》的编纂手法甚合，言简意赅，提纲挈领。可惜后文转入叙述清代各朝立法时，太过琐碎冗长，和张稿类似，形同资料长编而少有剪裁，很多地方更是仅仅按月罗列史料，如"二月严使臣需索之禁，三月定蒙古诸贝勒出师违令罚例，八月颁八旗临阵赏罚令……"[2] 显然，李稿尚未完工，还是半成品，终止处恰在开始清末修律之时，当是编撰者因《吴汝纶传》事件突然离馆，后面的内容尚未着手。尽管如此，其开篇便有如下一段话："海禁既开，旧法益弊……中外大吏狃于颛己守常之故智，莫肯况然大变，至以裁判之权授之领事而不恤。庚子乱定，始议创修新律。"[3] 短短数语，不难窥见李景濂对清末变法修律的支持态度。

清史馆开馆之时，于式枚、梁启超等人专门讨论过史稿体例，重要意见之一，是模仿《明史》。对照《明史·刑法志》，袁励准、

---

[1]　李景濂：《刑法志稿》，载冯明珠主编《清史馆未刊纪志表传稿本专辑·志》，第 7643 页。

[2]　李景濂：《刑法志稿》，载冯明珠主编《清史馆未刊纪志表传稿本专辑·志》，第 7651 页。

[3]　李景濂：《刑法志稿》，载冯明珠主编《清史馆未刊纪志表传稿本专辑·志》，第 7648 页。

张尔田及李景濂等三种《清史稿·刑法志》稿本，均为未完成稿，李景濂稿和张尔田稿的相当部分还处于资料长编阶段，不合史法，清史馆仓促刊行，不得不舍弃馆修的几种半成品，外购体裁体例相对吻合的许受衡稿。

综上所述，无论是参与过清末修律的许受衡，还是曾在刑部任职的张尔田，以及桐城后学李景濂，对清末变法修律均持赞成态度，只是对具体问题的看法不尽相同，特别是涉及礼法之争时，态度不像针锋相对的两派那样泾渭分明。然而，不是非此即彼并不代表是非不分，立场过于分明反而容易陷入武断。参与过清末修律的董康，在"礼法之争"中是立场坚定的"法理派"，常对"礼教派"的质疑进行反驳和辩论，然而入民国后，随着时间的推移，却反思道："觉曩日之主张，无非自掘藩篱，自溃提防，颇忏悔之无地也。……总之出乎理者入乎刑，刑为最后之制裁，不敌礼平时之陶育。此后吾国欲养成司法人材，宜调剂于情法之间。"[1] 此番感慨，固然是由于目睹民初政治、法律、道德状况紊乱的激愤之语，但未尝不能作为过来人重新思考"礼法之争"的经验之谈。

结　语

历朝历代的社会变革、思想演进，无不在法律制度、社会规则方面有所体现，儒家思想对中国传统的法律制度影响深远，如陈寅恪所说："法律与礼经并称，儒家周官之学说悉采入法典。夫政治社会一切公私行动，莫不与法典相关，而法典为儒家学说具体之实

---

[1]　董康：《前清司法制度》，《法学杂志》第 8 卷，第 4 期，1935 年，第 22-23 页。

现。故二千年来华夏民族所受儒家学说之影响，最深最巨者，实在制度法律公私生活之方面。"[1] 法律制度必须体现一个民族的精神实质，才能影响广泛，行之久远。

鸦片战争以降直至清末，中国在政治、经济、文化、教育等方面受到西方的全面冲击，朝野上下的因应，从防止用夷变夏到"中体西用"，再到新政复行，全盘改制。清末新政影响最大的当属法制变革，由于触及根本，"礼法之争"的反响极为强烈。随着清帝退位，这一争论看似戛然而止，实则依然延续。后来袁世凯政府的《暂行新刑律》以及南京国民政府两次颁布的《中华民国刑法》，在涉及家庭关系、夫妻关系时，虽然立法者很多为欧美著名大学法学院出身，均充分考虑了礼教礼制的影响。由此可见，中国传统法制的变革势在必行，但是如何处理其中涉及伦常关系的问题，尽学西法未必就是良策。因为西法毕竟取自域外，如果不能依据实情进行调适，平衡礼法关系，法律就非但无法合情合理，反而可能导致社会秩序出现紊乱。

民初《清史稿·刑法志》的编纂，可为清末"礼法之争"延续的注脚，编纂者多为当年亲历其事的过来人而非"遗老"，革故鼎新之后，他们被视为"旧知识人"，在传统文化与西学的取舍上内心自有准则，并体现于《清史稿·刑法志》的编纂之中。编纂者们对中西法律的权衡，显示从清末到民初中西文化碰撞融合的持续进行。他们所面临的守成与趋新的两难，迄今仍然考验国人的智慧与见识。

---

[1]　陈寅恪：《冯友兰〈中国哲学史〉下册审查报告》，载陈美延编《陈寅恪集·金明馆丛稿二编》，生活·读书·新知三联书店，2009，第283页。

第九章　熊希龄内阁时期的废省筹议

中国的省制，是一项渊源有自、独具特色的政治制度。自元代设立行省以来，对于治理辽阔疆域、维护国家统一与强盛，一直发挥着不可低估的作用。清末仿行日本君主立宪，清廷有意将本为皇权分身的"直省"改建成为地方行政的最高层级，由于中国的内、外观念与西方宪政体制的中央、地方政府概念并不对应，产生了督抚与"省"是否为"地方"的严重困扰。[1] 进入民国后，省制出现一些新动向，[2] 如何界定与确立"省"在共和政体中的属性，以及各省政府与北京政府部院、各省行政长官与立法机构间的关系，成为民初政体构建的重要组成部分，涉及怎样肯定与维护辛亥革命成果，妥善处理各派政治力量在新政体中的利益与地位。当袁世凯及北京政府提出以集权为特征的省官制方案后，各派政治力量基于各自利益的考量，围绕"国""省"关系、官治与自治比重等问题相互角力，导致省官制案迟迟未能定议。

消除辛亥革命后不断膨胀的各省权势，及其对北京政府权力行使

---

[1]　参见关晓红:《清季外官改制的"地方"困扰》,《近代史研究》2010 年第 5 期。

[2]　例如光复各省取得事实上的自治地位，士绅通过临时省议会取得立法和监督行政的权力等。

造成的威胁，是袁世凯上台后力图解决的一个重要问题。袁世凯执政之初，虽力主中央集权，但囿于自身权势，相应筹划均以存省制为前提。1913 年 7 月，袁世凯有意趁着正式国会着手起草《中华民国宪法》之机，先由北京政府筹议废改省制方案，将其追加到宪法草案中，以实现废除省制和改革行政区域的目的，但遭到赣、皖、粤等省国民党籍都督的强烈反对。当时的国务员亦多认为改制需费过巨，主张暂缓，废省之议遂被搁置。正当各方期待正式国会解决省制问题时，国会议员却陷入党派之争，最终出台的《中华民国宪法草案》未能明确省制的法律地位，省制存废被置于中央与各省权力角逐之下。

废省主张最早由康有为在 1895 年《上清帝第二书》中明确提出。至民国初年，时人有感于政局动荡多源于辛亥以后各省都督权势较大，拥兵自重，亦多主张废省。"二次革命"爆发后，袁世凯及北京政府加强了对全国的控制，权势日渐增大。这一形势使得废省制主张再度高涨，并为之提供有利的实施契机。具体而言，废省制主张在 1913 年下半年提出，并作为政府政策积极筹划，则是熊希龄、梁启超等人努力的结果。

宋教仁被刺案发生，以及善后大借款问题，使袁世凯及北京政府与国民党的关系日趋紧张。袁世凯为争取进步党的支持，打压国民党籍国会议员，任命熊希龄组阁。熊希龄上台即面临两大难题：其一，赵秉钧内阁以来，北京政府应办事件皆由袁世凯总揽，国务院只是总统府的盖印、副署机器；[1] 其二，北京政府当时的财政极度支绌。为此，熊希龄内阁在"以组织责任内阁为着手，并欲与总统府划清权限"的同时，顺应建立强有力中央政府的时势，力主废

---

[1]　熊希龄：《在参众两院议员暨各党代表茶话会上的演说词》，载周秋光编《熊希龄集》第 4 册，湖南人民出版社，2008，第 288 页。

除省制，将其写入政府大政方针并积极筹划。但责任内阁主张因袁
世凯掣肘未能实现，废省制筹议又触犯各省都督的既得利益，与袁
世凯的集权主张亦相异。最后，熊希龄内阁施政遭到袁世凯与各省
都督的联合抵制，以垮台而告终。

　　熊希龄内阁时期的省制筹议，是清季民初省制构建过程的重要
一环。此前虽不乏废改省制的呼声、建议、主张，结果却都不了了
之。这是北京政府第一次将废省制主张上升到政府政策层面，并进
行筹划。学界已经注意到熊希龄内阁的废省主张，但仅及大政方针
中"废省改道"内容的简单介绍，对于废省筹议过程的曲折及复杂
性则甚少涉及。[1] 有鉴于此，在比勘各类相关资料的基础上，深究
各方的态度主张及其相互博弈，以求对近代中国行政体制转型的纠
结认识深入一层。

第一节　废省制政策的由来

　　袁世凯在其与国民党的关系发生决裂之后，有意任命自己素所

---

　　[1]　如周秋光《熊希龄传》（百花文艺出版社，2006）在展现熊希龄一生爱
国、利民的人生事迹时，对于其组阁期间的废省主张有所介绍；张永《民国初年的
进步党与议会政党政治》（北京大学出版社，2008）对于熊梁内阁的废省计划略有
提及；曾田三郎《立憲国家中国への始動：明治憲政と近代中国》（思文閣，2009）
梳理了熊希龄内阁前后地方制度案的情况。此外，张学继《民国时期的缩省运动》
（《二十一世纪》1994 年第 10 期）、华伟《20 世纪中国省制问题的回顾与展望》（《中
国方域》1998 年第 4、5、6 期）、于鸣超《中国省制问题研究》（《战略与管理》
1998 年第 4 期）等梳理民国缩省、废省、省制问题的论文，对于熊希龄内阁时期的
废省筹议经过亦多有简单介绍。造成这一局面的一个重要原因，就是相关档案资料
较少被保存下来，相关人物记载又多付阙如。

信用的徐世昌出任国务总理，但鉴于《中华民国临时约法》的国务员之同意权，只得选择各党派特别是进步党支持的熊希龄组阁，意在"借其以党杀党"，以便为徐世昌再出山铺路。[1] 而且正式国会已开，正式政府成立在即，该内阁一开始即被定位为过渡内阁。深知彼时政局政情的熊希龄自然不为袁世凯的任命所动，直至袁世凯以承德行宫故物事件相要挟，才被迫接受邀请。其时北京政府因为镇压"二次革命"的军事进展顺利，权势不断增强，国内外形势趋向建立一个统一的中央集权政府。熊希龄鉴于"民国成立年余，一切政令多未统一，中央政府不啻一省都督之地位，以致事事受人牵掣，内政、外交由此而失败者不止一端"，[2] 随即公开标举"立国取统一制度"，"行政取中央集权主义"。不过，将废省制作为内阁的一项政策，则经历了一个过程。

袁世凯本来并非属意熊希龄，在熊希龄答应组阁后，即抢先任命亲信分别出掌外交、财政总长，致使国务院与总统府在熊希龄未正式就职以前就出现芥蒂。由于此时袁世凯尚需借助进步党等中间力量，打压国民党并当选正式大总统，熊希龄则深知形势对己有利，也确实想干一番事业，故而双方均抱持谨慎态度。1913 年 8 月 26 日，熊希龄正式到国务院任事，次日谒见袁世凯，围绕废省制等进行秘密筹划。尽管二人都认为即刻实施废省尚存困难，但又不愿放弃彼时废除省制与裁撤都督、实现中央集权的大好时机，最后决定将废改省制纳入各省军事善后办理手续中着

[1]　张国淦：《中华民国内阁篇·临时约法之国务院（袁世凯临时大总统期内）》，载《北洋述闻》，上海书店出版社，1998，第 133 页。

[2]　《熊总理之国家统一谈》，《盛京时报》1913 年 9 月 6 日，第 3 版，"民国要闻"。

手筹备。时有报纸预测，"新内阁成立后，破题第一事即为废省问题之会议云"。[1]

熊希龄虽然在中央集权问题上与袁世凯达成共识，但他急需解决的是极度奇绌的政府财政问题。熊希龄在接到安徽都督倪嗣冲请求裁并机构的电文后，考虑到行政经费全靠对外借款挹注，开源救济又一时乏术，深感"非定减政主义，不足以维持现状"，当即通电各省，表示将在国务院正式组织成立后，提议实行以裁并行政机构为主要内容的减政政策，其中在各省地方，主张"部省所属各司如国税厅，则兼财政司；教育、实业两司，除湖北、广东、江南、直隶等数省仍行照旧设立"，其余各省均可归并内务司，改设实业、教育两科；"海关关督、外交委员、观察使二（应为"三"——引者注）项则酌量归并。司法筹备处则概行裁撤，交高等审判厅兼管。其余各省亦分别裁并"。[2]

在当时财政紧张、开源无方的情况下，以减薪、裁并机构为内容的减政主义确是唯一的治标之策，但因熊希龄等"明主减政，暗用私人"的做法，颇招人怨。袁世凯承认熊希龄"所拟办法极为稳洽，应即次第推行"，同时也提醒熊希龄："临时政府为正式政府之基础，一切政务改革，务求为远大之图，万毋稍涉敷衍之意，致使政本动摇，终无稳固之望。"[3] 这促使熊希龄等人在推行减政政策的同时，积极寻求根本解决办法。

9月11日，熊希龄内阁正式成立。尽管熊希龄在组阁过程

---

[1] 《废省问题之复活》，《盛京时报》1913年9月6日，第3版，"民国要闻"。

[2] 熊希龄：《实行"减政主义"致黎元洪暨各省都督民政长电》，载周秋光编《熊希龄集》第4册，第243-244页。

[3] 袁世凯：《批熊希龄呈内阁政略》，载刘路生、骆宝善主编《袁世凯全集》第23卷，河南大学出版社，2013，第452页。

中受到袁世凯掣肘，未能实现其理想的"政党内阁"和"同志内阁"，最终只是组建了一个由接近进步党的社会名流、旧官僚以及北洋派组成的"混合内阁"，其中袁世凯亲信及亲近之人控制外交、陆军、海军、交通、内务等重要各部，熊希龄的夹袋人物则只有梁启超、张謇和汪大燮，[1] 但初掌部分大权的熊希龄并未灰心，积极筹划集权，希望借此积累声望，"连次研究各方面之办法。闻其中最要者，首须变更官制，方能实收取其效"。[2] 16 日，熊希龄向袁世凯提议，组织短期内阁是为成立正式政府做预备，"内外官制关系重要，未便再延，拟即行从速规定草案，提交两院，以便早日颁行"。其时袁世凯亟须巩固既有权力，对于熊希龄的提议自然乐观其成。[3]

事实上，熊希龄在检查此前国务院未决议案时，已经注意到有关省制存留及划分军事区域等案，并屡次召集国务会议予以讨论，不过各国务员议论纷纷，莫衷一是。国务员意见分为五派："第一派主张废省设道，不限于现时之区域；第二派主张都督之下分设军、民两机关，名为军事长、民事长，以分担军民两政；第三派主张废去都督，而以中路之观察使兼民政长，其军政则直隶于陆军部；第四派主张省制仍旧，惟军区则划分为两大线，西北一线驻全国兵额之半，东南一线在海陆要塞驻兵；第五派主张军区与铁路有密切

---

[1]　时称"第一流人才内阁"。张朋园以熊希龄内阁 9 人中有 5 人隶籍进步党，称之为"进步党内阁"。参见张朋园：《梁启超与民国政治》，吉林出版集团有限责任公司，2007，第 31 页。不过，熊希龄在进步党成立之初即已通电宣布脱党，梁启超、张謇亦声明系以个人身份入阁，将熊希龄内阁称为"进步党内阁"显然不妥。

[2]　《减政主义尚须交院》，《大公报》1913 年 9 月 17 日，第 2 张第 1 版，"北京"。

[3]　《拟赶订各项官制草案》，《大公报》1913 年 9 月 17 日，第 2 张第 1 版，"北京"。

关系，宜按全国干路划定驻军数目。"[1] 熊希龄考虑到国务员意见各异，同时认为"改省为道一节，因于习惯上及另订统治法权手续繁多"，在彼时不宜实行，当即呈请袁世凯"拟即取消"，并将该案交由国务会议决定办法。[2] 袁世凯在鉴核此事时，虽也认为"南方初平，未便遽可实施，暂从缓议"，但显然对于省制的存废抱有兴趣，以改省事关重大，主张电询各省意见，借此试探各省都督的态度。在《时报》看来，改省与废督一样，危及各省都督的既有利益，向他们电询对于废省的意见之举，无异"与贫民言借债，与地主议蹊田"，"以废省废督之事，征求各省都督意见，其将来必无成效，此时实可断定"。[3]

与《时报》的悲观判断不同的是，隶属进步党籍的四川都督、湖北都督、浙江都督先后通电赞成废省改道。9 月 25 日，四川都督胡景伊发表通电，历述省制存在的诸多弊病，并从军政、民政两方面分别指出废去省制的好处，主张除蒙古、西藏外，悉数废去省制，将全国划分为若干道，各道直隶内务部。[4] 10 月 4 日，副总统兼湖北都督黎元洪通电赞成胡景伊的废省改道主张，并指出中国地域广阔，实行省制不便控制，废省存道之说久为一般学者主张，而且此前赣、皖、宁、粤等省都督正是凭借一省之力对抗北京政府。[5] 与此同时，浙江都督朱瑞则直接提出具体的废省改道主张，

---

[1]　《省制军区二问题阁议情形》，《申报》1913 年 10 月 1 日，第 6 版，"要闻"。

[2]　《改省为道案决定取消》，《大公报》1913 年 10 月 1 日，第 1 张第 6 版，"要闻"。

[3]　《省制存废与军区划分之难题》，《时报》1913 年 10 月 1 日，第 4 版，"要闻"。

[4]　《胡景伊来电》，载易国乾、宗彝、陈邦镇辑《黎副总统政书》卷 31，武汉：武昌官纸印刷局，1914，第 5 页。

[5]　黎元洪：《覆成都胡都督》，载易国乾、宗彝、陈邦镇辑《黎副总统政书》卷 31，第 4-5 页。

即"道设护军使、民事长各一，将原有都督、民政长名义废去，观察使亦裁撤，统设县治"。[1]

上述三督都主张废省改道，动机却各有不同。胡景伊的通电主要是针对减政主义政策而发，认为废省改道可以从根本上解决当时支绌的财政问题。朱瑞和黎元洪则明显是迎合袁世凯之意，特别是朱瑞，曾在"二次革命"爆发之初一度持中立态度，面对袁世凯权势的日益增强，如何迎合袁世凯，确保自身地位，是其考虑的首要问题。[2] 此外，山西河东观察使高景祺也在 9 月 30 日致电袁世凯及国务院，就省道存废问题等发表意见。他认为，"以财政支绌而论，则废省存道，实较废道存省，节省实多"，分道而治，可能造成地方行政机关太多、中央监督权力不易分给等后果，"莫如以各道为行政长官，仍归都督监察节制，行署不设行政公署，或三道以上设一总监，但有监督举劾之责，不假用人行政之权"。[3] 高景祺比较省道存废利弊，注意到改制的操作问题，并提出相应对策，使其主张更具说服力。

实现中央集权、树立北京政府的威权，既是袁世凯上台后希望实现的目标，也是当时的形势要求，而废省制可以削弱辛亥革命后各省政权的权势，实现中央集权。1913 年 7 月，袁世凯一度力主废省改道，并有意筹划实施，却因国民党籍都督的反对而中止，此后袁的态度较为谨慎。在得知几位疆吏相继通电赞成废省制后，袁世

---

[1]　《杭州专电》，《神州日报》1913 年 10 月 6 日，第 2 版，"本馆特电"。

[2]　"二次革命"平息后，朱瑞先"以病告休，不得，乃坚请免民政长，兼举内务司长屈映光继焉"。参见张謇：《兴武将军朱君墓志铭》，载卞孝萱、唐文权编《民国人物碑传集》卷三，团结出版社，1995，第 180—183 页。

[3]　《运城高观察使来电》，载《熊希龄先生遗稿》(2)，上海书店出版社，1998，第 1608—1610 页。

凯态度明显有所变化，表示"废除省制为舆论所公认，惟废除后，中央对于地方当采集权主义，地方对于中央须采分治主义，军民区域既分，事权不致混合"。[1]

由上可知，熊希龄提出改变省制主张的最初动机，是为了实现国家统一和中央集权，并从根本上解决财政支绌问题，但看到国务员意见纷歧，态度开始迟疑。袁世凯亦希望废省，却态度谨慎，当川督、鄂督、浙督等基于不同目的相继通电支持废省改道后，才有所松动。随着袁世凯当选为中华民国正式大总统，熊希龄内阁由过渡性质成为正式政府，废省制主张得以确立。

第二节　废省制政策的确立

1913 年 10 月初，国会迫于袁世凯及各省都督的压力，在制定宪法之前，分别选举袁世凯、黎元洪为正式大总统和副总统。10 月 10 日，袁世凯、黎元洪正式就职。由于熊希龄上台后力主所有政权操诸内阁，不免令袁世凯时感掣肘，加之熊希龄除实行减政外，用人、行政颇不令人满意，当时即"有一派有力要人对于熊氏政见力行反对，运动推倒，渐有头绪"。[2] 而熊希龄等以国会为奥援，袁世凯尚需借助其示好进步党，对抗国民党籍国会议员。故此，熊希龄内阁得以成为正式政府。在自身地位稳固后，熊希龄内阁亟须刷

---

[1]　《大总统最近之四大政见》，《大共和日报》1913 年 10 月 3 日，第 3 版，"紧要纪闻"。

[2]　《未来之正式政府及总理》，《盛京时报》1913 年 10 月 14 日，第 3 版，"民国要闻"。

新政治，来回应外界的质疑。

熊希龄就任总理后，因在阁员与湘督人选以及财政解决二事上，遭受袁世凯及北洋派的阻挠，[1] 便将目标转向力求实现责任内阁，希望借此改变国务院在与总统府关系上的被动局面。1913 年 9 月 27 日，熊希龄在参、众两院议员暨各党代表茶话会上表示，其内阁"当以组织责任内阁为着手"，与总统府划清权限，"俟（责任内阁）组织成功，得两院同意后，再偕全体阁员出席，宣布大政方针"。[2] 事实上，熊希龄早在 8 月 28 日招待参、众两院议员的茶话会上，就指出"临时政府弊窦，端在总统府、国务院及议院脉络不贯，政府违背法律，不负责任"，提出确立人材内阁、维持国会以及改善财政、实施军民分治方针等施政办法。[3] 熊希龄内阁正式成立后，进步党籍众议员骆继汉等向其提议确定大政方针。熊希龄接受骆继汉等人的建议，开列节目十多条提交国务院，由各总长斟酌可否参加意见，并多次召开会议加以商讨。[4] 困扰北京政府的省制存废等问题，作为大政方针的重要内容，被提上国务院议事日程。

不过，国务院内部对于大政方针的主张各有侧重。熊希龄将注意力放在军民分治的策划与实施上；陆军总长段祺瑞则侧重改划

---

[1]　李剑农：《中国近百年政治史》，复旦大学出版社，2002，第 362 页。

[2]　熊希龄：《在参众两院议员暨各党代表茶话会上的演说词》，载周秋光编《熊希龄集》第 4 册，第 288-289 页。

[3]　《熊总理演述施政方针》，《盛京时报》1913 年 9 月 2 日，第 3 版，"民国要闻"。

[4]　《国务院编纂行政方针之近况》，《新闻报》1913 年 10 月 8 日，第 1 张第 3 版，"新闻一"。熊希龄内阁从 1913 年 9 月中旬开始召开国务会议，讨论决定大政方针。熊希龄：《请速进京定大政方针致南通州张季直上海叶揆初电》，载周秋光编《熊希龄集》第 4 册，第 274 页。

军区；司法总长梁启超的考虑重点则在省制存废及军民两政的分划上。[1] 这使得大政方针的议定进度十分迟缓。至 10 月初，熊希龄内阁经连日国务会议，"虽已将具体的政策议出其细目，尚未完竣"。[2] 熊希龄有感于政府大政方针备受各方期待，国务员之间又存在意见纷歧，连以修正二年度预算为由，以财政部名义致函国务院，催促早"开国务会议决定大政方针，将岁入岁出开示增减大致"。[3]

　　责任内阁的实现势必架空总统权力，这是袁世凯不能接受的。由于他尚需借助熊希龄内阁示好进步党等中间力量，只好暂时对熊希龄内阁的行政采取让步。但根据《中华民国临时约法》总统亦负有一定行政责任的规定，袁世凯另行提出一套施政方针。袁世凯当选正式大总统时，就有消息传出，他将在就任典礼后亲赴国会宣布立国政纲。立国政纲原稿系由总统府秘书长梁士诒拟定，大体依照 1912 年 9 月袁世凯和孙中山、黄兴、黎元洪协议的"八大政纲"。[4] 袁世凯仅对原稿第六项略作修改，除将"交通"从中央集权的事权划出外，还将"参酌各省情形兼采地方分权主义"进一步明确为"半部或全部"。[5] 袁世凯就职后，据此通告各省。由于此时袁世凯的个人权势已是空前强大，鄂督黎元洪、湘督谭延闿、豫督张

---

[1]　《政府对于军民分治之注意》《裁撤都督案尚待研究》，《大公报》1913 年 10 月 11 日，第 2 张第 1 版，"北京"。

[2]　《梁汪两总长之大政方针》，《申报》1913 年 10 月 10 日，第 6 版，"要闻"。

[3]　《财政部致国务院请速开国务会议决定大政方针俾得逐步进行正式预算早日成立函》，《盛京时报》1913 年 10 月 8 日，第 1 版。

[4]　《大总统预备宣布八大政纲》，《大公报》1913 年 10 月 8 日，第 1 张第 6 版，"要闻"。

[5]　《大总统宣布政策之预闻》，《大公报》1913 年 10 月 13 日，第 1 张第 5 版，"要闻"。

镇芳、浙督朱瑞、粤督龙济光、闽督孙道仁、晋督阎锡山等先后复电，"允认此项办法为挽救时艰之必要"。[1]

显然，总统府、国务院虽然都主张中央集权，但利害不同，具体做法各异，各国务员之间亦存在意见分歧。这种局面的形成，与《中华民国临时约法》规定的府院体制，以及袁世凯、熊希龄二人的执政理念等密切相关。此外，熊希龄内阁为混合内阁，其中大致分为熊希龄系和袁世凯系两派，两派之间争权夺利，自然使内阁难以就此问题形成共识。

直至 1913 年 10 月 16 日，与袁世凯私谊较好的张謇到京后，经其调和，府院关系方才渐趋缓和，政府大政方针难以达成的局面才有所改观。17 日，全体国务员在总统府举行会议，袁世凯亲任主席，主要讨论大政方针。与会者都认为省制的存在梗阻中央政令，并使下级地方行政不能很好地行使职权，但又担忧废改省制后出现缺人、乏财的局面，对废改省制较为慎重。会议最后决定，未便由中央政府直接管理各地方，各省制度不便更动。[2] 不过，袁世凯表示，民国宪法即将议决，如果废改省制可以实行，即当编入宪法，使其合法化，并连日与国务员、中外顾问召开特别会议讨论。"兹据侧闻云，大总统曾于目前与熊总理筹商进行办法，决定一星期内将重要议案议决各案之后，即由国务总理偕各国务员到议院发表政

---

[1] 《各都督赞成中央集权政策》，《大公报》1913 年 10 月 17 日，第 1 张第 5 版，"要闻"。

[2] 《国务院之特别国务会议》，《顺天时报》1913 年 10 月 20 日，第 3 版，"时事要闻"；《内阁决定施政方针》，《盛京时报》1913 年 10 月 23 日，第 2 版，"北京专电"。按张謇日记载，他 10 月 16 日到北京后，熊希龄、梁启超即来找他谈话，次日"即强赴总统府会议大政方针"。张謇研究中心、南通市图书馆编：《张謇日记》，江苏古籍出版社，1994，第 683-684 页。

见"。[1] 熊希龄内阁循此决定，用一个星期时间"将梁任公起草之议案（即废省改州案）一律议定"。国务会议因袁世凯要求出席，"连日每晨在总统府开议"。[2] 袁世凯参加国务会议固然是赵秉钧内阁以来形成的"惯例"使然，同时也表明他一开始就试图影响大政方针的确定。

　　10月21日，熊希龄就废省问题上书袁世凯，详陈办法，"拟以一年为全国筹备分划区域、办理均平地方行政之定限，更于限内后三个月为实行之期，其新官制亦于限内提出国会表决，先行颁布，俟实行一年后，再请大总统提出国会，将此制追加入宪法案内"。[3] 熊希龄所陈办法，与7月袁世凯提议的废省制思路大体相同。但袁世凯却将此意见书"留阅"，并未明确表明态度。10月22日，国务院会议讨论如何分划区域、均平地方行政，结果按照梁启超的意见决议：根据各省面积广狭、风俗异同、人口众寡以及政务繁简，酌量变更和缩小各行省区域，改为州制，即将全国划分为40余州，最多不逾60州；每一州设民政公署长官一人，下设数课，至于公署长官官名定为"尹"还是"尉"，并未规定；裁废观察使，州之下直辖若干县等。[4] 此外，考虑到改省为州在划分州区域时存在诸

---

　　[1]　《总统府会议要政志闻》，《盛京时报》1913年10月24日，第3版，"民国要闻"。

　　[2]　《近日总统府之国务会议案》，《大公报》1913年10月23日，第1张第5版，"要闻"。时为袁世凯幕僚的张一麐后来回忆，"民国二年熊内阁时国务会议，袁前总统每会列席，吾见其议案一大册，均主整理道制，以为废省制之预备"。张一麐：《心太平室集》，"补遗"卷，中国文献，1955，第4页。

　　[3]　《熊总理对于废省之政见》，《大公报》1913年10月23日，第1张第5版，"要闻"。

　　[4]　《会议变更行政区域问题》，《大公报》1913年10月23日，第1张第5-6版，"要闻"。

多窒碍，国务院决拟暂留省制，每省设巡按使一人，专司视察民政长以下官吏，民政区域仍沿以前各道区域，每区设民政长一人。[1]在梁启超主导下，熊希龄内阁的废省制方案渐具雏形。

即便如此，袁世凯仍未放松对内阁所议的大政方针施加影响。"总统府现定于二十一、二十三、二十五等日开联席会议，已于先期知照全体国务员一律出席"。"兹据府中人云，大总统预备提出之件，确系关于大政方针之决定问题云"。[2] 10 月 24 日，各国务员及总统府顾问召开特别会议，讨论包括省制、防务及政务等整顿各省办法。当日袁世凯亲自与议，表示此前他提出废督，实根据改订省制而起，由于临时政府期内并未提及省制改革，以致各省政务纷岐，要求与会人员将所有有关都督存废、省制存废的理由书一并参核讨论，详拟省制规定等。[3] 袁世凯还向与会者表示，自己并不反对废省，其关心的是与废省制相关的一系列问题。

其时徐世昌组阁的传闻再度盛行，并经总统府人士确认，熊希龄本拟辞职，后改变态度，"于政务犹称毅力，国务会议每日续开，有一泻千里之势。大政方针亦拟不久确定发表"。[4] 至 10 月 25 日，熊希龄内阁大政方针大纲略有头绪，大体系秉承袁世凯意旨讨论得出，并体现了各位国务员共同商讨的结果。除海军总长刘冠雄出京未与议，教育总长汪大燮、内务总长朱启钤不多发言外，"即以司法总长梁启超及总理熊希龄发言为最多；张季直先生新到，亦时有

[1] 《专电》，《时事新报》1913 年 10 月 26 日，第 1 张第 2 版。

[2] 《总统府分期特开联席会议》，《大公报》1913 年 10 月 23 日，第 1 张第 5 版，"要闻"。

[3] 《大总统对于各省政治之规划》，《大公报》1913 年 10 月 29 日，第 1 张第 5 版，"要闻"。

[4] 《关于熊内阁之秘闻》，《盛京时报》1913 年 10 月 25 日，第 3 版，"民国要闻"。

议论；而周自齐氏（交通总长）及孙宝琦氏（外交总长）则对于外交、交通方面略有陈述，惟周氏以口吃，不克多言；段总长以军人出身，但于军事上有所建白"[1]，最后推举梁启超起草《政府大政方针宣言书》）。

熊希龄内阁大政方针大纲虽已确定，来自总统府方面的干扰仍然不少。主张废省改道的袁世凯最初对熊希龄内阁的改省为州决议颇有疑虑，认为此举事涉更张，后经其左右说明，态度才稍有改变。[2] 待到熊希龄内阁大政方针大纲确定后，袁世凯态度又有变化。10 月 26 日，袁世凯与各国务员商讨各省修正新官制。会议在其主导下，决议采取三级制，"行政统于中央，各省地方行政统于民政长，行于县知事，观察使观察行政"。会后，袁世凯还将草案电商黎元洪。黎元洪对此表示赞同，但请求袁世凯在征求各省意见后，再提交国务会议讨论。[3]

法制局在袁世凯亲信、局长施愚的主持下，根据国务会议多次讨论结果，采用废省改道主张，拟定外省官制草案：（1）改省为州，将各省改划为相当于"道"的数州；（2）州设州长，由中央简任；（3）州上设巡按使一员，巡按所属各州吏治，一巡按使所管州数为

---

[1] 《新内阁大政方针之议定》，《时报》1913 年 10 月 28 日，第 3 版，"要闻"。张国淦称："熊希龄内阁所谓大政方针，财政部分由梁启超计划，其省制改革部分，即略依从前分巡道区域，每一省划分若干省，缩小原有省份范围，系张謇提出。"见张国淦：《中华民国国会篇》，载《近代史资料》总 91 号，中国社会科学出版社，1997，第 128 页。丁文江等据梁启超自述，认为该书出自梁启超一人之手。见丁文江、赵丰田编：《梁启超年谱长编》，上海人民出版社，2009，第 435 页。张朋园亦认为熊内阁大政方针出自梁启超手笔。见张朋园：《梁启超与民国政治》，第 31 页。

[2] 《官制与官方》，《申报》1913 年 11 月 5 日，第 6 版，"要闻"。

[3] 《地方行政议取三级制度》，《大公报》1913 年 10 月 31 日，第 1 张第 4 版，"要闻"。

二至四州；(4) 州下为县，县设知事，一如旧制。根据草案，全国 22 行省被改划为 83 州。[1]

其时内务部总长朱启钤对废省制甚是热心。朱启钤系由交通总长转任，上任伊始，发现"内务事务不及交通之半，其原因由于外省不服从中央，故部事日少，宜急筹统一之法，不许外省各自为政"。[2] 他以废改省制问题与内务部最有关系，循例拟就意见书提出国务会议。意见书按照方里、人口、赋税、山川形势及历史沿革等，不拘现有省道之界，将全国行政区域分为五十道，改道为郡，行政长官名为郡守，县名县令，边疆另设特别制度。[3] 该案与熊希龄内阁决议通过的废省改州案大同小异，差别在于政区划分依据、面积大小、名称及由来。朱启钤系徐世昌亲信并亲近袁世凯，在内阁就改省制形成决议后另拟改省为郡案，说明他对内阁决议改省为州案有所不满。

无论是法制局草案还是朱启钤的拟案，与熊希龄、梁启超的主张相去较大，反而更接近袁世凯的主张。法制局将外省官制草案提交国务会议时，熊希龄有感于国务院权势为总统府所夺，"拟致电各省长官，饬其陈述对于地方官制之意见，拟就理由书报告来京，以便采择而定行政区域之范围"，[4] 试图借各省态度来决断府院在废改省制问题上存在的分歧。然而，各省对于废省制的态度两歧，除川、鄂、闽、粤、苏、皖、豫等省都督复电赞成废省改州，要求早日实行外，其余各省长官及各团体多认为"省"在性质上实兼有地

[1] 《官制与官方》，《申报》1913 年 11 月 5 日，第 6 版，"要闻"。

[2] 《朱总长对于部务之伟论》，《盛京时报》1913 年 9 月 19 日，第 3 版，"民国要闻"。

[3] 《内务部之地方官制主张》，《时报》1913 年 11 月 6 日，第 3 版，"要闻"。

[4] 《征集各省对于地方官制之意见》，《顺天时报》1913 年 11 月 4 日，第 2 版，"时事要闻"。

方自治团体资格，主张在暂仍省制的前提下另划军区并实行军民分治。[1] 10 月 30 日，国务院再次讨论外省官制案。与会各国务员有感于各省持反对废省意见者较多，大都认为在军民分治及划分军区等案未定办法前，如果遽行废省，势必窒碍颇多，主张暂行缓议，将草案另行改组。无奈之下，熊希龄内阁以此为最后决议报告袁世凯。[2]

袁世凯在 1913 年 10 月底致电各省都督，表示"熊内阁一俟宪法制定后即可改组"，[3] 迄至 10 月 31 日国会宪法起草委员会通过《中华民国宪法草案》，熊希龄内阁命运又成问题。11 月 4 日，袁世凯挟制熊希龄副署，以国民党参预"二次革命"，下令解散该党，剥夺 170 余名隶属该党的国会议员资格，使国会无法开议。袁世凯用釜底抽薪之法，使熊希龄内阁失去引为奥援的国会这座靠山，顿时陷入不利地位。袁世凯在武力解散国民党一事上，"唯咨之赵秉钧等，并未曾咨之内阁"，侵及国务员职权，引起熊希龄、梁启超的强烈不满。熊希龄内阁在 11 月 6 日秘密会议此事时，"有主张辞职者，或有反对之者。而关于辞职，或主张联袂辞职，或主张个人自由，并无何等结果"。袁世凯考虑到其时刚解散国民党并使国会不能开议，"因恐人心渐去，又令暂不发表"。[4]

---

[1] 《对于省制之各方面意见》，《顺天时报》1913 年 11 月 5 日，第 9 版，"时事要闻"。

[2] 《废省问题之再议》，《大公报》1913 年 10 月 31 日，第 2 张第 1 版，"北京"。

[3] 《大总统最近之通告》，《盛京时报》1913 年 10 月 26 日，第 2 版，"北京专电"。

[4] 张謇研究中心、南通市图书馆编：《张謇日记》，第 684 页；《内阁拟提呈总辞职书》，《盛京时报》1913 年 11 月 9 日，第 2 版，"北京专电"；《国务院之秘密会议》，《盛京时报》1913 年 11 月 11 日，第 3 版，"民国要闻"；《国务会议无结果》，《盛京时报》1913 年 11 月 12 日，第 3 版，"民国要闻"。

熊希龄内阁暂未辞职，关乎内阁存在的大政方针何时公布尤显重要。11 月 7 日，张謇与梁启超谒见袁世凯，筹论维持国会的办法，结果"总统以事属政治内乱，无与国会，已电各省速集候补议员"[1] 为托词，并未明确答复。12 日，熊希龄又向袁世凯提及前议大政方针，表示国会一时不能开会，所具政见亦不可宣告议员，应即择要议行。袁世凯为了安抚熊希龄，对此并未反对，但认为废省制、改道设州尹等为大政方针案的最重要内容，命令梁士诒起草通电各省。[2] 袁世凯的如意算盘，是试图通过各省反对废省，打消熊希龄内阁公布大政方针的念头。

1913 年 11 月 13 日，国会因不足法定人数宣布停止开会。熊希龄、梁启超感到大政方针运命危迫，遂在同日国务院会议上，主导通过梁启超起草的《政府大政方针宣言书》（以下简称《宣言书》），并以熊希龄内阁的名义在报纸上公布，以窥测各方态度反应。《宣言书》标举"立建设之基础"，"集全力以整顿内治"，涉及财政、军政、实业、交通、地方制度、司法和教育等方面，其注目点在"废省与整顿财政两事"。[3] 其中在废省一事上，《宣言书》指出，中国实行省制以来，各省"行政区域太大，政难下逮，且监督官层级太多，则亲民之官愈无从举其职"，治理不及前代，主张仿汉宋之制，改造现有省制。为获得袁世凯的支持，将"废省改州"改为"废省改道"，"改定地方行政为两级，以道为第一级，以县为第二级……中央则以时设巡按使按察诸道，举劾贤否，不以为常官

---

[1]　张謇研究中心、南通市图书馆编：《张謇日记》，第 684 页。

[2]　《通电广征废省之政见》，《大公报》1913 年 11 月 14 日，第 1 张第 7 版，"要闻"。

[3]　丁文江、赵丰田编：《梁启超年谱长编》，第 442 页。有人认为熊希龄内阁的政治纲领，除公开的大政方针外，还有一个"绝对不能公开"的"副本"。参见丁世铎：《论熊内阁之失败》，《正谊》第 1 卷第 3 号，1914 年 3 月 15 日，"论说二"，第 11 页。

也"。[1] 据此可知，熊希龄、梁启超等人试图通过废除中国政制中的"省"一级，从根本上解决辛亥革命以来各省都督专权，内轻外重的权力格局，消除各省武人势力对北京政府的威胁，同时将国家权力从武人手中收归政府，进而谋求实质上的国家统一，巩固中央集权。正如 11 月 26 日梁启超在致康有为函中所言，"此事（武人政治）则须根本解决，万不能支支节节为之，解决之法，则改省为州，既已明定于大政方针"。[2]

　　在梁启超和熊希龄的努力下，《宣言书》直接标举"废省改道"主张，作为内阁施政方针。在其形成过程中，总统府与国务院、以及国务院内部意向不同，加之辛亥革命后提议废省制难以避免削藩的嫌疑，势必引起各省都督的反对，无不预示着此后有关废改省制筹议之路任重而道远。

第三节　不同的改省方案

　　《宣言书》的废省主张经各报纸披露后，社会反应不一。支持者认为，实行废省可收行政迅速切实、收罗全国人才、明确官厅职责、消灭省界观念，以及发达地方行政、提高人们知识等六利；[3] 反对者则认为此举"揆诸理想，似亦纲举目张，持之有故，

---

　　[1]　熊希龄：《政府大政方针宣言》，载周秋光编《熊希龄集》第 4 册，第 393－394 页。

　　[2]　丁文江、赵丰田编：《梁启超年谱长编》，第 442 页。

　　[3]　杨树毅：《废省说》，载上海经世文编社辑《民国经世文编》（肆），北京图书馆出版社影印，2006，第 2161－2168 页。

但按之事实，绝难执行"。[1] 这种截然相反的态度表明，废改省制固然可以实现中央集权，但由于省制在中国行之已有数百年，若要废改，显非易事。与此同时，尽管北京政府的权势日趋强大，为实施废改省制提供了有利条件，可是《临时约法》下的府院关系以及府院不同的执政理念，又使其间充满变数。虽然府院对于废省制的目标一致，但对改省如何操作上意见分歧，致使方案屡遭修改。

为确保废省制案不致流产，熊希龄接受张謇的提议，呈请袁世凯将内阁所拟各项法案作为暂行条例提前颁布施行，"仍俟国会开议有期，将应交国会议决者，分别提案交议"。[2] 尽管袁世凯对熊希龄等人的提议予以允准，仍不时干涉熊希龄内阁的废省筹划。1913 年 11 月 17 日晚，袁世凯召集熊希龄、段祺瑞等开特别会议，再次提出，废改省制一时难以办到，军民分治实为民国治本之源，首当积极进行。[3] 21 日，袁世凯又召集熊希龄、各部总长及总统府各高等顾问等，讨论整顿各省办法，最后决议，废省制案虽然得到副总统黎元洪及闽粤苏皖豫等省都督复电赞成，毕竟此事关系甚大，"拟再通电各都督、民政长，博采筹议，以便进行"。[4]

袁世凯的专制行为及其屡屡干涉内阁行政，令梁启超极感愤懑，在他的力争和主导下，国务院于 11 月 22 日正式确定改省为州计划，准备将此提交即将开议的行政会议讨论。不过，有消息披

---

[1]　《地方官制意见书》，《内务公报》第 7 期，1914 年 4 月 15 日，"选论"，1 页。

[2]　《批熊总理拟定暂行条例请颁布施行呈（附熊总理原呈）》，载昆山陆纯子素编《袁大总统书牍汇编》第 4 卷，广益书局，1914，第 25-26 页。

[3]　《各省改设镇守使之提议》，《大公报》1913 年 11 月 19 日，第 1 张第 6 版，"要闻"。

[4]　《总统府地方行政之大会议》，《申报》1913 年 11 月 22 日，第 6 版，"要闻"。

露，"新制划省为州，县令隶属州尹，州尹上设巡按，专任察吏，（因）张謇颇反对巡按制，在阁议中力驳，故未决"。[1] 该计划只能暂时搁置。

随着时局大变，府院关系更加微妙。不时传言袁世凯将改组政府一部，由徐世昌出任国务总理。熊希龄、梁启超等再萌退志，"惟因有各种事情互相混入，故今日尚未发表"。[2] 副总统黎元洪致电袁世凯，表示其时不宜动摇内阁，并支持改变省制。[3] 而且，在熊希龄内阁所拟大政方针中，有关裁撤都督、划分军区以及改订地方官制等，均是秉承袁世凯意旨拟定，各省都督来电亦多表示赞同，并以裁撤都督为急务，大有请自始之意。[4] 在这种情况下，袁世凯只得表示信任熊希龄内阁，并交谕国务院，"大政方针为民国立国上之根本问题，轨范既定，端贵循序进行。应即由院会同全体国务员，按照宣言书所拟各节，虚拟一的，规定分期筹备秩序，呈候核阅"。与此同时，他还通电各省都督、民政长及各驻外公使，"务即注意华洋各报章，如该报对于大政方针著有论断，即将该部邮寄来京，以备核阅"。[5] 应该说，正是由于府院之间在改建省制上的分歧尚未公开，才有各省都督通电赞成改省为州的不约而同。不过，黎元洪已经觉察到袁世凯、熊希龄间的貌合神离，在发出赞成废省之电后，又密电袁世凯，详陈改省为州办法的各种隐弊，要

---

[1] 《北京电》，《申报》1913 年 11 月 23 日，第 2 版，"专电"。

[2] 《政府改组问题之由来》，《盛京时报》1913 年 11 月 27 日，第 3 版，"民国要闻"。

[3] 《副总统电陈意见》，《大公报》1913 年 11 月 29 日，第 2 张第 1 版，"北京"。

[4] 《裁撤各省都督之确耗》，《盛京时报》1913 年 11 月 28 日，第 3 版，"民国要闻"。

[5] 袁世凯：《面谕内阁》《交谕国务院讨论大政方针》《多次当面挽留内阁总理熊希龄》，载刘路生、骆宝善主编《袁世凯全集》第 24 卷，河南大学出版社，2013，第 314-315、326 页。

求预行周详筹划。[1]

彼时法制局采纳各方意见，修正废省改州案，重新提出一套废省置州官制和巡按使官制方案。新方案使"州"同时兼有自治、官治身份：地方官制"拟改为二级制度，州之区域另行分划，视省为小；州置州尹一人，一面为州之行政长官，执行本州之行政事务，直隶内务总长，受中央之指挥监督，一面为察吏之官，监督县知事之行政事务……此外，于二州以上，特置巡按使一官，为政府特派巡视各州之员，实为中央与地方官之关键，仅责以察吏之任而不予以指挥之权。其各州人民因行政处分、受利行之损失者，得依陈诉之巡按使，俾兼为救济地方行政之机关"。[2]

法制局的拟案主要体现了梁启超、熊希龄的主张，同时参合了不少现实考量，以致时人对其观感颇为奇特，认为该案"自表面言之，似取二级制，而自实质言之，犹仍前之三级制也，不过仅改省为州，与前特异耳"。出现这种局面，是因为该案起草者认为，其一，各省区域辽阔，官吏指挥、监督难以迅速与敏活；其二，各省行政沿袭清朝积习，内政、财政自为风气，难收统一之效；其三，各省省治幅员广漠，两级制度必难实行，若采用三级制，察吏之官势必多于亲民之官，势必产生壅闭隔阂的结果。[3]此话道出了在规划废除省制后政制所面临的困扰。时人对于法制局的中央集权拟案并不看好，预言"各地方缩小其团体，移易其权力，必至土崩瓦解、破碎割裂，将一发不可收制，必欲实行，祸立乃立见"。[4]事

---

[1]　《副总统密陈改省为州之隐弊》，《大公报》1913 年 11 月 30 日，第 1 张第 6 版，"要闻"。

[2]　《改省为道之议复活》，《盛京时报》1913 年 12 月 14 日，第 3 版，"民国要闻"。

[3]　《地方制度之尚须修改》，《盛京时报》1913 年 12 月 6 日，第 3 版，"民国要闻"。

[4]　《地方官制意见书》，《内务公报》第 7 期，1914 年 4 月 15 日，"选论"，第 1、3—4 页。

实上，北京政府内部持此意见者亦不乏人。草案脱稿后，内务次长钱能训在内务部讨论会上就公开反对废省为州的主张，致使此案仍付修正。

法制局所拟官制案脱稿后，交由国务院讨论。有国务员对此持异议，其中以张謇的驳议最为精辟，他主要对巡按使的设置存有疑虑。张謇认为，州长既经中央派为代表，则毋庸再设监官，担心"此官之设，日后久将复前清巡抚之旧"。熊希龄以梁启超倡设此制之意旨相答，并一再解释巡按使一职仅为临时机关，旨在清理省制初改时可能出现的财产等问题，并为废省张本。[1] 由于张謇对法制局拟案不甚满意，熊希龄随即召开国务院会议，将该案交由各总长轮流批阅。各总长阅毕，会议时仍言人人殊。国务院遂决议派委张家傲、黄群等人审查此案。审查结果为：将巡按使权力缩小，仅有权考察州长贤否实际情况并报告中央政府，不能弹劾；而且设置省份仅限四川、陕甘、云贵、广西等边省。[2] 此次审查将巡按使权力以及设置地方进行修正，主要是为了消除张謇的疑虑，争取更多的国务员支持该方案。

袁世凯在改省为州方案的修正案出台后，一面饬谕先后到京的都督朱瑞、张锡銮、蔡锷、尹昌衡，以及曾任都督的周自齐、赵惟熙等人，讨论改建省制问题及其利害；一面亲自与在京的前湘督谭延闿、滇督蔡锷以及浙督朱瑞等商议此事。[3] 有报纸披露，在熊希龄内阁改省为州案详表次第发表后不久，该项地方官制草案又有变

---

[1] 《专电》，《时报》1913 年 11 月 27 日，第 2 版。

[2] 《关于改省为州案之纷议》，《大公报》1913 年 12 月 9 日，第 1 张第 9 版，"要闻"。

[3] 《各都督特开省制会议》，《大公报》1913 年 12 月 3 日，第 2 张第 1 版，"北京"。

动，"因大总统对于该草案尚有斟酌更改之处。大总统于废省一层，极为赞许，盖不如是不能举统一之实，地方政务亦无由整饬，故由三级制改为二级制已毫无疑义。惟于二级之上又特派巡按一节，则不以为然。至县制区域一切仍旧，大总统亦无异议，惟于二级上设州，据总统之意，则主张不如仍旧分道之为愈"。在袁世凯看来，"以道为地方最高级之行政长官，足以镇服一切"，而且"仍原有之各道区域，省一番之纷更，即少一番之争竞"。[1]

袁世凯和熊希龄在废省问题上态度一致，只不过前者更注意改省后会否激起剧烈的社会变动，后者则侧重谋求行政利便、发达国家主义。因此，二人在废省后如何构建省制上意见相异。当国务院将议定改省为州案概略呈请袁世凯鉴核时，他对该案不满意之处颇多，将原案发还，并饬在行政会议开幕后，再与内蒙改省及东省并省案一并提出讨论。[2]"闻大总统日前已将此意与各国务员商榷，各国务员因总统所言极中今日情势，已拟此项官制重行草定矣。"[3]据时人观察，"废省改州，利害复杂，倘一实行，其中难关层见迭出，如国中畛域之见、各界得失之争，实属意中之事，设纷扰之端一开，谅非当道权变提议者所能堪其烦。然则此案之结果终归无效，不问可知矣云"。[4]

袁世凯本对各省都督赞成改省为州并不乐见，因此前自己曾表示赞成，不便打消其议，遂授意各省都督、民政长中的亲信竭力阻

---

[1] 《改定地方行政区域之新消息》，《神州日报》1913 年 12 月 3 日，第 3 版，"要闻一"。

[2] 《大总统交议省制案》，《大公报》1913 年 12 月 1 日，第 2 张第 1 版，"北京"。

[3] 《改省为道之议复活》，《盛京时报》1913 年 12 月 14 日，第 3 版，"民国要闻"。

[4] 《废省为州问题之结果如何》，《顺天时报》1913 年 12 月 4 日，第 2 版，"时事要闻"。

扰。11 月 25 日，奉天民政长许世英率先通电，公开反对废省为州。他指出，早在赵秉钧内阁时就曾动议废省，当时国民党都督盘踞各省，意在铲除国民党权势，解决民初枭雄拥兵局面。"二次革命"武力解决上述问题后，省制存废已不是问题，政府宜分期着手恢复整顿；在国家多故、材财两绌之时，实施废省改州，无异使政府丧失权威。[1] 许世英的通电公布后，"改省为州案反对者颇多"，其中各省都督"有表赞成者，也有略示反对者，有赞成原案而主持缓办者"。[2] 与此同时，对于改省为州具体方案的反对声音随之而起。如浙军第六师师长吕公望、署浙江民政长屈映光，以及金、衢两府各团体，纷纷通电反对金、衢隶属温州。[3]

　　袁世凯看到各方反对废省改州的意见后，当即表示废省改州案，"所关甚重，亟宜特别核议"，并决定将废省改州案草案交由政治会议讨论表决，同时由自己及各国务员另缮政见书附交该会，以备参考。[4] 其中袁世凯的政见书主张改省为道，以旧有道区为道治，长官为道尹，巡按使仍为常设官。[5] 袁世凯的态度转变，实因其"惟以内阁既欲以此表示政见，故对于改省为道之形式未曾十分否认，但对于其实际多所修正，未肯丝毫放松耳"。[6] 熊希龄内阁本"以许世英

---

[1]　《奉天民政长许世英通电保存省制条陈》（1913 年 11 月 25 日），中国第二历史档案馆藏北洋档案，典藏号：1002（2）-1504。

[2]　《省制案第三次审议》，《大公报》1913 年 12 月 8 日，第 2 张第 2 版，"北京"。

[3]　《浙江金衢两属对于州制之请愿》，《时报》1913 年 12 月 9 日，第 4 版，"要闻"。

[4]　《大总统对于改省为州之政见》，《大公报》1913 年 12 月 11 日，第 1 张第 5 版，"要闻"。

[5]　《道制问题之大决定》，《申报》1913 年 12 月 13 日，第 3 版，"要闻"。

[6]　《州制道制主张之真相》，《时事新报》1913 年 12 月 30 日，第 2 张第 3 版，"要闻汇录"。

等反对省制电谬于事理，拟通电驳斥"[1]，见袁世凯赞同许世英通电，并考虑到各国务员在划分区域问题上颇多异同，旋思改变原案，决议由内务部另提分区案，"与前拟州制案略异，刻正在讨论中"。[2]

袁世凯改省为道的主张与熊希龄内阁改省为州的主张差异较大。首先，熊希龄内阁主张变更现有行政区域，实行州县两级；袁世凯主张仍以旧巡道区域为道治，道长官为道尹，实行巡按使、道尹、县知事三级行政。其次，在巡按使设置上，双方分歧较大：熊希龄内阁主张仅设于边省，为临时派遣，非常设官，只对中央报告各道贤否，无权对各道行使职权；袁世凯主张巡按使为常设官，其事权不宜太轻。

由于各省都督、民政长对改省为州案多持反对意见，熊希龄实施此案的决心大为受挫，转主渐进主义，主张修正原来的废省制案：扩大各州，每省改为二、三州不等，拟改全国为八十州，拟从十八省入手先改，边省另订特别制。法制局据此对州制区划草案推敲研究，起草员深感此前所拟未甚妥洽，一致认为行政区域范围合宜与否，不能单凭理想断定，也不能纯视历史为准绳，主张此次草创后，"各省如见不便管辖之处，或宜于今日而将来形势变迁之后又有不相符合者，仍得随时变更"。[3] 12 月 7 日，国务会议再次讨论废省问题，决议废省并改行三级制：县知事为初级官，上设州牧，为二级官，每二州设一名巡按使，指挥一切，巡按使直接总统府、国务院办事，州牧可直接内务部。[4] 这是一个调和府院意见的决议，

[1] 《专电》，《时报》1913 年 12 月 5 日，第 2 版。

[2] 《专电》，《时事新报》1913 年 12 月 8 日，第 1 张第 2 版。

[3] 《州制区划近讯》，《申报》1913 年 12 月 12 日，第 6 版，"要闻"。

[4] 《府院对于废省案主张之异点》，《大公报》1913 年 12 月 13 日，第 1 张第 6 版，"要闻"。

但与袁世凯的主张仍有较大差距。

改省为州与废省改道两案各有利弊，各省长官先后来电对两案的态度又各异。国务院根据法制局提议，决定召集省制会议及地方官制会议。袁世凯认为，各省在改省为州与废省存道上，"意见颇形歧异，非斟酌妥协，势难遽行规定"，要求将两案异同及利之所在一律揭出，即行通电各省征求意见。在张謇看来，改省为州、添设巡按使之议，既已经国务会议通过，如按袁世凯主张，势必变更很大，担心又生意外，为求稳健，拟就 8 条善后政策提交国务会议，试图调和。[1] 随后，张謇更本此草拟一套旨在调和府院主张的改省为道案。

迫于袁世凯的压力，国务院决计"以改省为道之形式，行旧时省制精神之道制案"，并据此逐条核议原拟的外官制，其改动包括（1）原案"州"改为"道"；（2）原案"州设州尹"改为"道设民政长"；（3）对原案所定州区域略有修正等。针对总统府、国务院之间在巡按使设置上的分歧较大，国务院决定折中意见，主张废省后仍设巡按使以为过渡办法，同时普设，不常设，其职权则只有纠察权而无执行权。[2] 总统府意见又占上峰。会后，法制局将久未定稿的州制案改为道制案。袁世凯对于国务院修改原案之举还是比较满意的。当各省都督、民政长仍有来电反对废省时，袁世凯指示总统府复电，"详称废省制与大局前途之关系，除各省多数赞成，中央并拟规定施行，可毋再行反对云"。[3] 时著名记者黄远生对此评

---

[1] 《关于改省为州案之商榷》，《大公报》1913 年 12 月 12 日，第 1 张第 6 版，"要闻"。

[2] 《道制问题之大决定》，《申报》1913 年 12 月 13 日，第 3 版，"要闻"。

[3] 《反对废省案之无效》，《大公报》1913 年 12 月 15 日，第 2 张第 1 版，"北京"。

论道："省之下设道，道之下为县，已复于前清三级之制矣。乃前此所议不常设、不普设之巡按，近且渐议普设，渐议巡按得兼辖国税厅长及审判厅长，果尔则直无异于巡抚"。"此议果行，则与今内阁之改革根本计划相反。故今内阁若倒于政见，则省制必为其根本原因"。[1]

废省改州与废省改道，虽然只是一字之差，但废省改州是熊希龄内阁大政方针的重点。为了消除各国务员对废省改道的疑虑，袁世凯再三指示，"现在不过改州为道，至其区域，非全用现行道之区域"。不过，地方制度先定州制后又改道制，"外间不详此中曲折，遂指道制、州制之分画，为大总统与熊总理主张极端不同之证，并谓政治会议委员不主废省，大政方针发生阻力"。[2] 尽管不时有消息传出，袁世凯有意让徐世昌取代熊希龄，但袁世凯并未对此公开表态，徐世昌亦尚在审时度势，决定是否出任总理，加之此前还有将大政方针交付政治会议讨论决定之决议，所以不得不继续维持熊希龄内阁。

1913 年 12 月 10 日，在梁启超的力争之下，各国务员召开秘密会议，详细讨论废省制一事，最后决议，改省为州仍为现政府必行之事，待副总统黎元洪及政治会议同意后再加实施。[3] 12 月 11 日黎元洪到京后，相继发表划分军区和废省问题意见。他赞同划分军区，认为军民分治实为必要，并拟就说帖面陈袁世凯其中的利害，

---

[1]　黄远庸：《摇落乎不摇落乎》，载《远生遗著》下册，卷 3，商务印书馆，1984，第 221-222 页。

[2]　《州制道制主张之真相》，《时事新报》1913 年 12 月 30 日，第 2 张第 1 版，"要闻汇录"。

[3]　《政府对于改省案之主旨》，《大公报》1913 年 12 月 13 日，第 1 张第 6 版，"要闻"。

但对北京政府将"废省为州"改为"废省为道"并未多言，只是表示赞成废省。[1] 随着黎元洪对于废省制态度的明朗，政治会议对于废省制态度如何尤显重要，这实际上决定了熊希龄内阁废省政策的最终命运。

第四节　废省暂行缓办

如果说，袁世凯在需要借助熊希龄内阁结好进步党等中间力量，以谋求对抗国民党并赢得正式大总统之职时，尚能迎合熊希龄内阁的政策主张，甚至做一些让步的话，在他当选大总统，并取缔国民党籍议员资格，使国会无法开议，形势发生有利于他的变化后，态度就明显趋于强硬。1913 年 12 月上旬，袁世凯不露声色地更换了湖北、江苏等省都督，并安排亲信出任，进而更加稳固地控制了全国要害地区。与此同时，各省都督纷纷表示服从袁世凯的领导。随着对全国控制的加强，袁世凯对于废改省制的热心大减，转而主张维持现状。

12 月 15 日，筹备已久的政治会议正式开议。政治会议虽然仅被定位为政府的咨询机关，专门讨论分划军区、改省为道、统一财政诸事，以大政方针为范围。[2] 但在实际上，政治会议成立之后，引起"中央"层面的权力格局发生很大变化。熊希龄内阁"权力已较前日微，更难举责任之实"，因为"上有总统之果断办事，担任一切；中有政治会议之辅弼，讨论重要政事而决定之，经由总统施

---

[1] 《黎公入京后政见之一斑》，《申报》1913 年 12 月 23 日，第 2 版，"要闻"。

[2] 《专电》，《时事新报》1913 年 11 月 23 日，第 1 张第 2 版。

行;内阁所司仅理循例之事,国务会议将为政治会议之提议机关"。[1]

政治会议由总统府、国务院以及各部、各省长官所派代表组成。其委员就系统而言,大致分为总统系与内阁系,两派势力比约为4:1,总统系占据绝对优势。[2] 其中,总统系委员多资历较老,此派成员早在清季就已经取得督抚资格,进入民国后更是非都督、民政长不就,其人思想多趋保守,不主张省制纷更。内阁系委员则多属于新派人物,或曾为议员,或曾充司长等职,其人资历充任州长、道民政长尚能合格,如果充任一省长官则稍有不足,而且此派成员多极力主张改变旧制。[3] 事实上,废省问题尚未提交讨论,政治会议内部对于废省后政制走向已生嫌隙:属内阁系者多认为道制不适于现势,主张实行州制,将全国划为八十州左右;属总统系者多赞成道制,认为八十州制为数过多,不便于施政,主张废省后将全国划为五十道。[4] 本来"总统对于该案(大政方针)之意见,不满意处殊不为少,如改省为州问题属最不赞成之事,密电各省反对州制问题,以谋破坏大政方针之一部"。由于政治会议有力委员多属总统派,有报纸预测,政治会议开幕后,"将来动作全为总统所左右,不久必至全力拥护总统,以与熊氏内阁相对峙,苟有机会,必出以反对内阁之举"。[5]

12月17日,政治会议议长李经羲在与一位政客的谈话中,直接道出了总统派对于废省改州的意见:"废省改州,大总统谓为书生

[1] 《现内阁之权势观》,《顺天时报》1913年12月17日,第9版,"时事要闻"。

[2] 季啸风、沈友益主编:《中华民国史史料外编——前日本末次研究所情报资料》第2册,广西师范大学出版社,1996,第558页。

[3] 《关于废省问题之预议》,《大公报》1913年12月21日,第1张第7版,"要闻"。

[4] 《废省问题之前途》,《顺天时报》1913年12月19日,第2版,"时事要闻"。

[5] 《关于熊氏内阁之一说》,《顺天时报》1913年12月20日,第9版,"时事要闻"。

之理想，即余以经验所得，亦不敢赞同"，因为"将全国划分为七军区，地方辽阔，分布不易周密，过小则又与民政一方过于接近，大总统对此煞费苦心，现在首先着手解决此问题，若能顺手布置，则地方已可安宁无事，其民政区域即无须再事纷更"。而且"前清二十三行省统辖已觉困难，若改为八十三州，监督益行不便，一有动摇，即成粉碎"，"况以国家财力奇绌，目前万万不能举办。若强要办，其结果无异自杀"。结论自然是，"废省改州，则吾以为不可不慎加斟酌者也"。[1] 据此可知，总统派之所以反对废省改州案，除了认为该案对于民政区域划分极不合理外，亦认为当时国家财政奇绌，不便于实施废省改州之制。更主要的是，只要军权统一划定，民政问题不在话下，何必多此一举。

随着李经羲表达对改省为州案的态度，总统派更是公开表示"不以此举为然"。与此同时，政界实权人物也纷纷公开表态反对废省。如前国务总理、新任直隶总督的赵秉钧直言，"各省能废，吾早废之，何待今日？"陆军总长段祺瑞认为，北京政府才拟裁撤都督、恢复秩序，"若废省改州，是纷更取乱之道，若此议行，吾只有加力陈兵，预备平乱"。一时间，"主张道制者有之，主张州制者有之，或有根本反对者"。有报纸据此推测，"无论总统意见如何，即赵、段等反对，已可断其必不能行，况重之以政治会议乎？"[2] 熊希龄内阁改省为州案的前景更加堪忧。

受到权力人物的非难与攻击，废省改州案的前途命运几乎已经注定。"改省为州一事为大政方针之最要问题，在内阁一方面虽议

---

[1] 《政治会议议长之政谈》，《时报》1913 年 12 月 22 日，第 4 版，"要闻"。

[2] 《州制案势难实行》，《时事新报》1913 年 12 月 16 日，第 2 张第 1 版，"要闻汇录"。

决实行，然尚须经过政治会议始能规定。惟昨闻该会各委员多不以此举为然，恐不免有反对。惟此层尚不甚紧要，而总统府之某某要人亦均极端反对此议，现已即将推翻原案之耗。"[1] 袁世凯在谈及改省问题时，直接表明自己对废省改州的态度是"阳从之而阴非之"，"废省改州是何事体，内阁以为可行，吾以一口难当众议，故亦只听之而已"。[2] 至此，袁世凯已不再掩饰自己对于废省改州案及其主张者的不满。

有报纸称，"大政方针草案一旦发表，种种议论次第现出。如州制问题，不论中央与地方，互有反对之意见，势难实行。总统府中亦有多数反对，想不久应加以修正。现闻政治会议委员中有附和总统意见，反对于该方针者颇占多数。及该会开议，催次第修正以改面目，是在可知之数"。[3] 果然，按照原定计划，废省改道草案应在 12 月 22 日提交政治会议讨论，然而当日袁世凯却又将该案提交国务会议复议。[4] 12 月 24 日，袁世凯临时召集黎元洪、熊希龄以及各国务员等在总统府秘密会议，讨论废改省制等问题，结果"议论纷歧，未能定议"[5]。与会人员主要是在废改制的进行手续上还存在极大意见纷歧，即如果实行新的外官制，现有各省行政公署应即取消，那么旧有案件又应如何移交新设官署，以及现有各省各项行政机关人员如何分别改任等。

废省改州案为熊希龄内阁大政方针的命脉所在，基于各省都

[1]《反对改建省制案之内幕》，《大公报》1913 年 12 月 22 日，第 1 张第 6 版，"要闻"。

[2]《大政方针打掉一半》，《新闻报》1913 年 12 月 23 日，第 1 张第 2 版，"新闻一"。

[3]《大政方针之飘摇不定》，《盛京时报》1913 年 12 月 24 日，第 3 版，"民国要闻"。

[4]《国务院通过省制草案》，《大公报》1913 年 12 月 24 日，第 1 张第 6 版，"要闻"。

[5]《总统府密议两大要案》，《大公报》1913 年 12 月 25 日，第 1 张第 7 版，"要闻"。

督、民政长的反对意见较多，为挽救大政方针不致破产，熊希龄商诸袁世凯，决定在总统府召开特别会议，详细讨论此案是否适当以及有无窒碍，同时就行政区域划分征求各省意见，再综合各种情形和事实撤回原案加以修正后提交。[1] 只是这时已不具备废改省制的客观条件，除了袁世凯的热心大减之外，副总统黎元洪在 12 月 31 日接受《大共和日报》访谈时，虽然对于内政抱持乐观态度，却主张废省问题从缓。[2]

随着对全国控制的加强，袁世凯开始倾向于维持既有省制现状。虽然他交谕国务院，将州官制修正案等赶即讨论呈交核办，但与国务员等议商建设大纲时又表示："不可徒取表面之新名称，要于事实上无害，与我国历史有沿用之考核，虽旧制亦无不可采用者，故拟审查前清内外制度，凡合乎国情者即系良法，当可采取，提交政治会议取决云"。[3] 此后袁世凯更指出："省制之宜加修改以计行政上便利固不待言，唯中国目下财政诸多困难，各地方尚未全复旧观，现时只宜维持现状，培养元气为要，势难从事急激之改革"。[4]

其时主持废省改州案的梁启超、熊希龄之间也出现了意见分化。梁启超对于改省主持最力，当政治会议多数委员表示反对废省时，他立即声明此议"如被否决，即辞职"。[5] 熊希龄则对改省为州案甚是悲观。这不仅因为外部反对声音越来越多，国务员中也多有分歧，除熊希龄与梁启超的改省为州案外，还有张謇的改省为道案和内务部的改省为郡案。熊希龄权衡之后表示："将区域问题交政

[1]《最近之政海思潮种种》，《申报》1913 年 12 月 31 日，第 3 版，"要闻"。

[2]《专电》，《大共和日报》1913 年 12 月 31 日，第 2 版。

[3]《政府拟抉采旧制》，《顺天时报》1914 年 1 月 7 日，第 2 版，"时事要闻"。

[4]《行政区划之新消息》，《申报》1914 年 1 月 12 日，第 6 版，"要闻"。

[5]《北京》，《新闻报》1914 年 1 月 9 日，第 1 张第 2 版，"专电"。

治会议讨论，至根本之改废问题，则更无交议之理"。[1] 只是尽管熊希龄一再退让，并未能挽救其内阁的命运。

进入 1914 年后，袁世凯更是加紧了对废改省制筹划的掌控。1月 7 日，袁世凯交谕总统府秘书厅，将已提交政治会议讨论的改省为州草案撤回，同时将朱启钤所拟的废省改郡草案汇交国务院，与张謇所提的废省改道案并案讨论，再交由政治会议表决实行。1 月 8 日，袁世凯又交谕国务院，无论废省制将来采用何种手续进行改革，均须特别注意在财政上力求撙节，在防务上务求联络，在区域上务求均济，在事权上务求统一。[2] 1 月 11 日，袁世凯召集各国务员商讨改省问题，在行政区域改划方面，以习惯、地理关系，决计统治法采用道制，行政区域则采纳朱启钤建议的郡制，以为匀平统辖行政的根据。[3] 1 月 16 日，袁世凯又召集熊希龄及国务员开特别会议，讨论张謇所提废省改道案。[4]

与此同时，法制局采用虚三级制草拟巡按使官制和地方官制，即规定省制一时不变更，地方行政官仍暂取省道县三级制，不过第一级长官不得自辟僚属，以便将来改制时易于裁撤。各省都督、民政长得悉该官制内容后，有感于自身地位不保，纷纷电京指陈弊害，对于废省之议多主张从长计议。熊希龄内阁将上述情况向袁世凯陈述后，袁世凯"甚形踌躇"，决定在政治会议解决《救国大计咨询案》及《增修约法程序咨询案》后，再提出废省制案。"兹闻

---

[1]　黄远庸：《摇落乎不摇落乎》，载《远生遗著》下册，卷 3，第 222 页。

[2]　《大总统对于改省问题之慎重》，《大公报》1914 年 1 月 9 日，第 1 张第 5 版，"要闻"。

[3]　《会议改省之要件》，《时报》1914 年 1 月 18 日，第 3 版，"要闻"。

[4]　《关于废省案之传闻异辞》，《大公报》1914 年 1 月 18 日，第 1 张第 6 版，"要闻"。

大总统昨日特饬国务院，将关于此问题之各意见书即行检齐，咨交政治会议，以便为讨论之参考"。[1]

其时舆论掀起一场关于政府组织形式是采取总统制还是内阁制的讨论，各省都督、民政长纷纷向袁世凯表示忠诚，并支持总统制。在这种情况下，袁世凯不仅认为废省没有必要，更担心改省又起纷争。当湖南都督汤芗铭和安徽都督倪嗣冲抗议熊希龄内阁削减各省官署员额及政费时，袁世凯趁机公开表示，改省政策虽为"当前要图"，"惟其中所虑研究者，尚包有人才问题与财力问题两项，果欲实行，尚须切实讨论一番"。[2]

及至 1914 年 1 月下旬，袁世凯相继解散国民党与国会，在他看来，熊希龄的利用价值大为降低。熊希龄内阁的处境顿时变得更为困难。事实上，自政治会议开幕之后，国务会议即处于消极状态，所议不过各项循例事宜，一切国家大计则须咨询政治会议。这与熊希龄、梁启超等人所追求的责任内阁目标更是相去甚远。加之彼时各省长官有关废省制的复电中，"赞成者终不及反对者多"，而且反对者又多以习惯、国税阻难、吏治不便、区域难分、财政损失、事实阻力等等为由，主张维持现状。袁世凯曾召集国务员讨论各省复电，"总统谓，此项问题各省否认，本大总统亦以为建设方始，不便纷更，致启人民猜疑，有碍大局，拟将各电抄送政治会议，俟讨论大政方针时便与取消云云"。[3] 当时熊希龄的态度已然消极，以废省制在事实上阻碍甚多，决计作罢，但考虑到废省制主张已见诸内阁大政方针，现"此草案已失去其效力，政治委员会议

---

[1]　《政治会议之面面观》，《申报》1914 年 1 月 17 日，第 3 版，"要闻"。

[2]　《关于政局之新消息》，《申报》1914 年 1 月 18 日，第 3 版，"要闻"。

[3]　《最近政潮中之阁议与省制》，《申报》1914 年 1 月 31 日，第 6 版，"要闻"。

拟暂不提出会议，不过成为一种历史上之虚文而已"，遂向袁世凯提议修正大政方针，希望能得到其支持，以便切实进行。[1] 可是其时袁世凯已决定抛弃熊希龄内阁。起初袁世凯之所以赞成废省制，是希望借此实现中央集权；此时见各省都督、民政长大体尚能拥护其统治，而他在改内阁制为总统制、约法修订等重要事项上，均有赖各省都督、民政长支持。权衡之下，袁世凯"以原案财政、外交等项规划甚属周详，毋庸再行改定，其余各项应行核改者亦不过一二条件，不必过事更张，致使原相尽去"，[2] 断然拒绝熊希龄的提议。

熊希龄、梁启超等因筹议废省制与推行财政计划，先后触犯了总统派中分别坐拥法制局、交通部、财政部的江浙派、广东派及皖派的利益，眼见大政方针风雨飘摇，自是不愿恋栈。[3] 而在袁世凯停止国会职务、取消地方自治以及废止省议会的命令上副署，又使熊希龄内阁深受社会各方责难。1月24日，安徽都督倪嗣冲通电主张改内阁制为总统制，并得到各省都督、民政长的群起响应，袁世凯却令熊希龄"于国务会议时悉心研究"。熊希龄知道事不可为，遂藉湘皖两省都督反对其主导的财政部核减各省行政公署员额及政费之机，于2月6日呈请辞去财政总长和内阁总理二职。袁世凯在虚做慰留后，于8日解除熊希龄的财政总长兼职，继又于12日批准其辞去总理职务，任命外交总长孙宝琦兼代。随后，汪大燮、梁

---

[1]　《大政方针改订之近闻》，《大公报》1914年2月14日，第2张第1版，"北京"。

[2]　《大政方针修正之预议》，《大公报》1914年2月15日，第2张第1版，"北京"。

[3]　黄远庸：《吊熊内阁》，载《远生遗著》下册，卷4，商务印书馆，1984，第16-17页。

启超相继辞职，"第一流人才内阁"垮台。

随着熊希龄、梁启超的去职，大政方针更是成为一纸空文，废省筹议在事实上消于无形。其时袁世凯早已打消废省主意，新上台的代总理孙宝琦则坚持"大局粗定，不宜轻事更张，似为当时维持国是之至要"。至 2 月底，袁世凯正式通告各省，将废省案暂令取消。[1] 熊希龄内阁时期的废省筹议正式终止。

结　语

作为一项独具特色的政治制度，省制在中国政制史上一直占据着极其重要的地位，伴随清季民初中国取法外来新知与政制，由专制政体向近代共和政体的艰难转型，省制也在各方政治力量的角逐下重新构建。熊希龄内阁时期的废省筹议，正是这一构建过程的重要组成部分。在北京政府权势日趋强大，而政府财政却极度支绌的特定历史背景下提出并进行的废省改制，顺应了当时要求建立强有力中央政府的时势。只是中国省制已经实行数百年，各种利益关系相互缠绕，加之辛亥革命以来各省权势不断扩张，相关废改筹划关乎政治、历史、文化、风俗、习惯等各方面，更受制于各派政治力量的博弈，绝非易事。在废省筹议过程中出现的废省改州、废省改道以及废省改郡等方案，正是不同力量派别、人物基于自身利益、学识、经历等考量，对于省制废除后相关政制规划提出的设想。

学界既有研究多认为，熊希龄内阁所提包括废改省制在内的大政方针，触犯了各省官员的利益，与袁世凯的集权意图亦不大吻

---

[1]　《废省案之打消》，《盛京时报》1914 年 2 月 24 日，第 3 版，"民国要闻"。

合，因而只是空想，难以实现。[1] 这种论断不无合理之处，却忽略了当时要求统一集权的时势，以及袁世凯与熊希龄内阁之间存在的共识。集中权力、树立北京政府的权威，是袁世凯上台后致力实现的重要目标，也是民初废省提议反复提出的根本原因。袁世凯执政之初，由于辛亥革命以来各省权力较大，北京政府在权力格局中处于弱势一方，难以实现集权目标。"二次革命"后，北京政府权势增强，由于正式国会所拟的宪法草案未明确省制的法律地位，在要求建立强有力中央政府的时势下，这确实是北京政府筹划实施废改省制的一个大好机会。不过，总统府与国务院虽然都主张集权，具体实施办法却各不相同：袁世凯主张通过将各省长官更换为自己的亲信，并利用部属升官发财的心理，受命于己，进而实现大权独揽；熊希龄、梁启超等则主张从根本上解决府院及其与各省的关系，力主划分府院权限，将北洋势力渐次纳入宪政轨道，同时对中国省制加以根本改革，通过废除省制，巩固中央权力，谋求国家的真正统一。熊希龄内阁的废省筹议虽然获得国会的拥护和支持，却在袁世凯与各省都督的联合抵制下走向失败。

总统府与国务院在废省制上主张各异，除受制于府院之间的权力之争，更与彼此的实际政治考量密切相关。袁世凯未正式就任大总统以前，以选举总统、争取各国承认北京政府为第一要务，熊希龄内阁的政见政策是否与己主张一致，并非其所最关心，邀召熊希龄组阁并吸纳部分进步党人入阁，主要是为了操纵参、众两院，进而为自己谋求更大的权力扫清障碍。熊希龄、梁启超等人则自知政治主张与袁世凯不一致，而且早已为时人所共知，但考虑到国会

---

[1]　张永的《民国初年的进步党与议会政党政治》和周秋光的《熊希龄传》均持此说。

参、众两院为其势力基础，企图借以次第实行其政见以博取民望，进而树立并巩固自身的势力，与袁世凯相抗衡。尽管双方都意识到彼此之间存在合作与制衡关系，基于自身利益考量，暂时保持妥协忍让。即使到袁世凯就任正式大总统后，府院权力格局发生变化，这种关系仍然得以维持。对袁世凯而言，在没有合适的总理人选之前，推倒熊希龄内阁于己无益；在熊希龄内阁看来，袁世凯掌握大权，要使政策顺利施行，其支持必不可少。不过，府院之间意见主张不一，屡不一见，在改省问题上表现尤为突出。

袁世凯依据政治需要与时势变化，对于熊希龄内阁的废省筹议，采取不同态度：在需要熊希龄内阁结好进步党，进而对付国会中的国民党籍议员时，一面虚与委蛇，一面积极参与废省筹议的相关讨论，借此影响废改方案的形成；及至国会因国民党遭到取缔而不足法定人数被迫宣布暂行停会，各省都督不明就里对于废省案纷纷表示赞成时，又暗自指示亲信公开加以反对；待到自己势力不断加强，各省都督纷纷向其表示忠诚并支持改行总统制后，则转而公开反对变更省制，主张维持现状。

各省都督对于熊希龄内阁的废省筹议，前后态度也有变化。辛亥革命后各省权势增长，不管基于何种动因提出废省之议，都难以避免削弱各省权势的嫌疑。可是，随着袁世凯及北京政府镇压"二次革命"，其在权力格局中由弱势一方变为强势一方，各省都督在废省制一事上的态度受到牵制，起初熊希龄内阁决议废省制，各省或慑于中央权势表示支持，或主张暂仍旧制；到袁世凯因各省归服而不愿大事变更省制之时，又纷纷附和反对废省。

熊希龄内阁的废省筹议因为党争政潮等各派政治力量的角力，其过程充满曲折，方案也不断变换，虽然无果而终，却从一个侧面表明，一项政制变革不仅与政局政情密切联系，更关乎历史文化。

其经验教训对于 1917 年范源濂主导下的改划行政区域，1924 年北京政府内务部职方司缩小地方制度的提案，以及南京国民政府时期的历次缩省筹议等等，都产生了一定影响。

《申报》认为，熊希龄内阁倒台在于不合时宜标举中央集权主义。熊希龄内阁成立之初，号召实行中央集权，推行废省制，深合袁世凯集权中央之意，颇能合拍。然而，"二次革命"后，袁世凯通过惩处异己都督，并安排亲信掌控重要省份，中央集权之说已不适时，熊希龄内阁再度标举，对袁世凯已无吸引力。"以大势言，中国之幅员如此其大，中央集权诚非易易；以人情言，疏（疏）者不可以间亲，亲信之员悉为疆吏，则疆吏之权自无不大"，况且"今日之拥护中央者，疆吏之力居多，而所有政策皆由疆吏之先驱"，今后必将行各省集权主义。[1]《申报》所言各省集权趋势，是基于国情及形势作出的判断。就制度规划而言，要实现以集权都督为表征的各省集权，还需解决省议会的存废问题。事实上，就在各省长官和袁世凯联合抵制熊希龄内阁废省制政策前后，一并解散了省议会。其后，北京政府采用虚三级制完成对省官制的厘订。1914 年 5 月 23 日，袁世凯以教令公布外省官制，在保留省制的前提下，恢复内外官制，将各省军、政长官分别改为中央政府派驻各省行使军政、民政管辖权的官吏，"省"成为中央政府的派出机关。这一局面没有维持多久，随着洪宪帝制覆亡，北京政府无力控驭各省，中国由此陷入军阀长期混战的乱局之中。

---

[1]　《各省集权》，《申报》1914 年 2 月 15 日，第 2 版，"论说"。

征引文献

一、档案

《法律馆答复部院督抚签注新刑律之案语原稿》，中国第一历史档案馆藏，修订
　　法律馆全宗第 6 号卷宗。

《奉天民政长许世英通电保存省制条陈》，中国第二历史档案馆藏，北洋档案
　　1002（2）-1504。

Coolidge to the Secretary of State, April 26, 1905, Dispatches from United States
　　Minister to China, File Microcopies of Records in the National Archives,
　　R128, No.1870.

许同莘:《许同莘读书札记（交涉篇）》，中国社科院近代史研究所藏档甲 622 － 8。

中国第一历史档案馆藏，会议政务处全宗。

中国第一历史档案馆藏，京城巡防处档案全宗。

中国第一历史档案馆藏，吏部档案全宗。

中国第一历史档案馆藏，农工商部档案全宗。

中国第一历史档案馆藏，刑（法）部档案（新整）。

二、报刊

（北洋）《政府公报》

《北洋官报》

《大公报》

《大共和日报》

《帝京新闻》

《东方杂志》

《法学杂志》

《甘肃官报》

《广东教育官报》

《广西官报》

《国学季刊》

《国学月刊》

《湖北官报》

《湖南官报》

《吉林官报》

《两广官报》

《岭东日报》

《民立报》

《内阁官报》

《内务公报》

《申报》

《神州日报》

《盛京时报》

《时报》

《时事新报》

《时务报》

《顺天时报》

《司法公报》

《四川官报》

《天铎报》

《万国公报》

《西国近事汇编》

《香港华字日报》

《小说月报》

《新闻报》

《新亚学报》

《学部官报》

《逸经》

《浙江官报》

《正谊》

《政治官报》

《中外日报》

上海《民国日报》

三、一般文献

Immanuel C. Y. Hsü, *China's Entrance into the Family of Nations: The Diplomatic Phrase, 1858-1880*, Cambridge, MA: Harvard University Press, 1960.

Jérôme Bourgon, "Abolishing 'Cruel Punishments': A Reappraisal of the Chinese Roots and Long-term Efficiency of the Xinzheng Legal Reforms," *Modern Asian Studies*, Vol. 37, No. 4(Dec 2003).

Michael Akehurst, *A Modern Introduction to International Law*, London: George Allen & Unwin Ltd, 1984.

Pin-ti Ho（何炳棣）, *The Ladder of Success in Imperial China : A Spects of Social Mobility (1368-1911)*, New York: Columbia University Press, 1962.

Timothy Brook（卜正民）, Jérôme Bourgon（巩涛）, Gregory Blue, *Death by a Thousand Cuts*, Cambridge, Mass.: Harvard University Press, 2008.

《大清律集解附例》，雍正内府刻本。

《康雍乾间文字之狱》，北京：北京古籍出版社，1999。

《钦定八旗通志》，《影印文渊阁四库全书》第 667 册，台北：台湾商务印书馆，
　　　1986。

《钦定大清现行刑律》，故宫博物院编《故宫珍本丛刊》第 333 册，海口：海南
　　　出版社，2000。

《钦定重修六部处分则例》，光绪十八年，上海图书集成印书局。

《清朝通典》，杭州：浙江古籍出版社，1988。

《清会典事例》，北京：中华书局，1991。

《清实录》，北京：中华书局，1985—1987。

《清实录·德宗景皇帝实录》，北京：中华书局，2008。

《汪荣宝日记》，北京大学图书馆馆藏稿本丛书编委会《北京大学图书馆馆藏稿
　　　本丛书》，天津：天津古籍出版社，1987。

《吴趼人全集》第二、七卷，哈尔滨：北方文艺出版社，1998。

《修正刑律案语》，宣统元年修订法律馆印。

北京大学历史学系编：《北大史学》第 15 期，北京：北京大学出版社，2010。

北京市档案馆编：《那桐日记（1890—1925）》，北京：新华出版社，2006。

北平故宫博物院编：《清光绪朝中日交涉史料》，北京：北平故宫博物院，1932。

裨治文：《大美联邦志略》，上海：墨海书馆，1861。

卞僧慧：《陈寅恪先生年谱长编（初稿）》，北京：中华书局，2010。

卞孝萱、唐文权编：《民国人物碑传集》，南京：凤凰出版社，2011。

卞孝萱、唐文权编：《辛亥人物碑传集》，北京：团结出版社，1991。

滨下武志：《近代中国的国际契机》，北京：中国社会科学出版社，1999。

步伦著：《公法会通》，［美］丁韪良等译，光绪六年，同文馆聚珍版。

C. H. 麦基文：《宪政古今》，翟小波译，贵阳：贵州人民出版社，2004。

蔡凯如：《自强：珞珈精神的源头——纪念自强学堂首任总办蔡锡勇先生》，《武

汉大学学报》1993 年第 6 期；

蔡锡勇:《传音快字》，湖北官书局，1905。

曹中屏:《朝鲜近代史》，北京：东方出版社，1993。

陈澹然撰:《权制》，清光绪二十六年徐崇立刻本。

陈德溥编:《陈黻宸集》下册，北京：中华书局，1995。

陈美延编:《陈寅恪集》，北京：生活·读书·新知三联书店，2001。

陈美延编:《陈寅恪集》，北京：生活·读书·新知三联书店，2009。

陈平原编:《现代中国》第 11 辑，北京：北京大学出版社，2008。

陈虬:《治平通议》，光绪十九年瓯雅堂刻本。

陈善同:《陈侍御奏稿》，沈云龙主编《近代中国史料丛刊》第 274 册，台北：
　　文海出版社，1966 年。

陈天锡:《迟庄回忆录》，沈云龙主编《近代中国史料丛刊续编》第 24 册，台
　　北：文海出版社，1974 年。

陈旭麓、顾廷龙、汪熙主编:《辛亥革命前后·盛宣怀档案资料选辑之一》，上
　　海：上海人民出版社，1979。

陈旭麓:《陈旭麓文集》第 3 卷，上海：华东师范大学出版社，1997。

陈忠倚编:《清经世文三编》，上海：扫叶山房石印本，光绪二十三年。

陈忠倚编:《清经世文三编》，台北：文海出版社，1972。

川岛真:《中国近代外交の形成》，名古屋：名古屋大学出版会，2004。

大理院编辑处:《大理院解释例要旨汇览》，大理院收发所，1919。

大理院判例汇览编辑处:《大理院判例要旨汇览（二年度）》，京师第一监狱。

丁文江、赵丰田编:《梁启超年谱长编》，上海：上海人民出版社，2009。

董康:《中国法制史讲演录》，香港：文粹阁，1972。

杜春和、韩荣芳、耿来金编:《胡适论学往来书信选》下册，石家庄：河北人民
　　出版社，1998。

杜春和等编:《北洋军阀史料选辑》，北京：中国社会科学出版社，1981。

杜佑:《通典》,北京:中华书局,1984。

端方:《端忠敏公奏稿》,沈云龙主编《近代中国史料丛刊》第1辑第94册,台北:文海出版社,1967。

范晔:《后汉书》,北京:中华书局,1965。

方苞:《方苞集》,上海:上海古籍出版社,2008。

房玄龄等:《晋书》,北京:中华书局,1974。

费正清、刘广京编:《剑桥中国晚清史:1800—1911年》,北京:中国社会科学出版社,1996。

冯明珠主编:《清史馆未刊纪志表传稿本专辑——志》,台北:沉香亭企业社出版,2009。

冯天瑜点校:《辜鸿铭文集》,长沙:岳麓书社,1985。

冯友兰:《中国哲学史》,上海:上海书店出版社,1990。

冯友兰:《中国哲学史》下册,上海:商务印书馆,1934。

弗兰兹·冯·李斯特:《德国刑法教科书》,徐久生译,北京:法律出版社,2000。

伏传伟:《新朝与旧主的抉择——清史馆设置缘起与赵尔巽的就任》,《学术研究》2006年第5期。

服部宇之吉:《清末北京志资料》,张宗平、吕永和译,吕永和、汤重南校,北京:北京燕山出版社,1994。

傅宗懋:《清代军机处组织及职掌之研究》,台北:嘉新水泥公司文化基金会,1967。

冈田朝太郎:《刑法总论》,李维钰编辑,天津:丙午社,光绪三十三年。

冈田朝太郎口述,熊元翰编:《刑法总则》,上海:上海人民出版社,2013。

高汉成主编:《〈大清新刑律〉立法资料汇编》,北京:社会科学文献出版社,2013。

葛继圣:《中国近代高校第一位校长、中文速记首创人——蔡锡勇》,《广西大学学报》1995年第5期。

故宫博物院明清档案部编:《清末筹备立宪档案史料》,北京:中华书局,1979。

顾迪光、吴尚廉会校:《修正刑律案语·总则》,北京大学图书馆古籍部藏抄本。

顾廷龙、戴逸主编:《李鸿章全集》,合肥:安徽教育出版社,2008。

关晓红:《晚清学部研究》,广州:广东教育出版社,2000。

官箴书集成编纂委员会:《官箴书集成》第5、8册,合肥:黄山书社,1997。

光绪《大清会典事例》,《续修四库全书》第801册,上海:上海古籍出版
社,2002。

郭松义等:《清朝典章制度》,长春:吉林文史出版社,2001。

郭廷以、李毓澍编:《清季中日韩关系史料》,台北:“中央研究院”近代史研究
所,1972。

郭卫:《大理院判决例全书》,台北:成文出版社,1972。

国家图书馆分馆编选:《清末时事采新汇选》,北京:北京图书馆出版社,
2003。

国务院法制局法制史研究室注:《〈清史稿·刑法志〉注解》,北京:法律出版社,
1957。

国务院古籍整理出版规划小组:《古籍点校疑误汇录》(六),北京:中华书局,
2002。

韩世琦:《抚吴疏草》,康熙五年刻本。

何良栋辑:《皇朝经世文四编》,载沈云龙主编《近代中国史料丛刊》第1辑第
761册,台北:文海出版社,1972。

何勤华编:《董康法学文集》,北京:中国政法大学出版社,2005。

河北、北京、天津历史学会编:《太平天国北伐史论文集》,石家庄:河北人民
出版社,1986。

贺长龄、盛康编:《清朝经世文正续编》第2、4册,扬州:广陵书社,2011。

赫伯特·J.斯托林:《反联邦党人赞成什么?——宪法反对者的政治思想》,汪庆
华译,北京:北京大学出版社,2006。

赫德利·布乐:《无政府社会——世界政治秩序研究》,北京:世界知识出版社,
　　2003。

亨利·惠顿:《万国公法》,丁韪良译,上海:上海书店出版社,2002。

侯宜杰:《二十世纪初中国政治改革风潮:清末立宪运动史》,北京:中国人民
　　大学出版社,2009。

侯宜杰:《评清末官制改革中赵炳麟与袁世凯的争论》,《天津社会科学》1993
　　年第 1 期。

胡锦光、臧宝清:《宪法词义探源》,《浙江社会科学》1999 年第 4 期。

胡思敬:《国闻备乘》,重庆:重庆出版社,1998。

胡祥雨:《清代刑部与京师细事案件的审理》,《清史研究》2010 年第 3 期。

胡祥雨:《清前期京师初级审判制度之变更》,《历史档案》2007 年第 2 期。

黄凤志主编:《中国外交史(1840—1949)》,长春:吉林大学出版社,2005。

黄源盛:《传统与当代之间的伦常条款——以“杀尊亲属罪”为例》,《华东政法
　　大学学报》2010 年第 4 期。

黄远庸:《远生遗著》,北京:商务印书馆,1984 年增补影印。

黄遵宪:《黄遵宪集》,天津:天津人民出版社,2003。

惠顿著:《万国公法》,〔美〕丁韪良译,同治三年(1864)刊本,京都崇馆存版。

吉同钧:《乐素堂文集》,北平:中华印书局,1932。

吉同钧:《审判要略》,北京:律学馆石印本,宣统二年。

吉同钧撰,栗铭徽点校:《大清现行刑律讲义》,北京:清华大学出版社,2017。

季平子:《从鸦片战争到甲午战争——1839 至 1895 年间的中国对外关系史》,
　　上海:华东师范大学出版社,1998。

季羡林主编:《胡适全集》,合肥:安徽教育出版社,2003。

季啸风、沈友益主编:《中华民国史史料外编——前日本末次研究所情报资料》,
　　桂林:广西师范大学出版社,1996。

蒋天枢:《陈寅恪先生编年事辑(增订本)》,上海:上海古籍出版社,1997。

蒋廷黻：《近代中国外交史资料辑要》，上海：商务印书馆，1934。

角田文衞：《考古学京都学派》（增补），東京：雄山閣，1997。

金毓黻：《静晤室日记》，沈阳：辽沈书社，1993。

军机处原档编：《清光绪朝中法交涉史料》，台北：文海出版社，1967。

康文佩编：《康南海（有为）先生年谱续编》，台北：文海出版社，1966。

康有为：《拟中华民国宪法草案》，上海：广智书局，1916。

昆山陆纯子素编：《袁大总统书牍汇编》，台北：文海出版社，1967。

兰陵忧患生：《清代北京竹枝词（十三种）》，北京：北京出版社，1962。

黎仁凯等：《张之洞幕府》，北京：中国广播电视出版社，2005。

李典蓉：《〈清史稿·刑法志〉史源问题探析》，《清史研究》2012 年第 4 期。

李贵连：《近代中国法制与法学》，北京：北京大学出版社，2002。

李贵连：《晚清"就地正法"考论》，《中南政法学院学报》1994 年第 1 期。

李惠民：《关于太平天国北伐战役的战俘问题》，《清史研究》1997 年第 1 期。

李惠民：《太平军在北京》，《近代史研究》1997 年第 3 期。

李剑农：《中国近百年政治史》，上海：复旦大学出版社，2002。

李交发：《简论沈家本的废除死刑观》，《现代法学》2005 年第 1 期。

李培华：《近代中外关系史》，北京：北京大学出版社，1986。

李鹏年等：《清代中央国家机关概述》，北京：紫禁城出版社，1989。

李启成点校：《资政院议场会议速记录——晚清预备国会论辩实录》，上海：上
　　海三联书店，2011。

李陀、陈燕谷主编：《视界》第 1 辑，石家庄：河北教育出版社，2000。

李细珠：《张之洞与清末新政研究》，上海：上海书店出版社，2003。

李欣荣：《吉同钧与清末修律》，《社会科学战线》2009 年第 6 期。

李欣荣：《清末修律中的废刑讯》，《学术研究》2009 年第 5 期。

李星点校，安徽省古籍整理出版规范委员会、安徽古籍丛书编审委员会编：《包
　　世臣全集·齐民四术 管情三义》，合肥：黄山书社，1997。

李兴盛、马秀娟主编:《程德全守江奏稿》上，哈尔滨：黑龙江人民出版社，1999。

李兆祥:《近代中国的外交转型研究》，北京：中国社会科学出版社，2008。

李振武:《〈瞿鸿禨复核官制说帖〉考略》，《广东社会科学》2007年第5期。

李卓:《中日家族制度比较研究》，北京：人民出版社，2004。

梁伯华:《近代中国外交的巨变——外交制度与中外关系的研究》，台北：台湾商务印书馆，1991。

梁启超:《饮冰室合集》，北京：中华书局，1989。

梁廷枏:《海国四说》，北京：中华书局，1993。

梁义群:《清廷京城巡防处与太平军的失败》，《济宁师专学报》1986年第3期。

梁义群:《咸丰朝三次财政危机述论》，《史学月刊》1990年第1期。

林学忠:《从万国公法到公法外交：晚清国际法的传入、诠释与应用》，上海：上海古籍出版社，2009。

刘德城、周羡颖主编:《福建名人字典》，福州：福建人民出版社，1995。

刘海年、韩延龙等整理:《沈家本未刻书集纂》，北京：中国社会科学出版社，1996。

刘厚生:《张謇传记》，上海：上海书店出版社，1985。

刘锦藻:《清朝续文献通考》，杭州：浙江古籍出版社，1988。

刘锦藻:《清朝续文献通考》，杭州：浙江古籍出版社，2000。

刘路生、骆宝善主编:《袁世凯全集》，开封：河南大学出版社，2013。

刘擎主编:《公共性与公民观》，南京：江苏人民出版社，2006。

刘伟:《晚清督抚政治——中央与地方关系研究》，武汉：湖北教育出版社，2003。

刘彦:《被侵害之中国》，上海：太平洋书店，1928。

刘彦:《中国近时外交史》，上海：商务印书馆，1914。

鲁纳:《万民法在中国——国际法的最初汉译，兼及〈海国图志〉的编纂》，《中外法学》2000年第3期。

骆宝善：《骆宝善评点袁世凯函牍》，长沙：岳麓书社，2005。

骆惠敏编：《清末民初政情内幕》，刘桂梁等译，北京：知识出版社，1986。

马端临：《文献通考》，杭州：浙江古籍出版社，1988。

马廷亮：《京师同文馆学友会第一次报告书》，北京：京华印书局，1916。

毛吉康：《近代朝鲜半岛中立问题研究》，博士学位论文，复旦大学，2010。

牧野英一：《日本刑法通义》，陈承泽译，北京：中国政法大学出版社，2003。

那思陆：《清代中央司法审判制度》，台北：文史哲出版社，1992。

那思陆：《清代州县衙门审判制度》，北京：中国政法大学出版社，2006。

娜鹤雅：《晚清中央与地方关系下的就地正法之制》，《清史研究》2018年第1期。

内阁印铸局编：《宣统三年冬季职官录》，载沈云龙主编《近代中国史料丛刊》
　　第1辑第290册，台北：文海出版社，1968。

内藤乾吉原校、程兆奇标点：《六部成语注解》，杭州：浙江古籍出版社，1987。

聂资鲁：《一部宪法与一个时代：〈美国宪法〉在清末民初的传入及对民初中国
　　立宪的影响》，《政法论坛》2005年第5期。

欧阳哲生编：《胡适文集》第6卷，北京：北京大学出版社，1998。

欧阳哲生主编：《傅斯年全集》第2卷，长沙：湖南教育出版社，2003。

潘星辉：《明代文官铨选制度研究》，北京：北京大学出版社，2005。

彭剑：《清季宪政编查馆研究》，北京：北京大学出版社，2011。

戚其章：《甲午战争国际关系史》，北京：人民出版社，1994。

齐思和整理：《黄爵滋奏疏许乃济奏疏合刊》，北京：中华书局，1959。

奇秀：《中国古典行政管理研究》，济南：山东大学出版社，1997。

杞庐主人：《时务通考》，上海，点石斋印本，光绪二十三年。

钱穆：《中国近三百年学术史》，北京：商务印书馆，1997。

邱远猷《太平天国与晚清"就地正法之制"》，《近代史研究》1998年第2期。

权赫秀：《晚清对外关系中的"一个外交两种体制"现象刍议》，《中国边疆史地
　　研究》2009年4期。

权赫秀编:《近代中韩关系史料选编》,北京:世界知识出版社,2008。

全国政协文史资料委员会编:《文史资料存稿选编》,北京:中国文史出版社,
　　2002。

任达:《新政革命与日本:中国,1898—1912》,李仲贤译,南京:江苏人民出
　　版社,1998。

任青、马忠文整理:《张荫桓日记》,上海:上海书店出版社,2004。

荣孟源、章伯锋主编:《近代稗海》第1、2辑,成都:四川人民出版社,1985。

容闳:《西学东渐记》,徐凤石、恽铁樵译,上海:商务印书馆,1915。

芮玛丽:《同治中兴:中国保守主义的最后抵抗(1862—1874)》,北京:中国社
　　会科学出版社,2002。

桑兵:《黄金十年与新政革命——评介〈新政革命与日本:中国,1898—
　　1912〉》,《燕京学报》1998年新四期。

桑兵:《近代中外比较研究史管窥——陈寅恪〈与刘叔雅论国文试题书〉解析》,
　　《中国社会科学》2003年第1期。

桑兵:《梁启超的东学、西学与新学——评狭间直树〈梁启超·明治·日本西
　　方〉》,《历史研究》2002年第6期。

桑兵:《民国学界的老辈》,《历史研究》2005年第6期。

桑兵:《求其是与求其古:傅斯年"性命古训辩证"的方法启示》,《中国文化》
　　第29期,2009年春季号。

上海大学法学院,上海市政法管理干部学院,张荣铮、刘勇强、金懋初点校:
　　《大清律例》,天津:天津古籍出版社,1993。

上海经世文编社辑:《民国经世文编》,北京:北京图书馆出版社影印,2006。

上海商务印书馆编译所:《大清新法令》第一卷,北京:商务印书馆,2010。

上海市历史学会编:《中国史论集》,内部发行,1986年11月。

上海图书馆编:《汪康年师友书札》,上海:上海古籍出版社,1986-1987。

上海图书馆历史文献研究室编:《历史文献》第10辑,上海:上海古籍出版

社，2006。

申报馆:《最近之五十年》,1923。

沈家本:《历代刑法考（附寄簃文存）》,北京:中华书局,1985。

沈志佳编:《余英时文集》第 2 卷,桂林:广西师范大学出版社,2004。

石源华:《近代中国周边外交史论》,上海:上海辞书出版社,2005。

"司法行政部刑事司"编:《各国刑法汇编》,台北:司法通讯社,1980。

司马迁:《史记》,北京:中华书局,1982。

苏精:《蔡锡勇：张之洞的洋务专家与中文速记鼻祖》,《传记文学》（台北）第
　　39 卷,第 3 期,1981。

苏精:《清季同文馆及其师生》,自印版,1985。

苏乾英:《中国近代外交史》,南平:国民出版社,1944。

孙宝瑄:《忘山庐日记》,上海:上海古籍出版社,1983。

孙家红:《清代的死刑监候》,北京:社会科学文献出版社,2007。

孙克复编:《甲午中日战争外交史》,沈阳:辽宁大学出版社,1989。

台北故宫博物院故宫文献编辑委员会:《宫中档光绪朝奏折》第 22、24 辑,台
　　北:东亚制本所,1993。

田涛:《国际法输入与晚清中国》,济南:济南出版社,2001。

桐乡卢氏校刻:《桐乡劳先生（乃宣）遗稿》,载沈云龙主编《近代中国史料丛
　　刊》第 357 册,台北:文海出版社,1969。

汪庚年编,冈田朝太郎讲授:《京师法律学堂讲义·刑法总则》,油印本,宣统
　　二年。

汪敬虞:《中国现代化征程的艰难跋涉·下》,《中国经济史研究》2007 年第 3 期。

汪庆祺编:《各省审判厅判牍》,北京:北京大学出版社,2007。

汪诒年纂辑:《汪穰卿先生传记》,北京:中华书局,2007。

汪钰孙编:《黎副总统书牍汇编》,台北:文海出版社,1987。

王大错编辑:《法兰西刑法 美国刑律》,上海:中华图书馆,1913。

王汎森教授《中国近代思想文化史研究的若干思考》,《新史学》(台北)第 14 卷, 第 4 期, 2003。

王建朗、栾景河主编:《近代中国、东亚与世界》, 北京: 社会科学文献出版社, 2008。

王健:《沟通两个世界的法律意义——晚清西方法的输入与法律新词初探》, 北京: 中国政法大学出版社, 2001。

王进驹、王永青:《岭南幕客诗人汪瑔研究》, 北京: 中国社会科学出版社, 2012。

王亮、王彦威编:《清季外交史料》, 北京: 书目文献出版社, 1987。

王明星:《韩国近代外交与中国(1861—1910)》, 北京: 中国社会科学出版社, 1998。

王人博:《宪法概念的起源及其流变》,《江苏社会科学》2006 年第 5 期。

王瑞成:《就地正法与清代刑事审判制度——从晚清就地正法之制的争论谈起》,《近代史研究》2005 年第 2 期。

王绍坊:《中国外交史 鸦片战争至辛亥革命时期(1840—1911)》, 郑州: 河南人民出版社, 2004。

王栻主编:《严复集》第 3 册, 北京: 中华书局, 1986。

王树敏、王延熙辑:《皇清道咸同光奏议》, 沈云龙主编《近代中国史料丛刊》第 1 辑第 331 册, 台北: 文海出版社, 1969。

王锡祺辑:《小方壶斋舆地丛钞》第 16 册, 上海: 著易堂, 1891。

王信忠:《中日甲午战争之外交背景: 附日志条约附录》, 台北: 文海出版社, 1986。

王钟麒:《中日战争》, 上海: 商务印书馆, 1930。

王锺翰点校:《清史列传》, 北京: 中华书局, 1987。

王仲修:《从野蛮走向文明——中国死刑执行方式的历史衍变》,《烟台大学学报(哲学社会科学版)》2004 年第 2 期。

韦庆远主编:《中国政治制度史》,北京:中国人民大学出版社,1989。

魏收:《魏书》,北京:中华书局,1974。

魏源:《海国图志》,郑州:中州古籍出版社,1999。

无垢道人:《八仙得道》,沈阳:春风文艺出版社,1987。

吴健盦:《大理院解释例汇编》,张研等主编《民国史料丛刊》第13册,郑州:大象出版社,2009。

吴宓著,吴学昭整理:《吴宓日记》第2册,北京:生活·读书·新知三联书店,1998。

吴贻谷主编:《武汉大学校史（1893—1993）》,武汉:武汉大学出版社,1993。

吴义雄:《清末广东对外交涉体制之演变》,《学术研究》1997年9月。

吴振清、徐勇、王家祥编校整理:《黄遵宪集》,天津:天津人民出版社,2003。

夏东元编:《郑观应集》,上海:上海人民出版社,1982。

宪政编查馆编:《刑律草案签注》,国家图书馆藏油印本。

萧一山:《清代通史》,北京:中华书局,1986。

谢俊美:《政治制度与近代中国（增补本）》,上海:上海人民出版社,2000。

熊希龄:《熊希龄先生遗稿》,上海:上海书店出版社,1998。

熊志勇、苏浩:《中国近现代外交史》,北京:世界知识出版社,2005。

修订法律馆编:《初次新刑律草案》,北京大学图书馆藏油印本。

徐国桢:《近百年外交失败史》,上海:世界书局,1932。

徐洪兴、小岛毅等主编:《东亚的王权与政治思想》,上海:复旦大学出版社,2009。

徐继畬:《瀛寰志略》,上海:上海书店出版社,2001。

徐世虹主编:《沈家本全集》第一、二、四卷,北京:中国政法大学出版社,2010。

许大龄:《清代捐纳制度》,北京:哈佛燕京学社,1950。

许建刚:《晚清死刑改革研究——以清末修律为中心的考察》,硕士学位论文,扬州大学,2007。

许指严著,孙顺霖点注:《十叶野闻》,开封:河南大学出版社,1991。

薛允升:《唐明律合编》,北京:法律出版社,1999。

薛允升著、胡兴桥主编:《读例存疑点注》,北京:中国人民公安大学出版社,
　　1994。

薛允升撰、怀效锋、李鸣点校:《唐明律合编》,北京:法律出版社,1999。

薛允升撰、黄静嘉编校:《读例存疑》,台北:成文出版有限公司,1970。

杨公素:《晚清外交史》,北京:北京大学出版社,1991。

杨家骆主编:《洋务运动文献汇编》第 2 册,台北:世界书局,1963。

杨寿枏:《云在山房类稿》,台北:文史哲出版社,1994。

杨玉圣:《中国人的美国宪法观——一个初步考察》,《美国研究参考资料》1989
　　年第 5 期。

杨昭全、何彤梅:《中国——朝鲜·韩国关系史》,天津:天津人民出版社,
　　2001。

姚远:《〈中西闻见录〉与中士第一批科学论文》,《科学时报》2008 年 9 月
　　25 日。

佚名辑:《宣统政纪》,载沈云龙主编《近代中国史料丛刊》第 3 辑第 179－180
　　册,台北:文海出版社,1989。

易国干、宗彝、陈邦镇辑:《黎副总统政书》,台北:文海出版社,1971。

余英时:《论士衡史》,上海:上海文艺出版社,1999。

源了圆:《日本文化与日本人性格的形成》,郭连友译,北京:北京出版社,
　　1992。

苑书义等主编:《张之洞全集》,石家庄:河北人民出版社,1998。

约瑟夫·斯托里:《美国宪法评注》,毛国权译,上海:上海三联书店,2006。

恽毓鼎著、史晓风整理:《恽毓鼎澄斋日记》,杭州:浙江古籍出版社,2004。

载泽:《考察政治日记》,长沙:岳麓书社,1986。

曾田三郎:《立憲国家中国への始動:明治憲政と近代中国》,東京:思文閣,
　　2009。

曾纪泽:《曾纪泽日记》，长沙：岳麓书社，1998。

曾王孙:《清风堂文集》，康熙四十五年曾安世刻本。

斎藤忠:《考古学史の人びと》，東京：第一書房，1985。

张德泽:《清代国家机关考略》（修订本），北京：学苑出版社，2001。

张尔田:《史微》，周谷城编:《民国丛书》第五编第 60 册，上海：上海书店出版
　　社，1989。

张尔田《史微》，上海：上海书店出版社，2010。

张国淦:《北洋述闻》，上海：上海书店出版社，1998。

张国辉《晚清财政与咸丰朝通货膨胀》，《近代史研究》1999 年第 3 期。

张海林:《端方与清末新政》，南京：南京大学出版社，2007。

张鹤龄:《变法经纬公例论》，载沈云龙主编《近代中国史料丛刊续编》第 472
　　册，台北：文海出版社，1977。

张謇研究中心、南通市图书馆编:《张謇日记》，南京：江苏古籍出版社，1994。

张剑:《〈中西闻见录〉述略——兼评其对西方科技的传播》，《复旦学报》1995
　　年第 4 期。

张晋藩:《中国政治制度史》，北京：中国政法大学出版社，1987。

张朋园:《梁启超与民国政治》，长春：吉林出版集团有限责任公司，2007。

张品兴主编:《梁启超全集》第 1 卷，北京：北京出版社，1999。

张启雄:《东西国际秩序原理的冲突——清末民初中暹建交的名分交涉》，《历史
　　研究》2007 年第 1 期。

张仁善:《礼·法·社会——清代法律转型与社会变迁》，天津：天津古籍出版
　　社，2002。

张世明等编:《世界学者论中国传统法律文化》，北京：法律出版社，2009。

张守常编:《太平军北伐资料选编》，济南：齐鲁书社，1984。

张廷玉等撰:《明史》，北京：中华书局，1974。

张晓生、简启桢辑点:《姚际恒著作集》二，台北：“中央研究院”中国文史哲

研究所，2004。

张一麐：《古红梅阁笔记》，上海：上海书店出版社，1998。

张一麐：《心太平室集》，台北：文海出版社，1966。

张永：《民国初年的进步党与议会政党政治》，北京：北京大学出版社，2008。

张永刚：《蔡锡勇——张之洞幕府前期实业总管》，《河北大学学报》2006 年第 6 期。

章宗元：《美国宪法》，上海：文明书局，1902。

长白浩歌子：《萤窗异草》，郑州：中州古籍出版社，1986。

赵尔巽等编撰：《清史稿》，北京：中华书局，1976–1977。

赵蕙蓉：《太平天国北伐军对京师的冲击与影响——纪念太平天国北伐失利 130
周年》，《北京社会科学》1995 年第 3 期。

赵佳楹：《中国近代外交史》，北京：世界知识出版社，2008。

赵林凤：《中国近代宪法第一人：汪荣宝》，台北：秀威资讯科技股份有限公
司，2014。

赵玉新点校：《戴震文集》，北京：中华书局，1980。

郑观应：《盛世危言》，沈阳：辽宁人民出版社，1994。

织田万：《清国行政法》，李秀清、王沛点校，北京：中国政法大学出版社，2003。

中国第一历史档案馆编：《大清五朝会典·康熙会典》，北京：线装书局，2006。

中国第一历史档案馆编：《光绪朝朱批奏折》，北京：中华书局，1995–1996。

中国第一历史档案馆编：《光绪宣统两朝上谕档》，桂林：广西师范大学出版社，
1996。

中国第一历史档案馆编：《清代档案史料丛编》第 5 辑，北京：中华书局，1980。

中国第一历史档案馆编：《清政府镇压太平天国档案史料》，北京：社会科学文
献出版社，1992–1994。

中国第一历史档案馆编：《咸丰同治两朝上谕档》，桂林：广西师范大学出版社，
1998。

中国法制史学会编：《中国法制现代化之回顾与前瞻》，台北：台湾大学法学院，

1993。

中国革命博物馆整理，荣孟源审校：《吴虞日记》上册，成都：四川人民出版社，
　　1984。

中国国际法学会主编：《中国国际法年刊（1991 年卷）》，北京：中国对外翻译
　　出版公司，1992。

中国人民大学清史所编：《清史研究集》第 8 辑，北京：中国人民大学出版社，
　　1997。

中国社会科学院近代史研究所编：《中国社会科学院近代史研究所青年学术论坛
　　2005 年卷》，北京：社会科学文献出版社，2006。

中国社会科学院近代史研究所编：《中华民国史研究三十年（1972—2002）》（中
　　卷），北京：社会科学文献出版社，2008。

中国社会科学院近代史研究所近代史资料编辑部编：《近代史资料》总 83 号，
　　北京：中国社会科学出版社，1993。

中国社会科学院近代史研究所近代史资料编辑室编：《近代史资料》总 65 号，
　　北京：中国社会科学出版社，1987。

中国社会科学院近代研究所近代史资料编辑部编：《近代史资料》总 108、109
　　号，北京：中国社会科学出版社，2004。

中国社会科学院近代史研究所政治史研究室、河北师范大学历史文化学院编：
　　《晚清改革与社会变迁》，北京：社会科学文献出版社，2009。

中国史学会主编：《中国近代史资料丛刊·洋务运动》（二），上海：上海人民出
　　版社，1956。

中国史学会主编：《中国近代史资料丛刊·中日战争》，上海：上海书店出版社，
　　2000。

周东白：《大理院判例解释新刑律汇览》，载张研等主编《民国史料丛刊》第 18
　　册，郑州：大象出版社，2009。

周鲠生：《国际法大纲》，上海：商务印书馆，1934。

周秋光:《熊希龄传》,天津:百花文艺出版社,2006。

周秋光编:《熊希龄集》,长沙:湖南人民出版社,2008。

周育民:《从官制改革到丁未政潮》,《江海学刊》1988 年第 4 期。

朱诚如、王天有主编:《明清论丛》第 4 辑,北京:紫禁城出版社,2003。

朱启钤:《蠖园文存》,台北:文海出版社,1974。

朱乔森编:《朱自清全集·日记编》第 9 卷,南京:江苏教育出版社,1998。

朱师辙:《清史述闻》,北京:生活·读书·新知三联书店,1957。

朱寿朋编,张静庐等校点:《光绪朝东华录》,北京:中华书局,1958。

朱有瓛主编:《中国近代学制史料》第一辑上册,上海:华东师范大学出版社,
　　1983。

祝庆祺、鲍书芸、潘文舫、何维楷编:《刑案汇览》,北京:北京古籍出版社,
　　2004。

庄吉发:《清史馆与清史稿:清史馆未刊纪志表传稿本的纂修及其史料价值》,
　　《学术季刊》(台北)第 23 卷,第 2 期,2005。

《左宗棠全集》整理组编:《左宗棠全集》,长沙:岳麓书社,1987。

人名索引

文景

Horizon

社 科 新 知　文 艺 新 潮

比较与比附：法制史研究的取径

桑兵　关晓红 主编

出 品 人：姚映然
特邀策划：谭徐锋
责任编辑：李　顿
营销编辑：胡珍珍
装帧设计：安克晨

出　　品：北京世纪文景文化传播有限责任公司
　　　　　（北京朝阳区东土城路8号林达大厦A座4A　100013）
出版发行：上海人民出版社
印　　刷：山东临沂新华印刷物流集团有限责任公司
制　　版：北京大观世纪文化传媒有限公司

开　本：890mm×1240mm　1/32
印　张：13　　字　数：283,000　　插　页：2
2021年5月第1版　　2021年5月第1次印刷
定　价：59.00元
ISBN：978-7-208-16817-6/K·3019

图书在版编目（CIP）数据

比较与比附：法制史研究的取径 / 桑兵，关晓红主
编. —上海：上海人民出版社，2020
　（近代中国的知识与制度转型 / 桑兵，关晓红主编.
法政编）
　ISBN 978-7-208-16817-6

　Ⅰ. ① 比… Ⅱ. ① 桑… ② 关… Ⅲ. ① 法制史−研究
−中国−近代 Ⅳ. ① D929.5

中国版本图书馆CIP数据核字（2020）第218483号

本书如有印装错误，请致电本社更换　010-52187586